民法IV

契 約

曽野裕夫・松井和彦・丸山絵美子

YUHIKAKU

は し が き

　本書は，総則，物権，債権総論，契約，事務管理・不当利得・不法行為，親族・相続の全 6 巻からなる Legal Quest シリーズ民法の第 4 巻である。本巻の主たる対象は「契約」である。

　本シリーズに共通するコンセプトは，学習意欲の高い学部学生や法科大学院未修者コースの学生を主たる読者層として設定して，民法の各分野についての客観的かつ正確な知識を伝え，考え方の筋道を理解する手助けをすることである。これは，法科大学院の法学既修者として求められる水準を示すということであるが，法学既修者にとっても，民法の理解を再確認し，さらに深める手助けとなることをめざしている。そのため，本書では，基本的な事柄に重点を置きつつ，緩急をつけながら，制度の基本的な枠組み，立法趣旨・制度趣旨，判例の位置づけを丁寧に説明し，また，それぞれの法制度がどのように機能するのかイメージをしやすいようにできるだけ具体的な説明をするように心がけた。

　ところで，本書が扱う「契約」は，平成 29 年（2017 年）の民法（債権関係）改正（「民法の一部を改正する法律」〔平成 29 年法律 44 号〕）において主たる改正対象となった分野である。このいわゆる「債権法改正」は，COVID-19 によるパンデミックが猛威をふるっていた令和 2 年（2020 年）4 月 1 日に施行された。改正前から存在していた解釈問題のなかには，この改正によって立法的解決が図られ，もはや解釈上の論点とならなくなった点もあるが，逆に，改正法において新しく生じた解釈問題や新たに発見された解釈問題もある。
　平成 29 年改正を経た民法の解釈についての判例法が形成されるのはまだこれからのことである。これに対して，従来の判例のなかには，改正によって意味を失ったものもあれば，改正後もそのまま意味を持ち続けるもの，または位置づけを変えて意味を持ち続けるものもある。このような従来の判例の意味や位置づけの変化についてもできるだけ考え方を示すようにした。
　他方，学説においては，改正法の解釈に関する活発な議論が始まっている。

なかには，今後しばらくは続くと思われる根深い見解の対立が明らかになってきている論点もみられる。本書では，見解の対立がある場合にはその対立軸や考え方の分岐点を明らかにするように心がけた。そのうえで，どの見解を支持すべきかについて各執筆担当者の考えを述べた箇所もある。そこでは3名の共同執筆者の見解がわかれていることもあるが，考え方の分岐点は明らかにしてあるので，読者の皆さんも考えてみてほしい。

　本書は3名の共同執筆によるものであるが，全員で原稿を持ち寄って意見交換を行う会合を繰り返し開いて執筆を進めた。その過程で，各自が当然と考えていた考え方が必ずしも当然ではないことを発見することもしばしばあった。この作業によって，考え方の分岐点を明らかにしたうえでのバランスのとれた記述が実現できたのではないかと思う。それでも不十分な点や思わぬ誤解もあるかもしれない。それらについては将来機会があれば，改善をしていきたい。

　最後になるが，本書の執筆にあたっては多くの方々のお世話になった。とくに有斐閣書籍編集部の藤本依子氏と北口暖氏の心温かい叱咤激励と細やかな配慮は，本書の完成に不可欠であった。執筆者一同，心から御礼を申し上げたい。

　　2021年11月15日

曽 野 裕 夫

松 井 和 彦

丸山絵美子

執筆者紹介

曽 野 裕 夫（その・ひろお）

　北海道大学大学院法学研究科教授

　《第 *1* 章，第 *2* 章，第 *3* 章第 1 節・第 2 節，第 *4* 章第 1 節・第 3 節・第 4 節，第 *6* 章，第 *7* 章第 1 節〜第 5 節，第 *8* 章》

松 井 和 彦（まつい・かずひこ）

　大阪大学大学院高等司法研究科教授

　《第 *4* 章第 2 節・第 5 節，第 *5* 章，第 *9* 章〜第 *12* 章》

丸 山 絵 美 子（まるやま・えみこ）

　慶應義塾大学法学部教授

　《第 *3* 章第 3 節・第 4 節，Column6-1，第 *7* 章第 6 節，Column10-4，第 *13* 章〜第 *19* 章》

凡　例

1　法　律　等

一般法人	一般社団法人及び一般財団法人に関する法律
会　更	会社更生法
貸金業	貸金業法
旧借地	借地法（大正 10 法 49）
自　賠	自動車損害賠償保障法
借地借家	借地借家法
製造物	製造物責任法
宅建業	宅地建物取引業法
動産債権譲渡特	動産及び債権の譲渡の対抗要件に関する民法の特例等に関する法律
特商法	特定商取引に関する法律
独　禁	私的独占の禁止及び公正取引の確保に関する法律
任意後見	任意後見契約に関する法律
農　地	農地法
破	破産法
被災借地借家	大規模な災害の被災地における借地借家に関する特別措置法
品　確	住宅の品質確保の促進等に関する法律
不　登	不動産登記法
保　険	保険法
民　再	民事再生法
民　執	民事執行法
民　保	民事保全法
労　契	労働契約法
ＣＩＳＧ	国際物品売買契約に関する国際連合条約

　　上記の他，有斐閣六法の法令名略語を用いることを原則とした。
　　＊ただし，民法の規定については，文脈上明確にすることが必要な場合を除き，条・
　　　項・号のみで表記した。

2　判　決

大判（決）	大審院判決（決定）
最大判（決）	最高裁判所大法廷判決（決定）
最判（決）	最高裁判所判決（決定）

高判（決）	高等裁判所判決（決定）
地判（決）	地方裁判所判決（決定）
地……支判（決）	地方裁判所……支部判決（決定）

3　判決登載誌

民　録	大審院民事判決録
民　集	大審院民事判例集（〜昭21）
新　聞	法律新聞
法　学	法学（東北大学法学会誌）
民　集	最高裁判所民事判例集（昭22〜）
刑　集	最高裁判所刑事判例集（昭22〜）
集　民	最高裁判所裁判集民事
下　民	下級裁判所民事裁判例集
判　時	判例時報
判　タ	判例タイムズ
金　判	金融・商事判例
金　法	金融法務事情

第1章
序　論

第1節　契約の意義

1 契約の社会的意義——私的自治の原則

　契約とは，2人以上の当事者が，合意（意思表示の合致）によって，その当事者間の権利義務関係（法律関係）を形成する行為である。コンビニで商品を購入すること，レストランで食事をすること，アパートを借りること，銀行口座を利用すること，電車・バスを利用すること，スマートフォンを利用することのような日常生活での行為も契約によるものであるし，契約には企業合併や薬品の共同研究開発のように複雑な企業活動もある。

　契約関係は，原則として，私人が合意に基づいて自由に形成することができる。これは「私的自治の原則」の表れである。私的自治の原則とは，私人は自己の意思によって権利義務関係を形成することができ，また，自己の意思に反して拘束されることはないという考え方である。この原則は，まず，契約の場面では「契約自由の原則」として現れる。そして，国家は，契約に従った履行がされない場合には履行の強制や損害賠償などの救済を債権者に与え，履行がされた場合にはそれを受け取った当事者がその給付を保持することを認める

（これを「契約の拘束力」という）。これも私的自治の原則の帰結であるということもできる。このように，国家は，当事者が契約によって達成しようとした利益（これを「契約利益」や「契約の目的」という）の実現を支援する。

　このような私的自治の原則に基づく契約という制度は，まず，自由主義経済の採用，管理経済の否定という経済政策の観点から正当化することができる（その根底には，自由競争による経済活動こそが，資源の最適配分を導くという考え方がある）。すなわち，契約は，契約締結時現在において，将来のことを決めて予測可能性を生じさせるから（これを「現在化」という），自由競争を通じた取引を促進させる制度である。たとえば，スーパーマーケットの店頭で商品を選んでレジで代金を支払う場合のように，契約締結と同時にすべての履行が完了する売買（そのような売買を「現実売買」という）だけでは，経済取引には限界がある。スーパーマーケットも将来の販売を計画して商品の仕入れについて，事前に発注するし，製造業者も契約があれば将来の納品に向けてリスクをおさえて製造活動をすることができる。また，代金を後払にする「信用売買」によって，契約締結時点における資金のみでは購入できない物品の購入が可能になる。これらの取引は，将来における履行が約束され，それが法的に保護され，「取引の安全」が保障されることによってはじめて可能となる。無償契約（贈与や使用貸借など）は有償契約と比較して国家による保護が弱いが（⇨第3節 **1**(3)），このことは，無償契約が政策的観点から重要度が低いことから説明することができる。

　また，契約制度は，思想的には，当事者は自己の意思のみによって拘束されるという「意思主義」や「合意主義」という考え方によって正当化することができる。この観点から，「私的自治の原則」のことを「意思自治の原則」ということもある。また，これを「自己決定権の尊重」として憲法13条（幸福追求権）で根拠づけようとする見解も有力である。もっとも，当事者を拘束するのは契約締結時における当事者の当初意思であって，履行期において当事者が翻意をしていても，契約の拘束力から免れたいというその時点での当事者の意思は考慮されない。したがって，意思主義だけから契約の拘束力を根拠づけることはできないであろう。相手方がその約束を信頼したことや，「取引の安全」の保障の必要性などの政策的視点も入ってこざるを得ない。また，信義則上の

義務のように，当事者の意思に基礎をおかない義務もある。これも法的な介入であり，権利義務関係の公平化を政策的に図るものといえる。当事者の合意がない事項については，任意規定の適用がされることも法的な介入である。

　なお，平成29年民法改正は，契約当事者間の権利義務関係は，第1次的に当事者の個別の契約によって規律されるという原則を，改正前よりも鮮明に打ち出した。このような考え方を，「合意中心主義」や「契約中心主義」ということがある。たとえば，債務不履行に基づく損害賠償において，債務者が免責されるのは，債務不履行が「契約……及び取引上の社会通念に照らして債務者の責めに帰することができない事由」によるときとされ，契約が基準となることが明確化された（415条1項ただし書。改正前415条ただし書には帰責事由の存否を契約に照らして判断するとの文言がなく，かつての通説は，帰責事由とは故意・過失または信義則上それと同視すべき事由のことであると解して，契約とは無関係に帰責事由が判断された）。また，売主が不適合責任を負うのは引き渡した目的物の種類，品質または数量が「契約の内容に適合しないもの」であるときとされた（562条1項参照。改正前は，たとえば売主は「隠れた瑕疵」について責任を負うとされ〔改正前570条〕，瑕疵の存否は契約と切断して客観的に判断する考え方もあった。もっとも，最判平成22・6・1民集64巻4号953頁◁ 判例7-2 ▷は，それを明示的に否定していた）。

❷ 民法典における契約に関する規定の配置

　契約に関する規律は，民法典において，民法総則，債権総則，債権各則に散在して規定されている。これは，民法典がパンデクテン体系を採用しているため，契約に特有の問題は契約総則・契約各則に規定し，契約以外の法律行為にも適用される規律については民法総則に（⇨(1)），契約以外の発生原因に基づく債権にも適用される規律は債権総則に規定されていることによる（⇨(2)）。

(1)　法律行為と契約

　契約は意思表示によって権利義務を発生・消滅させる法律行為の一種である。法律行為には，1つの意思表示からなる単独行為（遺言，取消し・解除の意思表示など）もあるが，契約は複数の当事者の意思表示から構成される点に特徴が

ある。契約書が作成され，両当事者が署名している場合には，一見すると契約
書という 1 つの意思表示があるだけのようであるが，その契約書は，当事者の
個別の意思表示をそれぞれ表示するものなのである。

　このことは，たとえば，単一の意思表示の解釈と契約の解釈に差異をもたら
す（⇨第 2 章第 2 節）。相手方のある単一の意思表示の解釈は，合理人が理解す
べき内容を基準として行われるが，契約においては，まず当事者の共通意思が
認定できれば，それが契約内容となる。その場合には「表示」の解釈は意味を
もたない（したがって，共通意思が認定できれば表示錯誤も生じ得ない）。また，共
通意思を認定できない場合には，まず，各当事者がそれぞれ表示に付与した意
味を解釈して，より正当な意味付与を契約内容として採用するという契約解釈
のプロセスを経る。遺言のような単一の意思表示の場合には，共通意思に従っ
た解釈というプロセスはあり得ない。

(2)　債権一般と契約債権

　契約は債務発生原因のひとつである（他の債務発生原因として，事務管理・不当
利得・不法行為がある）。契約の債務不履行に対する債権者の一般的な救済は，
①履行請求（414 条），②損害賠償請求（415 条），③契約解除（540 条～548 条）
であり，有償契約については④追完請求・代金減額請求（562 条・563 条・559
条）がある。これらのうち，①②は債権総則に規定され，③は契約総則，④は
契約各則に規定されている。このように規定の配置がばらばらであることは，
民法がパンデクテン体系を採用していることと関係がある。

　まず，①履行請求と②損害賠償請求が債権総則に規定されているのは，それ
らが契約債権に限らず，契約以外の発生原因に基づく債権債務（例，単独行為，
事務管理，不当利得，不法行為）にも適用されるからである。たとえば，不法行
為に基づく損害賠償を加害者が支払わない場合の遅延損害金は民法 419 条によ
る。もっとも，塡補賠償（履行に代わる損害賠償）について平成 29 年改正で設
けられた民法 415 条 2 項 3 号は，契約債権についてしか適用のない規定である
ため，ここではパンデクテン体系が崩れている。

　次に，③契約解除が，債権総則ではなく契約総則に規定されているのは，解
除が，不履行となった債務と牽連関係に立つ反対債権の効力に関する規定だか

らであり（たとえば，解除権の行使によって債権者は，自ら負っていた反対債務を消滅させることができる），契約以外の債務発生原因については問題とならないからである。契約解除が契約各則ではなく，契約総則に規定されているのは，それが，多くの契約類型に共通して適用される規定だからである。双務契約のみに適用される同時履行の抗弁権（533条）や危険負担（536条）が契約総則に規定されているのも，同様の理由に基づく。

　最後に，④追完請求・代金減額請求が，債権総則でも契約総則でもなく，契約各則に規定されているのは，契約のなかでも有償契約についてしか適用されないためである（売買の節に規定され，559条で他の有償契約に準用されている）。

3 契約法の国際的収斂

　本書は，日本の民法典における契約に関する規律（そのなかでも債権各則に規定されているもの）を中心としつつ，必要に応じて商法典，消費者契約法，借地借家法などの特別法にも言及する。もっとも，現代の契約法はグローバルな規模で一定程度の収斂をみせている。

　この観点から重要なのが，1980年の「国際物品売買契約に関する国際連合条約」（ウィーン売買条約やCISGと略称される）である（1988年発効）（⇨第7章第1節 3(3)）。2021年11月1日現在，94か国が締約国となっている。日本も2008年に同条約を締結している。この条約は，国際物品売買（国際動産売買）に適用される統一的な契約法を定めるものであるが，この条約に触発された国内法改正を行った国もあるし（例，2001年のドイツ債務法改正），売買に限らず，より広範囲な契約に適用されることを想定して作成された国際的な契約法規範として「ユニドロワ国際商事契約原則」（1994年に公表されてからたびたび改正され，2016年版が最新）がある。これは条約ではなく，直ちに法的拘束力のあるものではないが，学説においてのみならず，仲裁において参照され，また，国内立法にも影響を与えている。地域レベルでも，これらの国際的な動向に沿った契約法の統一が行われており，特に欧州における契約法統一の動向が注目されることが多い。

　平成29年の民法改正においても，これらの国際的な動向が参照され，その特徴を取り込んだ改正が行われたと評価することができる。本書でも，必要に

応じてこれらの動向（特に日本が締結している CISG）についても言及する。

第2節　契約法の基本原則

　契約は，当事者の合意による秩序形成であり，国家がそれに保護を与えるものであることから，2つの基本原則を基礎とする。すなわち，「私的自治の原則」の契約法における表現である「契約自由の原則」と，「契約は守られなければならない（pacta sunt servanda）」の原則である（⇨第1節 **1**）。後者は，「契約の拘束力」の原則と言い換えることができる。

1 契約自由の原則

（1）　契約自由の原則とその正当化

　民法は，契約自由の原則を，①「契約締結の自由」（521条1項），②「契約内容決定の自由」（521条2項），③「方式の自由」（522条2項）に分節化して明文で定める。平成29年改正前の民法には，この基本原則は明示的には定められていなかった。これは，明治民法制定時の，自明の規定は置かないという起草の傾向によるものである。これに対して，改正法では，市民社会の基本法である民法は，市民に分かりやすいものであるべきであるという観点から，これらの基本原則が明示的に規定された。

　他方で，私的自治が十分に機能しない場面においては，政策的に契約自由を制限することもあり得る。たとえば，当事者が対等とはいえない場合には消費者法（例，消費者契約法，割賦販売法，特定商取引法）や社会法（例，借地借家法，労働契約法，労働基準法，労働組合法），競争基盤の確保のための経済法（例，独占禁止法，景品表示法，下請代金支払遅延等防止法）による制限が考えられる。

　また，契約自由の原則は，思想的観点からは，意思自治の原則やリベラリズムの契約法における表現として正当化される。

　以下では，民法が明示的に定める契約締結の自由，契約内容決定の自由，方式の自由についてみていく。

(2)　契約締結の自由（521条1項）

(a)　**原　則**　　民法は，「何人も……契約をするかどうかを自由に決定することができる」と規定する（521条1項）。これは，意に反した契約締結は，原則として，強制されないことを意味する。

したがって，契約交渉を開始しても，必ず契約を締結しなければならないわけではない。ただし，契約交渉の破棄が，信義則上の義務違反と評価される場合には，不法行為に基づく損害賠償責任が発生するとされることはある（最判昭和59・9・18判時1137号51頁など）（⇨第2章第4節）。

なお，従来，「契約締結の自由」とは区別して「相手方選択の自由」があるとされてきた。しかし，平成29年改正では，これを規定することは意図的に避けられた。それは，「相手方選択の自由」は「契約締結の自由」に包摂されると考えられることに加え，「相手方選択の自由」を明示的に規定することは，国籍・年齢・性別などによる差別的な契約締結拒絶（例，賃貸借における高齢者や外国人に対する差別，雇用における男女差別など）が許容されるという誤ったメッセージを社会に与えかねないこと，また，差別的な締結拒絶の場合についての不法行為の成立が認められにくくなることが懸念されたためである（外国人の宝石店入店拒否〔静岡地浜松支判平成11・10・12判時1718号92頁〕，外国人の公衆浴場入浴拒否〔札幌地判平成14・11・11判時1806号84頁〕など，差別的な締結拒絶による損害賠償請求を認めた下級審裁判例がある）。

(b)　**例　外**　　以上のような契約締結の自由も，法令に特別の定めがある場合には制約され（521条1項），契約締結が強制されることがある（締結強制）。そのような，締結強制を定める法令としては，借地借家法5条・6条・26条・28条（法定更新制度）・13条（建物買取請求権）・33条（造作買取請求権），労働契約法18条（有期労働契約の無期転換）などを挙げることができる。法律構成はそれぞれ異なるが，いずれも当事者の一方の意思に反しても契約上の義務が発生するものであり，実質的には締結強制を定めたものである。

行政法規においても，契約締結義務を定める法令がみられるが，その多くは違反の効果として行政法上の制裁を定めるにとどまり，私法上の効果については定めていない（電気・水道・ガスなどの公益事業における供給義務等に関するもの〔電気17条1項，水道15条1項，ガス47条1項・75条，道運13条・65条，鉄営6条

等〕，医師などの応招義務〔医師19条1項等〕，日本放送協会〔NHK〕の受信契約締結義務〔放送64条1項〕，自動車損害賠償責任保険〔自賠責保険〕の締結義務〔自賠24条〕などがある）。さらに，独占禁止法によって取引拒絶が「不公正な取引方法」として禁止されることもあるが（独禁19条），私法上の効果については定めがない。そのため，これらの法令が私法上の「締結強制」まで認める根拠となるか否かは，それぞれの法令の趣旨に照らして個別に判断されなければならない。締結強制まで認めたものとして社会的に注目された判例として放送法64条1項に基づくNHK受信契約の締結強制に関する最大判平成29・12・6民集71巻10号1817頁◁判例1-1▷がある。その他に締結強制を認める趣旨の規定とされた例としては，水産業協同組合法24条（最判昭和55・12・11民集34巻7号872頁〔漁業協同組合加入契約〕），水道法15条1項（最判平成11・1・21民集53巻1号13頁〔給水契約。ただし，締結を拒絶する「正当の理由」があるとされた事案〕）などがある。

◁判例1-1▷　**最大判平成29・12・6民集71巻10号1817頁**
【事案】Yは，平成18年3月22日以降，その住居にX（日本放送協会〔NHK〕）の衛星放送を受信できる受信設備を設置している。放送法64条1項は，受信設備設置者はXと「その放送の受信についての契約をしなければならない」と規定しているが，YはXと放送受信契約は締結していなかったため，Xは，平成23年9月21日到達の書面で，Yに対して放送受信契約の締結を申し込んだ。しかし，Yはその申込みに対して承諾せず，受信料を支払っていない。そこで，Xは，①Yには締約義務があるから申込到達時に契約が成立しているとして，平成18年3月分からの受信料約20万円の支払を求めて訴えを提起した（主位的請求）。また，Xは，仮に①の主張が認められないとしても，②Yには申込みを承諾する義務があるのでYに承諾の意思表示を求めるとともに，その意思表示によって成立する受信契約に基づき，受信設備設置の月からの受信料約20万円の支払を求めた（予備的請求）（Xは，他の予備的請求も行っているが省略する）。第一審，原審ともにXの主張②を認めた。なお，原審でYは，平成18年10月分までの受信料債権について，消滅時効（平成29年改正前商法522条〔5年〕）の完成を援用したが，原審判決は，消滅時効の起算点は受信契約の成立時であるとして，Yの消滅時効の主張を認めなかった。XY双方が上告。
【判旨】上告棄却。「放送法64条1項は，Xの財政的基盤を確保するための法

的に実効性のある手段として設けられたものと解されるのであり，法的強制力を持たない規定として定められたとみるのは困難である。」そして，「放送法は，受信料の支払義務を，受信設備を設置することのみによって発生させたり，Xから受信設備設置者への一方的な申込みによって発生させたりするのではなく，受信契約の締結，すなわち X と受信設備設置者との間の合意によって発生させることとしたものであることは明らかといえる。……放送法 64 条 1 項は，受信設備設置者に対し受信契約の締結を強制する旨を定めた規定であり，X からの受信契約の申込みに対して受信設備設置者が承諾をしない場合には，X がその者に対して承諾の意思表示を命ずる判決を求め，その判決の確定によって受信契約が成立すると解するのが相当である。」

　また，放送受信規約の規定に基づいて「受信契約の成立によって受信設備の設置の月からの受信料債権が生ずる」としたうえで，消滅時効について次のように判示する。

　「消滅時効は，権利を行使することができる時から進行する（民法 166 条 1 項〔平成 29 年改正前の規定であるが，改正後 166 条 1 項 2 号も同旨〕）ところ，受信料債権は受信契約に基づき発生するものであるから，受信契約が成立する前においては，X は，受信料債権を行使することができないといえる。……したがって，受信契約に基づき発生する受信設備の設置の月以降の分の受信料債権（受信契約成立後に履行期が到来するものを除く。）の消滅時効は，受信契約成立時から進行するものと解するのが相当である。」

【コメント】ここでは省略したが，本判決では放送法 64 条 1 項の合憲性（憲 13 条・21 条・29 条）も争われ，合憲判断がなされたことでも注目を浴びた。しかし，民法上の問題としては，受信設備設置者の締約義務の意味について，その義務違反によって当然に契約が成立するのではなく，その義務は承諾の意思表示をする義務であって，その意思表示がされるまでは契約は締結しないとした点（そして，その意思表示は，判決代用の方法〔平成 29 年改正前の 414 条 2 項ただし書，令和元年改正後の民執 177 条 1 項本文〕によることができるとした点），および，消滅時効の起算点について「権利を行使することができる」のは契約成立時であるとしながら，受信契約の成立によって受信設備の設置の月にさかのぼって受信料債権が生ずるとしたことが重要である。

(3)　契約内容決定の自由（521 条 2 項）

(a)　**原　則**　契約の当事者は，原則として，契約の内容を自由に決定することができる（521 条 2 項）。

　法律行為一般について当事者の意思表示が任意規定に優先することを定める91条と，契約についてその内容決定の自由を定める521条2項の規定内容には重複がある。それでも，後者は契約法の基礎となる根本的な原理であることから，契約に関する箇所で改めて規定したものである。

　(b) **例　外**　　ただし，契約内容決定の自由を無制限に認めることは，交渉力に格差のある当事者間では，強者が，弱者に対して自己に有利な契約内容を押しつけることを認めることとなる。そこで，契約内容決定の自由が認められるのは，「法令の制限内」においてのみであるとされる（521条2項）。契約内容決定の自由が法令の範囲を逸脱する場合としては，公序良俗（90条）や強行規定（私法法規である強行規定と行政法規の効力規定）に反する契約内容決定を挙げることができる。

　契約内容にかかわる私法上の強行規定の例としては，465条の2第2項（個人根保証における極度額の定め），548条の2第2項（定型約款の内容規制），572条（担保責任免除特約の効力），消費者契約法8条～10条，利息制限法，借地借家法（同法30条参照），労働基準法（同法13条参照）などを挙げることができる。

　契約内容規制を行う行政法規も，その違反が私法上の効果（無効）をもたらす場合には，本条にいう「法令」にあたる。個別の行政法規の違反がどのような私法上の効果を有するかの判断は，それぞれの法規または90条の解釈に委ねられる（取締法規違反の私法上の効力といわれる問題である。⇨民法総則）。

(4)　方式の自由（522条2項）

　契約の成立には，原則として，書面の作成その他の方式を具備する必要はない（522条2項）。一定の方式によらなければならないのは，「法令に特別の定めがある場合」のみである。すなわち，民法は「方式の自由」を原則とする。なお，裁判で契約の存在・内容を証明するための証拠方法も自由とされ（民訴247条），「方式の自由」を補完している（書証が必要とされれば方式の自由は骨抜きになろう）。

　原則は以上のとおりであるが，(a)実際上は重要な契約は書面が作成されることが多い。また，(b)例外的に，法令の定めによって，意思表示が，書面等の一定の方式によってされなければ効力を生じないとされている契約（要式契約），

(c)書面は不要だが書面を作成することによって拘束力が強められる諾成契約，(d)行政目的で書面の作成を要する契約もある。以下ではこれらについてみていく。

(a)　**契約書の役割**　　契約書を作成することは，契約の存在と内容を明確にして，その存否や内容に関する紛争を予防するのに役立つ。また，第三者に対して契約の存在を示すためにも使われる（例．不動産売買において買主が融資を受けられることが条件となっている場合の融資契約書）。また，実務上は，契約書に記載されていない契約締結前の事情を用いることができないとする条項（完全合意条項），合意による契約の変更は書面によらなければならないとする条項（口頭による変更禁止条項）が用いられることがある（⇨第3章第2節**3**(1)）。

また，不動産売買は，その取引の重要性ゆえに，当事者は，契約書を作成するまでは契約を成立させない意思であって，口頭の約束では契約は成立していないと解釈されることが多い。

(b)　**要式契約**　　書面でしなければ契約の効力が生じないとされる契約を要式契約という。「書面でする」とは，契約を締結する両当事者の意思表示を書面で行うことをいう。民法上，要式契約とされているのは，①保証契約（446条2項）と②書面でする消費貸借契約（587条の2第1項）である。また，契約の個々の定め（条項）について書面でしなければ効力を生じないものとして，個人根保証における極度額の定め（465条の2第3項），定期借地契約・定期借家契約における不更新特約（借地借家22条・38条），取壊し予定建物賃貸借における取壊事由の定め（借地借家39条2項）等がある。保証契約や極度額の定めは，危険な債務を引き受ける保証人に熟慮を促す趣旨である。書面でする消費貸借契約は，通常の消費貸借は借主が目的物を受け取らなければ効力を生じない要物契約である（587条）のに対して，目的物の交付がなくても契約を書面ですることによって効力が生じるとするものである。これは，貸主が不用意に貸す義務を負うことを防ぐ趣旨であるが，債務の存在・内容を明確化する趣旨も含まれていよう。これらは，いずれも，書面に両当事者の意思が現れていればその形式は問わず，公正証書である必要もない。

これに対して，特に慎重を要する契約・条項や，事後的な紛争予防の必要性の高い契約・条項には，公正証書の作成まで求められることがある。任意後見

契約は公正証書によってしなければ効力を生じない（任意後見 3 条）。なお，事業債務の保証は，保証契約を書面ですることに加えて，保証人になろうとする者が公正証書で履行意思を表示する「保証意思宣明書」がなければ効力を生じないが（465 条の 6 第 1 項），保証意思宣明書そのものは，保証契約を締結する意思表示が現れた書面ではない。

　なお，個別の条項について書面を要する場合に，その書面が作成されなければ，その条項の効力が認められないにとどまり，その契約は，その条項を含まない契約として効力を有する。ただし，個人根保証については，極度額の定めがなければ契約の効力を生じない（465 条の 2 第 2 項）。

　(c)　**書面によることによって効力が強められる諾成契約**　贈与，使用貸借，無償寄託は，書面によらない場合と比較して，書面による場合には効力が強化されている。「書面による」とは，契約がされたこと（特に無償で債務を引き受けた当事者にその意思があったこと）が確実に看取できる程度の記載がある書面であることをいう（最判昭和 60・11・29 民集 39 巻 7 号 1719 頁〔贈与〕）。(b)とは異なり，契約を締結する意思表示を「書面でする」ことまでは求められない。これらの契約はいずれも無償契約であるが，書面によらない場合には，無償で債務を引き受けた当事者が一定の時期まで任意で契約を解除することができるのに対して，書面による場合には，これらの解除権が認められない（550 条・593 条の 2・657 条の 2 第 2 項）。拘束力が弱い無償契約であっても，拘束力を確固たるものとする必要がある場合はあり，書面による場合には当事者の意思が明確で，かつ，軽率に契約したのではないとみることができるから効力が強められている（詳細は第 3 節 **1**(3)および個々の契約の解説を参照）。

　(d)　**行政上の書面交付義務**　事業者に書面交付義務が課されることがある（例，特定商取引 4 条・18 条・37 条・42 条・55 条・58 条の 7・58 条の 8，割賦 4 条・29 条の 3・30 条の 2 の 3・35 条の 3 の 8・35 条の 3 の 9，宅建業 37 条，宅建業施行規則 16 条の 6，貸金業 16 条の 2～17 条など）。これらの書面交付義務は契約の効力には関係がなく，この義務に違反をしても行政上・刑事上の制裁があるのみである。しかし，これらの書面交付がクーリング・オフ期間の起算点とされていることがある（例，特定商取引 9 条・24 条・40 条・48 条・58 条・58 条の 14，割賦 35 条の 3 の 10・35 条の 3 の 11，宅建業 37 条の 2 など）。クーリング・オフは，一

定期間内（8 日間，10 日間，14 日間，20 日間など法令によって異なる）であれば消費者が任意で申込みの撤回または契約を解除することができるとするものであるが，これらの書面交付がない限り，クーリング・オフ期間が経過しないので，私法上の意味が全くないわけではない。⇨ **Column 6-1**「クーリング・オフ」。

> **Column 1-1　電磁的記録**
>
> 　要式契約（(b)），書面による贈与・使用貸借・無償寄託（(c)），行政上の書面交付義務（(d)）にいう書面には，「電磁的記録」（いわゆるデジタルデータ）を含むか。(b)要式契約である保証と書面でする消費貸借契約については書面には電磁的記録が含まれるとされる（446 条 3 項・587 条の 2 第 4 項）。これに対して(c)贈与，使用貸借，無償寄託については，電磁的記録による場合は書面にあたらないと解されている。この違いは，経済合理性を基調とする取引社会で用いられる契約については先端的な電磁的記録を書面とみなし，友誼性を基調として技術的先端性を求めにくい場で用いられる契約については，電磁的記録を書面と認めないということのようであるが，保証（特に個人保証）は友誼性が高いことを考えれば，そのように切り分けてよいかどうかは疑問が残る。しかし，いずれにせよ，社会のデジタル化が急展開しているなかでは，電磁的記録を書面と認めないのは過渡的なことではないかと思われる。なお，(d)行政上の書面交付義務については，それぞれの法令に規定がある（例，貸金業 17 条 7 項）。

2　契約の拘束力（pacta sunt servanda）

（1）　原　　則

「契約は守られなければならない」ことも，契約法の基本原則である。このことを契約に拘束力があるともいう。民法にはこの原則を直接に宣言する規定はないが，契約違反（債務不履行）があった場合に，相手方が契約利益を確保するための救済方法を規定し，また，債権の効力として「給付保持力」を認めることによって，契約の拘束力を支えている。

　このことを，経済政策的観点および思想的観点からどのように正当化するかについては，第 1 節 **1** 参照。

（2）　例　　外

　以上が原則であるが，例外的に契約の拘束力が認められなかったり，拘束力が弱められていることがある。

　第1は，いわゆる社会的約束である。たとえば，友人同士で食事をする約束をした場合のように，客観的にみて，友誼的なものであって国家による保護に値しないと考えられる合意である。

　第2は，契約が無効である場合である（取消原因があって取り消された場合を含む）。意思無能力（3条の2），制限行為能力（5条2項・9条・13条4項・17条4項），公序良俗違反（90条），強行規定違反（91条），意思表示の瑕疵（93条～96条），一定の条件付契約（131条～134条），また，契約内容の確定不能（当事者の意思表示も，その表示に当事者が与えた意味も一致しているが，その意味が不明確な場合）などがこれにあたる。

　第3は，書面によらない無償契約については，履行が終わっていない部分の解除や受取り前解除が認められ，拘束力が弱められている（⇨第3節 **1**(3)）。

　第4は，いわゆる自然債務の場合である。自然債務とは，給付保持力はあるが，訴求力のない債務であり，債務者が任意で履行すれば有効であるが，履行しない場合に債権者に救済が認められないものであって，拘束力が弱められている。古い判例に，カフェーの客が女給の独立資金を援助することを書面によって約束したのは，履行を強要できない自然債務にあたり得るとして，差戻しをしたものがある（大判昭和10・4・25新聞3835号5頁〔カフェー丸玉事件〕。ただし，差戻審では自然債務であることが否定された。大阪地判昭和11・3・24新聞3973号5頁。掲載記事の見出しは「止せばよかった」とされている）。もっとも，その事案は心裡留保（93条1項ただし書）によって契約を無効とする余地もあったものである（東京高判昭和53・7・19判時904号70頁は，類似の事案で，書面による贈与を心裡留保〔平成29年改正前93条ただし書〕によって無効とした）。

　第5は，事情変更の法理が適用される場合である。これは，契約締結時に当事者が想定しなかった著しい事情の変更があり，当事者を当初の契約内容に拘束することが，信義則上，著しく不当となった場合に，当初契約の拘束から当事者を解放する法理である。事情変更の法理については，第4章第4節参照。

> **Column 1-2**　「契約尊重（favor contractus）の原則」
> 　「契約は守られなければならない（pacta sunt servanda）」と区別されるべき原則として，「契約尊重（ファヴォール・コントラクトゥス）」の原則が近時注目されている。契約尊重の原則は，契約当事者の法律関係は可能な限り当事者が

設定した契約規範によって規律されるべきであり，そのために可能な限り，契約は成立し，有効であり，また維持されるべきであるとすることを内容とする。具体的には，平成29年改正前の原始的不能による契約無効という法理を否定して，契約は有効であるとしたうえで債務不履行の問題として処理すること，債務不履行による契約解除は債務不履行に一定の重大性がある場合に制限して（541条ただし書・542条）それ以外の場合には損害賠償による利益調整を図ること，事情変更の法理の効果として直ちに契約解除を認めるのではなく当事者による再交渉または裁判官による契約改訂によって契約関係を調整のうえで維持することなどが，この原則を表現したものの例といえる。

　契約の拘束力の原則は，契約内容を固定化して予測可能性を最大化して「当初契約」を尊重するものであるのに対して，契約尊重の原則は，「契約目的」の柔軟な実現を図るための原則であるといえる。

③ 契約の相対的効力の原則

(1) 契約の第三者効

　契約は，その当事者間でしか効力を有さず，第三者に効力は及ばないのが原則である（契約の相対効）。これは，契約の拘束力の根拠を当事者の合意に求める私的自治の原則の帰結である。

　ただし，以下のように，契約当事者以外の第三者が，契約に基づく権利行使をすることが認められることがある。詳細は債権総論・不法行為法の教科書や本書の別の箇所に譲るが，概観をしておこう。

　(a)　**第三者のためにする契約**　第三者のためにする契約（537条～539条）は，契約当事者が第三者（受益者）に給付請求権を付与するものであり，第三者が受益の意思表示をすることによって第三者の権利が発生する。詳細は，第4章第5節参照。

　(b)　**第三者の直接請求権**　法令上，第三者に直接請求権が認められている場合がある。復代理人と本人の間の権利義務（106条2項），適法転貸借における転借人が賃貸人に対して負う履行義務（613条1項），自動車損害賠償責任保険における被害者の直接請求権（自賠16条1項）などがその例である。転貸借の場合について，詳細は第12章第6節 **2**(4)参照。

　(c)　**抗弁の対抗**　法令上，ローン提携販売や信用購入あっせんにおいて，

目的物の購入者が，販売業者に対して有する抗弁（例，目的物の引渡しがないことを理由とする代金の支払拒絶など）を，立替払をした信販会社や金融機関に対しても主張して割賦払を停止することができる（割賦30条の4・35条の3の19）。これは「抗弁の対抗」といい，契約の相対効の例外として消費者保護および公平の観点から認められたものである。クレジットカード会社は，法令上の抗弁の対抗が認められない一括払の取引についても，利用規約で抗弁の対抗を定めて利用者の保護を図っていることもある。抗弁の対抗についての詳細は，**Column 10-4** 参照。

(d) 特約の第三者効　　契約上の特約が，第三者を拘束する場合，また第三者がその特約を援用できる場合がある。

（i）**建築元請負契約上の特約の一括下請負人に対する効力**　　建築請負の元請契約に，契約が中途で解除された場合の出来形部分の所有権は注文者に帰属するとの特約がある事案で，一括下請負の形で工事を請け負った下請負人は，注文者に対して元請負人と異なる権利関係を主張する立場にないとした判例がある（最判平成5・10・19民集47巻8号5061頁）。これは，下請負人が元請負契約における特約に拘束されるとするものである。詳細は，第14章第3節**2**(4)参照。

（ii）**免責条項の第三者効**　　免責条項や責任制限条項（以下，あわせて免責条項という）の第三者に対する効力が問題となる。「免責条項の第三者効」といわれる問題である。これが問題となるパターンは2つある。

①免責条項の当事者がそれを第三者に主張する場合

典型例は，運送契約に，運送品の滅失・損傷等について運送人を免責する条項がある場合において，運送人とは契約関係にない荷受人からの不法行為に基づく損害賠償請求に対して，運送人が免責条項を援用する場合である（なお，商法587条と国際海上物品運送法16条1項・2項は，法令上の運送人の責任制限については，荷送人・荷受人等の不法行為に基づく請求にも準用している）。判例（最判平成10・4・30判時1646号162頁）は，低額な宅配便で発送された高価な宝石が紛失し，荷受人が宅配業者（運送人）に不法行為に基づく損害賠償請求をした事案において，荷受人も少なくとも宅配便によって荷物が運送されることを容認していた事情があるときは，信義則上，標準宅配便運送約款に定められた30万

円の責任制限額を超えた損害賠償を求めることは許されないとした。この判決は限定的な場合についてのものであるが，免責条項が第三者を拘束する場合を認め，契約の相対効の原則を緩めたものといえる。

②履行補助者が免責条項を主張する場合

免責条項がある契約の債務者が履行補助者を用い，債権者がその履行補助者に対して損害賠償請求をしたのに対して，履行補助者が免責条項を主張する場合である。典型例は，運送契約に運送品の滅失・損傷等についての免責条項がある場合において，運送品の滅失・損傷が生じ，運送契約の当事者である荷送人が，運送人ではなくその被用者に対して不法行為に基づく損害賠償をするような事案である。このとき，被用者が免責条項を援用できるかどうかが問題となる。被用者が免責条項を援用できないとすれば，被用者が使用者（運送人）に対して求償することになり（最判令和 2・2・28 民集 74 巻 2 号 106 頁がそのような逆求償を認める），運送人が免責条項を設けた意味がなくなることを重視すれば，被用者は免責条項を援用できるという判断に傾く。これに対して，免責条項はあくまでも運送人と荷送人の間での相対的なリスク配分であることを重視すれば，被用者による免責条項の援用は認められないという判断に傾く。判例の立場は明らかでなく，学説は分かれている。上記の(i)の場合において契約の相対効の原則を緩和していることからすれば，被用者による免責条項の援用を認めるべきであろうか（なお，商法 588 条と国際海上物品運送法 16 条 3 項・4 項は，法令上の運送人の責任制限を，運送人の被用者に対する損害賠償請求に準用している）。

(e) **第三者保護効を伴う契約**　当事者が第三者の生命，身体，財産などの完全性利益を保護する契約上の義務を負うとされることがある。これを「第三者保護効を伴う契約」という。たとえば，売主の販売した目的物に欠陥があって，買主の家族が人身損害を負った場合，売主と直接の契約関係にない家族に対して売主が債務不履行に基づく損害賠償責任を負うというものである（下級審裁判例として，岐阜地大垣支判昭和 48・12・27 判時 725 号 19 頁〔卵豆腐サルモネラ菌事件〕）。もっとも，これについては不法行為責任（709 条）または製造物責任（製造物 3 条）によって対応できる問題であって，あえて契約責任として構成する必要はないとの見解も有力である。

(2)　契約当事者の確定

　契約の第三者効と関連して，そもそも誰が当事者なのかという，契約当事者の確定が問題となる場合がある。たとえば，幼稚園児が幼稚園に入園する契約，乳幼児や意識不明の者が病院において診療・治療を受ける際の医療契約など，意思能力を欠く者や，そうでなくても契約締結に対する明確な意思を有していない者が給付の提供を受ける当事者となる契約においては，その者が契約当事者であるのか，それとも親権者など現実に契約締結行為を行った者が契約当事者であるのか。これによって，当該契約の構造や権利義務の帰属主体が異なってくるが，難問である。

　また，銀行預金において，預金者とは預金の預入行為をした者なのか，出捐をした者なのかという当事者確定も問題となる。これについては，第16章第4節参照。

(3)　第三者による契約侵害（債権侵害）

　契約の相対効は，第三者が契約上の権利を行使できるか，義務を負うかという問題であるが，これとは区別されるべき問題として，契約上の権利を第三者が侵害した場合に，それが不法行為を構成するかという問題がある。たとえば，賃貸借の目的物を第三者が滅失・損傷させた場合，賃貸人の所有権の侵害になるだけでなく，賃借人の賃借権という債権の侵害にもあたる。あるいは，従業員の引抜きは雇用者の雇用契約上の権利の侵害にあたる。これが，不法行為に基づく損害賠償請求権を生じさせるかどうかについては，債権総則や不法行為法の教科書を参照してほしい。

第3節　契約の分類

　多様な契約は，いくつかの観点から分類して，それぞれの分類に共通する特徴に応じた権利義務関係を考えることが有益である。民法も，いくつかの分類を採用する。

1　民法典が用いる分類

(1)　典型契約・非典型契約

　具体的な契約類型について，民法典・商法典に規定があるかどうかという観点からの区別である。規定があるものを典型契約（有名契約），ないものを非典型契約（無名契約）という。民法上，典型契約とされるのは，契約各則に規定のある 13 種の契約類型であるが，その他に債権総則に規定される保証契約（ドイツ法では契約各則に規定されている），債権譲渡・債務引受・合意による契約上の地位の移転，代物弁済（482 条），更改（513 条），商法に規定される交互計算（商 529 条），匿名組合（商 535 条），物品運送契約（商 570 条），旅客運送契約（商 589 条），保険法の定める保険契約（保険 2 条 1 号）なども広義の典型契約である。

　典型契約の規定は，それぞれの冒頭規定において示された要素を有する典型（類型，type）の契約に適用される。しかし，契約自由の原則により，当事者は民法上の典型契約とは異なる契約をすることは何ら差し支えない（任意規定）。

　なお，非典型契約（無名契約）においても，その分析において典型（類型）的思考が重要であると指摘されている。

　典型契約・非典型契約の意義については，第 3 章第 3 節参照。

(2)　双務契約・片務契約

　双務契約と片務契約は，その契約において対価関係に立つ債務を当事者双方が負うか，それとも当事者の一方のみが債務を負うかどうかという観点からの区別である。

　双務契約には，契約から生ずる対価関係に立つ債務の牽連性を根拠とする規定の適用がある。具体的には，契約総則の規定として，同時履行の抗弁権（533 条），危険負担（履行拒絶権）（536 条）が明示的に双務契約に適用されるとしている。ただし，同時履行の抗弁権は，対価関係にない債務間にも拡張して適用されることがある（⇨第 4 章第 2 節）。契約解除（541 条以下）は，債務不履行があった場合に債権者を反対債務から解放することを目的とする制度であり，双務契約において最も意味をもつ。しかし，双務契約でなくても債権者が契約

の負担を免れることに意味があることはある。また，倒産処理の場面では，双方未履行の双務契約は解除することができる（破53条，民再49条，会更61条）。

(3)　有償契約・無償契約

有償契約と無償契約は，両当事者の間で，経済的な対価関係にある給付がなされるか否かによる区別である。

有償契約は，両当事者の給付が対価関係にあることが特徴で，その対価関係の均衡の実現が重要である。社会における経済活動の大部分は有償契約を用いて行われており，円滑な経済活動を支援するために，民法は有償契約に法的拘束力を与え，また，契約当事者間の対価的均衡の維持の観点からの規律をしている。たとえば，売買契約における契約不適合責任に基づく追完請求権や代金減額請求権は，対価的均衡を実現するための制度と位置づけることができる。有償契約には，売買契約の規定が，その有償契約の性質が許さないものを除き，準用される（559条）。

これに対して，無償契約は，有償契約と異なり，対価を得ることなく給付を行うことを約束する契約であり，贈与，使用貸借，消費貸借，委任，寄託がその例である。好意に基づく情誼的なものであることが多い。そのため，無償契約は，有償契約と比較して，拘束力が緩められ，また，義務の内容も軽減されている。次のとおりである。

①書面によらない無償契約には，未履行段階での解除が認められ，拘束力が弱められている。書面による贈与・使用貸借・無償寄託は任意で解除できないが，書面によらない贈与は履行の終わった部分を除いて解除することができ（550条），書面によらない使用貸借・無償寄託は貸主・受寄者の受取り前解除が認められる（593条の2・657条の2第2項）。なお，消費貸借は，書面でするものを除き，無償でも有償でも借主が物を受け取らなければ効力を生じない要物契約であるから（587条・587条の2），受取り前解除はあり得ない。さらに，委任は有償・無償を問わず，また，書面によるか否かを問わず両当事者に任意解除権があるから（651条），無償性ゆえに拘束力が弱められているわけではない。

②無償契約は給付義務の内容が軽減されていることが多い。たとえば，贈与

図表 1-1　有償契約・無償契約，双務契約・片務契約の概念

	有　償	無　償
双　務	例）売買，交換，賃貸借，雇用，請負，和解，組合，有償委任，有償寄託	
片　務	例）利息付消費貸借	例）贈与，使用貸借，消費貸借，委任，寄託

⇨ 同時履行の抗弁権，危険負担，倒産時の双方未履行契約の解除

⇩

売買規定の準用

者と使用貸主は，目的物を引き渡すべき時の現状（483 条）ではなく，特定した時の現状で引き渡せば足りると推定される（551 条・596 条。ただし，贈与者と使用貸主は善管注意義務〔400 条〕は負い，それに違反すれば損害賠償責任〔415 条〕を負う）。また，無償寄託の受寄者が寄託物の保管について負う注意義務は，善管注意義務（400 条）ではなく，「自己の財産に対するのと同一の注意」をもって保管する義務である（659 条）。

　なお，有償契約・無償契約の区別と，先に述べた双務契約・片務契約の区別は似ているが，区別の観点が異なるので注意しなければならない（**図表 1-1 参照**）。有償・双務，無償・片務の契約ばかりでなく，有償・片務の契約もあり得る。たとえば，消費貸借契約は，（書面でする消費貸借〔587 条の 2〕を除き）借主が貸主から財貨を受け取ってはじめて成立するので（587 条），貸主は債務を負わない（片務性）。そして，借主が財貨の使用の対価として利息を支払う特約がある場合には，それは有償の片務契約となる。

（4）　諾成契約・要物契約

　契約が，当事者の合意（意思表示の合致）のみで成立して効力が生ずるか（諾成契約），合意に加えて何らかの給付がなされてはじめて効力を生ずるか（要物契約）という観点からの区別である。諾成契約は，さらにその合意の方式が自

由なもの（不要式の諾成契約）と，書面で契約をするなどの方式を備えなければ
ならないもの（要式契約〔要式の諾成契約〕）に分類される。

　民法は，不要式の諾成契約を原則とする（522条2項）。

　要物契約については，平成29年改正で大きな転換がなされた。改正前の民
法は，消費貸借，使用貸借，寄託を「要物契約」としていた。これは当事者の
一方は契約成立前に物の引渡しなどを行い，契約が成立した時点では，相手方
のみが給付義務を負うということである。たとえば，消費貸借契約について貸
主の「貸す義務」は観念できなかった。したがって，要物契約は片務契約であ
り，原則として無償契約であった。もっとも，これは改正前の民法典の典型契
約としての消費貸借が要物契約だというにとどまる。契約自由の原則に基づい
て，非典型契約として，貸主の「貸す義務」も内容とする契約を締結すること
も認められていた。そのような契約を「諾成的消費貸借」という。そこで，平
成29年改正では，これらの要物契約の要物性が緩和された（これを「要物契約
の諾成契約化」ということがある）。具体的には次のとおりである。

　平成29年改正によって，使用貸借と寄託は原則として諾成契約とされ，貸
主の貸す義務，受寄者の預かる義務が契約成立と同時に発生するのが原則とさ
れた（593条・657条）。ただし，無償契約である場合（使用貸借は常にそうである）
には，貸主・受寄者に受取り前解除権が認められた（593条の2・657条の2第2
項。書面による場合を除く）。

　消費貸借については，それを要物契約とする規定——貸主の貸与義務を否定
——を維持したうえで（587条），それとならんで「書面でする消費貸借契約」
——貸主の貸与義務を肯定——が規定された（587条の2第1項）。有償（利息付
き）であるか否かは問わない。

　なお，代物弁済契約も，平成29年改正前の482条の文言の下で要物契約で
あるとされたが，平成29年改正で諾成契約であることが確認された（改正後
482条）。もっとも，代物弁済契約において債務消滅の効力が生ずるのは，契約
の締結によってではなく，代物弁済がなされることによってである。

(5)　要式契約・不要式契約

　契約が効力を生ずるために，意思表示が，書面など一定の方式でされなけれ

ばならない種類の契約を，要式契約といい，そうでない契約を不要式契約という。民法は，方式自由の原則を定めており（522条2項），不要式契約が原則である。詳細は，第2節 **1**(4)で既に述べた。

2 判例・学説によるその他の分類

（1） 財産権移転型，貸借型，役務提供型，その他

　この分類は，それぞれの契約類型を，その特徴的給付の内容が共通するものごとに分類したものである。財産権の移転を目的とする典型契約は，贈与・売買・交換である。物の貸借を目的とする典型契約は，使用貸借・賃貸借・消費貸借である。役務提供を目的とする典型契約は，雇用・請負・委任であり，寄託が加えられることもある。残りの組合，和解，終身定期金は上記のいずれの類型にもあたらないものである。

　それぞれの型には一定の共通性があり，それぞれの型の契約類型間で，規定の準用がなされる例も多い（616条〔賃貸借への使用貸借の規定の準用〕，665条〔寄託への委任の規定の準用〕など）。

　なお，役務提供型契約については， **Column 13-1** 参照。

（2） 継続的契約・一回的契約

　この分類は，給付が一回でなされるものか，継続的に長期にわたって行われるものかによる分類である。売買でいえば，不動産売買は通常は一回的契約であるが，動産の継続的供給契約であれば，それは継続的契約である。貸借型契約も，通常は継続的契約である。

　継続的契約については，契約関係を維持する要請が強く，契約終了には正当な理由ややむを得ない事由が必要とされることが多い（継続性原理）。また，状況の変化に応じた柔軟な対応が求められることもある（柔軟性原理）。

　また，継続的契約の解除については，遡及効を否定して，将来効のみを認めるべきであるとされる（例，620条〔賃貸借〕と同条を準用する630条〔雇用〕・652条〔委任〕・684条〔組合〕）。

第2章
契約の成立

第1節　序　　説

1　契約成立とはどういう問題か

（1）契約成立における表示主義

　契約とは当事者の意思表示の合致（合意）によって，当事者間の権利義務関係を形成するものである。したがって，契約は，当事者の意思表示が合致することによって成立する。もっとも，それは不要式の諾成契約についていえることであって，意思表示が合致しただけで，当然に効力が生じるとは限らない。要式契約は，意思表示が書面でされなければ効力を生じない。他方，要物契約は，財貨の移転と一方当事者の返還約束によって効力を生ずるから，意思表示の合致は不要であるようにみえるが，財貨を移転する行為に意思表示が含まれているといえる（したがって，財貨を交付した当事者が意思表示の無効・取消しを主張することはあり得る〔例，交付する相手を間違えた場合の錯誤取消しなど〕）。いずれにせよ，意思表示の合致がなければ契約は成立しない。

　意思表示が合致しているかどうかは，表示を基準に客観的に判断される。これを「契約成立における表示主義」という。これに対して，客観的に意思表示

が合致していても，当事者の内心の意思が合致していなければ不成立とする考え方がある（契約成立における意思主義）。しかし，これでは，相手方には知り得ない当事者の内心の意思次第で契約の成立が否定されて取引安全を害するばかりか，錯誤規定（95条）の適用場面がなくなる。たとえば，AがBに対してA所有の甲土地を1000万円で売るといい，それに対してBが買うと述べたが，Bが，甲土地とは隣接した乙土地のことであると誤解していたとする。この場合，「甲土地」を買うというBの意思表示は表示錯誤に基づくものであるが，契約成立の意思主義によれば，AとBの意思が合致していないから契約は成立していないことになり，95条を適用する余地がないことになる。したがって，契約成立における表示主義によって，甲土地の売買契約が成立したことを前提として，Bが錯誤（95条1項1号）に基づいて取り消すことができるかが問題となると考えるのが，民法のしくみに整合的である。このようなことから，契約成立における意思主義はとることができないと考えられている。

　また，以上で述べたことから明らかであるように，契約の成立とその有効性（無効・取消し）の問題は別レベルの問題であることにも注意してほしい。錯誤の場合に限らず，無効・取消しは，契約が成立していること（そしてその内容が解釈によって確定していること）を前提とする。

(2)　無意識的不合意

　ところで，意思表示が外形的に一致していても，その意思表示が複数の意味に解釈し得て，どの意味を採用すべきか判断できない場合には契約は成立していない。たとえば，AB間で，A所有の「土佐丸」という名の船の売買契約に合意したが，Aは「第1土佐丸」と「第2土佐丸」という二隻の船を所有しており，ABがそれぞれ別の「土佐丸」を売買する意思であったとする。この場合において，「土佐丸」という表示をどちらの「土佐丸」の意味で用いたのが正当であるか確定できないようなときである。この場合，契約は不成立である。このような契約の不成立を，「無意識的不合意」や「不合致」という。

　これと類似するのが，契約内容の不確定による無効である（内容の確定性は，法律行為の有効性の一般的要件である）。たとえば，Aが旅行をするBに「新千歳空港の人気のおみやげ」を買ってきてほしいと頼み，Bがそれを引き受けた場

合，意思表示は外形的に合致している。そして，AB はともにその表示に，「新千歳空港で販売されている人気のおみやげ」という同じ意味を付与しているとする。この場合，契約は成立している。しかし，この表示では，この契約に基づいてなされるべき給付を確定することができないために，この契約は成立しているが無効である（法律行為の一般的有効要件としての確定性）。裁判所としても，この契約の強制のしようがないからである。

2 契約成立の態様

　契約が成立するために，意思表示の合致の態様は問わない。しかし，民法は，そのなかでも「申込み」と「承諾」の合致による契約の成立と，「懸賞広告」を用いた契約の成立について規定する（522 条～532 条）。これらは，申込者や懸賞広告者が，相手方に対して契約を成立させるか否かの決定を委ねる方法であり，相手方はいつから・いつまで契約を成立させることができるのか，申込者は申込みを撤回することができるのか，隔地者間の場合において通信のリスクは誰が負担するのかなど，明確化が必要な特有の事情があるからである。

　しかし，現実の契約締結プロセスにおいては，当事者の一方にそのような決定が委ねられることなく，両当事者が交渉によって契約内容を練り上げたうえで，両当事者で契約締結の決定をすることも多い。このような契約成立プロセスは，民法 522 条以下が規定する「申込み・承諾型」のプロセスと区別して，「練り上げ型」と呼ばれることがある。「練り上げ型」においても，意思表示の合致は契約成立の要件であるが，どの意思表示が「申込み」でどれが「承諾」にあたるかを特定することは無意味である（むしろ，申込みと承諾による契約成立とは区別された契約成立プロセスであることを認識することが重要である）。

第2節　申込みと承諾による契約成立

1 申込み

　申込みとは，契約の内容を示してその締結を申し入れる意思表示のことである（522 条 1 項）。ただし，契約の締結を申し入れる意思表示のすべてが「申込

み」にあたるわけではない。相手方が承諾をすれば申込みの内容で契約が成立するのであるから（522条1項），「申込み」は，相手方が承諾すれば契約を成立させるという申込者の意思（自己拘束意思）が表示されていなければならず，また，その申入れに示された内容だけで契約を成立させるに足るだけの内容の確定性が必要である。なお，申込みにおいて，承諾の方法を指定することもできる。

　契約締結に向けた申入れが，自己拘束意思や内容の確定性を欠く場合には，それは「申込みの誘引」にあたる。たとえば，商品の広告，店舗のショーウィンドウでの商品の陳列，オンラインのショッピングモールにおける注文ボタンの表示は，通常は，申込みの誘引にあたる。販売数量には制限があるから，売主としては，諾否の自由を留保しているとみるべきだからである（ただし，「先着10名様」のような表示があれば，先着10名に対する申込みにあたると評価し得る）。

　申込みは，相手方に到達することによって効力を生ずる（97条1項。なお同条2項も参照）。もっとも，申込みがあっただけでは，相手方は何らの拘束も受けない。相手方は，契約を締結するかどうかの自由を有する（521条1項）。他方，申込みが効力を生ずると，申込者は，原則として申込みを撤回することができない（523条1項・525条1項）。このことを申込みには拘束力があるという。なお，申込みの到達前（効力発生前）に，それをとりやめることはできよう（例，郵送した申込みが相手方に到達する前に，電話でとりやめる旨を伝えるなど）。

2　承　諾

(1)　承諾の定義

　承諾とは，申込みの内容で契約を成立させることについての同意の意思表示である。申込みに対する承諾によって契約は成立する（522条1項）。申込みの内容に条件を付すなどの変更を加えて承諾しても契約は成立しない。そのような変更を加えた承諾は，「申込みの拒絶」であるとともに「新たな申込み」（反対申込み）とみなされる（528条）。当初の申込みは拒絶によって失効する。失効した申込みを改めて承諾することはできない。ただ，当初の申込者が，「新たな申込み」を承諾すれば，それによって契約が成立する。

　なお，申込みが承諾の方法を指定している場合には，その方法による承諾を

しなければ，契約は成立しない。

(2)　承諾の方法1——通知による承諾

　承諾の意思表示は，原則として，申込者に対する通知によって行う。承諾の通知は，申込者に到達することによって効力を生ずる（97条1項）。申込者がその到達を妨げたときは，その通知は通常到達すべきであった時に到達したものとみなされる（97条2項）。承諾が効力を生ずることによって契約が成立する。これは，意思表示の効力発生に関する一般原則（97条）に従うものであるが，申込者が死亡等した場合については，97条3項ではなく，526条が特則を定めている（⇨ **4**(5)）。

　承諾が相手方に到達する前に，（申込みのとりやめと同様に）それをとりやめることは認められよう。

(3)　承諾の方法2——意思実現による契約成立（通知によらない承諾）

　通知によらない承諾が認められることがある。これが認められるのは，①申込みの意思表示または②取引上の慣習から，通知を必要としない場合である。たとえば，売買契約を繰り返し締結している当事者間で，買主からの発注に対して，売主が通知をすることなく直ちに商品を発送する慣行が確立しているような場合がそれにあたる。この場合には，相手方の「承諾の意思表示と認めるべき事実」（この例では商品の発送がそれにあたる）があった時に，承諾があったものとされ，契約が成立する（527条）。これを意思実現による契約成立という。

　なお，意思実現による契約成立が認められない場合であっても，申込みの相手方が行った給付行為を申込者が知ることとなった場合（例．発送した商品が申込者に到達した場合）には，承諾通知の到達があったものとして，契約の成立が認められよう。したがって，527条の独自の存在意義は，その行為を行っただけで，申込者が知らなくても契約が成立することがあるとしている点にある。

(4)　承諾の方法3——沈黙による承諾・諾否通知義務

　申込みを受領した相手方は，原則としてそれに応対する義務はなく（申込者が一方的に相手方に義務を課すことはできない），申込みに対して沈黙しているこ

とによって契約が成立することはない。商品を一方的に送り付けて，不要であれば連絡をすることを求める契約締結手法（ネガティブ・オプション）も，申込みに応対する義務を一方的に課そうとするものであり，返事をしなかったからといって契約が成立することはない。特定商取引法 59 条は，そのように送り付けられた商品の返還義務もないとする。

　ただし，商人が平常取引をする者からその営業の部類に属する申込みを受けた場合には，遅滞なく諾否の通知を発しなければ，申込みを承諾したものとみなされる（商 509 条〔諾否通知義務〕）。これは，商取引の迅速性を尊重した規律であり，当該当事者間の従前の取引関係からして諾否通知義務を課しても酷ではないという考慮に基づく。

> ### Column 2-1　書式の戦い（battle of forms）
>
> 　当事者双方がそれぞれの定型書式を用いて申込みと承諾を行う場合，書式の表面に記載される主要な契約条項（売買であれば，目的物の種類・品質・数量・代金，引渡場所，代金支払方法など）が合致していても，裏面にあらかじめ印刷されている定型条項（表明保証条項，管轄条項，準拠法条項，仲裁条項など）は合致しないことが多い。民法に従えば，このような書式のやりとりだけでは「新たな申込み」が相互に繰り返されるだけで，契約が成立することはない。
>
> 　しかし，当事者は裏面約款に注意を払っていないことも多く，契約が成立したと考えて履行をした場合には，その履行自体が，その時点からみて直近になされた最後の「新たな申込み」に対する承諾として評価されるため，最後の書式が契約内容となる（これを「ラスト・ショット・ルール」という）。両当事者は自らの送る書式が最後のものになるように，書式の応酬をすることになり，これを「書式の戦い」という。
>
> 　もっとも，「ラスト・ショット・ルール」では，どちらの当事者の書式が最後のものになるかという偶然によって契約内容が左右されることになるし，書式の戦いを激化させるものであり，その合理性には疑問がある。比較法的には，両当事者の定型書式の共通する内容のみが契約内容となり，異なるところは相互に排斥しあうという「ノック・アウト・ルール」が標準的な規律となりつつある（例，ユニドロワ国際商事契約原則 2.1.22 条）。
>
> 　また，どちらの当事者も履行をしていない場合には，「ラスト・ショット・ルール」では，契約は成立していないことになり，現実の当事者の意識との間にずれが生じることになるが，「ノック・アウト・ルール」によれば，契約の成立が否定されることはない。

③ 電子的通信による「申込み」と「承諾」

　電子メールやウェブサイト上のクリックにより送信されるデータメッセージ
も，「申込み」または「承諾」にあたり得る。このような電子的通信を用いる
ことができるのはどのような場合か，また，どの時点で「到達」したといえる
かが問題となる。

　法的拘束力のある文書ではないが，経済産業省の「電子商取引及び情報財取
引等に関する準則」（令和 2 年 8 月）I-1-1 は，電子メールやウェブ画面上での
申込みと承諾について，それが有効であることを前提として，承諾通知の到達
時とは，受信者（申込者）が指定した，または，通常使用するメールサーバー
中のメールボックスに読み取り可能な状態で記録された時点であるとしており，
参考になる。

　これはメールサーバーへの記録時を到達時とする考え方であるが，受信者の
知らないうちに到達しているとされて受信者が不測の不利益を受ける事態を回
避するために，メールサーバーが受信者の指定したもの，または受信者が通常
使用しているものであることを求め（それがない場合には電子的通信は認められな
い），さらに，受信した電子的通信が文字化け等々で読み取りできない場合に
は到達したと評価できないとするものである。

④ 隔地者間の契約成立

(1)　隔地者間の契約成立の特徴

　「申込み・承諾型」の契約締結プロセスにおいて，当事者が時間を要する通
信手段（郵便，ファックス，電子メール等）を用いて通信をする場合，すなわち
「隔地者」の関係にある場合には，当事者が相手方に即応できる「対話者」で
は生じない問題が生じる。

　(i)契約の成立時期はいつかという問題，(ii)承諾は，いつからいつまでならで
きるかという問題（申込みの効力〔承諾適格〕），(iii)通信の事故（申込みや承諾が，
相手方に到達しない場合や遅れて到達した場合）のリスクをどう配分するかという
問題，(iv)申込み後，承諾がなされるまでに時間が経過するため，その間に申込
者が翻意して，申込みを撤回したいと考えることがあり得るが，これを認める

か認めないかという「申込みの撤回可能性」の問題，(v)申込みの発信後に申込者が死亡し，または能力を制限されるに至った場合の申込みの効力の問題などがある。

　このように，「隔地者間」の契約締結プロセスにおいて生じる問題は，通信に時間を要することに起因するものである。したがって，隔地者間とは，両当事者が地理的に隔たった場所にいるかいないかということは決定的ではない。両当事者が地理的に隔たった場所にいて，通信手段が介在する場合であっても，それが即時的な通信である場合（例，電話，ウェブ会議）には，上で述べたような問題が生じず，実際に相対している当事者間と変わるところはない（対話者間の契約成立については **5** 参照）。

(2)　契約の成立時期

　契約は，承諾の意思表示によって成立する（522条1項）。したがって，契約の成立時期は，承諾が効力を生ずる到達時である（97条〔到達主義〕）。この点は，平成29年改正によって改正された点である。改正前の民法は，承諾の通知の「発信」によって契約が成立するとしていた（改正前526条1項〔発信主義〕）。その趣旨は，通信に時間がかかり，到達するかどうかも不確実な19世紀末の通信技術を前提として，早期に契約を成立させ，承諾者が直ちに履行に着手することができるようにして，取引の迅速化を図ることであった。しかし，現代の通信技術を前提とすれば，承諾の意思表示についても，97条の原則どおり到達主義を適用しても，支障はない。承諾の意思表示について，発信主義から到達主義への転換がなされたのはこのような考慮に基づく。

　なお，これは任意規定であって，申込みや事前の合意（例，インターネットのショッピングモールの利用規約等）において，当事者が契約の成立時期を定めることもできる。

(3)　申込みの撤回

　申込みを受けた相手方は，いつまで承諾によって契約を成立させることができるか。これには，①申込者が申込みを撤回することができるかどうかという問題と，②期間の経過によって申込みは失効するかどうかという2つの制度が

かかわる。②については(4)で扱う。

　民法は，申込みは撤回できないことを原則としている。これを，「申込みの拘束力」という。比較法的には，申込みは原則として撤回可能であるという制度もある（英米法）。日本法のように，申込みに拘束力を認めるのは，申込みの相手方に，契約を締結するか否かを熟慮する時間（他の取引相手の条件との比較検討をする余地）を与えることを重視するものである。これに対して，申込みに拘束力を認めない法制度では，申込みがいつ撤回されるか分からないので，申込みの相手方は，素早い決断と行動を求められる。これは，取引の迅速性をより重視するものである（英米法においては，「約因」〔consideration〕の考え方により，申込者が見返りもなく一方的に拘束されることはないという理論的背景もある）。どちらの制度をとるかは，立法政策の問題である。

　それでは，民法では，申込みはいつまで拘束力を有するか（つまり，いつから撤回可能となるか）。

　(a)　**申込みに承諾期間の定めがある場合**　　申込みに，承諾をすべき期間（承諾期間）の定めがある場合には，原則として，その申込みは撤回できない（523条1項本文）。そして，その承諾期間の経過によって申込みは失効する（523条2項）。それが承諾期間を定めた趣旨と考えられるからである。ただし，承諾期間中であっても，申込者が，撤回権を留保することは認められる（523条1項ただし書）。

　(b)　**申込みに承諾期間の定めがない場合**　　申込みに承諾期間の定めがない場合には，「申込者が承諾の通知を受けるのに相当な期間を経過するまで」は申込みを撤回することができない（525条1項）。その反対解釈として，相当な期間を経過すれば，撤回が可能となる。申込みの撤回は相手方に対する意思表示によって行い，相手方に到達すれば（97条1項），申込みは効力を失う。「相当な期間」が経過しても，申込みが撤回可能となるだけであって，直ちに申込みが失効するわけではない。この点は(a)の場合とは異なる。申込者が申込みを撤回していなければ，承諾によって契約が成立する（ただし，(4)でみるように，承諾期間の定めがない申込みは無期限に効力〔承諾適格〕を有し続けるわけではなく，さらに一定期間の経過によって失効する）。

　申込みの撤回が相手方に到達するより先に，承諾が申込者に到達していれば，

契約が成立しており，撤回の効力が生じないことには異論がない。それでは，承諾通知の発信後，その到達前に撤回通知が到達した場合には，撤回の効力は生ずるか。平成29年改正前民法は，承諾通知が発信されれば契約が成立するとしていたから（改正前526条1項），承諾通知発信後の申込みの撤回という問題は生じなかった。改正後のこの点の取扱いは，明らかではない（なお，CISGは，改正後民法と同様に承諾通知に到達主義を採用したうえで，撤回可能な申込みも，承諾の「発信」によって撤回できなくなるとする。CISG 16条(1)。CISGについては⇨第1章第1節 **3**，第7章第1節 **3**(3)）。承諾通知の発信によって，申込みは失効しなくなること（下記(4)参照）との均衡からすれば，CISGと同様に承諾通知の発信によって撤回もできなくなるとすべきであろうか。

　(c)　**クーリング・オフ**　　なお，申込みは撤回できないという民法の原則とは逆に，消費者保護の観点から，消費者が一定期間は自由に申込みを撤回することができるとする特別法上の制度がある。それが，特定商取引法等に規定されているクーリング・オフ制度である（例，特定商取引9条・24条・40条・48条・58条・58条の14，割賦35条の3の10・35条の3の11，宅建業37条の2など）。クーリング・オフは，申込みの撤回前に承諾がなされて契約が成立したとしても，一定期間は自由に契約を解除することができるともしており，契約の拘束力を弱める制度であるといえる（⇨　Column 6-1　）。

(4)　申込みの失効

　申込みは，撤回されない限り永久に承諾することができるわけではない。申込みが効力を失うことがあるからである（これによって，申込みが「承諾適格」を失うという）。(3)でみたとおり，申込みの撤回によっても，申込みは失効するが，以下ではそれ以外の申込みの失効についてみる。

　(a)　**申込みの拒絶**　　申込みの相手方が，申込みを拒絶した場合に申込みが失効することは既に述べた。528条はそのことを前提とする。

　(b)　**期間の経過による失効**

　(i)　**申込みに承諾期間の定めがある場合**　　申込みが，承諾期間を定めている場合には，その期間内に承諾が到達しなければ，申込みは効力を失う（523条2項）。承諾が遅延して，承諾期間後に到達した場合には，申込みは効力を

失っているが，申込者は遅延した承諾を「新たな申込み」とみなして，それを承諾することによって契約を成立させることができる（524条）。

(ⅱ) 申込みに承諾期間の定めがない場合　申込みに承諾期間の定めがない場合については，商法は，商人間では相当の期間内に承諾の通知を発しなければ申込みが失効するとする（商508条）。承諾の通知を発信しさえすれば，それが到達しなくても，申込みは失効しないということであり，承諾通知の発信が申込みの失効を妨げる。これに対して，民法には明文の規定はない。相当な期間経過後は，申込みの撤回が可能になるから（525条1項），申込みの拘束力から免れたい申込者は，申込みを撤回すれば足りるともいえる。しかし，通説は，申込者が撤回しない限り申込みが無期限に承諾適格を有するとするのは不当であって，商法508条が適用にならない場合であっても，取引慣行と信義則を根拠に，「相当の期間」の経過によって，申込みは失効すると解している。この「相当の期間」は，承諾期間の定めのない申込みが「相当な期間」経過後は撤回できるようになるという場合の「相当な期間」よりも長いと考えられている（つまり，撤回可能な申込みが失効せずに承諾適格を保つ期間がある）。

ただし，この失効を止めるために，商法508条と同様に，相当の期間内に承諾を発信すれば足りるのか（到達しなくてもよいのか）どうかについては明らかではない（平成29年改正前の承諾についての発信主義の下では，承諾の発信によって契約が成立するから，承諾を発信すれば申込みが失効することはなかった。しかし，改正後の到達主義の下では，同列に論ずることができない。平成29年民法改正を踏まえれば，商法508条が適用になる場合には，契約が成立するためには承諾の到達が必要であるが，相当の期間内に承諾を発信すれば申込みが失効することはないということになる。信義則上，民法においても同様に解するべきであろう）。

(5)　申込者の死亡，意思能力の喪失，行為能力の制限

意思表示の発信後に，表意者が死亡し，意思能力を喪失し，または行為能力の制限を受けることがあり得る。その場合，その意思表示の効力は妨げられないのが原則である（97条3項）。しかし，申込みの意思表示については，民法526条がその特則を定める。

すなわち，申込みの発信後に，申込者が，①死亡し（＝権利能力喪失），②意

思能力を有しない常況にある者となり，または③行為能力の制限を受けた場合には，申込みはその効力は有さないとされることがある。第 1 は，申込者が，①②③の事実が生じたとすればその申込みは効力を有しない旨の意思表示をしていたときである。これは私的自治の原則の確認である。第 2 は，申込みの相手方が，承諾通知の発信時に①②③の事実が生じたことを知っていたときである。これは，その場合には申込者による履行を期待すべきではないからである。平成 29 年改正前の 525 条は，その文言上，申込みの到達後に当該事実が生じた場合にも適用されるかどうか明らかではなかった（到達によっていったん効力を生じた申込みの効力は失われないとする説があった）。しかし，改正後 526 条は①〜③の事実が申込みの到達後に生じた場合を区別しないことを明らかにしている。①〜③の事実が申込みの到達後に生じた場合であっても，申込みの相手方は申込者による履行を期待すべきでないことに変わりはないからである。

5　対話者間の契約成立

　対話者間における申込みについては，申込みが承諾期間を定めていない場合について，隔地者間の場合とは異なる規律が定められている（承諾期間の定めがある場合は，原則としてその期間内は申込みを撤回することができず，他方で，承諾期間の経過によって申込みは失効する。つまり，523 条は，対話者間の申込みについても適用される）。

　申込みが承諾期間を定めていない場合，対話者間では，その対話が継続している間はいつでも申込みを撤回することができる（525 条 2 項）。その撤回によって相手方が害されることはないからである。また，申込者が対話終了後も申込みが失効しない旨を表示したのでない限り，対話継続中に承諾の通知がなければ申込みはその効力を失う（525 条 3 項）。たとえば，電話で商談中に申込みをしても相手方が承諾するまではいつでも申込みを撤回することができるし，電話を切れば，申込みは失効する。ただし，たとえば，1 週間以内に返事をすることになっていれば，その期間内は，申込みは失効しない。

第 3 節　特殊な契約成立

1 懸賞広告

ある行為をした者に一定の報酬を与える旨の広告を「懸賞広告」という（例，犯罪の情報提供者に報酬を与える旨の広告，迷い猫の発見者に報酬を与える旨の広告）。懸賞広告をした者（懸賞広告者）は，その行為をした者に報酬を付与する義務を負う（529 条）。その行為をした者が，その懸賞広告を知って行為したかどうかは関係ない。広告に定めた行為をした者が数人いる場合に，誰が報酬を受ける権利を有するかについては，531 条・532 条（優等懸賞広告）が定める。

懸賞広告の撤回可能性については，指定した行為をする期間が定められている場合と定められていない場合について，それぞれ承諾期間のある申込みとない申込みの規定とパラレルな規定が置かれている（529 条の 2・529 条の 3 が 523 条・525 条とパラレル）。撤回可能な場合，前の広告と同一の方法によって撤回したときは，その撤回を知らない者に対しても，撤回は効力を有し（530 条 1 項），それ以外の方法によって撤回したときは，これを知った者に対してのみその効力を有する（530 条 2 項）。SNS に懸賞広告を出した場合には，同じ SNS で懸賞広告を撤回することができるし，個別に撤回通知をすることもできる。

2 競争締結

競りや入札のように，複数の相手方に契約条件を競争させて，最も有利な条件を示した相手方と契約を締結する方法を競争締結という。競りは，通常は競争者間で他の競争者の提示条件を知ることができるのに対して，入札の場合にはそれが伏して行われる。競争締結は国家機関による契約で用いられることが多い（例，民事執行法上の競売，国税徴収法上の公売，公共工事の競争入札）が，その場合の契約締結についてはそれぞれ法令上の定めがある。私人間でも，魚市場の競りや美術品の競り（オークション）などが典型例であるが，近時はインターネット・オークションもある。

最も有利な条件を提示した者との間に，当然に契約が成立するか否か（その

条件提示が承諾にあたるか否か）は，競り・入札を申し出た者の申出が，諾否の自由を留保しているか，最も有利な条件を提示した当事者と契約を締結する意思で申出をしているかによる。競りも入札も，諾否の自由を留保している場合が多く，その申出は「申込みの誘引」にあたり，複数の者からの条件提示がそれぞれ「申込み」にあたる。

3 交叉申込み（申込みの交叉）

Ａがある物をＢに1万円で売りたいと申し込み，その意思表示がＢに到達する前に，Ｂがその物を1万円で買いたいとＡに申し込んだような場合，Ｂの意思表示は申込みに対する承諾にはあたらない。しかし，このように互いに合致する内容の申込みが交叉してなされた場合には，実質的に合意があるといえるから契約が成立すると考えられている。この場合，契約の成立時期は両方の申込みが到達した時である（97条1項）。もっとも，大量の受発注を行う企業取引の場合など，交叉する申込みの対応関係が確定できないときには，交叉申込みによる契約の成立を認めることは避けるべきであろう。

4 事実的契約関係

たとえば，有料駐車場に駐車した場合，意思表示の合致を問うことなく，駐車契約に基づく料金の支払義務が発生すると考えられる。このような定型的な社会類型的行為については，意思表示の合致によらず，一定の事実に基づいて契約上の権利義務が発生するとするのが「事実的契約関係」の理論である。この理論を承認すべきかどうかについて，学説は分かれる（否定説は，私的自治の原則に反することや，不法行為・事務管理・不当利得などの法定債権による処理が可能であることなどを理由とする）。

事実的契約関係の理論による場合には，契約関係の発生は意思表示によるものではないから，意思無能力，行為能力の制限，意思表示の瑕疵による無効・取消しの規定は適用にならないこととなる。

第 4 節　契約準備段階の法律関係

1 序　　説

　契約に基づく給付義務や付随的な注意義務が発生するのは，契約の成立によってである。しかし，契約成立前においても，当事者が契約交渉関係に入れば，信義則が支配する契約類似の社会的接触関係を生じさせると考えられる。そして，契約交渉者が信義則上の注意義務に違反することによって，相手方に損害を与えた場合には，損害賠償責任を負うと考えられる。これが，「契約締結上の過失」（culpa in contrahendo）の法理である（判例は，「契約準備段階の注意義務違反」ということが多い）。

　契約準備段階における信義則上の注意義務が問題となる事案類型は 3 つあるが（⇨**3**〜**5**），まずその法的性質にふれることとしたい。最後に，契約準備段階における合意に基づく注意義務についてもふれる（⇨**6**）。

2 法 的 性 質

　契約が成立していない段階で，なぜ注意義務が発生するのかについては，当事者は契約交渉関係に入ることによって，「契約類似の社会的接触関係」に入っており，そこでは信義則上の注意義務が生じていると構成することとなる。その義務に違反した場合の契約締結上の過失責任の性質は，契約責任（債務不履行責任）か，不法行為責任か。

　ドイツ法では契約責任とされる。このことには，ドイツ法では，不法行為責任の発生要件が厳格であるために，契約締結上の過失責任を契約責任として構成して，被害者を救済するという実践的意義があった。これに対して，日本法では不法行為責任（709 条）の要件が柔軟であるため，契約締結上の過失責任を不法行為責任として構成することが可能である。また，不法行為責任であれ契約責任であれ，請求者は，相手方に注意義務違反があったことを主張しなければならず，主張立証の負担や損害賠償の内容にも違いはない（立証についていえば，民法 415 条による責任追及をする場合にも，債務不履行の事実にあたるのは相

手方の注意義務違反であるから，709条の過失を主張立証するのと変わらない）。判例
も，契約締結上の過失責任を認めるにあたって，その根拠条文を明示しないこ
とが多かった。それでも，消滅時効期間については，不法行為責任と契約責任
とでは違いがあるため，不法行為責任の時効（724条1号〔損害および加害者を知
った時から3年〕）が完成している場合に，時効がまだ完成していない契約責任
（166条1項1号〔権利を行使することができることを知った時から5年〕。なお，平成
29年改正前は10年であった〔改正前166条・167条1項〕）を追及できるかというこ
とが問題となる（安全配慮義務違反に基づく責任の法的性質についても同様の考慮が
なされたことを想起してほしい〔最判昭和50・2・25民集29巻2号143頁〕）。

　この点に関する最高裁判決として重要なのが，最判平成23・4・22民集65
巻3号1405頁（関西興銀事件）　判例2-1　である。同判決は，説明義務（注意
義務）違反によって本来であれば締結しなかったはずの契約が締結された場合，
その契約は説明義務違反によって生じた結果であって，説明義務がその契約に
よって生じた義務であるということは「一種の背理」であるとして，債務不履
行構成を否定した。この判決の射程については検討の余地があるが，契約成立
前に契約に基づく義務が発生することはないと考えているものと思われる。

> 判例2-1　最判平成23・4・22民集65巻3号1405頁（関西興銀事件）
> 【事案】Y信用協同組合の組合員Xらは，Yからの勧誘に応じて各500万円の
> 追加出資をしたが，その1年9か月後に，Yの経営が破綻した。そこで，出資
> 契約締結時に既にYは実質的に債務超過の状態にあって，経営破綻の現実的
> な危険性があったにもかかわらず，YがそのことをXらに説明していなかった
> ために追加出資をしてしまったとして，Xらは，主位的に不法行為，予備的
> に債務不履行に基づく損害賠償として各500万円および遅延損害金の支払を求
> めて訴えを提起した。
> 　訴え提起の時点で，不法行為に基づく損害賠償請求権の時効は完成していた
> が，原審は，本件説明義務違反は，不法行為を構成するのみならず，契約上の
> 付随義務違反として債務不履行をも構成するとして，Xらの請求を認めた。そ
> こで，Yが上告受理申立て。
> 【判旨】破棄自判（請求棄却）。「契約の一方当事者が，当該契約の締結に先立
> ち，信義則上の説明義務に違反して，当該契約を締結するか否かに関する判断
> に影響を及ぼすべき情報を相手方に提供しなかった場合には，上記一方当事者
> は，相手方が当該契約を締結したことにより被った損害につき，不法行為によ

る賠償責任を負うことがあるのは格別，当該契約上の債務の不履行による賠償責任を負うことはないというべきである。

　なぜなら，上記のように，一方当事者が信義則上の説明義務に違反したために，相手方が本来であれば締結しなかったはずの契約を締結するに至り，損害を被った場合には，後に締結された契約は，上記説明義務の違反によって生じた結果と位置付けられるのであって，上記説明義務をもって上記契約に基づいて生じた義務であるということは，それを契約上の本来的な債務というか付随義務というかにかかわらず，一種の背理であるといわざるを得ないからである。契約締結の準備段階においても，信義則が当事者間の法律関係を規律し，信義則上の義務が発生するからといって，その義務が当然にその後に締結された契約に基づくものであるということにならないことはいうまでもない。

　このように解すると，上記のような場合の損害賠償請求権は不法行為により発生したものであるから，これには民法724条前段〔平成29年改正前の条文〕所定の3年の消滅時効が適用されることになる……。」

　なお，本判決には千葉勝美裁判官の補足意見がある。

【コメント】本判決の射程について2点指摘したい。第1に，本判決は説明義務違反によって契約が締結された場合についてのみ射程が及び，その他の契約準備段階の注意義務違反には及ばないと厳格に読むこともできる。本判決は，説明義務違反がなければ締結されなかったはずの契約が，その説明義務の発生根拠になるとすること（つまり，説明義務が果たされていれば存在しなかったはずの契約を，その説明義務の根拠とすること）が「一種の背理」だとしている。この論理は，契約の無効・取消しの場面や不当破棄の場面にはそのままではあてはまらない。しかし，より一般的に，契約に基づく注意義務が，契約締結前に発生することも背理といえようから，その射程は広く捉えてよいように思われる（千葉裁判官の補足意見は，法廷意見よりも一般的に，契約準備段階の注意義務について，「この義務は，あくまでも契約交渉に入ったこと自体を発生の根拠として捉えるものであり，その後に締結された契約そのものから生ずるものではなく，契約上の債務不履行と捉えることはそもそも理論的に無理があるといわなければならない」としている）。

　第2に，本判決の射程は，契約を締結するかどうかの判断に影響を与える説明義務違反の事案に限定される可能性がある。説明義務違反には，契約締結の判断には影響を与えないものもある。千葉裁判官の補足意見はこの点にも言及しており，①素人が銀行に対して相談や問い合わせをしたうえで一定の契約を締結した場合に，その相談や問い合わせに対する銀行の指示に誤りがあって顧客が損害を被ったときや，②電気器具販売業者が顧客に使用方法の指示を誤っ

て，後でその品物を買った買主が損害を被ったときがその例である（後者のような事案に関する判例として，最判平成 17・9・16 判時 1912 号 8 頁がある）。千葉裁判官の補足意見は，このような説明義務違反について，「その違反がたまたま契約締結前に生じたものではあるが，本来，契約関係における当事者の義務（付随義務）といえるものである。また，その義務の内容も，類型的なものであり，契約の内容・趣旨から明らかなものといえよう。したがって，これを，その後契約関係に入った以上，契約上の義務として取り込むことは十分可能である」とする。

3 契約無効・取消型

意思表示が合致して契約が成立しても，その契約が無効であったり，取り消されることがある。そのような契約を締結したことについて，当事者の一方に故意または過失（注意義務違反）がある場合には，相手方は，無効原因や取消原因のある契約を締結したことによって受けた損害について，損害賠償請求をすることができると考えられる。契約締結上の過失（culpa in contrahendo）の法理は，この類型から発祥した（ドイツのイェーリングが 1861 年に提唱した理論である）。

従来，教室設例として用いられることが多かったのは原始的不能の例であるが，これは原始的に不能な契約は無効であるとされていたためである（例，軽井沢の別荘の売買契約を東京で締結したが，その前日に山火事で別荘は焼失していて売主が履行できない場合には，その契約は原始的不能によって無効であり，買主は，売主の債務不履行責任を追及することはできない。しかし，売主が別荘の焼失を知らなかったことに過失があった場合には，買主は契約が有効であると信頼したことによって生じた損害の賠償を求めることができるか，という形で問題とされた）。しかし，平成 29 年改正で，原始的に不能な契約も有効とされたため（412 条の 2 第 2 項），この場合は債務不履行責任を追及することができることとなった。

錯誤による契約の取消し（95 条）も，錯誤に陥ったのが錯誤者の過失による場合には，相手方は錯誤者に対して有効な契約を締結したと信頼したことによって生じた損害について，損害賠償請求をすることが考えられる（錯誤者に重過失があって取消しが認められない場合には〔95 条 3 項〕，契約締結上の過失責任は問

題とならない）。ただし，相手方が表意者の錯誤を知っていた場合には，保護すべき信頼によって生じた損害がないから，表意者は責任を負わない。相手方が表意者の錯誤を過失で知らなかった場合も同様に考えるか，過失相殺の問題とすべきか争いがある。損害の公平な分担という観点からは後者を支持すべきであろう。

　詐欺による契約の取消し（96条）についても，錯誤の場合と同様に考えることができる。欺罔されたことについて表意者に過失があったとしても，相手方が欺罔行為を行っている場合，または，第三者の詐欺を知っている場合には，保護すべき信頼による損害があるとはいえない。相手方が第三者の詐欺を知らないことに過失があった場合には，過失相殺の問題とすべきである。

　この場合の損害賠償の内容は，契約が有効だと信頼したこと，または取消原因がないと信頼したことによって生じた損害を塡補するものであり，無駄になった契約締結費用などの信頼利益の賠償である。契約は無効となるのだから，履行利益は観念することができない。

▌4▐　契約有効型（不当勧誘型）

（1）　意　　義

　契約は成立し，有効であるが，契約準備段階において当事者の一方の情報提供に不足があったり，誤った情報を提供したために，成立した契約内容では当事者の一方が，想定していた契約利益を得ることができない場合である。このような場合，錯誤（95条）・詐欺（96条）や，消費者契約法上の不実告知・断定的判断の提供・不利益事実の不告知（消費契約4条など）を理由にその契約を取り消して効力を否定することも考えられる。しかし，これらの規定の要件を充足しない場合には，信義則上の説明義務違反に基づく損害賠償請求をすることが考えられる。

（2）　説明義務・情報提供義務の発生とその内容

　説明義務や情報提供義務は，当事者間に情報格差がある場合に生じ，契約を締結するかどうかの判断に必要な情報について，情報入手で優位な当事者が，相手方に説明または情報提供をすることが求められる。典型的には専門家が非

専門家に対して義務を負う。たとえば，金融機関が顧客（素人）に負う説明義務，宅建業者が購入者に負う説明義務，フランチャイザーがフランチャイジーに負う説明義務などである。この場合，単に情報を提供するのではなく，その意味するところを説明することが求められる。

　しかし，専門家同士（プロ同士）であっても，一方が知り得ない情報について提供する義務が認められることがある。たとえば，シンジケートローン（複数の金融機関が融資団を組成してする融資。以下，シ・ローン）において，アレンジャー（幹事）であるY銀行が，融資先の信用力についての判断に重大な影響を与える情報（それを知ればシ・ローンへの参加をとりやめる等するのが通常である情報）を把握しており，その情報はシ・ローンへの参加を招へいされている銀行Xらが自ら知ることは通常期待し得ないものであったという事案において，Yは，信義則上，シ・ローン組成・実行前にその情報を提供すべき注意義務を負うとして，Yの損害賠償責任を認めた判例がある（最判平成24・11・27判時2175号15頁）。

　なお，契約当事者以外の第三者の説明義務違反によって，契約当事者が責任を負うこともある（最判平成17・9・16判時1912号8頁〔マンション販売業者（売主）から販売に関する一切の事務の委託を受けた宅建業者が，防火戸の説明を怠った事案で，売主の責任を認めた〕）。

(3)　義務違反の効果

　契約締結に影響を与える説明義務違反の場合，金融商品の取引であれば，「原状回復的損害賠償」が認められる。これは，契約を締結したこと自体が損害とみるものであって，契約がなされていない状態を損害賠償で作出するものである。投資額自体が損害額となる。これに対しては，契約を有効と評価しておきながら（たとえば，詐欺取消しを認めない），損害賠償で契約がなされていない状況を作出するのは評価矛盾であるとの批判もある。しかし，過失相殺により損害賠償の額は減額されるから，中間的な解決方法として原状回復的損害賠償を認めてよいであろう。

　もっとも，たとえば，説明義務違反で不動産の売買契約を締結した場合に原状回復的損害賠償を認めれば，買主は所有権を保持したまま，代金額相当の損

害賠償請求をできることになって不当である。この場合には，慰謝料の請求によらざるを得ないであろう（最判平成16・11・18民集58巻8号2225頁〔不動産売買における説明義務違反について，不法行為に基づく慰謝料請求が認められた事案〕）。

　また，契約締結に影響を与えない説明義務違反の場合には，契約のない状態を作出する原状回復的損害賠償はあり得ない。この場合には，具体的に発生した積極的損害についての損害賠償が認められる。たとえば，防火戸の使用方法についての説明がなかったために，マンションで延焼が生じたのであれば，延焼によって損傷した部分を修復するのに要する費用が損害賠償の内容となろう（前掲最判平成17・9・16）。

⑤ 契約交渉の不当破棄

(1) はじめに

　契約交渉を開始したからといって，契約を締結する義務が生じるわけではない。当事者には契約締結の自由がある（521条1項）。したがって，交渉当事者が，一方的に契約締結を期待して，契約が締結されるものとして履行の準備を始めても，それは自己責任で行うべきことであって，最終的に契約が締結されなくても相手方が何らかの責任を負うことはない。しかし，交渉のプロセスには信義則上の注意義務（誠実交渉義務，警告義務）があると考えられ，これに違反するような不誠実な締結拒絶がなされれば，損害賠償責任が発生し得る。これが契約交渉の不当破棄による責任である。

　なお，交渉の進め方についての合意がある場合には，そのような中間的合意に基づく注意義務が生じることもある（⇨**⑥**）。

(2) 信義則上の注意義務

　契約交渉の不当破棄には，2つのタイプがあるといわれる。

　(a) **警告義務違反型**　第1は，締結拒絶をすることは不当ではないが，交渉過程において契約は締結されるものとの誤信を惹起したことが不当な場合である。この場合，誤信をしている当事者に，それが誤信であることを警告する信義則上の注意義務があると考えられる（警告義務）。たとえば，分譲マンションの建築中に，その1室で歯科医院を開業することを検討していた歯科医から

の問い合わせを受けて，分譲業者が歯科医院開業のための設計変更を行い，その費用の上乗せをすることなどを歯科医に伝えたのに対して，歯科医は購入を決めていたわけではないのに特に異議を述べずに警告をしなかった（そして購入をしなかった）という事案について，最高裁は，歯科医が購入を断ることは，信義則上の注意義務に違反し，相手方が契約が有効に成立すると信じたことによって受けた損害（信頼利益）を賠償しなければならないとした（ただし，過失相殺がされている）（最判昭和 59・9・18 判時 1137 号 51 頁〔歯科医交渉破棄事件〕）。

　(b)　**誠実交渉義務違反型**　　第2は，契約を締結できるとの合理的な信頼を裏切って締結を拒絶することが不当な場合である。この場合には誠実交渉義務に違反していることになる。たとえば，ゲーム機の発注者と製造業者が，開発に関する契約を締結することなく，意見交換等をしながらゲーム機の開発を進め（製造業者が開発費用負担），製造販売をできる段階に達したにもかかわらず，製造販売契約を締結する当日に基本設計から修正しなければならないような仕様変更を発注者が突然求めたため交渉が決裂したという場合には，発注者に信義則上の誠実交渉義務違反があるといえる（最判平成 19・2・27 判時 1964 号 45 頁）。

(3)　損害賠償の性質と内容

　これらの信義則上の義務違反による損害賠償の性質は，最高裁平成 23 年判決◁ 判例2-1 ▷を踏まえれば，不法行為責任であると考えられる。また，契約は成立していないので「履行利益」の賠償を求めることはできない。この場合の損害賠償は，契約締結を信頼したことによって生じた不利益の賠償，すなわち「信頼利益」の賠償を内容とするものである。なお，警告義務違反の場合には，相手方が契約締結の可能性または確実性を誤信した後に生じた不利益が損害賠償の対象となる（誤信惹起までは義務違反はないからである）。

⑥ 中間的合意に基づく注意義務

　信義則上の注意義務とは区別されるものとして，合意に基づく誠実交渉義務がある。交渉当事者間で，他の者とは交渉をしないことを内容とする中間的合意がなされるのはそのような義務の一例である。なお，この場合，当事者は，契約を締結する義務を負っているわけではないから，これは「予約」とは異な

る（予約については⇨第 7 章第 2 節 **1**）。

　中間的合意に基づく誠実交渉義務に関する著名な事件が，2004 年に生じた住友信託銀行（X）と UFJ 信託銀行（Y）の協働事業化交渉をめぐる紛争である。簡略化すれば，XY 間で協働事業化に向けた交渉をするための基本合意書が交わされ，そこに第三者との間で基本合意の目的と抵触するような協議を行わないものとするとの独占交渉義務が定められていた。ところが，Y は，この基本合意を白紙撤回して，三菱東京フィナンシャルグループ（A）との経営統合に向けた交渉を A と開始した。そこで，X は Y に対して，①独占交渉義務に基づく差止請求（最決平成 16・8・30 民集 58 巻 6 号 1763 頁）と，②独占交渉義務違反に基づく損害賠償請求（東京地判平成 18・2・13 判時 1928 号 3 頁）を行った。

　最高裁決定（①）は，次のようにいう。まず，この合意に基づく独占交渉義務は，「交渉を重ねても，社会通念上……最終的な合意が成立する可能性が存しないと判断されるに至った場合」には消滅するが，それまでは存続する。そして，独占交渉義務が消滅していないとすれば，それに違反して，第三者と交渉をすることは，中間的合意の債務不履行にあたり，履行利益の損害賠償請求（415 条）が認められる。しかし，独占交渉義務違反がなくても最終的な契約成立が保証されているわけではないから，この義務違反による損害は，「最終的な合意の成立により X が得られるはずの利益相当の損害とみるのは相当ではなく，X が第三者の介入を排除して有利な立場で Y らと交渉を進めることにより，X と Y らとの間で本件協働事業化に関する最終的な合意が成立するとの期待が侵害されることによる損害」であるにすぎないとした。これは，正確には，差止めの仮処分命令申立事件における仮処分の要件である「著しい損害」（民保 23 条 2 項）の判断にあたっての説示であって，この事件における「期待の侵害」による損害は事後の損害賠償によって償えないほどのものとはいえないなどとして，差止めを認めなかったものであるが，「期待の侵害」を損害とする損害賠償の可能性を示唆するものでもある。

　その後，YA が経営統合し，X が Y に対して，最終契約が成立していた場合の履行利益 2331 億円の支払を求めたのに対して，東京地裁判決（②）は，義務違反とその損害の因果関係を否定して損害賠償請求を棄却した（前掲東京地判平成 18・2・13）。それは X が主張した損害が「期待の侵害」ではなかった

ためであろう（その後XY間で，YがXに25億円を支払う和解が成立したとされる）。

第**3**章
契約内容の確定

第 1 節　序　　説

　契約当事者は，自ら合意して成立させた契約に拘束される。つまり，契約当事者の権利義務関係を規律するのは，契約そのものである。したがって，当事者の権利義務を明らかにするためには，契約内容を確定しなければならない。

　そのための最初の作業が「契約の解釈」である。これは，当事者の明示または黙示の合意内容を明らかにする作業である。たとえば，売買契約の当事者はどのような種類・品質・数量の物を目的物としたのかが解釈されなければならない。契約解釈は，あらゆる契約について必要となる作業である。

　しかし，当事者は，その契約関係において生じ得る問題のすべてについて具体的に合意しているわけではない。そのため，契約の解釈によって明らかとなった合意の欠缺を補うために適用されるのが「任意規定」である（たとえば，売買の目的物の引渡しの場所について当事者が合意していなければ，484条1項による）。任意規定は当事者間の合理的な権利義務関係を定める，いわば初期設定（デフォルト設定）である（したがって，任意規定のことをデフォルト・ルールということもある）。民法総則，債権総則，契約総則に定められている任意規定は，原則としてあらゆる契約に共通して適用されるが，契約類型によって何が合理的な初

期設定であるかは異なり得る。そこで，任意規定には契約類型に応じて定められているものがある。そのような契約類型として民法等が定めているのが「典型契約」である。契約内容を確定するためには，適用される任意規定を確定する必要があるから，個々の契約がどの典型契約に該当するのかの判断が必要となる。

　また，契約には当事者の一方が事前に準備した約款が用いられることも多い。契約の相手方は，事実上，約款の内容に異を唱える余地がないことが通常で，約款による契約は両当事者が自由に合意したものとはいいにくい。そこで，約款はいかなる場合に契約内容に組み入れられるのか，また，約款における不当条項や不意打ち条項をそのまま契約内容としてよいのかという，約款による契約の内容確定に特有の問題がある。民法は約款のなかでも「定型約款」（その意味については第4節 **2**(2)）について規定を置いている。

　本章では，これら契約内容の確定にかかわる，契約の解釈（⇨第2節），典型契約（⇨第3節），定型約款（⇨第4節）について取り上げる。

第2節　契約の解釈

1 契約解釈とはどのような作業か

（1）　契約解釈の重要性

　契約は私的自治によって当事者が創出した法律関係を尊重する制度であり，また，契約に適用される民法の規定の多くは任意規定であって当事者の合意が優先する（91条）。したがって，当事者間に第1次的に適用される規範は契約である。契約解釈は，当事者が，明示的または黙示的に合意した契約内容を確定する作業である。しかも，契約解釈は個別の契約ごとになされなければならない。このことから，民法には明文の規定がないものの，契約解釈の準則（ルール）は，きわめて重要である。このことは，当事者の合意が当事者間の規範になることを強調する平成29年改正法の下では，なおさらである。

(2)　契約解釈に含まれる異質な作業

　契約当事者も，自ら合意した契約を解釈しながら履行をすることになるが，契約解釈について争いがある場合に，最終的に契約解釈権限を有するのは裁判官（または仲裁合意がある場合には仲裁人）である。

　法社会学的観察から，裁判官が行う契約解釈には，当事者が実際に合意した内容を明らかにする「意味の発見」と呼ばれる作業と，裁判官が望ましいと考える内容を契約に与える「意味の持込み」と呼ばれる作業が含まれていることが指摘されている。具体的な解釈がどちらにあてはまるのかの判断は困難な場合があるが，契約解釈は契約の文言のみにこだわって行われるわけではなく，合理的な内容になるように解釈されている。

　法解釈学的にも，契約は合理的に解釈されなければならない（合理的解釈）。そのためには，①明示の意思表示（明示の条項）であっても，契約の趣旨にしたがって文言を制限的に解釈したり，拡張的に解釈すべきことがある（制限的解釈・拡張的解釈）。また，②明示の意思表示がなくても，契約の趣旨に照らして「黙示の意思表示」を読みとることができる場合にはそれを認定すべきである。また，③①と②によって合意を認定することができず，合意に欠缺がある場合に，当事者が合意をしたとすればその内容となったはずの「仮定的当事者意思」に基づく合意（これも黙示の意思表示である）を認定すべきこともある（「補充的解釈」という⇨ **2** (3)）。①②③は，契約の趣旨に照らしての解釈であるから私的自治の原則に即しているといえる（「意味の発見」にあたる）。もっとも，③については，裁判官が望ましいと考える黙示の意思表示を認定することもあり得（「意味の持込み」にあたる），区別が難しい。また，④当事者の意思表示の解釈から得られた契約内容が望ましくないものであるときに，裁判官がそれを望ましい内容になるように修正して解釈することがある（「修正的解釈」という）。例文解釈はその一例である（⇨ **3** (2)）。修正的解釈については，裁判官による私的自治への介入であることから，契約解釈という衣をまとって行うのではなく，公序良俗違反に基づく一部無効などの法理によって，正面から論ずべきであるとの批判が強い。

2　契約解釈の基本的準則

　契約解釈は，遺言など他の法律行為の解釈と決定的に異なる点がある。それは，契約の解釈は 2 つの意思表示を解釈するものであるという点である。つまり，1 通の契約書があっても，実は，それは個別の当事者の複数の意思表示からなるものであり，遺言の場合のように単一の意思表示を解釈するのとは異なる。契約は，意思表示が客観的に合致することによって成立しているが（契約成立における表示主義⇨第 2 章），その一致した意思表示のそれぞれを解釈して合意内容を明らかにするのが契約解釈である。

　契約解釈は，次のようなプロセスで行われる。

(1)　第 1 段階：当事者の共通意思に基づく契約解釈

　契約は，当事者の内心の意思が合致しているなら，表示の客観的意味にかかわらず，その共通の意思を内容とするものと解釈すべきである（真意の探究，共通意思の探究）。たとえば，売主 A と買主 B が，「かにかま」の取引を行う意図で，「蟹」を売買するという意思表示をした場合，B は A に対して蟹の引渡しを求めることはできない。A と B は，「かにかま」の売買という共通の意思を有しており，かつ，いずれの当事者もその解釈によって不利益を受けないからである（かえって，両当事者に蟹の契約を押しつけることは私的自治に反する）。これを「誤表は害さず」（falsa demonstratio non nocet）の原則ともいう。

(2)　第 2 段階：規範的解釈

　当事者の内心の意思が合致しているといえない場合（共通意思がない場合または明らかでない場合）には，表示が一致していれば，その表示をどう解釈するのが正当であるかという観点から，その表示を規範的に解釈することとなる（表示も一致していなければ契約は成立していない）。これについては，2 つの考え方があり得る。

　第 1 は，2 つの意思表示をその客観的意味で解釈すべきであるという考え方（客観的解釈説）である。

　第 2 は，両当事者がそれぞれ意思表示に付与した意味を比較して，どちらの

言語用法が正当であるかという観点から，より正当な言語用法をしたほうの内容で契約を解釈すべきであるという考え方（意味付与基準説）がある。

客観的解釈説による場合には，どちらの当事者も望んでいない契約内容を当事者に押しつけることとなり得るから，意味付与基準説のほうが適切である。

たとえば，売主Aと買主Bが，それぞれ「にく」を売買する意思表示をしたとする。このとき，Aは「にく」とは豚肉のことであると考え，Bは鶏肉のことであると考えていたとする。また，その地方では，客観的には，単に「にく」といえば牛肉を指すが，AとBは豚肉について会話をしたあとで「にく」の売買という表示をしていたとする。このとき，意味付与基準説は，「にく」という表示で鶏肉を示そうとしたBの言語用法には非難可能性があり，Aの言語用法が正当であるから，この契約を豚肉の売買であると解する。これに対して，客観的解釈説によれば，この契約は牛肉の売買であることとなる。しかし，これはABが望んでいない契約を押しつけることになって適切ではない。

なお，意味付与基準説によっても，客観的解釈説によっても，Bは表示錯誤に陥っていることとなるから，95条1項1号の要件を満たせば，Bは契約を取り消すことができる。そして，Bが取消権を行使したことによってAに損害が生じたとすれば，AはBの契約締結上の過失によって損害を被ったとして損害賠償請求をする余地が生じる（⇨第2章第4節 **3**）。

ところで，意味付与基準説によった場合，ABの言語用法のどちらか一方が正当であるとは確定できないこともあり得る。このとき，「にく」の売買で契約は成立している外形はあるものの，実は，当事者の間に意思表示の合致はなかったと解される。これを「無意識的不合意」といい，契約は成立していないとされる（⇨第2章第1節 **1**(2)）。

(3)　第3段階：補充的解釈

契約において当事者が将来生じ得るあらゆる出来事をすべて予想し，かつ，それらのすべてに対処するための合意を網羅的に漏れなくしておくことは現実的には困難である。そのような欠缺を埋めるためには慣習や任意規定がある。しかし，契約は個別的なものであるから，当事者が合意していない点について，

慣習や任意規定とは異なる「仮定的当事者意思」（当事者が合意をしたとすれば合意内容となったはずの意思）に基づく黙示の意思表示を認定することができる場合には，それが優先すべきである。これを「補充的契約解釈」という。

3 契約解釈の補完的準則

契約解釈は，上記のようなプロセスで行われるが，そのプロセスを補完する解釈準則として，次のようなものがある。

(1) あらゆる事情の考慮

契約解釈は，契約締結の前後のあらゆる事情（契約交渉の経緯・内容，慣習，当事者間での従来から確立している慣行，契約締結後の当事者の行動，契約の性質など）を考慮して行うことができる。

外国法には，書面による契約の解釈にあたって，書面作成以前の事情を用いて書面の内容を否定することができないとするものがある（アメリカの口頭証拠排除則）。そうすることによって契約解釈をめぐる紛争を回避する趣旨である。実務では，日本法がそうであるように，準拠法にそのような準則がなくても，当事者が，将来の紛争を回避するために，合意内容はすべて書面に記載されていて，それ以外の事情を用いて契約解釈をすることはできないという条項に合意することがある（そのような条項を「完全合意条項」〔entire agreement clause〕という。さらに，完全合意条項とあわせて「口頭による変更禁止条項」〔no oral modification clause〕も合意されることが多い。これは，契約締結後の行動が契約の変更への合意であると解されることを防ぎ，契約内容はすべて書面に集約する趣旨である）。

(2) 全体解釈・有効解釈

契約は，全体として整合的に解釈しなければならず（全体解釈），また，すべての条項に意味を与えるように解釈しなければならない（有効解釈）。

ただし，「例文解釈」といわれる解釈手法がある。例文解釈とは，契約書に記載のある文言であっても，当事者がそれによる意思はなかったものと判断される場合に，それを「例文」にすぎないとして，契約内容に含めない契約解釈の方法である。賃貸借契約などにおいて，市販の契約書における不動文字につ

いて問題となることが多い。例文解釈は修正的解釈の一種である。

(3) 個別合意条項の定型条項に対する優先

　個別に合意された条項と，あらかじめ印刷された定型条項（548条の2にいう「定型約款」における条項に限らない）が矛盾する場合には，前者が優先する。個別の合意のほうがテンプレートよりも当事者の合意を表現しているといえるからである。

(4) 不明確条項解釈準則（「作成者不利〔contra proferentem〕」の原則）

　定型条項（548条の2にいう「定型約款」における条項に限らない）に複数の解釈が成り立ち得る場合において，ある解釈をとると定型条項作成者の相手方に不測の不利益が生じるときには，相手方に不測の不利益を与えない解釈を採用すべきとする解釈準則である。作成者は意味の不明確を解消する工夫をする必要があるのにそれを怠ったことを正当化根拠としてこのような解釈を行った判例もある（最判平成26・12・19判時2247号27頁）。これは契約の明確な起草を行うインセンティブを与える趣旨の準則であって，当事者の意思解釈とは異質の判断である。市販の標準契約書を一方の当事者が用意したような場合には，その当事者は作成者にはあたらないが，そのような場合にも，契約書を用意した当事者の不利に解すべきとする見解もある（その場合には「使用者不利の原則」といわれる）。

4 「契約目的」の解釈

　民法は，当事者が「契約をした目的」（契約目的）に照らして，当事者の権利義務関係を規律することがある。たとえば，債務不履行によって契約目的が達成できないこと，または契約目的を達するのに足りる履行がされる見込みがないことが明らかであることは，無催告解除の要件となっている（542条1項3号〜5号。542条1項4号との関連で商法525条，破産法58条も参照）。その他にも，追完の催告なしに代金減額請求をすることができる場合についての563条2項，定型約款の変更が認められるのはその変更が契約目的に反しない場合に限るとする548条の4第1項，複合契約において複数の契約が相互密接に関連づけら

れていて一部が履行されるだけでは「契約を締結した目的が全体としては達成されない」ことを複合契約全体の解除の要件とする法理（最判平成8・11・12民集50巻10号2673頁），事情変更によって契約目的達成不能となった場合の契約解除を認める事情変更の法理などがある。

この「契約目的」には，まず，①契約の性質に基づく定型的な契約目的がある。たとえば，売買契約においては，売主による財産権移転（目的物の引渡し，所有権移転）と買主による代金支払がなされることが契約目的であるといえる。さらに，②個別の契約において当事者が合意した契約目的もある。たとえば，ゴルフクラブの会員募集のパンフレットに，ゴルフ場には高級ホテルが併設され，快適なリゾートライフを体験できることが強調され，入会金・預託金はその記載に相応した高額なものであった場合には，単にゴルフ場を利用するだけでなく，快適なリゾートライフ体験が契約目的として合意されていたといえる（最判平成11・11・30判時1701号69頁〔契約解除に関する事案〕）。このような合意による契約目的も，契約解釈によって確定すべき事項であり，そのような合意はあらゆる事情を考慮して解釈がなされるべきである。

第3節 典型契約

1 典型契約とは何か

典型契約とは，狭義には，民法典第3編第2章第2節以下に置かれている13種類の契約類型を指す。そして，広義には，法典において明示的に定められた契約類型を意味する。典型契約は，歴史的に形成・維持されてきた契約類型や世界的にも普遍性を有する契約類型が多いが，そのなかには，法典に残っているだけで，実社会において意義を失っている契約類型もある。13種類の典型契約に関する民法上の規定（典型契約規定）は，冒頭において成立要件を定めたうえで，各典型契約に特有の規律（多くは任意規定）を定めている。

民法典における13種類の典型契約とは，贈与（549条），売買（555条），交換（586条），消費貸借（587条），使用貸借（593条），賃貸借（601条），雇用（623条），請負（632条），委任（643条），寄託（657条），組合（667条），終身定期金

（689 条），和解（695 条）である。この 13 種類の典型契約は，その特徴に応じて，①財産権移転型（贈与・売買・交換），②財産の利用（貸借）型（消費貸借・使用貸借・賃貸借），③役務提供（役務）型（雇用・請負・委任・寄託），というカテゴリーに分類され，分類毎に共通の性質について説明されることがある（組合・終身定期金・和解は共通性がなく，その他としてくくられる）。

　広義の典型契約の例としては，民法典における保証契約（446 条），商法典における物品運送契約（商 570 条），旅客運送契約（商 589 条），匿名組合契約（商 535 条）などを挙げることができる。

　典型契約以外の契約は非典型契約と呼ばれる。たとえば，ファイナンス・リース契約（⇨ Column 10-3 ），フランチャイズ契約，ライセンス契約などは，世間に知られており，現代社会において重要な契約類型であるが，法典には定められていない非典型契約類型である。

2 典型契約の存在意義

　契約自由の原則からすれば，典型契約に該当しない契約を締結することも自由である（前述のとおり，非典型契約と呼ばれる）。それにもかかわらず，なぜ，典型契約とそれに特有の規定が法典に用意されているのだろうか。また，契約の特徴に応じた契約の類型化という作業を行うのはなぜだろうか。

　第 1 に，類型的思考を通じた契約活動の支援という意義を指摘できる。典型契約は，人々が社会で行っている合意を一定類型の契約として法的に捉えることを通じて，契約内容を合理的な内容で確定・補充するという契約解釈を容易化する。これは，社会において，ある合意をした場合に発生する権利義務の予測を高めるとともに，合意をする場合に，細部まで契約条件を詰めなくても，典型契約の規定に委ねるということで容易に契約を締結できることも意味する。新種の契約についても，類型的思考を通じて，典型的な内容が了解されていく。

　第 2 に，契約内容を規制する基準として機能するという意義がある。典型契約の多くの規定は任意規定であり，合意によって変更できるのが原則である。しかし，典型契約にセットされた規定は，当該契約類型に合理的な内容を定型的に定めたものであることが多い。したがって，一定の状況における不合理な逸脱について，典型契約とその諸規定は，内容規制の基準となり，契約内容を

規制する機能を果たすことがある（任意規定の秩序づけ機能などといわれることがある）。たとえば，消費者契約法10条は，このような考え方に基づき，任意規定の適用による場合に比して消費者の権利を制限し義務を加重するものであって，信義則に反して消費者の利益を一方的に害する契約条項を無効としている。

③ 混合契約

　複数の典型契約の特徴がみられる契約を混合契約という。ある契約が，いずれの典型契約に分類されるのかについて迷う場合に，どのように典型契約の規定を適用すべきか議論されてきた。ひとつのアプローチは，①主・従を確定する一定の観点を提示し，主たる性質とされた典型契約の規定を適用するという解決方法である。もうひとつは，②複数の典型契約の特徴をもつ混合契約であることを前提に，適用が問題となり得る諸規定の趣旨を踏まえ，場面や問題となる事項ごとに，最も適切な規定の適用を認めるという解決方法である。伝統的に議論されてきたのは，製作物供給契約である（⇨ Column 3-1 ）。近年，問題となることの多い，システム開発契約については，請負（⇨第14章）で取り上げる（⇨ Column 14-1 ）。

> ### Column 3-1　製作物供給契約
>
> 　供給者が材料を提供する形で，相手方の注文する物を製作し，その財産権を移転する契約を製作物供給契約という。新築マンションの販売のように，商品の完成・販売がいずれにせよ予定されている場合には，契約時に現物がなくとも，売買と捉えてよかろう。これに対し，たとえば，大学案内のパンフレットやオーダーメイドのユニフォーム，仕出し弁当などが注文された場合，このような契約を，売買か請負のいずれかに分類できると考えるべきか，請負と売買の混合契約（あるいは無名契約）として扱うのか，いずれの典型契約規定で問題が処理されるべきか議論されてきた。従来の考え方としては，①取引の性質に応じて当事者の意思を類型化し，製作される目的物が取引上代替物として扱われる場合には，一般に所有権移転に主眼があるので売買であり，製作される目的物が取引上不代替物として扱われる場合には，一般に仕事の完成に主眼があるので請負であると説明する見解，②双方の性質をあわせもつことを認め，混合契約であると捉えたうえで，製作に関しては（製作段階では）請負の規定を，供給に関しては（供給段階では）売買の規定を適用すべきといった見解が唱えられてきた。平成29年改正によって，請負契約における契約不適合責任の大部分は売買契約の規定の準用となったので（559条），この点において，売

> 買か請負かによる差異は小さいものとなった。近時は，注文者のための製作というプロセスがあり，注文者のための製作義務が生じる限り，請負契約として，請負契約の規定が適用されると考えてよいという見解も登場している。

第4節　定型約款

1 約款の意義，約款法理

（1）　約款の意義

　契約の成立とその内容確定の古典的なイメージは，条件交渉が先行し，その内容について互いに認識しながら，合意した内容での契約が成立するというものである。しかし，現代の取引では，「当事者の一方が多数の顧客に対してあらかじめ定型化して準備した契約条項の総体」すなわち「約款」を準備し取引が行われることが多い。スマートフォンの通信サービス契約約款やクレジットカード・キャッシュカードの利用規約など多くの約款が身近な取引で用いられている。約款を用いた取引には，コスト削減という利点があり，また，どの従業員も同じ内容で契約することになるので企業の内部統制に役立つという指摘もある。しかし，なぜ，当事者の一方が準備し，相手方はその詳細をほとんど読まない約款の個別条項が契約の内容となるのか。私的自治の原則からすれば，当事者は自ら意思決定した事項にのみ義務を負うので，読んでもいない約款（内容を認識していない個別の条項）に拘束力を認めることについて，理論的な説明が問われてきた（⇨(2)(a)）。また，約款を準備する側に一方的に有利に契約条項の内容が形成される傾向にあるので，約款をいかに適正化できるかが問われてきた（⇨(2)(b)）。

（2）　約款法理

（a）　**約款の拘束力**　　改正前の判例（大判大正4・12・24民録21輯2182頁）は，顧客が約款（個別の条項）の内容を知らなくとも，約款による意思で契約したものと推定されるとし，約款の拘束力を認めてきた（意思推定構成）。従来の学

説は大きく2つの立場に分けて理解できる。ひとつの立場は，あくまで私的自治の原則，意思決定による契約の拘束力を前提とする契約説である。契約説は，顧客が契約締結前に個別の条項を見ようと思えば見ることができる状況，すなわち顧客に約款内容の認識可能性をもたらす開示を要件に，組入れ合意（契約の内容は特定の約款によるという合意）によって約款の個別の条項が契約内容化すると説明する。契約説も意思決定の対象は個別の条項の内容ではなく，「約款によること」となるが，開示と組入れ合意は約款の契約内容化に必要と考える。もうひとつは，約款の拘束力の根拠を，当事者の意思ではなく，内容の合理性に求める法規説・制度説などである。学説の状況としては，契約説が有力であったが，従来の判例は，開示や組入れ合意の存在を厳格に認定せずに，意思推定構成を前提に，約款の拘束力を認めたうえで，約款内容の適正化によって問題状況に対応する傾向にあった。

　(b)　**約款の適正化**　　約款の内容の適正化について，判例は，解釈による適正化という方法を好む傾向にある。たとえば，「……通知を受けることなく，事故発生から60日を経過したときは，保険会社は，その事故にかかわる損害を賠償しません」という保険契約約款の条項について，通知義務の目的は保険会社が損害拡大を防止することにあるので，保険金詐取目的などで通知しなかったといった事情がない場合には，保険会社は事故通知がないことによって損害を被った分の支給を免れるにすぎず，60日経過後も，保険金を請求できる趣旨の条項であるという制限的解釈を行った判決がある（最判昭和62・2・20民集41巻1号159頁）。直接的内容規制としては，当事者間の情報・交渉力格差や任意規定から逸脱の程度，条項の不明瞭さなども考慮して，顧客側に一方的に不利な契約条項は無効とされることがある。根拠条文としては，90条（公序良俗違反）や1条2項（信義則違反）のほか，消費者契約においては，消費者契約法8条〜10条が不当条項規制の根拠条文となっている。

2　定型約款規定の特徴，定型約款の定義

(1)　定型約款規定の特徴

　1(2)の状況を前提に，平成29年改正によって，約款一般ではなく，「定型約款」を対象に新たな規定が導入された（548条の2〜548条の4）。新規定は，

従来の判例法理を否定するものではないが，定型約款を対象に，定型約款を用いた取引の法的安定化・画一的処理の容易化を図る規定内容となっている。個別の条項のみなし合意構成の採用，開示を要件としないみなし合意の成立要件，個別の同意を不要とする変更要件に，このような特徴をみることができる。なお，AI 技術の進展によって，テーラーメイド型の契約が低費用で可能な状況になると，不特定多数取引における内容画一化への強い要請を根拠とする定型約款規定の正当化がどこまで妥当するかも問われているが，問題の指摘にとどめる。

(2)　定型約款の定義

　548 条の 2〜548 条の 4 の適用は，定型約款概念によって画される。定型約款（548 条の 2 第 1 項柱書）とは，定型取引において，契約の内容とすることを目的として準備された条項の総体のことである。

　(a)　**定型取引**　　定型取引（548 条の 2 第 1 項柱書）とは，(i)ある特定の者（定型約款準備者）が不特定多数の者を相手方として行う取引であり，かつ，(ii)その内容の全部または一部が画一的であることがその双方にとって合理的なものである。

　(i)不特定多数要件は，相手方の個性を重視せずに不特定多数の取引を行う場面を抽出する要件である。たとえば，企業は複数の労働者と労働契約を締結するものの，労働者の能力など個性が重視されるので不特定多数要件を満たさない。従来の約款概念は，多数取引を念頭に置くものであったが，定型約款は，不特定多数取引という形で絞りがかけられている。

　(ii)合理的画一性要件は，定型約款準備者だけではなくその相手方にとっても取引の内容が画一的であることが合理的であると客観的に評価できることを意味する。保険契約のように契約の性質上その内容が画一的でなければならないもののほか，定型約款準備者のみならず相手方も交渉に時間やコストをかけられず，顧客ごとに内容を変え得ることを前提とすると迅速かつ安価なサービス提供に支障が生ずるような取引である。事業者間取引においては，契約のひな型が用いられても，それがたたき台にすぎない場合，この要件を充足しない。これに対し，大量の顧客を均一に扱う契約（大量消費者契約が代表的であるが，運

送契約，ソフトウェアのライセンス契約などは事業目的の顧客も均一に扱われる）は要件を充足しやすい。なお，特定の相手方との関係で特別に準備された条項は，条項の総体から除外され，別個の合意として扱われる。

　(b)　**定型約款**　定型約款は，上述の定型取引において契約内容とすることを目的として準備された条項の総体である必要がある。当該条項の総体が，契約内容となる目的で準備されている必要があるので，たとえば，Web の通販サイトの場合，「利用規約」は定型約款に該当し，「Q＆A」は該当しないことが多いであろう。条項の総体は，複数の契約条項の存在を前提とするが，複数の契約書（Web サイトでは複数頁や箇所）から構成されていてもかまわない。

③　個別の条項のみなし合意

　定型取引合意した者は，(i)定型約款を契約の内容とする旨の合意をしたとき（548条の2第1項1号），または，(ii)定型約款準備者があらかじめ定型約款を契約内容とする旨を相手方に表示していたとき（同項2号），定型約款の個別の条項についても，合意したものとみなされる。判例の意思推定構成と異なり，合意が擬制されるので，反証により覆ることはない。みなし合意成立前に，個別条項の内容が表示（開示）される必要はなく，内容を知りたい相手方は，定型約款準備者に対して定型約款の内容を示すように請求することになる（548条の3）。

　(i)定型約款を契約内容とする旨の合意（548条の2第1項1号）とは，定型取引合意の前後において「定型約款を総体として契約内容とする」というレベルの意思決定（組入れ合意）を行ったということである。個別条項の内容に関する認識や認識可能性は問われないので，包括的合意，希薄な合意と呼ばれることもある。たとえば，対面契約であれば，契約書に「別紙の約款の規定が適用されることに合意します」の一文があり，この一文を確認して契約書に署名した場合，Web 取引であれば，利用規約のリンクの下に「利用規約に同意する」のチェック欄があり，チェックのうえ，定型取引である契約の成立に進むような場合である。定型取引合意前に定型約款による旨が表示されていれば，548条の2第1項2号該当性も肯定され得るが，定型取引合意成立後に，定型約款を契約の内容とする合意をした場合には，同項1号だけが適用される。

(ii)あらかじめ定型約款を契約の内容とする旨の表示（548条の2第1項2号）とは，定型取引の相手方に対して定型約款を契約の内容とする旨が，定型約款準備者によってあらかじめ表示されていることである。個別の条項の内容が示されている必要はないが，内容を確認したい顧客が，内容表示請求の機会を確保できるように，定型約款を契約内容とする旨が個別の顧客に認識できる形で表示されていたと評価される必要がある。郵送の申込書面に「本契約には，当社HP［アドレス］記載の○○約款が適用されます」と表示がされているが，この点についての個別同意の確認まではとられていない場合，通販サイトにおいて商品を購入する際に存在する「契約条件は，下記リンクによる」といった表示（特に同意取得のチェックやボタンを押すプロセスが準備されていない）などがこれにあたる。相手方にとって認識できる表示が存在したうえで，取引成立に至るという場合なので，相手方の黙示の同意があると評価できそうであるが，条文上，2号の表示に該当するかどうかだけが問われる。

なお，鉄道乗車契約等については，2号表示も困難な場合が多いものの，迅速に契約の成立を認める公共的必要性が高いので，あらかじめその定型約款を契約内容とする旨を公表すれば足りるという特則が置かれている（鉄営18条ノ2など）。

4 内容の表示

548条の3第1項本文により，定型約款準備者は，定型取引合意の前や合意後相当の期間内に相手方から定型約款の内容の表示請求（開示請求）があった場合，遅滞なく，相当な方法でその定型約款の内容を示さなければならない。個別条項のみなし合意（548条の2）に際し，事前の内容の表示は要件とされていないが，内容の表示請求権の付与という形で，相手方に定型約款の内容を確認する機会が与えられている。548条の3第2項により，請求を受けた定型約款準備者が，定型取引合意前に内容の表示を拒んだ場合には，一時的通信障害など正当な事由がない限り，個別条項のみなし合意の規定は適用されない。なお，定型取引合意がされた後の請求に対して，定型約款準備者が拒んだ場合，その効果については規定されていない。相手方は，それによって損害が生じた場合に，損害賠償請求することが考えられるほか，事情によっては条項援用が

信義則違反となる場合もあり得よう。

5 みなし合意が否定される場合 ── 実質的不当条項規制

　548条の2第2項によれば，定型約款の個別の条項が，(i)相手方の権利を制限し，または相手方の義務を加重する条項であって，かつ，(ii)その定型取引の態様およびその実情ならびに取引上の社会通念に照らして1条2項に規定する基本原則（信義則）に反して相手方の利益を一方的に害すると認められるものについては，合意をしなかったものとみなされる。この要件は消費者契約法10条の内容規制の要件と類似するが，要件充足の効果はみなし不合意である点，実質的な考慮要素として，定型取引の態様および実情が考慮される点などが，異なる。

　(i)相手方の権利を制限し，または義務を加重するとは，当該条項がなかった場合と比較して顧客にとって不利益な状況であることを要するということである。代金額そのもののように比較対象がないものは，548条の2第2項ではなく，90条によって暴利行為などを理由に規制されることになろう（敷金・更新料など本来なら支払わない金員などに関する価格関連条項は比較対象があると解釈することが可能である）。

　(ii)定型取引の態様等に照らし信義則に反して相手方の利益を一方的に害するとは，過大な違約罰条項や故意・重過失がある場合の全部免責条項など内容に強い不当性が認められる場合のほか，個別条項の内容を認識しないまま取引が行われるという特徴から，相手方にとって合理的に予測できない条項であること（不意打ち性）なども，考慮要因となる。たとえば，本来購入目的の商品に加えて想定外の商品購入も義務づけるような抱き合わせ販売条項なども，給付内容にかかわるものではあるが，不意打ち条項性も考慮して，不当な条項として効力が否定される可能性がある。

6 定型約款の変更とみなし合意

(1) 契約・約款の変更と定型約款変更規定導入の趣旨

　成立した契約の内容を変更するには当事者の合意を要するというのが，契約法の古典的な考え方である。しかし，法令の変更や経済環境の変動に応じて，

約款の内容を変更する必要が生じることが少なくない。従来は，変更の通知・お知らせに対し異議がないことをもって同意とみなしたり，約款にあらかじめ設けられていた変更条項（一方的な変更をすることがある旨の条項）に基づく約款の変更が行われてきた。平成29年改正の議論において，変更に対する個別同意が取得困難な事態があること，一部拒否者がいる場合において契約内容の画一性維持が困難になることが指摘され，定型約款準備者による一方的な定型約款内容の変更を規定する548条の4が導入された。個別対応を一定以上行う場合には相当のコストがかかり商品設計自体が維持できず，不特定多数の相手方全体の利益を損なうことになるという定型取引の性質が，正当化根拠となっていると考えられる。料金や主たる給付内容も画一的合理性に支えられ一律的に設定されている限り，その変更について，定型約款変更規定の適用を肯定できるが，合理性要件が厳格に判断されるべきであろう。

(2)　定型約款の変更要件

(a)　**実体的要件**　　548条の4によれば，定型約款準備者は，(i)定型約款の変更が，相手方の一般の利益に適合するとき（同条1項1号），または，(ii)定型約款の変更が，契約をした目的に反せず，かつ，変更の必要性，変更後の内容の相当性，この条の規定により定型約款の変更をすることがある旨の定めの有無およびその内容その他の変更に係る事情に照らして合理的なものであるとき（同項2号），相手方の個別同意を得なくとも定型約款を変更でき，変更後の定型約款の条項について合意があったものとみなされる。なお，変更要件は，みなし合意が否定される要件よりも厳格であるため，548条の2第2項の適用はない（548条の4第4項）。

(i)相手方の一般の利益に適合するときとは，利用料金減額など，相手方全員にとって有利となる場合であり，一部の顧客に不利になるような場合は該当しない。

(ii)相手方の利益にならない変更の場合には，利益変更と比較して厳格な要件が定められている。

第1に，契約した目的に反するような変更は認められない。契約した目的とは契約の両当事者で共有された当該契約の目的をいう。全く給付内容が変わっ

てしまう場合などは契約目的に反することになる。

　第2に，変更に係る事情に照らし，変更が合理的である必要がある。変更が合理的か否かは，①変更の必要性，②変更後の内容の相当性，③変更条項の有無と内容，④その他の変更に係る事情を考慮して判断される。①では，たとえば社会経済状況の変動や法令等の変更，個別同意取得が困難な事情などが考慮される。②では，内容の適切さのほか，他にとることができる方法がないかも判断要因となる。③の変更条項の存在は，変更の合理性判断にとって決定的な要因ではないが，適切かつ具体的な変更条項の存在は合理性を肯定する事情として作用する。④では，顧客の不利益との相関で，変更までの猶予期間の長さ，特別の解除権の付与や違約金免除による不利益低減などが考慮され得る。特に値上げや給付内容の一部変更においては，経済環境の変動や取引の実情の変化などを前提に，その必要性・相当性が厳格に判断され，変更までの猶予期間の長さや契約の解約可能性の付与も考慮されよう。変更による相手方の不利益が大きく，契約の解約可能性を与えるべき場合には，その実効性を確保するため，変更時において適時の通知と必要な説明が行われているかも重視されると考えられる。

　(b)　**手続的要件**　　実体的要件に加え，手続的要件も規定されている。定型約款準備者は，定型約款を変更するときには，その効力発生時期を定め，かつ，定型約款を変更する旨および変更後の定型約款の内容ならびにその効力発生時期をインターネットの利用その他の適切な方法により周知しなければならない（548条の4第2項）。548条の4第1項2号による変更の場合には，効力発生時期までにこの周知をしなければ，変更は効力を生じないが（548条の4第3項），548条の4第1項1号の場合は，周知義務の履行は効力発生要件とされていない。

第4章

契約の効力

第 1 節　序　　説

　契約が成立すると，原則として，契約に基づく権利義務関係が発生する。このことを契約が効力を生ずるという。

　本章では，契約の効力（契約に基づく権利義務関係）のなかでも，民法第3編第2章第1節「契約総則」の「第2款　契約の効力」という表題の下で規定されている，同時履行の抗弁権（533条），危険負担（536条），第三者のためにする契約（537条～539条），そして明文の規定はないが，事情変更の法理を取り上げる（取り上げる順序は，第三者のためにする契約を最後にする）。これらは多くの契約に共通して適用される規定・法理である。

　もっとも，これらの「契約総則」にある契約の効力に関する規定は，契約の効力に関する規定のごく一部にすぎない。民法では，「契約総則」以外にも，典型契約ごとに契約の効力に関する規定を「契約各則」（第3編第2章第2節～第14節）に置いている。また，「債権総則」の「債権の効力」に関する規定（特に第3編第1章第2節第1款），「民法総則」の意思能力・制限行為能力に関する規定や法律行為に関する規定なども，契約の効力にかかわる。このように契

約の効力に関する規定が民法典のなかに散在しているのは，民法がパンデクテン体系を採用しているからである。学習にあたっては，これらの規定の相互関係にも目配りをする必要がある。

　なお，契約が成立し，かつその契約が有効であっても，当事者の合意によって効力発生を遅らせることがある。停止条件付契約は，契約の効力発生が停止条件の成就にかかっているから（127条1項），条件成就までは効力を生じない。

　いったん効力を生じた契約は，解除条件の成就（127条2項）や契約の終了（⇨第6章）によって失効する。

第2節　同時履行の抗弁権

1 意　　義

(1) 履行上の牽連関係

　たとえば，売買契約においては，売主の目的物引渡債務と買主の代金支払債務とは，対価関係に立つので，当事者間に別段の合意がない限り，同時に履行されることが公平に適う（573条参照）。なぜなら，仮に売主が目的物を引き渡さないまま買主に対して代金支払を求めたときに買主がこれを拒絶できないとした場合，買主は反対給付たる目的物の引渡しを受けることができるかどうか分からないままみずからの債務を履行しなければならず，売主の債務不履行のリスクを負うこととなってしまうからである。このことは，売主についても同様である。このように，同一の双務契約の当事者間に存する相対立する債務が同時に履行されるという拘束を受ける関係のことを，履行上の牽連関係という。

　民法は，公平の見地から，双務契約の当事者の一方は，原則として，相手方がその債務の履行を提供するまでは，自己の債務の履行を拒むことができるものと規定した（533条）。これを，同時履行の抗弁権という。先の例では，買主は，売主から目的物の提供があるまでは，売主からの代金支払請求に対して，この履行を拒絶することができる。これにより，契約当事者は，相手方の債務不履行のリスクからみずからを防御すると同時に，みずからの債権の担保とすることができる。すなわち，同時履行の抗弁権は，自己防衛機能と債権担保機

能を有する。

　もっとも，債務の内容により同時履行が観念し得ない場合や，当事者間の合意によって異なる履行期を定めた場合には，同時履行の抗弁権は認められない。このように考えると，民法は，同時履行の抗弁権を契約の総則規定に置いているが，実際に問題となり得るのは，売買，交換，完成物の引渡しを要する請負などのうち特約のない場合などに限られることが分かる。

(2)　留置権との相違点

　同時履行の抗弁権は，前述のとおり，債権担保機能を有する点において留置権（295条以下）と類似している。しかし，両者にはいくつかの違いがある。

　留置権は物権であるのに対して，同時履行の抗弁権は契約上の債権債務関係から導かれる効力のひとつであるから，債権の性質に即して理解される。したがって，留置権と同時履行の抗弁権の間には，物権・債権の性質の違いに由来する相違点がある。もっとも，それぞれの成立要件を満たす限りにおいて，両者は併存することがあり，通説は，この場合には債権者はどちらを主張してもよいと解している。両者の主な相違点を挙げると，次のとおりである。

　①同時履行の抗弁権は，原則として，同一の双務契約から生じた対価的な債権の間でのみ認められる。これに対して，留置権には，このような制約はない。

　②同時履行の抗弁権は契約の当事者間のみで行使されるが，留置権には，このような制約はない。たとえば，Aがその所有する家具甲の修理をBに依頼し，甲を引き渡した後に，甲をCに譲渡したとする。この場合，Bは，Aに対して同時履行の抗弁権または留置権を行使して，修理代金の支払がされるまで甲の引渡しを拒むことができるが，Cに対しては，同時履行の抗弁権により同様の主張をすることはできない。もっとも，Bは留置権を有しており，これをCに行使することで，Aの代金支払までCへの甲の引渡しを拒むことができる。

　③留置権は物に対する権利であるため，留置権者は物の引渡しを留保し得るにとどまる。これに対して，同時履行の抗弁権を有する者は，給付全般を拒むことができるのであり，給付の内容は物の引渡しに限られない。

　④留置権には不可分性があるので，留置権者は，被担保債権が完済されるまでは目的物の全部を留置することができる（296条）。これに対して，同時履行

の抗弁権の場合には，必ずしも同じ結論に至るとは限らず，履行またはその提供がなされていない部分に相応する部分についての履行拒絶のみが認められる場合もある（⇨ **2**(5)）。

　⑤長期にわたって債務の弁済が得られない場合には，目的物を留置する債権者は，保管費用の支出など留置に伴う負担を強いられる。そこで，この負担から留置権者を解放するため，目的物を競売で換価することが認められている（民執195条。形式競売という）。これに対して，同時履行の抗弁権を行使した債権者は，給付の目的物を競売することはできない。

　⑥留置権の場合，債務者は相当の担保を供与することでこれを消滅させることができるが（301条），同様の方法で同時履行の抗弁権を消滅させることはできない。

2 要　　件

（1）序　　説

　同時履行の抗弁権が成立するためには，①同一の双務契約から生じた債務が存在すること，②その債務の内容たる給付が対価関係に立つこと，③これらの債務の弁済期がともに到来したこと，④相手方が自己の債務の履行または履行の提供をせずに履行を請求したこと，という4つの要件を満たさなければならない。

（2）同一の双務契約から生じた債務

　同時履行の抗弁権は，本来，同一の双務契約から生じた2つの債務の間でのみ認められる。なぜなら，同時履行の抗弁権は，双務契約の効力として認められるものだからである。その典型例は，動産の売買契約における目的物引渡義務と代金支払義務である。他方，2つの債務は同一の双務契約から生じたものでさえあればよく，契約成立後にいずれか一方の債権が第三者に譲渡された場合にも，同時履行の抗弁権は消滅しない（468条1項参照）。

　この要件は，さまざまな法規定や法解釈によって緩和されており，同一の双務契約から生じたものではない債務の間にも同時履行の抗弁権が認められることがある。この「拡張された同時履行の抗弁権」は，その目的に応じて，次の

3つに分けることができる。すなわち，①給付の交換を確保する目的での拡張，②債権担保の目的での拡張，③二重弁済を防止する目的での拡張である。順にみていこう。

(a)　**給付の交換を確保する目的での拡張**　同一の双務契約から生じた債務ではないものの，各当事者が相互に債務を負っており，その内容たる給付が対価的な意味を有する場合，その給付の交換を実現することが公平に適う。そこで，このような法律関係においては，対価的な意味を有する給付を内容とする債務の間で同時履行の抗弁権を認める旨の規定が置かれていたり，判例・通説によって認められていたりする。

たとえば，契約の解除による各当事者の原状回復義務は，同時履行の関係に立つことが明文で定められている（546条・692条）。これと同様の状況は，無効，取消しの場合にも生じるため，判例・通説は，この場合にも各当事者の原状回復義務が同時履行の関係に立つと解している（最判昭和28・6・16民集7巻6号629頁，最判平成21・7・17判時2056号61頁）。

また，売買契約上の代金債務が準消費貸借契約により貸金債務となった場合における当該債務と目的物引渡義務との間には，当事者の意思解釈により同時履行の関係が維持される余地があると解されている（⇨第10章第3節 **2** (1)）。

さらに，借地契約の終了時に建物買取請求権が行使された場合における建物の引渡しと代金支払との間にも，同時履行の関係が認められる（⇨第12章第7節 **1** (2)(b)）。

(b)　**債権担保の目的での拡張**　対価的な意味をもたない給付であるにもかかわらず，担保目的で同時履行の抗弁権が認められることもある。たとえば，売買契約において，売主の責めに帰すべき事由によって目的物が滅失し引渡義務が履行不能となった場合，売主は塡補賠償義務を負うが，この義務の履行と買主の代金支払義務とは，同時履行の関係に立つ（533条本文括弧書）。

さらに，債権担保を目的として，判例・通説により同時履行の関係が認められているものがある。たとえば，①賃貸借においては，賃借人が賃借物につき必要費を支出した場合，賃貸人のその費用償還義務と賃借人の賃料支払義務とは，同時履行の関係に立つ（大判昭和15・11・20法学10巻417頁）。②仮登記担保権が実行され清算が行われる場合には，仮登記担保権者の清算金支払義務と

担保権設定者の担保目的物の所有権移転登記および引渡義務とは，同時履行の関係に立つ（最判昭和 46・3・25 民集 25 巻 2 号 208 頁）。③売買契約や請負契約において，引き渡された目的物が契約内容に適合していなかった場合に，売主・請負人が負う追完に代わる損害賠償義務と買主・注文者の代金支払義務とは，同時履行の関係に立つ。こうすることによって，損害賠償額が確定するまでの間も履行遅滞責任が生じなくなり，後の相殺による債権回収を可能にするとともに，実質的な代金減額的な清算を実現している（⇨第 14 章第 2 節 **1**(2)(d)(iii)）。

　(c)　**二重弁済を防止する目的での拡張**　債務を弁済する者（債務者）は，弁済を受領する者（債権者）に対して，弁済と引換えに受取証書の交付を請求することができる（486 条）。言い換えると，債務者は，受取証書の提供があるまで弁済を拒むことができる。受取証書は，弁済によって債務が消滅したことを証する書面であり，弁済者にとっては二重弁済のリスクを避けるためにきわめて重要な証書だからである。

　しかし，弁済と受取証書の交付との間に認められる同時履行の関係は，通常のものとはやや異なる。後述するように，同時履行の抗弁権には履行遅滞責任を発生させない効果があり，たとえば売買契約では，当事者双方が履行の提供をしない限り，債務の履行期が経過しても当事者はともに履行遅滞の責任を負わない。ところが，弁済に関しては，債務の弁済期が経過すれば，たとえ債権者が受取証書の提供をしていなくても，債務者は弁済しないことを正当化することができず，履行遅滞の責任を負う。もっとも，債務者が弁済の提供をして受取証書の交付を求めたにもかかわらず，債権者がこれに応じないときは，以後，債務者は履行遅滞の責任を負わないと解されている。

(3)　債務内容たる給付の対価関係

　同時履行の抗弁権が成立するためには，各当事者が負う債務の内容たる給付の間に対価関係が認められる必要がある。通常，この対価関係は，各当事者が負う主たる給付の間で認められる。動産の売買契約では，目的物の引渡しと代金支払との間には，対価関係が認められる。これに対し，付随的義務の内容と主たる給付との間，付随的義務の内容同士の間には，原則として対価関係は認められない。したがって，たとえば，不動産の売買において，買主が契約に要

する諸経費を負担することになっていた場合，買主がこの支払をしないことを理由に売主は所有権移転登記手続を拒むことができない。

　それでは，どのような給付が対価関係に立つのであろうか。具体的にみていこう。

　(a)　**不動産売買における目的物の引渡しと代金の支払**　　不動産売買においては，買主の代金支払と同時履行の関係に立つ売主の給付は，所有権移転登記手続への協力である。なぜなら，買主は登記の移転によって所有権を確保することができるのであり，売主からみると，この登記手続を行うことで財産権移転義務を尽くしたことになるからである。それでは，目的物の引渡しはどうであろうか。判例は，土地の売買について，原則として所有権移転登記手続への協力のみが代金の支払と同時履行の関係に立つと解している（大判大正7・8・14民録24輯1650頁）。なぜならば，所有権移転登記が行われれば，目的物の引渡しがなくても買主は当該不動産の所有権を第三者に対抗できるし，当該不動産を処分することもできるからである。ただし，判例は，当事者間に別段の合意がある場合や，目的物たる土地の境界が判然としない等の特段の事情がある場合には，この限りでないとしている。

　他方，建物の売買については，所有権移転登記手続への協力と目的物の引渡しの双方が代金の支払と同時履行の関係に立つとした判例がある（最判昭和34・6・25判時192号16頁）。

　通説は，原則として所有権移転登記手続への協力のみが代金の支払と同時履行の関係に立つと解し，ただし，買主が目的物の使用を目的としているなど目的物の引渡しが契約上重要な意味をもつ場合には，所有権移転登記手続への協力と目的物の引渡しの双方と代金の支払とが同時履行の関係に立つと解している。

　(b)　**契約不適合の追完と反対給付**　　売買契約では，売主は，契約内容に適合した目的物を引き渡す義務を負い，この義務の履行と買主の代金支払義務の履行との間には，対価関係が認められる。このため，引き渡された目的物が契約内容に適合しない場合において，代金の全部または一部が未払のときは，売主の追完義務（562条）と買主の代金支払義務とは，同時履行の関係に立つ。すなわち，追完が代替物の引渡しまたは不足分の引渡しによって行われる場合

には，買主は，その代替物ないし不足分が提供されるまで代金の支払を拒むことができる。ただし，追完が目的物の修補によって行われる場合には，修補の実施と代金の支払との同時履行を観念することは難しい。このため追完が先履行とならざるを得ず，追完が終わった目的物の引渡しを要する場合は，この引渡しと代金の支払とが同時履行の関係に立つ。

　請負契約では，修補によって追完が行われることが多い。この場合，上記と同様の理由から追完が先履行となり，追完が終わった目的物の引渡しを要するときは，この引渡しと報酬の支払とが同時履行の関係に立つ（633 条参照）。目的物の全部を作り直す方法で追完をする場合も同様である。

　(c)　**負担付贈与における負担の履行と贈与の目的物の引渡し**　　負担付贈与における負担の履行と贈与の目的物の引渡しとの間にも，原則として，同時履行の関係が認められる（553 条）。負担の合意は贈与契約の一部を構成するものの，無償性という贈与の性質に変更を来すわけではないので，負担の履行と贈与の目的物の引渡しとの間に対価関係はないが，公平の見地から，両者の間には同時履行の関係が認められている。とはいえ，当事者間の合意または契約の解釈により，一方が先履行とされる場合が多いであろう。

　(d)　**仕事完成・引渡義務と報酬支払義務**　　請負契約においては，請負人の仕事完成義務は，注文者の報酬支払義務に対して先履行の関係に立つが，物の製造など，完成した物の引渡しを要する場合には，目的物の引渡義務と報酬支払義務との間には，同時履行の関係が認められる（633 条参照。大判大正 5・11・27 民録 22 輯 2120 頁）。

　(e)　**継続的供給契約**　　継続的供給契約において，当事者の一方が前期の債務を履行しない場合，相手方は後期の債務の履行を拒絶することができる（大判昭和 12・2・9 民集 16 巻 33 頁）。たとえば，買主が 6 月分の供給に係る代金を支払わない場合，売主は 7 月分の供給を拒絶することができる。厳密にいえば，6 月分の供給に係る代金と 7 月分の供給とは対価関係にないが，継続的供給契約全体における売主の目的物引渡義務と買主の代金支払義務との間には対価関係が存し，このため一回の給付の不履行は契約全体の一部不履行とみられることから，同時履行の抗弁権の拡張を認めることにより当事者間の公平を図っている。

(4) 双方の債務の弁済期到来

(a) 弁済期と履行請求　　債務に期限が付されている場合，債務者は，期限が到来するまでは履行を要しない（135条1項）。このため，たとえば，売買契約に基づく買主Aの代金債務に期限が付されており，この期限が到来していないとしよう。この場合，Aは，たとえ履行請求を受けたとしても，同時履行の抗弁権を持ち出すまでもなく，履行を拒むことができる。他方，目的物引渡債務の履行期のみが到来し，売主BがAからその履行請求を受けた場合，Bは，Aが代金債務を履行しないことを理由に目的物の引渡しを拒むことはできない（533条ただし書）。結局，同時履行の抗弁権が成立するためには，双方の債務の弁済期が到来していることが必要となる。

(b) 先履行の合意　　当事者間で一方の債務につき先履行の合意がされている場合，同時履行の抗弁権は，原則として認められない。それでは，先履行義務が履行遅滞に陥っている間に後履行義務の弁済期が到来した場合に，後履行義務者から履行請求を受けた先履行義務者は，同時履行の抗弁権を主張することができるだろうか。通説は，履行請求を受けた時に両債務の弁済期が到来していれば足りることを理由に，原則としてこれを肯定する。もっとも，後履行義務者が先履行された給付物を原材料として製品を作り後履行するというように，先履行の給付が後履行の前提をなしている場合は別である。

これに対して，先履行義務者が漫然とこれを履行しないでおきながら後履行義務の履行期が到来すると一転して正当に履行を拒絶し得るというのは公平に反するとして，同時履行の抗弁権を否定する見解も主張されている。

このほか，先履行の合意がされたにもかかわらず，先履行義務者が自己の債務の履行を拒絶するのを正当化するものとして，不安の抗弁権がある（⇨**4**）。

(5) 相手方が自己の債務の履行を提供せずに履行を請求したこと（単純請求）

相手方が自己の債務の履行を提供して履行を請求した場合には，同時履行の抗弁権を行使することはできない。言い換えると，同時履行の抗弁権が認められるためには，相手方が自己の債務の履行を提供せず，単純に履行を請求したことが要件となる。

(a) **可分給付の一部のみの提供・履行**　　債務の本旨に従った弁済の提供が
ない限り，弁済提供としての効果は生じない（493条参照）。すなわち，一部の
みの提供がなされたにとどまる場合には，全く提供がない場合と同様，相手方
の同時履行の抗弁権は消滅しない。したがって，一部のみの提供をされた債権
者は，同時履行の抗弁権を行使して，反対給付の全部につき履行拒絶をするこ
とができる。

　ただし，一部の提供であっても，残部がごく僅かであるなど反対給付の全部
につき履行拒絶をすることが信義則に反するような場合には，同時履行の抗弁
権を行使することはできない。

　それでは，上記以外の場合で，債務者が債務の一部のみを提供し，債権者が
これを受領した場合に，自己の債務の全部の履行を拒絶できるだろうか。それ
とも履行されなかった部分に相応する部分の履行を拒絶できるにとどまるのだ
ろうか。債権者が一部の履行を受領した趣旨にもよるが，基本的には，債権者
の反対給付が可分であれば，履行されなかった部分に対応する反対給付を拒絶
できるにとどまるが，反対給付が不可分であれば，反対給付全部を拒絶するこ
とができる。

(b) **不可分給付の不完全な履行**　　この場合，原則として，反対給付全部の
履行を拒絶することができる。ただし，不完全な程度がごく僅かであるなど反
対給付の全部につき履行拒絶をすることが信義則に反する場合は別である。

3 効　　果

(1) 引換給付判決

　債権者が債務者に対して給付を求めて訴訟を提起し，その際，自己の債務の
履行または履行の提供をしたことを主張立証しない場合，債務者は，前述 **2**
の要件を満たせば，同時履行の抗弁権を行使することができる。この抗弁が認
められた場合には，請求棄却ではなく，一部認容判決としての引換給付判決が
下される。たとえば，「被告は，原告から○○円の支払を受けるのと引換えに，
原告に対し，△△を引き渡せ。原告のその余の請求を棄却する。」という判決
である。もっとも，債権者は，みずからの債権につき強制執行を開始するため
には，反対給付またはその提供を先に行い，その事実を執行機関に証明しなけ

ればならない（民執 31 条 1 項）。この意味では，文字通り同時履行が実現されるわけではなく，債権者による給付が先になる。

　債権者は，このような引換給付判決を避けるためには，給付を求めて訴訟を提起する際に，自己の債務につき履行を提供したことを主張立証すればよい。

　これに対し，債務者が同時履行の抗弁権を有していても，債権者からの給付訴訟においてこれを行使しなければ，債権者の主張はそのまま認容される。この意味において，訴訟において債務者が引換給付判決を得るためには，同時履行の抗弁権の行使が必要となる。言い換えれば，引換給付判決は，同時履行の抗弁権の行使による効果である。

(2)　遅滞責任の不発生

　同時履行の抗弁権を有する債務者は，適法に履行を拒絶することができるため，自己の債務を履行しなくても遅滞の責任を負わない。このような効果は，判例・通説である存在効果説によれば，同時履行の抗弁権の要件を満たすことのみによって当然に発生し，債務者による同時履行の抗弁権の行使を要しないと解されている。

　しかし，同時履行の抗弁権は，一時的・延期的な履行拒絶権にすぎず，債務それ自体を消滅させるわけではない。債権者は，自己の債務につき履行の提供をすることにより，債務者の同時履行の抗弁権を失わせることができ，そのうえで債務者に対してこの時以降の遅滞について責任を問うことができる。つまり，債権者は，債務者に対して履行遅滞による損害賠償を請求したり契約の解除を主張したりする場合には，自己の債務につき履行の提供をして債務者の同時履行の抗弁権を失わせなければならず，訴訟においてこのような請求または主張をする際には，自己の債務につき履行の提供を主張立証しなければならない。ただし，債務者が債務の履行を明確に拒絶している場合には，債権者は，自己の債務につき履行の提供をしなくても履行遅滞の責任を追及することができる（最判昭和 41・3・22 民集 20 巻 3 号 468 頁 ◁ 判例 4-1 ▷）。

　以上のような判例・通説に対し，遅滞責任の不発生という効果をもたらすためには，同時履行の抗弁権が行使されることを要するという行使効果説が有力に主張されている。すなわち，抗弁権を行使するか否かは抗弁権を有する当事

者の自由に委ねられているのだから，これを行使した当事者にのみその効果を享受させるべきという。これによれば，たとえ同時履行の抗弁権の要件が満たされていても，当事者がこれを行使しなければ遅滞責任が発生する。したがって，原告たる債権者が，自己の債務の履行またはその提供をせずに，債務者に対して，履行遅滞による損害賠償または契約の解除による原状回復を請求した場合，被告たる債務者が同時履行の抗弁権を行使しなければ，原告の請求が認められることになる。

> **◁判例 4-1▷ 最判昭和 41・3・22 民集 20 巻 3 号 468 頁**
>
> **【事案】**昭和 33 年 3 月 6 日，X は Y との間で，Y 所有の土地およびその上の建物を買い受ける旨の売買契約を締結し，所有権移転登記義務および代金支払義務の履行期を同年 4 月 30 日と合意した。ところが，同年 4 月 3 日，Y は，X に債務不履行があったと不当に主張して契約を解除する旨の意思表示をなし，売買の目的物を第三者に賃貸した。X は，Y が不当な主張によって債務の履行を遅滞したと主張し，損害賠償として手付けの倍戻しを求めた。第一審は X の請求を棄却したが，原審はこれを認めたため Y が上告。Y は，X は代金の提供をしなければ遅滞責任を追及することができないところ，原審がこの点の事実認定をせずに遅滞責任を認めたのは違法であると主張した。
>
> **【判旨】**上告棄却。最高裁は，「双務契約において，当事者の一方が自己の債務の履行をしない意思が明確な場合には，相手方において自己の債務の弁済の提供をしなくても，右当事者の一方は自己の債務の不履行について履行遅滞の責を免れることをえないものと解するのが相当である」と判示し，本件では Y の履行拒絶意思が明確であるとして，X は自己の債務につき弁済の提供をすることなく，Y に対して履行遅滞責任を問うことができると述べた。
>
> **【コメント】**平成 29 年民法改正により，明確な履行拒絶は，履行遅滞とは別個の債務不履行を構成することが明文化された（415 条 2 項 2 号・542 条 1 項 2 号）。この履行拒絶には，履行期前に行われたものも含まれる。このため，改正民法の下でも，X は，たとえ履行の提供をしていなくても，Y に対して履行遅滞責任を追及することができる。これに対し，Y は，同時履行の抗弁によりこの責任の不発生を主張することができない。

(3)　相殺の禁止

　相手方が同時履行の抗弁権を有している債権を自働債権とする相殺は，原則として許されない（505 条 1 項ただし書参照）。これを認めると，相手方の同時履

行の抗弁権を一方的に奪うことになるからである。

　たとえば，BがAに対して売買契約に基づく目的物引渡債権を有し，Aが
Bに対して代金債権を有し，両者が同時履行の関係にある場合，Aが代金債権
を自働債権として，BがAに対して有する貸金債権と対当額で相殺すること
を許すと，Bは目的物の引渡しを受けないまま代金を弁済したことになり，目
的物引渡しに関する担保を一方的に奪われる結果となる。そこで，このような
相殺は禁止されている。

　しかし，例外的に，請負における報酬債権と契約不適合の追完に代わる損害
賠償債権は，前述のとおり，同時履行の関係に立つが（⇨ **2**(2)(b)），両者の相
殺は認められている。同様のことは，売買における代金債権と目的物引渡債務
の履行不能による履行に代わる損害賠償債権にもあてはまる。

　判例・通説である存在効果説は，この相殺禁止効についても，相手方による
同時履行の抗弁権の行使を待つまでもなく，その要件を満たせば当然に導かれ
ると解している。他方，行使効果説は，同時履行の抗弁権の行使を要すると解
している。

4 不安の抗弁権

　当事者間で先履行の合意がされることがある。商取引においては，売主が先
に商品を引き渡し，買主は後で代金を支払うという合意がよくみられる。先履
行義務者がこのような契約を締結した後に，相手方（後履行義務者）の財産状
態が著しく悪化し，仮に先履行義務者が先に給付を行ったとしても後に反対給
付を受けられないかもしれないという不安が生じた場合，それでもなお先履行
義務者は先履行をしなければならないのであろうか。

　外国の立法例（ドイツ民法321条など）や，わが国も加盟しているウィーン売
買条約（71条）では，このような場合における先履行義務者の履行拒絶権ない
し履行停止権を定めた規定がある。そこで，多数説は，わが国においても，対
価関係にある給付と反対給付の交換を確保することが公平に適うという533条
と共通の考えから，先履行義務者に延期的な履行拒絶権を解釈論上認めるべき
と解している。このような先履行義務者の履行拒絶権ないし履行停止権を，不
安の抗弁権という。これを正面から認めた最高裁判例はないものの，下級審判

例には，これを認めるものがみられる（東京地判平成2・12・20判時1389号79頁）。

　もっとも，その成立要件をめぐっては，学説上争いがある。従来の通説は，不安の抗弁権を事情変更の法理の具体化と位置づけ，①双務契約に基づき当事者の一方が先履行義務を負っていること，②契約締結後に，相手方の財産状態の著しい悪化が生じたこと，③これにより反対給付を受けられないおそれが生じたこと，を要件として挙げていた。

　しかし，近時は，不安の抗弁権が双務契約における対価的牽連関係の表れであるという点を強調して，上記②について，反対給付を受けられないおそれを招く原因を財産状態の著しい悪化に限る必要がないとの見解，さらには当該原因が契約締結後に発生することも要しないとして，契約締結後に当該原因の存在が判明したことで足りるとの見解などが主張されている。

第3節　危険負担

1 意　　義

(1) 制度趣旨

　債務が履行不能となった場合，債権者はその履行を求めることはできない（412条の2第1項）。損害賠償や契約解除など，他の救済はあり得るが，履行請求はできない。それでは，双務契約において一方の債務が不能となった場合，債権者は自己が負う反対債務を履行しなければならないだろうか（なお，以下で説明する危険負担との関係でいう「債務者」「債権者」とは，履行不能になった債務についての「債務者」「債権者」のことである。危険負担が問題となるのは双務契約についてのみであるが，双務契約では両当事者とも債務を負い，債権を有しているので，「債務者」「債権者」がどちらの当事者のことを指しているのか混乱しないようにしなければならない。たとえば，売買の目的物の引渡しが不能になった場合には，「債務者」とは売主のことであり，「債権者」とは買主のことである）。双務契約における両当事者の債権・債務は，相互に交換関係・対価関係に立つことから「牽連関係」があり，一方が履行されない場合には，他方も履行する必要がないとすることが合理的である。

　そこで，536条1項は，双務契約における一方の債務が当事者双方の責めに帰することができない事由によって履行不能となった場合には，その債権者は，自己の反対債務の履行を拒むことができるとして，債権者に履行拒絶権を与えた。たとえば，売買契約において引渡前に目的物が滅失して，売主の引渡債務が履行不能となった場合，買主は代金支払を拒むことができる。双務契約に基づく給付と反対給付には牽連関係があり，債権者は給付を受けられないのに反対給付をしなければならないとすることは均衡を失するからである。

　536条は，履行不能となった債務の「対価危険」（給付を受けられないのに対価を支払わなければならないという危険）に関するものであることから，「危険負担」の制度と称される。

　なお，反対債務を消滅させるためには，債権者は契約を解除する必要があるが，536条1項は，解除の意思表示をするまでもなく，履行を拒むことができるとする点に存在意義がある。536条は，履行不能となった債務の反対債務を消滅させる制度として同じく対価危険に関する「契約解除」（542条等）と整合的に解釈すべきである。

> **Column 4-1　危険負担制度の改正の経緯**
>
> 　危険負担制度は，平成29年改正で大きく変わった。改正されたのは，次の2点である。
>
> 　(1)　債務消滅構成から履行拒絶権構成への転換
>
> 　536条1項の効果が，反対債務の消滅（改正前536条1項）から，反対債務の履行拒絶権へと変更された。これは次のような経緯による。
>
> 　改正前は，履行不能時の反対債務の存続に関する制度として，危険負担と契約解除の2つの制度が併存していた。両制度は，履行不能についての債務者の帰責事由の有無によって適用領域を棲み分けていた。すなわち，債務者に帰責事由がない場合には，反対債務は危険負担によって当然に消滅し（改正前536条1項），債務者に帰責事由がある場合には，反対債務は契約解除によって消滅するとされた（改正前543条）。しかし，改正の過程で，債務者の帰責事由を契約解除の要件とするべきではないとされたため（解除は債務者の責任を追及する制度ではなく，債権者を契約の拘束力から解放する制度であるからである），反対債務の消滅に関する危険負担と契約解除の適用場面が重複し，かつ不整合（一方は当然に債務が消滅するとし，他方は解除の意思表示が必要であるとする）が生じることとなった。そこで，危険負担制度（改正前534条・535条・536条1項）を廃止して，契約解除に一元化する案もあった。

　ところが，反対債務の履行を拒むために常に契約解除の意思表示が必要であるとすると，債権者が解除の意思表示を相手方に到達させなければならないことや，解除権行使の制限（例，544 条）があって，解除一元構成がすぐれているとは言い切れないことが指摘され，危険負担制度の効果を，債務消滅構成から履行拒絶権構成へと転換して存続することとなった。

　(2)　改正前 534 条・535 条の削除

　改正前の民法は改正前 534 条から改正前 536 条の 3 か条で危険負担制度を規定し，改正前 536 条で「債務者主義」の原則を定めたうえで，「物権の設定又は移転」を目的とする双務契約（典型は売買契約）についての特則として，反対債務が存続するという「債権者主義」を定めていた（特定物債務について改正前 534 条 1 項，不特定物債務について同条 2 項。さらに，その契約が停止条件付きの場合について改正前 535 条）。しかし，まだ目的物を支配していない債権者が対価危険を負うこととなる債権者主義は強く批判されていた。そこで，改正法では，改正前 534 条・535 条が削除された。したがって，改正後は，売買契約をはじめとする物権の設定または移転を目的とする双務契約の履行不能についても，改正後の 536 条の「債務者主義」による履行拒絶権が適用され，かつ，542 条による契約解除が認められる。

(2)　履行不能の判断

　履行不能の存否は，412 条の 2 第 1 項に従って，契約および取引上の社会通念に照らして判断される。

　ここでいう不能は，原始的不能を含む。平成 29 年改正前の危険負担（改正前 536 条）は後発的不能についての制度であったが，それは原始的に不能な契約は無効であるとの法理があったためである。改正法では，原始的に不能な契約も有効であるとされたため（412 条の 2 第 2 項），後発的不能と区別をする理由がなくなった。

(3)　536 条の適用範囲

　536 条は，反対給付の履行拒絶権に関する規定であるから，双務契約についてのみ適用がある。

　ただし，賃貸借契約において，賃借物の全部滅失等によって使用収益が不能となった場合には，賃貸借契約が当然に終了する（616 条の 2）し，賃借人の責めに帰することができない事由による一部滅失等の場合には，使用収益をすることができなくなった割合に応じて賃料が減額される（つまり，賃料支払債務の

一部消滅）から（611条1項），536条は適用されない。

　組合契約にも，536条は適用されない（667条の2第1項）。

② 債権者に帰責事由がない不能の場合

（1）要　件

（a）「当事者双方に帰責事由がないこと」の解釈　536条1項の文言は，履行不能が「当事者双方の責めに帰することができない事由」によって生じたことを要件とする。しかし，536条は，（1項と2項をあわせると）「債権者」に帰責事由のないことのみを要件とするものであると解すべきである。債務者が自己に帰責事由があることを主張して債権者の履行拒絶権を封ずることができるとすることも，また，債権者が債務者に帰責事由がないことを主張しなければ履行を拒絶できないとすることも理に反するからである。

　改正前536条1項も，履行不能が「当事者双方の責めに帰することができない事由」によることを要件としていたが，これは，改正前は，履行不能について債務者に帰責事由がある場合には契約解除（改正前543条），債務者に帰責事由がない場合には危険負担制度によるという棲み分けがなされていたため，債務者を含む「当事者双方」に帰責事由がないことを要件とする法技術的意味があった。しかし，改正後の536条と542条はそのような棲み分けをしておらず，「債務者」に帰責事由がないことを求めることの法技術的意味は失われている。

　（b）帰責事由の有無の判断　以上を踏まえると，債務者からの反対給付の履行請求に対して，債権者は履行不能の事実のみを主張立証して履行拒絶権を行使することができ（536条1項），これに対して，債務者は債権者の帰責事由を主張立証して履行拒絶権を封ずることとなる（536条2項）。

（2）効　果

（a）履行拒絶の抗弁　履行拒絶権の内容は，債権者が反対給付の履行を拒絶することができることである。反対債務が消滅するのではない。債権者は，536条1項に基づいて反対債務の履行を拒絶しても，遅滞にはならない。一時的な不能の場合には，その不能の間のみ，履行を拒絶することができると解するべきである。

　裁判上で，反対給付の履行請求に対して履行拒絶の抗弁を主張した場合には，同時履行の抗弁（533条）のように引換給付の判決ではなく，請求棄却の判決がなされる。つまり，同時履行の抗弁権が一時的・延期的な抗弁であるのと異なり（⇨第2節 **3**(2)），536条に基づく履行拒絶権は，履行を永久的に拒むことのできる永久的抗弁である。

　なお，履行拒絶は抗弁であるから，時効消滅しない。

　(b)　**反対給付債務が既履行である場合の返還請求**　536条1項によって履行拒絶権を有する債権者が，反対債務を既に履行済みの場合に，不当利得としてその返還を請求することができるかどうかについては見解が分かれ得る。履行拒絶は抗弁的に機能するものにすぎず，実体的に反対給付債務が消滅するわけではないと考えれば，不当利得返還請求をするためには，契約を解除する必要があるという否定説になりそうである。

　これに対して，履行拒絶の抗弁は永久的抗弁であって請求棄却判決がなされることを踏まえ，履行を拒絶できる反対債務についてはそもそも給付保持を認める必要すらなく，債務としては存在しないのと同様に評価することができると考えれば，既に反対給付債務を履行していたときには不当利得として，給付していたものの返還を請求することができるとする肯定説になるであろう。その法律構成としては，非債弁済（705条）を拡張解釈し，永久的抗弁権が付着している債務を知らずに弁済した場合には非債弁済に準じて扱う方法などが主張されている。しかし，肯定説の問題点としては，履行拒絶権と解除権が接近し，2つを併存させた意味がなくなることや，解除権が時効消滅しても，永久に536条に基づいて返還請求ができてしまうことを指摘することができる。

3　債権者のみに帰責事由のある不能の場合

（1）　履行拒絶権の否定

　履行不能が債権者の帰責事由による場合には，債権者は反対給付の履行を拒むことができない（536条2項前段）。自ら履行不能の原因をつくった債権者が反対給付の履行を拒むことができるとするのは信義則に反するからである。なお，この場合には，債権者は契約を解除することもできない（543条）。

　536条2項前段における債権者の「責めに帰すべき事由」の存否の判断は，

不能の原因をつくった債権者に履行拒絶権を認めることが正当化できるかどうかという観点からなされる。415 条 1 項ただし書における「責めに帰することができない事由」が，債務者に損害賠償責任を負わせること，または免れさせることが正当化できるかという観点から判断されるのとは異なる。

　また，債権者の受領遅滞中に，当事者双方の責めに帰すべき事由によらずに履行が不能となった場合には，その履行不能は，債権者の責めに帰すべき事由によるものとみなされる（413 条の 2 第 2 項）。その結果，この場合にも，536 条 2 項前段によって，債権者は反対給付を拒むことができない。

(2)　利得償還請求権（536 条 2 項後段）

　536 条 2 項前段によって債権者が反対給付を拒めない場合（それは 543 条で解除できない場合でもある）には，債務者は自己の債務の履行や損害賠償責任を免れる一方で（412 条の 2 第 1 項・415 条 1 項ただし書），反対給付を受けることができる。このとき，債務者は，自己の債務を免れたことによって利益を得るとすれば，二重の利得を得ることになる。そこで，536 条 2 項後段は，債務者が二重に利得を得ないように，債務者は，自己の債務を免れたことによって利益を得たときは，これを債権者に償還しなければならないとする。

　たとえば，注文者（債権者）の責めに帰すべき事由によって仕事の完成が不可能となった場合に，請負人（債務者）は，請負代金全額を請求することができるが，仕事を免れたことにより経費の支出を免れている。そこで，請負人（債務者）は，節約経費は注文者に償還しなければならない（最判昭和 52・2・22 民集 31 巻 1 号 79 頁〔当該事案では否定〕）。

(3)　役務提供型契約における 536 条 2 項の拡張

　雇用契約においては，労働者は労務を提供しなければ報酬債権は発生しないのが原則である（最判昭和 63・3・15 民集 42 巻 3 号 170 頁〔ノーワーク・ノーペイの原則〕）。しかし，使用者（債権者）の帰責事由によって労務提供が不能となった場合には，具体的報酬請求権が発生していなかったとしても，労働者は報酬を「請求できる」と解すべきである。この帰結は，次のように 536 条 2 項の拡張解釈によって導くことができる。536 条 2 項は，本来は，債権者に対する具

体的な請求権が発生していることを前提として，536条1項にもかかわらず，債権者（使用者）はその請求を「拒めない」とする制度である。しかし，その趣旨は，債権者の帰責事由によって債務が履行不能となった場合には，536条1項にもかかわらず，債権者は反対給付をしなければならないとする点にある。このことからすれば，労務を提供していない労働者に具体的報酬請求権は発生していなくても，雇用契約に基づいて抽象的報酬請求権は発生している以上，債務者（労働者）は報酬を請求することができ，債権者（使用者）は報酬支払を拒めないと解するべきである（⇨第13章第3節 **2**）。

　以上で述べたことは，雇用のみならず，請負・委任などの役務提供型契約にも妥当するとの見解もある。もっとも，請負については仕事完成前の注文者の解除（641条），委任については任意解除（651条1項）が認められ，これらの解除権が行使された場合，受任者と請負人は，これらの解除前の事務・仕事の報酬しか得ることができない一方で（請負につき634条2号参照），この解除によって生じた損害について損害賠償請求が認められることがある（請負につき641条〔履行利益〕，委任につき651条2項〔信頼利益〕）（⇨第14章第4節，第15章第3節）。このような場合には，536条2項の拡張解釈による必要はない。

4 両当事者に帰責事由のある不能の場合

　履行不能について，当事者双方に帰責事由があることがある。この場合，債務者が債権者の帰責事由を主張立証して，536条2項に基づいて債権者の履行拒絶権を封ずることができるかどうかが問題となる。

　536条2項における「債権者の責めに帰すべき事由」の存否の判断は，不能の原因をつくった債権者に履行拒絶権を認めることが正当化できるかどうかという観点からなされる（⇨**3**(1)）。したがって，当事者双方に落ち度がある場合に，「債権者の責めに帰すべき事由」によるとして，履行拒絶を否定すべきなのは，債権者の落ち度が優越的で，債権者のみに帰責事由があるのと匹敵する場合とすべきである。

　これは，当事者双方に帰責事由がある場合に，543条に基づいて債権者が契約を解除することができなくなるかどうかについての解釈と整合的な解釈である（⇨第6章第3節 **4**）。

なお，この場合，債務者は帰責事由があるので損害賠償責任を負う（415条1項）が，債権者にも帰責事由があるため，過失相殺（418条）がされる。

第4節　事情変更の法理

1 は じ め に

　契約は守られなければならないのが原則である。たとえば，売買契約の目的物の市場価格が契約締結後に高騰して，契約のとおりに履行すると売主が不利益を受ける（例．調達コストが上がって原価割れする，あるいは，より高い価格で売れるのに安く売らざるを得ないなど）こととなっても，売主はそのような不利益が生じるリスクを引き受けており，契約に拘束されるのが原則である。

　しかし，他方で，契約当事者は，一定の事情（例．明日は平和な世界がつづく）を想定して契約を締結している。その想定と異なる状況が生じた場合にまで，当初に合意した契約内容での履行を当事者に強いることが，当事者の当初意思にも反し，また，契約における給付の均衡が崩れた契約に拘束させつづけること（事情変更のリスクを負わせること）は苛酷で不適切であると考えられることがある。そこで，そのような事情の変更があった場合には，契約関係を再調整（リスクや不利益の再配分）するべきではないかということが問題となる。この問題を扱うのが「事情変更の法理」（事情変更の原則）である。比較法的には，近時は「ハードシップの法理」ということもある。これは，中世の教会法に淵源を有する法理で，すべての契約には「契約成立時の事情が変わらない限り有効である」とする条項（clausula rebus sic stantibus）が黙示的に含まれているとするものである。19世紀に形成された西欧の近代契約法では，「契約は守られなければならない」（pacta sunt servanda）の原則に凌駕されていたが，第一次世界大戦以降の経済危機を契機に復活をとげた法理である。長期にわたる国際取引契約には，当事者がこの法理を明示化かつ具体化した「ハードシップ条項」がしばしばみられる。

　事情変更の法理は，明文の規定はないものの（平成29年改正の検討のなかでは明文化が検討されたが見送られた），判例・学説において信義則に基づく法理とし

て承認されている。もっとも，これを実際に適用した判例は，最上級審では大審院時代のものが1件あるにすぎない（⇨**2**(3)）。また，その効果についても争いがある。効果が契約解除にとどまる場合には，この法理は単純に「契約は守られなければならない」の原則の例外であるが，改訂や再交渉義務まで認める場合には，「契約尊重の原則」（⇨ **Column 1-2** ）に基づいて，継続性原理によって，リスクの再配分をして契約を調整する法理として位置づけられることになる。

　なお，事情変更にあたるのと同じ事実関係が「不可抗力」（force majeure）にもあたることがある。不可抗力は，それによって履行が困難・不能となった債務者が，不履行による損害賠償責任を免れるための法理である。金銭債務の不履行による遅延賠償は，「不可抗力」によるものであっても免責されないが（419条3項），非金銭債務の不可抗力による不履行は，415条1項ただし書にいう，契約および取引上の社会通念に照らして債務者の責めに帰することができない事由にあたるものとして，債務者は免責されよう。

　これに対して，事情変更の法理は，契約関係を調整したうえで維持するか，契約関係を終了させるための法理である。

2 事情変更の3類型

　事情変更によって当事者が苛酷な状況に陥る場合には，一般に，次の3つの類型があるといわれる。

(1) 履行困難（経済的不能）

　履行コストの著しい高騰などによって，当事者の一方にとって，履行をすることが著しく困難となった場合である。これは履行不能との境界線が微妙である。たとえばスエズ運河やパナマ運河が封鎖された場合の航路の迂回や航空運送への切り替えによる運送コストの上昇，パンデミックによる生産活動の停滞による品薄で製造に必要な原材料が高騰した場合などはこの類型にあたろう。

(2) 等価関係の破壊

　履行することは困難ではないが，事情変更によって，両当事者が契約から得

る利益の均衡が崩れる場合である。たとえば，ハイパーインフレーションによって貨幣価値が著しく下落して，当初合意した契約価格の支払を受けても，売主の得る給付の価値が著しく減少しているような場合である。

(3)　契約目的の達成不能

契約が履行されても，契約をした目的を達成できない場合である（大判昭和19・12・6民集 23 巻 613 頁）。たとえば，工場建築用地の売買契約において目的土地に工場の建築を禁止する規制がしかれた場合や，優勝パレードを観賞するために沿道のレストランを貸し切ったのにパレードが中止となった場合などである。

3　要　　件

事情変更の法理を適用するための要件としては，一般的に次の 4 点が挙げられる（最判平成 9・7・1 民集 51 巻 6 号 2452 頁 < 判例 4-2 >）。

①契約の基礎とされた事情が，契約締結後に変更したこと

②契約締結時にその事情変更が予見できなかったこと

③その事情変更が当事者の帰責事由によって生じたものでないこと

④事情変更の結果，当事者を当初の契約内容に拘束することが，信義則上，著しく不当となったこと

である。これらのうち，①～③は，事情変更によって不利益を受ける当事者が，その事情変更のリスクを引き受けていなかったものであることを判断するための要件といえる。

①が要件とされているのは，契約締結時に既に存在していた事情については契約でリスク配分がされているからとされるが，契約締結時に存在していた事情であっても，当事者がそのことを知らなかったのであればリスク配分がされていたとはいえない。①の要件については，契約の基礎とされた事情が変更したことを，契約締結後に知ったこととするべきであろう。そのような局面は，基礎事情の錯誤（95 条 1 項 2 号）（しかも共通錯誤）としても処理することができるが，事情変更の法理の効果として，契約の再交渉・契約の改訂が認められるのであれば，当事者が，錯誤に基づく取消権を行使するのではなく，事情変更

の法理によって契約関係の維持を図ることも認めてよいであろう。

　なお，事情の変更（例，価格高騰）が一時的なものであれば，事情変更の法理の適用は認められない（最判昭和 30・12・20 民集 9 巻 14 号 2027 頁）。

　②は，予見可能性の判断基準時は契約締結時であるとするが，予見可能性の対象と，契約上の地位の承継があった場合にどの当事者を基準に予見可能性を判断するのかが問題となる。予見可能性の対象は，具体的な出来事の予見可能性ではなく，抽象化された出来事の予見可能性で足りるというべきである（例，東日本大震災の発生ではなく，大地震の発生の予見可能性で足りる）。誰の予見可能性を基準にするかについては，契約上の地位の承継があっても，契約締結時の当事者を基準とすべきである（前掲最判平成 9・7・1 ◁ 判例 4-2 ▷）。当初契約でリスクが引き受けられていたか否かが問題だからである。

　③は，事情変更によって不利益を受ける当事者がコントロールし得ない，支配を超える出来事であることを求める要件である。事情変更の発生がコントロールできないだけでなく，その結果を回避することができないことまで求められよう（例，当初予定していた原材料が高騰しても，同等の他の原材料が安価に入手できる場合にはこの要件を満たさない）。また，この事情変更は，債務者の病気など個人的な事情は考慮されない。

　④は，①〜③の要件を満たす事情変更が，当初契約の拘束力を否定することを正当化するだけの理由となるかどうかを判断するための要件であり，慎重に適用されなければならない（たとえば，土地の売買予約が締結されてから予約完結権行使時までの間に，その土地が新幹線用地となることが決定して，土地の価格が 6 倍弱になっていても，「右の程度の金額の差異をもってしてはいまだ予約自体の効力に影響を及ぼすものと解することはでき」ないとした最高裁判例がある。最判昭和 56・6・16 判時 1010 号 43 頁）。

◁ 判例 4-2 ▷ 最判平成 9・7・1 民集 51 巻 6 号 2452 頁
【事案】X らは，Y の経営していた甲ゴルフ場の会員であり，優先的・優待的に甲ゴルフ場の施設を利用する権利を有していたが，ゴルフ場のコースの「のり面」が崩壊し，Y は営業を停止して，約 130 億円をかけて改修工事を行った（開業時の盛土の施工不良などのため，のり面の崩壊が生じやすくなっており，開業以来度々のり面の崩壊が発生していた）。Y は，X らに対して，新たな預託金

などの経済的負担を負うことを求めたがＸらがこれを拒否したので，Ｘらの優先的優待的利用権を認めないとした。そこで，Ｘらが，その権利の存在確認を求めて訴えを提起した。なお，このゴルフ場はＡが開業したものであり，Ｙが営業譲渡によって譲り受けたものであったが，Ｘらが会員となったのはこの営業譲渡より前であった。

　原審は，Ｘらに対し本件ゴルフ場の会員資格のうち施設の優先的優待的利用権を当初の契約で取得した権利の内容であるとして認めることは，信義衡平上著しく不当であって，事情変更の原則の適用によりＸらは右優先的優待的利用権を有しないとした。そこで，Ｘらが上告。

【判旨】破棄自判。最高裁は，契約締結後の事情の変更があったことは認めたうえで，「事情変更の原則を適用するためには，契約締結後の事情の変更が，当事者にとって予見することができず，かつ，当事者の責めに帰することのできない事由によって生じたものであることが必要であり，かつ，右の予見可能性や帰責事由の存否は，契約上の地位の譲渡があった場合においても，契約締結当時の契約当事者についてこれを判断すべきである。」「一般に，事情変更の原則の適用に関していえば，自然の地形を変更しゴルフ場を造成するゴルフ場経営会社は，特段の事情のない限り，ゴルフ場ののり面に崩壊が生じ得ることについて予見不可能であったとはいえず，また，これについて帰責事由がなかったということもできない」として，Ａの予見可能性と帰責事由を否定する特段の事情の主張・立証がないとして，事情変更の原則を本件に適用することはできないとした。

【コメント】事情変更の法理（事情変更の原則）の要件のうち，予見可能性（②）と帰責事由の不存在（③）を充足しないとして，同法理を適用しなかった判例である。また，この２つの要件は，契約締結時の当事者を基準として判断することも明らかにした。

4　効　　果

（1）序　　説

　事情変更の法理の効果として，まず，①契約の解除が認められることは異論がない。契約目的が達成できなくなったのであれば（契約目的の達成不能類型⇨2(3)），契約関係を維持することに意味はないから，契約を終了させることによって不利益の再配分が行われればよい。

　これに対して，履行困難類型（⇨2(1)）および等価性破壊類型（⇨2(2)）

においては，契約に調整を加えたうえで継続を維持することが考えられる。そこで，②当事者による契約の改訂に向けた再交渉義務，また，③裁判所による契約改訂が認められるかどうかが問題となる。②③は，契約関係の維持を志向する救済方法であって，「契約尊重の原則」（⇨ Column 1-2 ）によっても正当化される。継続性原理や柔軟性原理といわれることもある。②③を事情変更の法理の効果として認めるべきとする学説が有力である。これらが認められるとすると，①〜③の序列関係が問題となる。

(2)　再交渉による契約改訂

　事情変更への対応は，私的自治に基づいて形成された当初の契約規範をつくりなおすことであることを考えれば，その局面でも私的自治による秩序形成がなされることが望ましい（交渉促進規範としての事情変更の法理）。このような視点から，まず事情変更によって不利益を受ける当事者は相手方に再交渉を要請することができ，相手方は，再交渉に応ずるべきであると考えられる（再交渉義務）。そして，再交渉による契約改訂に至らない場合には裁判所による契約改訂または契約解除があり得ることが，再交渉による契約改訂に向けたインセンティブになるという関係がある。たしかに，この再交渉義務が法的義務であるとすれば，それをどのように強制するのかが問題となる。しかし，再交渉義務の実質は，再交渉の機会を確保することにある——催告解除における履行や追完の機会を確保するための催告に類似する——とみるべきであろう。そして，当事者が再交渉によって合意形成に至らない場合にはじめて，裁判所による契約改訂または契約解除という私的自治への介入が試みられるべきである。

(3)　裁判所による契約改訂

　裁判所による契約改訂は，私的自治への介入であることから，裁判官にその権限があるのか（ハードシップ条項などの契約条項で裁判官に改訂権限が与えられている場合にはこの問題は生じない），また，裁判官に複雑な契約関係を調整する能力があるのかが問題となる。
　下級審裁判例には事情変更の法理に基づく契約改訂を行った例がある。多くは，当事者の一方の契約改訂提案を相手方が承諾しない場合に，裁判所がその

改訂提案に基づいて，代金減額や猶予期間の延長などの改訂を認めるという方法であるが（大阪地判昭和26・10・20判タ18号62頁，仙台高判昭和33・4・14下民9巻4号666頁，福岡高判昭和39・12・9民集23巻12号2471頁，札幌地判昭和51・7・30判時851号222頁など），裁判所が自ら契約改訂を行った裁判例もある（神戸地伊丹支判昭和63・12・26判時1319号139頁）。また，契約の一部無効（一部失効）も契約改訂の一種といえるが，事情変更の法理に基づいて，サブリース契約における賃料自動増額特約が事情の変更によって失効したとする下級審裁判例もある（東京地判平成8・6・13判時1595号87頁，東京地判平成9・6・10判時1637号59頁，東京高判平成10・12・3金法1537号55頁など）。

　なお，このような契約改訂が法令上認められることもある。たとえば，賃借物の一部滅失等による賃料減額（611条1項），地代等増減請求（借地借家11条・32条）などは，事情変更の法理を定型化して，裁判官に契約改訂権限を与えた規定ともいい得る。

　このように，裁判例も，法律上の規定による改訂も，いずれも代金の改訂や猶予期間の延長など単純に一方当事者の給付を変更するものであって，一部解除に近い。すなわち，裁判官による契約改訂は，契約の性質を変更することなく，リスクを再配分して給付の均衡の回復を図るものであって，全く新たな内容の契約を創出するものではない。このことは，契約改訂と契約解除の連続性を示唆する。事情変更に基づく契約解除を認めるのであれば，このような改訂も認められるべきである。

　また，このような契約改訂は，契約上の権利義務が複雑に相互連関していることの多い契約において，契約関係の組み替えを，取引の専門家ではない裁判官に求めるものではないから，裁判官の資質が問題となることもない。

(4)　契約解除と再交渉・裁判所による契約改訂の序列

　以上を踏まえれば，事情変更が履行困難または等価性の破壊をもたらす場合においては，事情変更によって不利益を受ける当事者は，まず，相手方に対して再交渉を要請することができ，その再交渉による合意形成ができない場合にはじめて，裁判所に対して契約改訂または契約解除の判断を求めることができると解すべきである。

　そして，契約を改訂するか解除するかの判断は裁判官に委ねられると解するべきである。契約改訂が可能であるのに，当事者が解除を求めることは，契約尊重の原則（継続性原理）の観点からも，また，契約の拘束力の例外は最小限にすべきという観点からも，認める必要はないように思われる。学説は，事情変更による契約解除を，法令に定めのない法定解除と位置づけることがあるが，以上からすれば，履行困難類型と等価性破壊類型における解除は当事者の解除権行使によるものではない。

第5節　第三者のためにする契約

1 意　義

　当事者の一方が第三者に対してある給付をすることを約する契約を，第三者のためにする契約という（537条1項）。たとえば，売主Aが買主Bとの間で自己所有の動産甲に関する売買契約を締結し，売買代金についてはBがAではなくCに支払うことを約束した場合が，これにあたる。AがCに対して金銭債務を負っているときに，これを弁済するために自己所有の動産甲をBに売却し，売買代金をCへの債務の弁済に充てようとする場合，AB間で通常の売買契約を締結しAがBから売買代金を受け取ってそこからCに弁済するよりも，売買代金をBから直接Cに支払うことにするほうが簡便である。これが，第三者のためにする契約が用いられる一場面である。この場合のAを要約者，Bを諾約者，Cを受益者という。また，ABの関係を補償関係，ACの関係を対価関係という。このような契約によって，Bは，Cに対して売買代金債務を負うことになるが，そのいわば補償としてAに対して動産甲の引渡債権を取得する。補償関係という表現はこのことを表している。また，AがCに売買代金を得させるのは，金銭債務の消滅など何らかの対価となっていることが多い。対価関係という表現はこのことを表している。もっとも，AC間にこのような対価関係が常に存するとは限らないし，第三者のためにする契約の成立要件ともされていない。

　このように，第三者のためにする契約は，契約の締結に関与していない受益

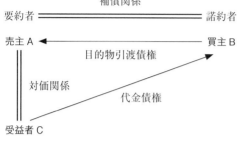

図表 4-1　第三者のためにする契約のしくみ

者にも契約の効力を及ぼすことから，契約の相対効原則との抵触が問題となり得る。そこで，次にみるように，受益者による受益の意思表示があってはじめて契約の効力が受益者に及ぶとすることで契約の相対効原則との調整が図られている（537 条 3 項）。

2 要　件

(1) 補償関係の有効性

第三者のためにする契約は，要約者と諾約者の間で補償関係を有効に成立させることによって成立する。受益者の承諾ないし同意は必要ない。つまり，第三者のためにする契約は，三者間の契約ではなく，あくまでも要約者と諾約者の契約である。補償関係の成立要件は，それぞれの契約類型に応じて決まる。

(2) 当事者の一方が第三者に対してある給付をすることを約したこと

第三者のためにする契約といえるためには，「当事者の一方が第三者に対してある給付をすることを約した」ことが必要である（537 条 1 項）。すなわち，要約者と諾約者の間で締結される契約に基づく給付請求権を受益者に直接帰属させる旨の合意が要約者・諾約者間に存することが必要とされる。代金を第三者の預金口座に振り込むこととする売買契約や，保険契約者以外の第三者を保険金受取人とする生命保険契約が，その典型例である。

契約締結時にその第三者が現存しない場合や，第三者が特定されていない場合であっても，第三者のためにする契約は有効に成立する（同条 2 項）。たとえば，設立中の法人や胎児を第三者にする場合や，大学教員 A が書店 B との間で，翌年に着任する新任教員が具体的に決まっていない段階で当該教員を第三者として書籍を購入する契約を結ぶなど将来のある時点で一定の職に就いている者を第三者にする場合がこれにあたる。しかし，売主 A と買主 B との間で

売買契約を結び，目的物を第三者Cに送付することを約するという場合でも，Cに目的物の引渡債権を取得させないものは第三者のためにする契約ではない。たとえば，AデパートでBがお歳暮の品を購入し，Cへの送付を依頼するという場合がこれにあたる。

3 効　果

（1）　受益者の地位

受益者は，諾約者に対して直接にその給付を請求する権利を取得する（537条1項）。冒頭の例でいえば，CはBに対して売買代金の支払を請求する権利を取得する。この権利は，受益者が諾約者に対して契約上の利益を享受する意思を表示した時に発生する（同条3項）。この受益の意思表示は，黙示のものでもよい。つまり，受益者は，諾約者と要約者との間で締結された契約の利益を享受するか否かを選択することができるのである。このように，契約の効力を受け入れるか否かを受益者の意思にかからしめることで，契約の相対効原則との調整が図られている。

受益の意思表示によって受益者の権利が発生した後は，当事者は，これを変更したり消滅させたりすることができない（538条1項）。逆にいえば，受益の意思表示の前であれば，受益者の給付請求権を変更したり消滅させたりすることができる。

なお，保険については，受益の意思表示を不要とする旨の規定が保険法に置かれている（保険8条・42条・71条）。

（2）　要約者の地位

要約者は，諾約者に対し，受益者に給付をするよう請求することができる。他方，要約者は，諾約者に対して反対給付をなす義務を負う。冒頭の例でいえば，AはBに対し，売買代金をCに支払うよう請求することができ，Bに動産甲を引き渡す義務を負う。

諾約者が受益者に対して債務の本旨に従った給付をしなかった場合，受益者は諾約者に対して損害賠償を請求することができるが，要約者にも損害が生じた場合には，要約者も諾約者に対して損害賠償を請求することができると解す

るのが多数説である。他方，諾約者が債務を履行しない場合に要約者は契約を解除することができるのかが問題となるが，これを無制限に認めると受益者の権利を害するため，解除をするには受益者の承諾が必要となる（538条2項）。

(3) 諾約者の地位

諾約者は，受益者に対して給付をなす義務を負い，要約者に対して反対給付を請求することができる。要約者が反対給付をしない場合には，諾約者は，受益者に対して同時履行の抗弁権（533条）を行使して，給付を拒絶することができる。このように，諾約者は，契約に基づく抗弁を受益者に主張することができる（539条）。

> **Column 4-2**　第三者のためにする契約を用いた「中間省略登記」
>
> 　平成16年の不動産登記法改正により，売買等の登記原因があったことを証する書面がなくても移転登記を認める申請書副本による申請が廃止され，売買契約書等の「登記原因証明情報」の添付が義務づけられた。これにより，登録免許税や不動産取得税の節税対策として実務においてしばしば行われていた中間省略登記は事実上できなくなった。しかし，平成19年1月12日法務省民二第52号民事局民事第二課長通知によって，第三者のためにする契約の形式をとることにより，中間省略登記と同様の効果を導くことが認められた。
>
> 　たとえば，A所有の甲不動産を宅地建物取引業者Bが買い受ける旨の売買契約を締結し，その際，「Bは，売買代金全額の支払までに甲不動産の所有権の移転先となる者を指定するものとし，Aは，甲不動産の所有権をBの指定する者に対し，Bの指定および売買代金全額の支払を条件として直接に移転することとする」旨の特約を付ける。その後，Bは買主を募り，買主Cが現れると，所有権の移転先としてCを指定する。Cが受益の意思表示を行い，BがAに対して売買代金全額を支払うと，甲不動産の所有権はAから直接Cに移転する。甲不動産の売買代金の支払義務を負うのは，法的にはBであるが，実際にはCが準備してBに交付する。
>
> 　ここでは，諾約者（売主）Aと要約者（買主）Bとの間で，受益者をCとする第三者のためにする契約が締結されたことになる。前述のとおり（⇨ **2**(2)），契約締結の時点において第三者が特定されている必要はないので，AB間で契約を締結した後にBが甲不動産の買主を募るという方式も，契約の効力に影響を及ぼさない。
>
> 　このような「第三者のためにする契約」構成では，甲不動産の所有権は，実体法上，Aから直接Cに移転するので，実体法と乖離しない形で，結果的に

中間省略登記と同様の効果を生ぜしめることができる。このような取引は，直接移転売買と呼ばれている。

　このほか，BがCに買主たる地位を譲渡するという「契約上の地位の移転」構成によっても，AからCに直接，所有権移転登記をすることができるとされている。

　ただし，これらの方法によってAからCへの移転登記ができるのは，第三者のためにする契約または契約上の地位の移転が実際に存する場合に限られる。実際にはこのような契約が存在しないにもかかわらず，中間省略登記の効果を実現するためだけに脱法的手段としてこのような契約が存在するかのように装った場合には，このような登記申請は認められない。

第**5**章
契約上の地位の移転

1 意　義

　契約が成立した後に，契約当事者が交代ないし変更することがある。

　第1に，当事者の一方が死亡した場合や，当事者たる会社が他の会社と合併して別の会社になった場合である。これらの場合には，ある特定の契約についてのみ当事者が交代するのではなく，被相続人や合併前の会社の法的地位が，相続人や合併後の会社に包括的に承継される。

　第2に，当事者間において，ある特定の契約についてのみ当事者を交代させる旨を合意する場合である。これを，契約上の地位の移転という。539条の2が定めるのは，この場合である。この典型例は，売主Aと買主Bとの間で締結された売買契約について，買主の地位をBからCに移転することを合意するというものである。また，A会社がある事業をC会社に事業譲渡する場合も，Aと契約を締結した相手方Bにとっては，契約当事者がAからCに変更されることになる。事業譲渡の場合，契約当事者の交代が生じる契約は複数あるのが通常であるが，Aの法的地位がすべてCに承継されるわけではないため，事業譲渡に伴う契約当事者の交代は，契約上の地位の移転である。

　契約上の地位の移転は，賃貸借契約，ライセンス契約，ゴルフ会員権契約などの継続的契約においてよくみられる。ただし，賃貸借契約における賃貸人の交代については，重要な特則が設けられており，注意が必要である（⇨第12章）。

2 要件・効果

(1) 要 件

　契約上の地位の移転が生じるための要件は，第1に，移転の当事者間にその旨の合意がされることである。売主Aと買主Bとの間で締結された売買契約について，買主の地位をBからCに移転するという場合，BC間にその旨の合意が必要であることはいうまでもない。

　これに加えて，契約の相手方Aの承諾が必要とされる（539条の2）。Aは，契約の当事者が誰であるかについて重大な利害関係を有するからである（472条3項参照）。

　ただし，これには例外規定が設けられている。不動産の賃貸借契約において，賃貸人が交代する場合である（605条の2第1項・605条の3）。契約の相手方である賃借人の承諾を要しないこととしているのは，不動産賃貸借の賃借人にとっては，賃貸人が誰であるかによって目的不動産の使用収益状況が変わるわけではないので，契約の当事者が誰であるかについて重大な利害関係を有しないからである（⇨第12章第5節 **2**(1)）。

(2) 効 果

　前述の要件が満たされれば，契約上の地位は，譲渡人から譲受人に（先の例ではBからCに）移転する。その結果，譲渡人は契約関係から離脱し，譲受人が当該契約上の地位を取得する。個別の債権債務だけを取得するのではないので，たとえば，AB間で締結された契約に取消原因や解除原因がある場合，Cは，Bの有していた取消権や解除権を行使することができる。

　もっとも，契約上の地位の移転によって，AB間に生じたBの債権債務のすべてが一律にCに移転するとは限らない。個々の債権債務がCに移転するのかどうかは，当事者間の合意の解釈によって決まる。たとえば，AB間において，AがBに反復継続して商品を供給し，BがAに1か月分の供給量にかかる代金を翌月に支払うという内容の継続的供給契約が締結されていたところ，この契約上の買主の地位がBからCに譲渡されたという場合，この譲渡以前にBがAに負っていた代金債務は，常にCに移転するとは限らない。むしろ，

この代金にかかる商品の供給を受けたのは B であるから，B が代金債務を負い続けると解すべき場合もあろう。とはいえ，この場合も，当事者間の合意によって過去の代金債務を C に移転させることは可能である。

第6章
契約の終了

第1節　契約の終了事由

　契約の終了（消滅）とは，契約に基づく給付義務がすべて消滅して，契約が効力を失うことをいう。最もノーマルな契約の終了は，両当事者がすべての給付を終えることによる終了であるが，契約の終了事由は多様で，また，契約の種類によっても違いがある。

　契約に基づく給付がすべてなされて契約が終了する場合の例としては，たとえば，不動産売買においては，売主が目的物の引渡し，所有権移転，所有権移転登記を終え，買主が代金支払をすることによって，売買契約が終了する場合を挙げることができる（473条参照）。これに対して，このような一回的契約ではなく，継続的な契約の場合には，期間の定めがあればその期間満了によって，また，期間の定めがなければ「解約の申入れ」によって契約は終了する。たとえば，賃貸借や雇用がそうである（617条・627条。特別法上の存続保障は別論である）。

　一回的契約の場合には，個々の債務の消滅を問題とすれば足りるので，契約

の終了を論ずることに大きな実益はない。しかし，継続的契約の場合には，た
とえば，継続的供給契約の終了によって個別の供給義務や代金支払義務が発生
しなくなるとか，賃貸借契約の終了によって新たな賃料支払義務が発生しなく
なることに意味がある。なお，個々の債務は，弁済ではなく，相殺・更改・免
除・混同によって消滅することもある。

　もっとも，すべての給付がなされて契約が終了しても，その給付が契約内容
に適合しないことが後から判明した場合には，債務者はなお債務不履行責任
（契約不適合責任）を負うし，約定の品質保証の責任を負い続けることはある。

　契約に基づく給付が終わっていないのに契約が終了する場合もある。①解除
権行使による終了（法定解除，約定解除），②合意による終了（合意解除，解除条
件），③法律の規定による終了（死亡，破産，後見開始など），④賃貸借における
目的物の使用収益不能，がそれである。第2節から第5節では，債務不履行に
基づく解除（541条・542条）を中心としながら，①と②を扱う。ただし，解除
条件（127条2項）については民法総則の教科書を参照してほしい。③④につい
ては，第6節で扱う。

第2節　契約解除の意義と方法

1 意　　義

　契約は拘束力を有する。しかし，一定の場合には，当事者をその契約の拘束
力から解放することを認めるべきことがある。典型は，双務契約において，当
事者の一方が債務不履行に陥っている場合である。この場合，相手方（債権者）
を契約から解放し，債権者の反対債務を消滅させる制度が，契約の解除である。
具体的には，契約を解除することには次のような意味がある。

　①債権者が未履行の場合——たとえば，売買契約において売主が目的物を引
き渡さない場合，買主は，訴えを提起して履行請求をする代わりに，他の仕入
れ先と代替取引をしたほうが簡便なことがある。このとき，買主が契約に拘束
されたままだと，売主が翻意して目的物の引渡しを提供し，代金の支払を求め
てくれば，買主には代金支払債務が残っているので，買主は支払に応じざるを

得なくなる。そこで，買主は契約を解除したうえで，代替取引をすることとなる。

　②債権者が既履行の場合——たとえば，売主が目的物を引き渡し，買主も代金を支払ったが，目的物に不適合があって使い物にならない場合，買主（債権者）は目的物を返還して，代金を取り戻したいと考えるであろう。代金を取り戻すためには，買主の代金支払債務を消滅させる必要がある。そこで，買主は契約を解除して売主に原状回復請求をすることとなる（545 条 1 項）。

　このように，債権者を契約の拘束力から解放し，債権者の反対債務を消滅させることを認める制度が契約の解除である。民法は，540 条〜548 条に，契約解除に関する規定を置いている。解除は，債権者が負う反対債務を消滅させることに主たる意義があるから，双務契約の解除において最も問題となる。しかし，片務契約の解除が排除されているわけではない。たとえば，片務契約であっても，負担付贈与契約における負担の不履行がある場合には，贈与者には契約を解除する実益がある。

　いうまでもなく，契約以外の発生原因（契約以外の法律行為，事務管理・不当利得・不法行為）による債務の不履行については，解除によって消滅させるべき反対債務がないから，解除が問題となることはない。

　なお，解除には原則として遡及効があるが（545 条 1 項），継続的契約の解除については，将来効のみが認められることから（620 条・630 条・652 条・684 条），判例・学説で「解除」と区別して「解約告知」や「告知」という用語が用いられることがある。しかし，条文上はそのような用語上の区別はされていない（612 条 2 項・620 条・626 条・628 条）。

2 解除の種類

　契約解除には，「解除権」を有する解除権者の一方的な意思表示（解除の意思表示，解除の通知）によって（540 条），契約を消滅させるもの（法定解除・約定解除）と，当事者の合意によって契約を終了させるもの（合意解除）がある。

（1）解除権行使による解除
　解除権は，当事者の一方的な意思表示によって法律関係を変動させることの

できる権利であるから，形成権の性質を有する。解除権の行使は法律行為（単独行為）である。解除権は，「契約」または「法律の規定」に基づいて発生する。前者の解除権を「約定解除権」，後者の解除権を「法定解除権」という。法定解除を先に説明する。

　(a)　**法定解除**　　法定解除は，法律の定める法定解除権に基づく解除である。民法の定める法定解除権には，まず，債務不履行を原因とする法定解除権（541条〜543条）があり，最も重要である。541条・542条による解除権の行使は，給付が契約内容に適合しない場合にも適用される（564条・559条）。

　各種の契約に特殊な法定解除権もある。これらの詳細については，各契約の解説箇所に委ねるが，ここでは概観をしておきたい。各種の契約に特殊な法定解除権の規定のなかでも，債務不履行解除の特則ともいえるものとして，594条3項（使用借主の用法遵守義務違反），607条（賃借人の意思に反する保存行為），611条2項（賃借物の一部滅失），612条2項（無断賃借権譲渡・無断転貸），625条3項（雇用契約における無断の第三者従事），691条（終身定期金契約の解除）などがある。代金減額請求権（563条・559条）も，一方的な意思表示によって代金減額の効果が生ずる形成権であり，一部解除権の性質を有する。

　各種の契約に特殊なその他の法定解除権の規定としては，たとえば，「受取り前解除」（587条の2第2項〔書面でする消費貸借〕，593条の2〔書面によらない使用貸借〕，657条の2〔寄託〕），理由を問わない「任意解除」（550条〔書面によらない贈与〕，641条〔注文者による解除〕，651条〔委任者・受任者の任意解除権〕，662条〔寄託者の任意解除権〕），当事者の破産手続開始を理由とする解除（631条〔使用者の破産〕，642条〔注文者の破産〕があるほか，一般規定として破53条・54条），減収による賃料減額・解除（609条・610条）の規定がある。

　割賦販売法・特定商取引法・宅地建物取引業法等に基づく，いわゆる「クーリング・オフ権」も，特別法上の法定解除権である（⇨ **Column 6-1**）。

　以上のほか，判例によって認められている契約解除権もある。「事情変更の法理」による解除がそれである。詳細は，第4章第4節参照。

　(b)　**約定解除**　　約定解除は，約定解除権に基づく解除である。約定解除権は，当事者の合意に基づいて設定される解除権であり，原則として当事者が自由に定めることができる（例，販売店契約で売り上げが目標に届かない場合の解除

権）。契約解除に関する 540 条〜548 条の規定は，541 条〜543 条を除き，約定解除にも適用される。また，民法は，約定解除権のいくつかについて，その約定の解釈や行使方法についての特則を定めている。たとえば，手付は解約手付と推定され，解約手付による解除には，手付放棄または手付倍返しの現実の提供が必要とされる（557 条）。買戻し特約による解除については，買主が支払った代金および契約の費用を返還することが必要とされることなどが定められている（579 条・580 条・583 条）。

なお，消費者契約法は，消費者が後見開始・保佐開始・補助開始の審判を受けたことのみを理由として事業者に解除権を付与する条項を無効としている（消費契約 8 条の 3）。

(2) 合意解除

合意解除は，一方的な解除権の行使によってではなく，当事者が合意によって契約を終了させる解除である。合意解除は，契約自由の原則から認められる。契約解除に関する 540 条〜548 条のうち，解除の効果について定める 545 条と 546 条は合意解除にも適用される。もっとも，これらは任意規定であるから，当事者が異なる効果を合意することは自由である。その他の規定は，解除権行使による解除に関するものであるから，合意解除には適用されない。

> **Column 6-1** クーリング・オフ
>
> 消費者と事業者との間で締結される消費者契約のうち，問題のある勧誘が行われやすい取引において，消費者にクーリング・オフが認められている。クーリング・オフとは，契約の申込みや契約が成立した後も，一定期間に限って無条件に損害賠償も負担せずに，申込みの撤回・契約の解除をすることができる権利である。訪問販売・電話勧誘販売など不意打ち的な勧誘が行われがちな取引や連鎖販売取引・業務提供誘引販売取引など仕組みの複雑さとともに消費者を煽るような勧誘が行われやすい取引，内容や質の適合性を判断しにくい特定継続的役務提供などにおいて，消費者に熟慮の機会を与えるために，原則として法定書面交付日から 8 日間（連鎖販売取引・業務提供誘引販売取引では 20 日間）のクーリング・オフが認められている（特定商取引 9 条・4 条・40 条・48 条・58 条など）。なお，通信販売には，強行法としてのクーリング・オフは導入されておらず，通販業者が返品できるかどうか（返品特約）を表示していない場合に，8 日間の返品を認める制度が導入されるにとどまっている（特定商

取引 15 条の 3)。

3 解除権行使の方法

(1)　意思表示による契約解除

(a)　**制度趣旨**　解除権の行使は，相手方に対する意思表示によってする
(540 条 1 項)。解除の意思表示がなされなければ，解除の効力は生じない。制
度設計の選択肢としては，債務不履行があった場合には，当然に解除の効力が
生ずるとすることもあり得るが，民法は原則としてそれを否定している。法律
関係の変動の確実性を確保する趣旨である（例外として，賃貸借契約の終了に関す
る 616 条の 2 がある。さらに，平成 29 年改正前の危険負担制度〔改正前 536 条〕は，
債務者に帰責事由のない後発的不能の場合に反対債務が当然に消滅し，契約が当然に終
了するとしていた）。

また，解除権は裁判上で行使しなければならないとする制度設計もあり得る
が（例，2016 年改正前のフランス民法），民法は意思表示のみで契約を解除するこ
とができるとして，実際の便宜に配慮している。

ただし，当事者が，債務不履行があった場合には当然に契約解除がされると
する特約は認められる（例，家賃を 3 か月滞納したら当然に賃貸借は解除されるとす
る特約）。このような特約を「失権約款」という。その法的性質は解除条件で
ある。解除条件の内容が債務者に苛酷なことがあり得るから，この条件は，信
義則に従って合理的に解釈すべきである。1 か月の賃料延滞で賃貸借契約を当
然解除する旨の約定がある場合であっても，「賃貸借当事者間の信頼関係が賃
貸借契約の当然解除を相当とする程度にまで破壊されたといえないとき」は当
然解除されたとはいえないとした判例がある（最判昭和 51・12・17 民集 30 巻 11
号 1036 頁）。

(b)　**意思表示の方法**　契約解除の意思表示の方法に制限はない。裁判外で
行ってもよく，口頭でもかまわないが，証拠を残すためには，配達証明付内容
証明郵便によることが多い。解除の通知において，その趣旨が明確であれば，
「解除」の文言を用いなくてもかまわない。

540 条は任意規定であるから，当事者が意思表示の方法について異なる合意

をすることは可能である。約定解除について，「黙示の意思表示」を認める約定も認められるとした判例がある。大学の入学手続要項に入学式の無断欠席は入学辞退とみなす旨の記載がある場合には，学生の無断欠席は，特段の事情のない限り，黙示の在学契約解除（大学の入学辞退）とみられるとした事案である（最判平成 18・11・27 民集 60 巻 9 号 3597 頁）。

　契約解除をしようとする当事者が，相手方を知ることができず，またはその所在を知ることができないときは，「公示による意思表示」によることができる（98 条）。

　(c)　**意思表示の効力発生**　解除の意思表示の効力発生は，意思表示の効力発生に関する一般規定（97 条 1 項）に従う。解除の意思表示は，その通知が相手方に到達した時に効力を生ずる（到達主義）。これは解除の通知の不到達のリスクは，解除権者が負うということである（これに対して，債務不履行解除の場合，このリスクは債務不履行に陥っている当事者が負担すべきだとする法制として CISG 27 条参照）。相手方が通知の到達を妨害した場合には，その通知は「通常到達すべきであった時」に到達したものと擬制される（97 条 2 項）。

　契約解除の通知を発した後に，解除権者に死亡・意思能力喪失・行為能力制限が生じても，その効力は妨げられない（97 条 3 項）。逆に，相手方が，契約解除の通知を受けた時に意思無能力・未成年・成年被後見人であった場合は，原則として，その通知をもって相手方に対抗することはできない。ただし，その通知は，相手方の法定代理人がその通知を知った時，または相手方が意思能力を回復しもしくは行為能力者となってからその通知を知った時に，効力を生ずる（98 条の 2）。

　(d)　**解除権者**　解除権は，解除権者が契約の相手方に対して意思表示をすることによって行使する。契約当事者およびその地位の承継人以外の者が，解除権者になることはない。契約から生じた債権の譲渡や債務の引受けがなされても，譲受人や引受人は地位の移転を受けたのではないから，解除権者やその相手方にはなり得ない。たとえば，対抗力ある賃借権の目的物が譲渡された場合には，譲受人は，賃貸人の地位を承継するから（605 条の 2），賃借人に債務不履行があれば解除権者となり得る。これに対して，賃貸借の賃料債権を譲り受けただけの譲受人は，賃借人が賃料を支払わなくても自分が当事者でない賃

貸借契約を解除することはできない。

　なお，解除権者が数人いる場合，また，その相手方が数人いる場合については，(3)参照。

(2)　解除の意思表示の撤回禁止

　いったん行った契約解除の意思表示は撤回することができない（540条2項）。これは，法律関係の複雑化と相手方の地位の不安定を避けるためである。

　もっとも，相手方との関係では，相手方の同意を得て，解除の意思表示を撤回することはできる。それでも，この撤回の効果は，第三者には対抗できないと解するべきである。

(3)　解除権不可分の原則

(a)　解除権行使の不可分性（544条1項）

解除権者が数人いる場合，解除権の行使は全員が一致して行わなければならない。また，解除権行使の相手方が数人いる場合，解除権の行使は相手方全員に対して行わなければならない。当事者の一方が数人いる場合としては，たとえば，数人が組合を組んで売買契約を締結する場合や，共同相続によって債権者または債務者が複数になる場合などが考えられる。これを，(b)に述べる解除権消滅の不可分性とあわせて，「解除権不可分の原則」という。これは，解除権者またはその相手方が複数である場合に，一方で，解除の効果が一体的に生じないと法律関係が複雑化するので，それを防ぐためであり，他方で，数人いる解除権者の一部のみによる，または，数人いる相手方の一部のみに対する解除権行使によって一体的に解除の効果が生じて残りの者に不利益が生じないようにするためである。

　解除権者が数人いる場合，全員が同時に解除の意思表示をしなければならないわけではなく，順次に意思表示をすることもでき，最後の意思表示がなされた時に解除の効力を生ずる。解除権を行使するかどうかの意思決定は，数人いる解除権者の内部関係による（例，共有物の賃貸における共有物の管理〔最判昭和39・2・25民集18巻2号329頁——252条本文（令和3年改正で252条1項前段となる〔施行日未定〕）による〕）。解除権の行使は，解除権者の1人が他の解除権者を代理・代表して行うことができる（組合契約における業務執行など）。

　解除権行使の相手方が数人いる場合には，各人に対して解除の意思表示をしなければならず，その意思表示が全員に到達した時に解除の効力が生ずる。

　(b)　**解除権消滅の不可分性（544条2項）**　　当事者の一方が数人いる場合において，解除権者の1人または相手方の1人について解除権が消滅したときは，解除権は全員について消滅する。法律関係の複雑化を避けるためである。1人についての解除権の放棄，1人についての消滅時効の完成，解除権者の1人の故意または過失による目的物の滅失・損傷等（548条）による解除権消滅の場合などが考えられる。

第3節　債務不履行による解除の要件

1 序　説

(1)　解除権の根拠規定

　債務不履行による法定解除権の発生は，541条〜543条が定める。541条が催告解除，542条が無催告解除について定める。催告解除とは，債務不履行があった場合に，債権者が相当の期間を定めて債務者にその履行の催告をして，債務者がその期間内に履行をしない場合に，解除権が発生するというものである。無催告解除は，542条に定める一定の債務不履行があれば，催告を要せずに直ちに解除権が発生するというものである。これらの規定に従って解除権が発生すれば，債権者が540条に従って解除の意思表示をすることによって，契約解除の効力が生じる。ただし，543条は，債務不履行が債権者の責めに帰すべき事由によるものであるときは，債権者は541条・542条に基づく解除権を行使することができないと定める。

　なお，541条〜543条は任意規定であり，当事者がこれらと異なる合意をすることは可能である。ただし，消費者契約については，事業者の債務不履行により生じた消費者の解除権を放棄させる条項，債務不履行に陥った事業者に解除権の有無を決定する権限を付与する条項は無効である（消費契約8条の2）。

(2)　契約解除の制限

　契約解除は，拘束力ある契約を消滅させる制度であるから，それに相応しい理由がある場合に限って認められる。契約の解除は，債権者の反対債務を消滅させて契約から解放することに主眼のあるドラスティックな救済手段であり，契約の拘束力を貫徹させる履行請求，損害賠償請求，追完請求とは異なる。また，既履行の場合には原状回復のコストも発生する。そのため，損害賠償や契約不適合の場合における追完・代金減額といった，中間的な救済で足りると評価できる場合には，解除を制限すべきであると考えられたのである。

　541条は，債務不履行が「軽微」である場合には，たとえ催告期間内の履行がなされなくても，契約解除は認められないとする（541条ただし書）。これに対して，542条は，「契約をした目的を達することができない」場合，または，「契約をした目的を達するのに足りる履行がされる見込みがないことが明らかである」場合（以下，まとめて「契約目的達成不能」ということがある）でなければ，契約解除をすることができないとしている（542条1項3号〜5号は明文で契約目的達成不能を要件とし，同項1号・2号は債務不履行の性質上，当然に契約目的達成ができない場合にあたる）。両基準の相違点については，後述する（⇨ **2**(2)）。

　なお，このように解除を制限する考え方は，CISGにもみられる（CISGは，「重大な契約違反」〔その定義についてはCISG 25条〕を要件とする無催告解除と，売主が目的物を引き渡さない場合や買主が代金を支払わないなど主たる給付がなされない場合の催告解除を定める〔CISG 49条・64条参照〕）。これは比較法的趨勢であり，民法の平成29年改正に至る過程でも，この考え方が影響を与えた。

(3)　債務者の帰責事由は要件でないこと

　債務不履行について債務者に責めに帰すべき事由があることは，解除の要件ではないことにも注目したい。債務者の責任を追及する損害賠償請求（415条）とは異なり，契約解除の目的は，債権者を契約の拘束力から解放することにある。そのような解除の可否は債権者が契約に期待し得た利益（契約利益）がどの程度侵害されているかという債務不履行の重大性の程度によって判断されるべきであって，債務者の帰責事由の有無によって左右されるべきではないと考えられるからである。

　平成29年改正前には，履行不能による無催告解除に関する改正前543条は債務者の帰責事由を明文で無催告解除の要件とし（後発的履行不能につき債務者の帰責事由がない場合については，改正前534条・536条〔危険負担〕が適用されるという規定の棲み分けの問題もあった），履行遅滞による催告解除に関する改正前541条には明文の規定はなかったにもかかわらず，債務者の帰責事由を要件とする見解がかつての通説であった。改正後の541条および542条は，これを改めたものである。

(4)　解除と両立しない救済方法

　債務不履行による解除については，債権者が債務不履行に対する救済を求める他の権利との関係が問題となる。契約の存続を前提とする履行請求権（414条）と追完請求権（562条・559条）は，契約を消滅させる解除と両立しないので，併行して行使することはできない。代金減額請求権（563条・559条）も，効果が重複するので解除権と選択的に行使しなければならない。

　これらに対して，損害賠償請求権（415条）は，解除と両立する（他の救済方法とも両立する）。ただし，契約が解除された場合または債務の不履行による解除権が発生した場合には，「履行に代わる損害賠償」（塡補賠償）が認められる点で，他の救済方法とともにする損害賠償請求とは損害賠償の内容が異なる（415条2項）。

(5)　解除と危険負担の関係

　債務不履行による解除に関連した制度として危険負担（536条）がある。契約解除のポイントは債権者の反対債務を消滅させることにあるが，危険負担は，当事者の一方の債務が履行不能となった場合について，反対債務を消滅させるのではなく，未履行の反対債務の履行を拒むことを認める制度である（⇨第4章第3節）。危険負担は，債権者が契約解除の意思表示をする時間的余裕がない場合などに意味を有する制度であるが，反対債務が消滅するわけではないので，暫定的な救済である。しかし，危険負担も解除も目的は共通しており，両制度は整合的に（解除できる場合なのに履行拒絶できないとか，履行拒絶できる場合なのに解除できないことのないように）解釈適用されるべきである。

2 催告解除（541 条）

(1)「債務を履行しない場合」

(a)　**債務不履行の種類**　541 条における「債務を履行しない場合」とは，履行遅滞，履行不能，履行拒絶，契約不適合など，あらゆる種類の債務不履行を含む（契約不適合につき 564 条参照）。無催告解除（542 条）の要件を満たす場合であっても，541 条に基づいて催告解除をすることはできる。たとえば，ある債務不履行が，無催告解除の原因である履行不能や履行拒絶（542 条 1 項 1号・2 号）にあたるかどうかの評価には争いがあり得るから，確実を期するために催告解除を行うことにも実益がある。

(b)　**債権者の受領遅滞**　債権者の受領遅滞（413 条）は，当然には債務不履行にはあたらないから，特段の事情の認められない限り，受領遅滞を理由に債務者が契約を解除することはできない。学説上は，受領遅滞に関する法定責任説と債務不履行説が対立する問題であるが，平成 29 年改正前から判例は法定責任説に立ち（最判昭和 40・12・3 民集 19 巻 9 号 2090 頁〔受領遅滞による解除を否定。ただし，受領遅滞があったのか疑問のある事案〕），改正された 413 条も受領遅滞の効果として債務者の注意義務の軽減と増加費用の債権者負担のみを定める（⇨詳細は債権総論）。それでも，個別の契約において，債権者に受領義務（引取義務）があると評価できる場合には，その違反（債務不履行）を理由とした契約解除は認められよう。そのような受領義務は，合意によって生ずるほか，信義則上認められることもある（最判昭和 46・12・16 民集 25 巻 9 号 1472 頁⇨第 7章第 4 節 **2**）。

(c)　**契約の成立と同時に目的を達する契約の場合**　契約の成立によって目的を達成する契約については，債務不履行を観念することができないから，法定解除をすることができるかどうかが問題となる。

①更改契約（513 条）は，その成立によって新債務が成立するから，更改契約の債務不履行は観念できず，法定解除はできない。更改によって成立した新たな債務が履行されない場合は，その新たな契約の解除の問題となるが，更改契約について債務不履行があるわけではない。②遺産分割協議（907 条 1 項）も，その成立後に，共同相続人の 1 人が負担した債務を履行しない場合でも，債権

者である共同相続人は，法定解除をすることができない（最判平成元・2・9 民集
43 巻 2 号 1 頁）。判例は，「遺産分割はその性質上協議の成立とともに終了し，
その後は右協議において右債務を負担した相続人とその債権を取得した相続人
間の債権債務関係が残るだけと解すべきであり，しかも，このように解さなけ
れば民法 909 条本文により遡及効を有する遺産の再分割を余儀なくされ，法的
安定性が著しく害されることになるからである」という。なお，遺産分割協議
の合意解除は認められる（最判平成 2・9・27 民集 44 巻 6 号 995 頁）。

　以上に対して，③代物弁済契約（482 条）については，平成 29 年改正前は要
物契約とされ，契約の成立と同時に弁済の効力が生じたため，債務不履行を観
念することができず，法定解除はできないと考えられた。しかし，平成 29 年
改正後の代物弁済契約は諾成契約とされるため，代物弁済をする債務について
の不履行があり得，契約解除もあり得る。④和解契約も，成立することによっ
て確定効（696 条）が生じるため解除できないと考える余地もあるが，和解に
よって負担した債務が履行されない場合には，和解の解除が認められる。和解
が解除された場合には，和解前の法律関係が復活する。

(2)　軽微性の抗弁

(a)　**総　説**　541 条ただし書は，催告期間経過時に，債務不履行が「軽微
である」ことを債務者が主張・立証した場合には，解除権は発生しないとする。
つまり，催告解除が認められるのは債務不履行が「非軽微」の場合に限られる。
これを軽微性の抗弁という。「非軽微」とは，無催告解除についての 542 条が
要件とする「契約をした目的を達することができない」場合，または，「契約
をした目的を達するのに足りる履行がされる見込みがないことが明らかであ
る」場合よりも，広く，それを包摂する概念である。

(b)　**判断基準**

(ⅰ)　**考慮要素**　「軽微」か「非軽微」かの判断は，「その契約及び取引上の
社会通念」に照らして行われる。具体的には，「その契約及び取引上の社会通
念」に照らして，①その債務不履行によって債権者が受ける不利益（得ること
のできない契約利益）の程度の大きさをみることになる。その際には，履行請
求・追完請求・代金減額請求・損害賠償請求による救済で，債権者の利益（契

図表6-1 債務不履行の程度による解除の制限

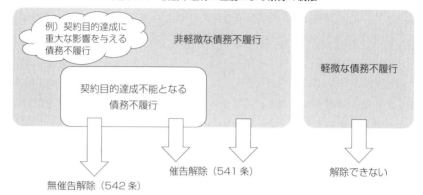

約目的の達成）をどの程度確保できるかも問題となる。

　学説には，①に加え，②債務者にとって追完・追履行に要するコストも考慮し，「軽微性」の判断において①と②を比例原則（過剰介入禁止・過小保護禁止）の観点から比較衡量すべきとする説がある。しかし，「軽微性」の判断において②を考慮することには疑問がある。法定解除が債務者の帰責事由を要件としない趣旨が，契約利益を得られない債権者を契約の拘束から解放することにあるとすれば，ここでも債務者の負担は考慮に入れるべきではないであろう。後述するように，542条における「契約目的達成不能」基準においても，債務者の事情は考慮されない（⇨ **3**(2)）。債務者の追完・追履行のコストは，追完請求を認めるかどうかの判断において考慮すべき事情である（請負人の修補義務についての改正前634条1項ただし書〔瑕疵が重要でない場合において，その修補に過分の費用を要するときは，瑕疵修補請求はできないとする〕を踏まえた改正後412条の2第1項の解釈⇨第7章第3節 **5**(2)(b)(i)）。

　(ii) 軽微性の程度　　債務不履行が「非軽微」といえるためには，債権者に生ずる不利益の程度は，「契約目的達成不能」という程度に至るものである必要はないが，一定程度の重大性が必要である。その判断をする際には，債務不履行が「契約目的の達成に重大な影響を与える」か否かがひとつの考慮要素となる。

　このことは，平成29年改正後の541条ただし書において，「契約目的達成不

能」ではなく，「軽微性」の有無が基準として選択された経緯から明らかである。改正前541条には，債務不履行の程度によって解除を制限する文言はなかったが，判例は，契約に基づく給付義務を，「契約の目的達成に必須」な契約の要素をなす債務と，契約目的を達成するのに必須的でない付随的義務とを区別し，後者の不履行の場合には契約を解除することができないとしていた（最判昭和36・11・21民集15巻10号2507頁）。同判決では，土地の売買契約において，移転登記が完了するまでの公租公課を買主が負担する約定があったにもかかわらず，買主が土地の代金は支払ったものの，売主の立て替えた公租公課を支払わなかったことを理由として，売主が契約を解除することができるかどうかが争点となった（結論として売主による解除を否定）。他方で，判例には，「契約締結の目的には必要不可欠なものではないが，……契約締結の目的の達成に重大な影響を与えるものである」約定の違反による催告解除を認めたものがあった（最判昭和43・2・23民集22巻2号281頁）。同判決で争点となったのは，土地の売買において，①移転登記と代金支払は同時にすること，②それまでは建物を築造しないことという約定があったにもかかわらず，土地の引渡しを受けた買主が代金支払前に売主に無断で移転登記を経由し，建物を築造したことを理由として，売主が契約を解除することができるかどうかということであった。この事案では，買主は代金支払期限を過ぎて代金支払を怠っていたわけではなかったから，この約定違反によって契約目的の達成に必須な義務の違反があったということはできない。しかし，最高裁は，「代金の完全な支払の確保のために重要な意義をもつ」約定の違反があったとして，売主による解除を認めた。改正後541条ただし書は，このような場合にも解除を認める趣旨で，「契約目的達成不能」よりも広く「非軽微」な債務不履行の解除を認めたものである。

　改正法の下で，上記最高裁昭和43年判決の事案のような，代金支払の履行を確保するための義務の違反以外にも「契約目的の達成に重大な影響を与える債務不履行」があるのか，また，契約目的とは無関係に債務不履行の「軽微」「非軽微」が判断されることがあるのかは，まだ明らかではない。不動産賃貸借の債務不履行解除に関する「信頼関係破壊の法理」を，541条の「軽微性の抗弁」の問題として位置づけて考えることができるかどうかについては，第

12章第7節 **3**(1)参照。

(c)　**判断基準時**　債務不履行が「軽微」か「非軽微」であるかの判断基準時は，「催告期間を経過した時」である。催告期間の経過までに債務者が履行・追完を行った場合には，それによって，債務不履行が解消されたか，または，解消されていないとしても軽微であるかどうかを判断することになる。催告をする時点で，債務不履行が軽微であるかどうかは関係ない。

(3)　催告のメカニズム

(a)　**催告の意義**　「催告」とは，債務の履行を促す意思の通知である。催告は，債権者から債務者に対して行う。契約解除に催告が必要とされるのは，債務者に最後の履行の機会を与える趣旨である。催告をしても契約をした目的を達することができない場合や，目的を達する見込みがないことが明らかな場合については，542条が無催告での解除を認めている。

催告の方式に制限はないが，疑義を残さないためには，配達証明付内容証明郵便を用いることが多い。

(b)　**催告期間の経過と解除の意思表示**　催告は相当の期間を定めて行う（これを催告期間という）。催告期間が経過しても履行がされない場合には，その時に解除権が発生する。履行がされないまま催告期間が経過しても，当然に解除の効果が生じるわけではなく，解除権が行使されるまでは契約は存続している。そのため，催告期間経過後でも，解除権が行使されるまでは，債務者は履行をして債務不履行の状態を解消することができる。債務不履行が解消されるか軽微となれば，解除権は消滅する（⇨第4節 **1**）。

催告期間内に債務者が履行拒絶の意思を明らかにした場合には，その時点で，無催告解除の規定により解除権が発生すると考えられる（542条1項2号・2項2号）。

判例は，「催告」と「解除の意思表示」，あるいは「付遅滞のための請求」などの複数の意思表示を，一度にまとめて行うことを，柔軟に認めてきた。まず，①催告期間内に履行がなされないことを停止条件とする解除の意思表示も有効である（大判明治43・12・9民録16輯910頁）。これは，催告と解除の意思表示を一度にまとめて行うことができることを意味する。これを認めても債務者に不

利益が生じるわけではないからである。また，②履行期の定めのない債務が債務不履行（履行遅滞）に陥るのは，債務者が履行の請求（付遅滞のための請求）を受けた時からであるが（412条3項），その履行の請求によって541条の催告を兼ねることもできる（大判大正6・6・27民録23輯1153頁）。催告期間内に履行がされないことを停止条件とする解除の意思表示を組み合わせることもできる。さらに，③債務者に同時履行の抗弁権があって遅滞に陥っていない場合には，債権者は自己の債務の弁済を提供して債務者の同時履行の抗弁権を封じ，履行の請求をすれば，改めて催告をすることなく相当の期間の経過により解除の意思表示をすることができる（大判大正13・5・27民集3巻240頁）。この弁済の提供は，解除権行使との関係では一度すればよく，継続する必要はない（大判昭和3・10・30民集7巻871頁）。解除するのであれば，相互に給付をするわけではなく，直ちに弁済できる状態を維持する必要はないからである。

(c)　**期間の相当性**　　催告は「相当の期間」を定めて行う。「相当」の期間は，履行の準備の大略は終わっている債務者が履行するのに要する期間である。債務者の病気等の主観的事情は考慮せず，債務の内容・性質等の客観的事情で判断する。解除権者が定めた期間が不相当に短い場合や，期間の定めをせずに催告した場合であっても，履行がされないまま，客観的にみて相当とされる期間が経過すれば解除権が発生する（大判昭和2・2・2民集6巻133頁，最判昭和31・12・6民集10巻12号1527頁）。

(d)　**過大催告・過小催告**　　催告が，債務内容よりも過大または過小な給付を求めるものである場合でも，債務の同一性が認められれば，原則として541条にいう催告にあたる。

過大な催告については，本来の給付すべき範囲で，催告としての効力を生じる。ただし，催告どおりの給付全部の提供をしなければその受領を拒絶する意思が明確である場合，催告としての効力は認められない（最判昭和37・3・9民集16巻3号514頁など）。

過小催告については，その催告された給付の範囲で催告としての効力が生ずる。ただし，過小の程度が僅かで本来の債務の全部について催告する意思が明らかである場合には，全部についての催告とみるべきである。

(e)　**催告が不要な場合**　　541条に基づく解除であっても催告が不要なこと

がある。

　①不動産賃貸借の債務不履行解除に関する「信頼関係破壊の法理」は，信頼関係が破壊されていなければ解除をすることができないとする一方で，信頼関係が破壊されていれば催告は不要であるとする（⇨第12章第7節 **3**(1)）。

　②無催告解除特約（催告不要特約）も有効である。ただし，不動産賃貸借においては，無催告解除特約がある場合でも，無催告で解除するには信頼関係破壊の法理の観点から，催告をしなくてもあながち不合理と認められない事情が必要とされる（⇨第12章第7節 **3**(2)）。

　③失権約款は，債務不履行があった場合には当然に契約解除がされるとする特約であるが，催告も不要とするものである（⇨第2節 **3**(1)(a)）。

(4)　一部不履行の場合の解除の範囲

(a)　一部不履行による一部解除

債務が可分である場合に，その一部についてのみ不履行があるときには，契約の「一部解除」が問題となる。無催告解除については，債務の一部が履行不能である場合，および，債務者が一部の履行を拒絶する意思を明確に表示した場合には，無催告で一部解除をすることができると規定されているが（542条2項），催告解除については対応する一般的な明文の規定はない。しかし，判例は従来から，催告解除についても，債務が可分である場合には，一部解除を認めてきており（最判昭和56・2・17判時996号61頁など），学説でも異論がない。一部解除がされた場合には，解除権者の反対債務は，債務者が履行していない「一部」に対応する範囲で消滅する。

　個別の場面については若干の規定がある。請負の仕事完成前の解除について，請負人が既にした仕事のうち「可分な部分の給付」によって注文者が利益を得ている場合には，請負人は注文者が受ける利益の割合に応じて報酬を請求することができるとしており（634条2号），これは一部解除にあたる。また，給付が契約の内容に適合しない場合の代金減額請求権（563条）も，「一部解除権」の性質を有する。すなわち，代金減額とは，買主の代金支払債務を一部消滅させることである。そのため，催告が必要な代金減額（563条1項）は541条と，無催告でできる代金減額（563条2項）は542条と対応関係がみられる。563条3項と543条も対応する。

(b)　**一部不履行による全部解除**　催告解除については具体的な規定はない
が，無催告解除については，債務の一部が履行不能である場合，および，債務
者が一部の履行を拒絶する意思を明確に表示した場合については，「残存する
部分のみでは契約をした目的を達することができないとき」は契約全部を無催
告で解除することができるとの規定がある（542条1項3号）。催告解除につい
ても，一部の不履行によって，契約全部の目的が達成できなくなるのであれば，
可分の一部だけでなく，契約全部を解除することができると解すべきであろう。

(c)　**複合契約の解除**　同一当事者間の債権債務関係が，形式的に複数の契
約から成る場合であっても，それらの契約の「目的とするところが相互に密接
に関連付けられていて」，「社会通念上，〔複数の契約〕のいずれかが履行され
るだけでは契約を締結した目的が全体としては達成されないと認められる場
合」には，ひとつの契約の不履行によって，他の契約もあわせて解除すること
ができる（最判平成8・11・12民集50巻10号2673頁　<判例6-1>）。

　このような場合には，そもそも契約はひとつであると捉えることも可能であ
り，そのように捉えれば，そこでなされている判断は，一部不履行によって全
部解除をできる場合の判断と同じである。契約書が数通ある場合には，複合契
約として構成するのが簡便であるが，どちらの構成をとっても同じ判断基準を
用いることとなる。

<判例6-1>　最判平成8・11・12民集50巻10号2673頁
【事案】平成3年11月25日，Xは，不動産業者Yが分譲したリゾートマンシ
ョンの区分所有権を購入する契約（以下，本件売買契約）を締結し，同年12月
6日までに代金を完済した。このリゾートマンションは，同マンションに併設
されるスポーツ施設の会員権契約付きで販売されたものであって，Xは本件売
買契約の締結と同時に，スポーツクラブ会員権契約（以下，本件会員権契約）
も締結し，登録料・入会預り金をYに支払った。本件売買契約や本件会員権
契約には，本件マンションの購入者は同時にスポーツクラブの会員になること
とされ，区分所有権と会員権は分離して処分することができないこと，区分所
有権を他に譲渡したときはクラブの会員としての資格は自動的に消滅すること，
区分所有権を譲り受けた者はYの承認を得て新会員として登録を受けること
ができる旨が定められていた。また，そのスポーツ施設には，テニスコート，
屋外プール，サウナ，レストラン等が完備されているほか，平成4年9月末ま

でに屋内温水プール，ジャグジー等が完成することとされていた。ところが，屋内温水プールについては，Xの再三の要求にもかかわらず，平成5年7月になっても着工すらされない状況がつづいた。そのため，Xは，Yに対して，屋内温水プールの完成遅延を理由として本件売買契約および本件会員権契約を解除する意思表示をしたうえで，売買代金の返還と違約金の請求，会員権登録料および入会預り金の返還を求めて訴えを提起した。

　第一審はXの請求を認容したが，原審は原判決を取り消して請求を棄却した。そこで，Xが上告。争点は，本件会員権契約の債務不履行を理由として，別個の契約である本件売買契約もあわせて解除することができるかということである。

【判旨】破棄自判。本件事案のように「同一当事者間の債権債務関係がその形式は甲契約及び乙契約といった二個以上の契約から成る場合であっても，それらの目的とするところが相互に密接に関連付けられていて，社会通念上，甲契約又は乙契約のいずれかが履行されるだけでは契約を締結した目的が全体としては達成されないと認められる場合には，甲契約上の債務の不履行を理由に，その債権者が法定解除権の行使として甲契約と併せて乙契約をも解除することができるものと解するのが相当である。」

　「これを本件について見ると，本件不動産は，屋内プールを含むスポーツ施設を利用することを主要な目的としたいわゆるリゾートマンションであり，前記の事実関係の下においては，Xは，本件不動産をそのような目的を持つ物件として購入したものであることがうかがわれ，Yによる屋内プールの完成の遅延という本件会員権契約の要素たる債務の履行遅滞により，本件売買契約を締結した目的を達成することができなくなったものというべきであるから，本件売買契約においてその目的が表示されていたかどうかにかかわらず，右の履行遅滞を理由として民法541条〔旧規定〕により本件売買契約を解除することができるものと解するのが相当である。」

(5)　継続的契約の解除

　継続的な契約関係の債務不履行については，判例が法定解除（または約定解除）をさらに制限する独自の法理を形成している。最高裁の判例法理として確立しているのが，既に述べた，不動産賃貸借の解除に関する「信頼関係破壊の法理」である（⇨詳細は第12章第7節 **3**(1)）。他に，継続的供給契約（特約店契約等）の解除に「やむを得ない事由」を求める裁判例が下級審で積み重なって

いる。このような考え方は，債務不履行解除の制限のみならず，約定解除，解約申入れ・更新拒絶の制限（更新拒絶につき，借地借家6条・28条），解雇権行使の制限（労契16条）などにも及んでいる。

ここでは，継続的供給契約の更新拒絶の可否が争われた下級審の裁判例をみておきたい⇨＜判例 6-2＞。

＜判例 6-2＞ 札幌高決昭和62・9・30判時1258号76頁（トラクター事件）
【事案】Xは，昭和46年に，Yとの間で，Y製造のトラクター（田植機）を買い取って，北海道地域で独占的に販売する独占的販売店契約を締結していた。この契約には，契約の有効期間を1年とし，期間満了の3か月前までに当事者の申出がない限りさらに1年延長する旨の条項があり，昭和62年まで自動更新が繰り返されてきたが，Yは，上記条項に基づいて，同年6月26日到達の書面で，Xに対して，同年9月30日限りでこの契約を終了させる旨通知した。そこで，Xはこの契約の終了を争い，YがX以外の者にY製造のトラクターを販売してはならないとの仮処分を求めた。第一審が仮処分申請を棄却したので，Xが抗告。
【判旨】原決定変更（一部認容）。本決定は，①本件契約はYの要請によって締結され，継続的な商品供給契約の性質を有すること，②昭和57年に契約が改定された際に，自動更新という文言が消えたが，それは実質的な変更を意図したものではなかったこと，③田植機の購入は農家にとって高額な投資となるため，農家は田植機を買い換えることによって，良品，安定，多収というメリットを求め，その納得を得るためには1.5〜3年の期間をかけて営業活動をする必要があり，また，その買換え等についても常時長期間にわたる継続的営業活動が必要とされ，単年度の営業を前提として事業をすることは不可能であること，④Xは本件契約以来本件田植機のソフト面における研究開発等およびその普及のため多大の資本と労力を投入し，それによって今日の販売実績があがっていること，⑤田植機販売については各メーカー毎に販売網が系列化されており，Xが新規に他の第三者メーカーと田植機販売代理店契約を締結することは事実上不可能であること，⑥本件契約がYの本件契約終了通告によって終了するものとするとXはこれまで十数年にわたって形成してきた田植機の販売権益のすべてを失うことになるばかりか，売り上げを失ったり，在庫の処分損など，莫大な損害を被るのに反し，Yは何らの犠牲を払うこともなく，Xがこれまでに開拓した販売権益をその手中に納めることができ，きわめて不合理であることなどを指摘したうえで，次のように判示した。

「本件契約締結時の事情，本件契約の特質，その実態，昭和57年の基本契約

書改定の経緯，当事者の利害得失等に照らせば，たとえ基本契約書に本件契約の有効期間を1年間とする〔，〕期間満了3ケ月前に当事者の申し出のない限り更に1ケ年延長する旨の定めがあったとしても，それが期間満了3ケ月前の当事者の一方的終了の意思表示によって契約を終了させ得るものと解することは妥当ではなく，債務不履行又はこれに準ずる事由には限らないが，契約を存続させることが当事者にとって酷であり，契約を終了させてもやむを得ないという事情がある場合には契約を〔解約〕告知し得る旨を定めたものと解するのが相当である。そして，Yの主張する合理化の必要性その他の事由は未だ本件契約を終了させることを肯認するに足るやむを得ない事由とは認め難い。そうすると，Yが……なした本件契約を終了させる旨の意思表示によって本件契約は終了せず，Xは依然本件契約に基づき北海道地域におけるY製造にかかる田植機の専売権を有するものというべ」きである。

3 無催告解除 (542条)

(1) 無催告解除権の発生

542条は，無催告で契約の全部解除ができる場合（542条1項）と一部解除ができる場合（542条2項）とを分けて規定する。542条1項・2項の各号にあたる場合には解除権が発生し，債権者は「前条の催告をすることなく」，直ちに解除することができる。

542条の解除権発生要件を満たしても，541条に基づいて催告解除をすることもできる（たとえば，542条1項・2項の各号の充足が明らかでない場合には，催告解除をすることに実益がある）。催告解除（541条）による場合には，債務者が「軽微性の抗弁」を提出して，軽微性について主張立証することとなるが，無催告解除（542条）による場合には，債権者が「契約目的達成不能」等を主張立証することとなる。このように，542条の解除権発生の要件は，「無催告」で解除をするために加重されたものとなっている。

(2) 契約目的達成不能

542条1項は，無催告で契約を解除できる場合を，1号から5号に列挙する（具体的には(3)でみる）。5号は，1号から4号が定める場合以外に無催告解除をすることができる場合についての受け皿規定である。これらすべてに共通する

のは，催告をしても，「契約をした目的を達することができない」（または「契約をした目的を達するのに足りる履行がされる見込みがないことが明らかである」）場合には，無催告で契約を解除することができるという考え方である。

「契約をした目的」とは，契約によって獲得することを期待することのできる利益のことである。契約目的は，当事者の一方の主観的な期待ではなく，契約の性質または当事者の合意によって設定される（⇨第3章第2節**4**）。

契約の性質によって期待される利益とは，契約で定めた主たる給付がされることである。売買であれば，財産権の移転と代金の支払がそれである。たとえば，農地売買において農地法上の許可申請に協力する義務に買主が違反している場合，契約上，代金支払義務は許可時に発生するとされていれば売主は契約目的が達成不能であるといえるが，代金が完済されていれば許可申請協力義務に買主が違反していても，売主の契約目的は達成されている。

合意化された契約目的とは，両当事者が「契約目的」として合意した契約上の利益である。たとえば，ゴルフクラブの会員募集のパンフレットに，ゴルフ場には高級ホテルが併設され，快適なリゾートライフを体験できることが強調され，入会金・預託金がその記載に相応した高額なものであった場合には，そのゴルフクラブ会員権契約の契約目的は単にゴルフ場を利用するだけでなく，快適なリゾートライフ体験が契約目的として合意されていたといえる（最判平成11・11・30判時1701号69頁）。その場合，高級ホテルが建設されないことによってその契約目的を達することができないといえれば，ゴルフのプレーはできるとしても，会員はゴルフクラブ会員権契約を解除することができる。

（3）　全部解除（542条1項）

以下，無催告解除が認められる場合についての542条1項の規定を説明する。同項は，契約全部を解除できる場合についての規定である（契約の一部を無催告で解除できる場合については(4)参照）。

（a）　**履行不能（1号）**　　債務の全部を履行することができないとき（全部履行不能）には，契約全部の無催告解除をすることができる。履行がされないと債権者は契約をした目的を達成することができないし，催告をしても無意味だからである。

　債務が履行不能か否かの判断は，412 条の 2 に従って，契約および取引上の社会通念に照らしてなされる。なお，履行期前に全部不能となった場合にも，債権者は，履行期を待たずに契約を解除することができると解するべきである。履行期まで債務者を契約に拘束しておくことは無意味だからである。

　(b)　**履行拒絶（2 号）**　　債務者がその債務の全部の履行を拒絶する意思を明確に表示したときにも，債権者は契約全部を，無催告で解除することができる。履行拒絶の意思表示が「明確」であるというためには，その意思が確定的であることも必要である。翻意の可能性があるのであれば，催告をすることが無意味とはいえないからである。なお，履行拒絶と履行不能を截然と区別できないこともある。たとえば，売主が目的物を買主以外の第三者に二重に譲渡して対抗要件を備えたり，賃貸した場合は，履行拒絶であるともいえるし（最判昭和 41・3・22 民集 20 巻 3 号 468 頁〔賃貸〕），履行不能であるともいえる。どちらにしても無催告解除が可能であり，効果に違いはないから区別の実益はないが，542 条 1 項 2 号は，履行拒絶も無催告解除の原因となる債務不履行にあたり得ることを明らかにしている点で重要である。

　履行期前の履行拒絶も，本号の適用を受けると解するべきである。履行期まで債務者を契約に拘束しておくことは無意味だからである。

　(c)　**一部不能・一部履行拒絶の場合における全部解除（3 号）**　　給付が可分な場合において，一部不能・一部履行拒絶のとき，債権者は，債務の不能となった一部または履行が拒絶されている一部に対応する反対債務の限度で，契約の一部を無催告で解除することができることは，542 条 2 項が定める。これに対して，本号は，一部不能・一部履行拒絶によって，一部解除にとどまらず，契約の全部を無催告解除できる場合を定めるものである。すなわち，履行不能となっていない残存部分または拒絶されていない残存部分のみでは契約をした目的を達することができない場合には，債権者は無催告で契約全部を解除することができる。たとえば，建物建築のために一区画の土地を購入したところ，その区画の一部が他人の所有地であることが判明して売主が引渡しをすることができず，売主の引き渡すことのできる土地だけでは，建ぺい率の制限のために予定した建築をすることができないような場合がそれにあたる。

　(d)　**定期行為（4 号）**　　特定の日時または一定の期間内に履行をしなけれ

ば契約をした目的を達することができない場合，その契約を講学上「定期行為」という。定期行為は，債務者が履行をしないでその時期を徒過した場合には，もはや契約目的を達成することができないことは確定しており，催告をしても無意味であるから，無催告で解除をすることができる。

　ある契約が定期行為にあたるか否かは，契約の性質または当事者の意思表示による。当事者の意思表示とは，両当事者の意思表示のことである（両当事者がそれを契約目的として了解し，リスクを引き受けていることが必要である）。たとえば，結婚式で着用するウェディングドレスを挙式日までに引き渡すことを内容とする契約は，契約の性質から定期行為であるといえる。出張に間に合うようにスーツを仕立てる請負契約は，その出張以外にもスーツを使用することはできるが，期限に遅れた場合のリスクを請負人が引き受けていたのであれば，当事者の意思表示による定期行為の例である。もっとも，その判断が契約の性質によるのか，当事者の意思表示によるのかを明確に区別することは困難なこともあり，また，厳密に分類する実益もない。

　なお，商人間売買においては，定期売買は，当事者の一方が履行をしないで履行期を経過したときは，相手方が直ちに履行を請求しない限り，相手方は契約を解除したものとみなされる（商525条）。これは商取引における早期の法律関係の安定の要請と解除権者による投機的行為の防止の要請を考慮した規定である。

　(e)　**催告をしても契約をした目的を達するのに足りる履行がされる見込みがないことが明らかなこと（5号）**　　542条1項5号は，1号から4号に定められた場合以外についての受け皿規定である。債務者がその債務を履行せず，催告をしても契約目的を達するのに足りる履行がされる見込みがないことが明らかである場合には，催告をすることは無意味なので，無催告で契約を解除することができる。売買目的物に追完不能な不適合があって，契約目的を達成できない場合が典型である。

(4)　一部解除（542条2項）

　542条2項は，契約の一部を無催告で解除することができる2つの場合を定める。これらの場合に，催告が不要とされるのは，どちらも催告をしても無意

味だからである。

　第1は，債務の一部が履行不能の場合である（542条2項1号）。債務の一部が不能であるかどうかの判断は，412条の2に従って，契約および取引上の社会通念に照らしてなされる。一部不能にあたる場合，その債務のうち不能となった一部と対価的に対応する反対債務を消滅させる限度で，債権者は，その契約の一部を，無催告で解除することができる。解除の範囲が契約の一部のみにとどまるのは，残存部分についてはその範囲で契約目的を達することができるからである。

　第2は，債務者がその債務の一部の履行を拒絶する意思を明確に表示した場合である（542条2項2号）。履行を拒絶する意思を明確に表示しているかどうかの判断については，542条1項2号の解説（(3)(b)）参照。

　どちらの場合も，不能となっていない残存部分のみ，または，履行が拒絶されていない残存部分のみでは契約をした目的を達することができないこともあり得るが，その場合には，542条1項3号に基づいて，契約全部を解除することができる。

4　債権者に帰責事由がある債務不履行の場合

(1)　趣旨・要件・効果

　債権者の責めに帰すべき事由によって債務者の債務不履行が生じた場合には，債権者が契約を解除して，自己の反対債務を免れることは信義則に反するから，債権者は541条および542条に基づいて契約を解除することはできない（543条）。一部解除権の性質を有する代金減額請求権についても同様の規定がある（563条3項）。

　なお，543条によって契約解除が認められない場合でも，債権者から債務者に対する損害賠償請求をすることは妨げられないが，債務者に帰責事由がないとすれば債務者は免責され（415条1項ただし書），そうでないとしても，過失相殺（418条）による中間的解決がなされる。

(2)　債権者の帰責事由の判断

　債権者の帰責事由の存否は，債務不履行の原因をつくった債権者に契約解除

を認めることが正当化できるかどうかという観点からなされる（415 条 1 項ただし書における「責めに帰することができない事由」が，債務者に損害賠償責任を負わせること，または免れさせることが正当化できるかという観点から判断されるのとは異なる）。債権者の受領遅滞中に，当事者双方の責めに帰することができない事由によって履行が不能となった場合には，その履行不能は，債権者の責めに帰すべき事由によるものとみなされる（413 条の 2 第 2 項）。また，請負契約について，注文者は，注文者の提供した材料の性質または注文者の与えた指図によって生じた不適合を理由として契約を解除することができないことが，個別に規定されている（636 条）。

　当事者双方に帰責事由がある場合に，債権者の解除を否定することが正当化できるのは，債権者の落ち度のほうが債務者のそれよりも優越的な場合に限られると解すべきである。これは，危険負担制度において，履行不能について当事者双方に帰責事由がある場合に，債権者の反対債務の履行拒絶が 536 条 2 項によって否定されるのはどのようなときかの判断と共通する解釈である（⇨第 4 章第 3 節 **4**）。

第 4 節　解除権の消滅

　いったん発生した解除権は，次の **1** から **4** の場合に消滅し，解除権者はもはや契約を解除することができなくなる。これらは，**1** を除き，法定解除権と約定解除権の両方にあてはまる。

1 債務不履行の解消

　債務不履行に基づく解除権が催告期間の経過により発生したとしても，債権者が解除権を行使しなければ，契約は存続している。したがって，債権者による解除権行使の効果が生じる前に，債務者が本来の給付と遅延賠償をすれば，解除権は消滅するし，債務不履行が軽微となった場合も同様である（541 条ただし書）。

2 相手方の催告

　解除権が発生しているにもかかわらず，解除権者が解除権を行使しないでいると，相手方は，解除されるかどうか，いまからでも履行の準備をしてよいのかどうかが分からず，不安定な状態におかれる。そこで，その不安定な状態を除去し，法律関係の確定を図る手段を相手方に与えるために，催告による解除権の消滅の制度が設けられている（547条）。

　すなわち，相手方が，解除権者に対して，相当の期間を定めて，解除権を行使するかどうか確答すべきことを催告し，その期間内に解除の通知を受けなければ，解除権は消滅する。解除権の消滅を止めるには，解除権者は解除権を行使する意思があると回答するだけでは不十分で，解除権を行使しなければならない。

　催告期間の相当性は，取引上の社会通念に照らして判断される。その判断においては，解除権者に，契約を解除すべきか否かを熟慮するための合理的に必要な期間を確保することを考慮すべきである。当事者が定めた期間が短すぎる場合であっても，541条における催告の場合と同様に，客観的に相当な期間を経過した時点までに確答（解除の通知）がなければ，解除権は消滅すると考えられる。

　ただし，当事者間に解除権の行使期間の定めがある場合には，547条によって解除権を消滅させることはできない。約定解除権について，解除権の行使期間が定まっている場合がそれにあたる。その期間内は，解除権行使を認め，それ以降は解除権行使を認めないのがその約定の趣旨と考えられるからである。

　なお，547条によって消滅するのは解除権のみである。履行請求権，損害賠償請求権，追完請求権，代金減額請求権など，解除権以外の権利は547条によっては消滅しない。代金減額請求は一部解除の性質を有するが，債務者は既に契約の内容に適合しない給付をしており，履行義務の存続が不安定になるわけではないから，実質的にも547条による保護は必要ない。

3 解除権者の故意または過失による目的物の損傷等

(1)　制度趣旨

　解除権者が，故意または過失によって目的物を著しく損傷する等した場合には，解除権が消滅する（548条）。そのような場合には，債権者が解除権を放棄したものとみなす趣旨である。目的物の引渡しを受けた解除権者は，本来，目的物を自由に使用することができるが，契約を解除した場合に，相手方に不利益を生じさせることを知りながら，故意または過失によって目的物に損傷等を生じさせたうえで解除をして不利益を相手方に転嫁することは信義則に反するからである。

　制度設計としては，解除権者が故意・過失によって目的物を損傷させる等した場合には，解除権を消滅させるのではなく，価値返還をさせることで処理することもあり得る。平成29年改正の過程でも，改正前548条を削除し，目的物の損傷等が生じた場合には解除権者が価額償還する案が検討されていたが，採用されなかった。CISG 82条(1)の規定する原則は548条に近いが（ただし，同82条(2)が広範な例外を定める），価額償還アプローチを採用するのが近時の比較法的傾向である（例，ユニドロワ国際商事契約原則7.3.6条(2)）。

(2)　要　件

(a)　**著しい損傷等**　①目的物に著しい損傷が生じた場合，②返還が不能となった場合（例，目的物である農薬を散布した場合，目的物を転売した場合），③加工または改造によって目的物を他の種類の物に変えた場合（例，目的物である原木を製材した場合）のいずれかにあたることが要件である（548条本文）。①から③はいずれも，目的物を，受け取った時と実質的に同じ状態で返還できない状態を指す。

　なお，解除権行使後，目的物を返還する前に著しい損傷等が生じても，既に行使された解除権が消滅することはない。その場合は，原状回復義務の不履行の問題として処理される。目的物の返還義務は特定物債務であるから，著しい損傷等の生じていない目的物の返還を求めることはできないが（412条の2第1項），返還義務者は善管注意義務を負い（400条），それに違反していれば損害

賠償責任を負う（415条）。

(b)　解除権者の故意・過失　　著しい損傷等が，解除権者の故意または過失によって生じたことが要件である（548条本文）。著しい損傷等が，解除権者の故意または過失によらずに（＝無過失で）生じた場合には，解除権は消滅しない。

(c)　解除権者が解除権を有することを知っていたこと　　上記(a)と(b)の要件を満たしても，解除権者が，解除権を有することを知らなかった場合には，解除権は消滅しない（548条ただし書）。解除権があることを知らずに目的物に著しい損傷等を生じさせた場合には，解除権を行使しても信義則に反しないし，解除権を放棄したとはいえないからである。

　解除権があることを知らない場合の典型が，引き渡された目的物が契約内容に適合しないことを知らないことである。したがって，不適合を知らずに目的物を消費して返還不能になった場合や，他の物に改変した場合であっても，解除権は消滅しない。

　なお，商人間売買においては，買主が目的物の検査義務を怠ったために解除権があることを発見できず，売主への通知を怠った場合には，そのことを理由として解除をすることができなくなることがある（商526条）。

(3)　効　　果

　548条の定める要件を満たす場合には，解除権が消滅し，解除権者はもはや解除をすることはできなくなる。履行請求権，損害賠償請求権，追完請求権，代金減額請求権など，解除権以外の権利は消滅しない。代金減額請求は一部解除の性質を有するが，代金減額請求によって目的物の返還義務が生じるわけではないから，代金減額請求権が548条によって消滅することはない。

　なお，給付内容が可分である場合には，解除権が消滅するのは，著しい損傷等が生じた部分に対応する範囲についてのみであると解すべきである。すなわち，著しい損傷等の生じていない残存する部分について，一部解除をすることは妨げられない。

4　その他の一般的な消滅原因

以上のほか，一般的な法理による解除権の消滅として，次のものがある。

(1)　解除権の放棄

債権者は，発生した解除権を放棄して，本来の給付を請求することもできる。しかし，本来の給付請求がなされたことから直ちに解除権が放棄されたものと解するのは性急であろう。解除権を留保したまま本来の給付を求めることも可能だからである。

なお，解除権が発生する前に，解除権をあらかじめ放棄する特約も認められる。ただし，消費者契約については，消費者の解除権を放棄させる条項は無効とされる（消費契約 8 条の 2）。

(2)　解除権の消滅時効

解除権は形成権であるが，その消滅時効は，債権に準じて 166 条 1 項の適用を受ける（改正前 167 条〔債権の消滅時効〕を適用した判例として最判昭和 56・6・16 民集 35 巻 4 号 763 頁，最判昭和 62・10・8 民集 41 巻 7 号 1445 頁）。

時効期間は，具体的には，①「債権者が権利を行使することができることを知った時」（主観的起算点〔166 条 1 項 1 号〕），すなわち，債務不履行解除であれば，債権者が債務不履行を知った時（例，不適合を知った時）から 5 年，または，②「権利を行使することができる時」（客観的起算点〔166 条 1 項 2 号〕），すなわち，債務不履行解除であれば，債務不履行の時（例，不適合物の引渡時）から 10 年である。

なお，原状回復請求権は，契約解除によって生じる権利（債権）であるから，解除権とは独立して 166 条の消滅時効にかかる（二段構成）。その消滅時効の客観的起算点は，解除時である（改正前 167 条の解釈として最判昭和 35・11・1 民集 14 巻 13 号 2781 頁〔ただし，原状回復義務が履行不能となった場合の損害賠償請求権の時効〕）。解除権行使による解除の場合には，主観的起算点（166 条 1 項 1 号）も客観的起算点（166 条 1 項 2 号）と一致するから，結果的に，解除時から 5 年で時効が完成することになろう。

(3)　権利失効の原則

　判例は，一般論として，解除権者が，長期にわたって解除権を行使せず，相手方においてもはや解除権は行使されないと信頼すべき正当の事由を有するに至った場合には，解除権の行使は信義則に反して認められないとする（最判昭和30・11・22民集9巻12号1781頁，最判昭和41・12・1判時474号15頁）。ただし，これを実際に適用した最高裁判例はない。

第5節　解除の効果

1　概観——法律構成

　解除権が行使された場合，当事者間に原状回復義務が発生する（545条1項）。このような効果が発生することをどのように構成するかについては，解除に遡及効があるとして説明する見解と，解除の遡及効を否定したうえで説明する見解に分かれている。

　遡及効肯定構成（判例・通説）は，「直接効果説」ともいわれ，解除権の行使によってその契約は遡及的に消滅し，したがって，①未履行債務は消滅し，②既履行給付については不当利得返還義務の性質を有する原状回復義務が生ずると説明する。

　遡及効否定構成には，さらにいくつかのバリエーションがある（間接効果説，折衷説，変容説）。このなかで現在有力なのは変容説である。それによれば，解除によって，契約は遡及的に消滅するのではなく，原状回復に向けた債権関係に「変容」するという。そして，その変容によって，①未履行債務は消滅し，②既履行給付については，変容した債権関係の下での新たな返還請求権が生ずるとする。

　このように見解は分かれている。しかし，たとえば，545条1項ただし書は解除によって第三者の権利を害することはできないと規定する。これは解除に遡及効がないのであれば不要な規定であり，民法の体系には遡及効肯定構成が整合的であると考えられる。また，判例も遡及効肯定構成（直接効果説）を前提としており，以下でもこの構成を前提として説明する（比較法的には，遡及効

肯定構成は自明の構成ではない。CISG 81 条も遡及効否定構成をとる）。

2 契約の遡及的消滅

(1) 遡及的消滅の意味

　契約の解除によって，契約は遡及的に消滅する。したがって，未履行の債務は消滅する。既履行の債務も消滅し，なされた給付については，不当利得返還義務の性質を有する原状回復義務が生じる（545 条 1 項）。

　契約によって移転していた所有権などの権利は，解除によって当然に元の所有者に復帰する（大判大正 10・5・17 民録 27 輯 929 頁，最判昭和 34・9・22 民集 13 巻 11 号 1451 頁）。その結果，契約によって所有権を取得していた当事者は，遡及的に無権利者であったことになる。そのため，遡及的に無権利者となった当事者から権利の移転を受けていた第三者は，所有権を取得していなかったこととなる。545 条 1 項ただし書は，このような第三者を保護するための規定である（⇨ **5**）。なお，遡及効否定構成をとれば，当事者間で原状回復に向けた債権関係が発生するだけであるから，第三者保護規定は不要となる。

　以上が原則であるが，継続的契約が解除された場合には，契約締結時に遡って，解除時までになされた法律関係を覆す必要はないため，解除の効力は，将来に向かってのみ生じると解される。明文でそのことを定める規定として，たとえば 620 条（賃貸借），630 条（雇用），652 条（委任），684 条（組合）がある。

(2) 解除と相殺

(a) **相殺後の解除**　　解除に遡及効があるため，相殺後に，相殺に用いた債権が解除により遡及的に消滅した場合，相殺時にその債権は存在していなかったことになる。そのため，相殺適状を欠いていたこととなり（505 条 1 項），相殺の効力は生じない。解除によって消滅したのが自働債権であれば受働債権は復活し，解除によって消滅したのが受働債権であれば自働債権が復活する（大判大正 9・4・7 民録 26 輯 458 頁）。たとえば，A が B に対して貸金債権を有し，B が A に対して売買契約に基づく代金債権を有し，両方が弁済期にある場合において，B が代金債権を自働債権，貸金債権を受働債権として相殺した後に，売買契約が解除されれば，代金債権が遡及的に消滅し，相殺の効力が生じなか

ったこととなる結果，相殺において受働債権とされた貸金債権が復活する。

(b)　**解除後の相殺**　逆に，契約解除後に，解除によって消滅した債権を用いて相殺の意思表示をしても，そのことは解除の効力には影響しない（最判昭和32・3・8民集11巻3号513頁）。たとえば，賃貸人Cが，賃借人Dの賃料不払を理由に賃貸借契約を解除した後に，Dが，Cに対する自働債権があることを知って，相殺適状時に遡って未払賃料債権を受働債権として相殺の意思表示をしたとしても，相殺の効力は生じず，解除された契約が復活することもない。これが復活するとすれば，解除による法律関係が安定しないという弊害を生ずるからである。

③　原状回復の内容

(1)　原状回復義務

(a)　**原状回復義務**　両当事者は，それぞれ給付を受けていた財貨を相手方に返還しなければならない（545条1項本文）。これは，不当利得返還義務の一種であるが，現存利益の返還にとどまらない原状回復が求められる点で，703条以下の不当利得の規定の特則である。

給付されたものの原状回復は，現物で行う（現物返還の原則）。契約によって移転した権利は，解除によって当然に復帰するが（前掲大判大正10・5・17，前掲最判昭和34・9・22），復帰した所有権を第三者に対抗するためには対抗要件を備える必要がある（最判昭和35・11・29民集14巻13号2869頁）。そのため，原状回復には，対抗要件の除去（移転登記の抹消，債権の復帰についての債務者への通知など）が含まれる。

(b)　**同時履行**　当事者双方の原状回復義務は，同時履行の関係にある（546条による533条準用）。原状回復義務は，契約解除の効果として生ずるものであって，契約に基づく給付をする義務とは異なるため，533条は直接には適用されない。しかし，当事者双方の原状回復義務は，契約に基づいてなされた給付と反対給付を巻き戻すものであって，牽連関係を認めるのが公平であることから，533条が準用されるとされている。

同一の契約の解除から相対立する原状回復義務が生ずる場合，一方が弁済の提供をするまで，相手方は遅滞に陥らない。また，自らの給付の原状回復を求

めるためには，自己が受領していた給付の原状回復（返還）の提供をしなければならない。契約解除後の原状回復請求と履行に代わる損害賠償請求（塡補賠償）も，546条によって同時履行の関係に立つ。

　546条は，法定解除のみならず，約定解除，合意解除の場合における契約関係の清算にも適用される。

(2)　目的物に減失・損傷等が生じた場合

　目的物の引渡後，解除前に，返還すべき目的物に減失・損傷が生じ，または加工・改造によって他の種類の物に変わった場合，その減失・損傷等の不利益は誰の負担となるか。548条によって解除権が消滅する場合には，その不利益は解除権者が負担をする（⇨第4節 **3**）。これに対して，目的物が減失・損傷等した場合でも，それが①買主の故意・過失によらないとき，②損傷が「著しい損傷」でないとき，③買主が解除権を有することを知らなかったときには，解除権は消滅しない（548条）。そのような場合において，目的物に減失・損傷等が生じた後に，解除権が行使されたときの原状回復義務として，買主は価値返還をする義務を負うか否かが問題となる。以下，売買契約の解除において目的物が減失・損傷した場合を念頭において説明する。この(2)は，売買契約における危険の移転（567条）と密接に関わるので，先に第7章第5節 **2** を読むことを勧めたい。

(a)　解除前の減失・損傷

平成29年改正前には次のように考え方が分かれていた。第1の考え方（価値返還否定構成）は，減失・損傷した目的物の価値を返還する買主の義務を否定したうえで，売主の代金返還義務についても危険負担制度（改正前536条）を類推して消滅するという考え方である。第2の考え方（価値返還肯定構成）は，買主の価値返還義務を肯定する考え方である。この場合，売主も代金返還義務を負う。

　平成29年改正で，危険負担制度が改正されたため，第1の考え方がそのまま維持されるかどうかは微妙である。しかし，どちらの考え方についてもいくつかの論点を切り分けて検討すべきである。すなわち，①現物返還義務が価値返還義務に転化するかどうかという問題（給付危険の問題）と，②その転化を否定した場合に代金返還義務が消滅するかという問題（対価危険の問題）は，別個

の問題である。さらに，③①で，価値返還義務への転化を否定した場合には，給付危険は返還請求をする売主にあることとなるから，買主には善管注意義務が生じ（400 条），その違反による損害賠償責任が買主に生じるかどうかが問題となる。学説は一致していないが，次のように考えるべきである。

（i）原　則　　これらの点については，原則として，価値返還義務は肯定されるべきであると考えられる（上記①）。目的物の引渡しによって給付危険は買主に移転しているからである（567 条 1 項）（⇨第 7 章第 5 節 **2**）。また，このことは，無効な行為に基づく給付がなされた場合の原状回復義務（121 条の 2 第 1 項）には，現物返還義務と価値返還義務の両方が含まれると解されること（価値返還を不要とする場合を定める 121 条の 2 第 2 項の反対解釈）とも整合する。したがって，たとえば，買主が代金を支払わないので売主が契約を解除した場合には，買主は受領した価値を売主に返還すべきである。

（ii）例外——目的物の契約不適合を理由とする解除　　しかし，例外として，目的物の契約不適合を理由として買主が契約を解除する場合には，㋐現物返還義務の価値返還義務への転換を否定したうえで（上記①），㋑買主に善管注意義務を課し（上記③），㋒代金返還義務は存続する（上記②）と解すべきである。以下，順に説明しよう。

　　㋐価値返還義務への転化の否定　　目的物の契約不適合を理由に契約が解除された場合，買主は，原状回復として価値返還をする必要はない（最判昭和 51・2・13 民集 30 巻 1 号 1 頁〔他人物売主に帰責性のあった事案〕）。この考え方は，解除原因がある場合には，目的物の滅失・損傷の危険（給付危険・対価危険）は売主にあるという前提に立つ。この前提をどう説明するか，考え方は分かれ得る。第 1 に，目的物が契約内容に適合しない場合には特定が生じず，したがって 567 条 1 項によって危険が買主に移転することはないとする考え方がある。後述するとおり，この考え方によれば種類物売買における契約不適合責任（562 条以下）が適用される余地がなくなるなどの理由から，この考え方はとるべきではないが（⇨第 7 章第 5 節 **2**(1)(b)），この考え方も，価値返還義務への転化は否定するものといえる。第 2 は，不適合物を引き渡した場合でも危険は買主に移転するとしたうえで（567 条 1 項），その不適合が解除原因にあたるのであれば，契約を解除して契約を巻き戻す場合に限って危険は移転していない

（あるいは売主に再移転する）とする考え方である（CISG 70 条がその趣旨を規定していることが参考になる）。この考え方でも価値返還義務への転化は否定される。

　このように解した場合，売主の支配下にない目的物の滅失・損傷の危険を売主が負うこととなるが，類似の状況は，受領遅滞によって買主が自らの支配下にない目的物の滅失・損傷の危険を負う場合にも生じる（567 条 2 項）。同様に，引き渡されるべきでなかった不適合な目的物の滅失・損傷の危険は，売主が負うべきである。

　なお，現物返還義務の価値返還義務への転化を否定する結果，買主の返還義務は（一部）不能となるが，買主が，目的物の滅失・損傷が生じたのと同一の原因によって目的物の「代償」となる権利または利益を取得したときは，売主は，現物に代えて，その代償（例，保険金請求権，損害賠償請求権）の移転を買主に請求することができよう（代償請求権，422 条の 2）。

　(ｲ)　買主の善管注意義務　　以上のとおり，現物返還義務の価値返還義務への転化を否定し，売主が滅失・損傷の危険を負うべきであるが，買主の返還義務は特定物債務であるから，買主は善管注意義務を負う（400 条）。たしかに解除前の段階では特定物返還義務は発生していないが，解除の原因となる不履行（不適合）を買主が知っているのであれば，いずれ返還することとなる目的物について買主は善管注意義務を負うと考えるべきである。買主の善管注意義務違反によって目的物に滅失・損傷が生じた場合には，その義務違反による損害賠償責任（415 条）が発生する（ただし，善管注意義務違反によって「著しい損傷」が生じた場合には，548 条によって解除権が消滅する）。

　(ｳ)　売主の代金返還義務　　目的物に滅失・損傷が生じても，売主は原状回復として，代金を返還する義務を負う。この場合，両当事者の原状回復義務は均衡しないが，そもそも解除による両当事者の原状回復義務の等価性を確保すべき要請はない（例，買主が返還すべき欠陥商品と売主が返還すべき欠陥のない商品の代金の間，また，買主が代金の一部しか支払わないために売主が解除した場合の，買主の返還する目的物と売主の返還する代金の一部の間には，そもそも等価性がない）。また，この場合に，売主の代金支払義務が消滅するという考え方は，平成 29 年改正前の危険負担制度（改正前 536 条）を類推適用する考え方であった。平成 29 年改正後の 536 条は履行拒絶権を定めるにすぎないから，代金返還義務

の消滅の根拠として用いることはできない。

(b) **解除後の滅失・損傷**　解除権を行使した後，目的物返還前に滅失・損傷が生じた場合は，原状回復義務の履行の問題として処理される。目的物の返還義務は特定物債務であるから，滅失・損傷のない目的物の返還を求めることができないが（412条の2第1項），買主は善管注意義務を負い（400条），それに違反していれば損害賠償責任を負う（415条）。売主の代償請求権も認められよう（422条の2）。

(3) 利息・果実・使用利益

原状回復には，給付された財貨自体のみならず，その財貨から生ずる利息と果実・使用利益の返還も含まれる（545条2項・3項）。

(a) **金銭を返還する場合**　原状回復として金銭を返還する場合には（例，売買契約における代金返還），返還義務者はその金銭を受領した時からの利息も返還しなければならない（545条2項）。この利息は，法定利率（404条）によって計算する。

(b) **金銭以外の財産を返還する場合**

(i) 果　実　金銭以外の財産を返還する場合には（例，売買契約における目的物の返還），返還義務者は受領時以後に生じた果実（例，鶏の卵，建物の賃料収入などの収益）も返還しなければならない（545条3項）。果実は，現実に生じたものに限る（たとえば，建物を賃貸していなければ，賃貸していれば得られた賃料収入を果実として返還する必要はない）。果実の返還は，現物または金銭によって行う。

(ii) 使用利益

(ア) 使用利益の発生　545条3項の「果実」には「使用利益」も含まれる。しかし，果実と異なり，使用利益はその発生の有無が明らかでないことがある。目的物を使用していなかった場合（例，自動車を運行しなかった場合や，絵画を梱包したまま倉庫に保管してあった場合）にも，使用利益が生じたといえるか。自動車売買で実際に運行をしていなくても減価が生じる場合のように，使用利益の発生（それによる減価）が社会通念として観念できる場合にはその返還義務を認め，そうでない場合には使用利益の発生を否定するとの見解もあるが，そ

の減価は引渡しがされていなくても生じることがあるから減価された目的物の返還で足りるとも考えられる。見解は分かれている。

また，使用利益が生じないと考えられる場合としては，売買目的物である新築建物に建て替えざるを得ない重大な瑕疵があって，「社会通念上，建物自体が社会経済的な価値を有しないと評価すべきものであるとき」に，たとえ買主がその建物に居住していたとしても，それを買主の使用利益（居住利益）であると評価できないとした判例もある（最判平成 22・6・17 民集 64 巻 4 号 1197 頁）。これは損害賠償請求における損益相殺が争点となった事案であるが，545 条 3 項の適用にあたっても，参考となる。

(イ) 使用利益の算定　　果実と異なり，使用利益の額の算定には困難を伴うことが多い。目的物の賃料相当額（例，自動車の使用利益をレンタカー代相当額で算定する）や減価額によって使用利益の額を算定する考え方があり得る。しかし，賃料相当額には貸主の利潤も含まれるから，自己使用の利益を算定するには不適切なことがあろう。

(ウ) 使用利益の返還の相手方　　なお，他人物売買において，目的物の権利者から目的物を追奪された買主が売買契約を解除した場合，買主は追奪されるまでの間の使用利益を，権利者ではない他人物売主に返還しなければならないとした判例がある（最判昭和 51・2・13 民集 30 巻 1 号 1 頁 ◁ 判例 7-1 ▷）。この判例については，その射程も含め，第 7 章第 3 節 **3** (3) でとりあげる。

(c) **575 条の不適用**　　原状回復の場面では，575 条による利息と果実・使用利益の簡易決済は行われない。同条は目的物の価値と代金が均衡していることを前提としているところ，原状回復でなされる給付が均衡しているとは限らないためである（例，売主は目的物を引き渡したが，買主は代金の一部しか支払っていない場合など）。

(d) **189 条・190 条との関係**　　解除により目的物を返還しなければならない当事者は，解除前に生じた果実・使用利益について 189 条に基づいて，自己を善意占有者であるとして，果実・使用利益の返還義務はないと抗弁することはできない。かつての通説は，契約解除に基づく原状回復の場合にも，189 条によって善意占有者は果実・使用利益の返還義務はなく，悪意占有者は 190 条に基づいて果実・使用利益の返還義務があるとした（なお，改正前 545 条には，

果実の返還に関する改正後545条3項に対応する規定はなかった）。しかし，不当利得の類型論の下で，現在の多数説は，189条・190条は契約関係にない当事者間の「侵害利得」の返還に適用される703条・704条の特則であるとして，契約関係にある当事者間での「給付利得」（契約の清算関係・給付の巻戻し）には適用されないとする。したがって，契約解除による原状回復においては，善意占有者であっても545条3項に基づいて果実・使用利益の返還義務がある。平成29年改正によって545条3項が新設されたことからも，適用否定説を支持すべきである。

（4）必要費・有益費の償還

原状回復の目的物に必要費や有益費を支出していた場合の費用償還請求は，契約の清算とは無関係であるから，545条ではなく，196条を基本として処理される。

したがって，返還者は，必要費を全額償還請求することができる（196条1項）。返還者は果実も返還するので（545条3項），196条1項ただし書は適用されない。

有益費については，相手方の選択に従って，支出額または増価額を償還させることができる（196条2項）。期限の許与については，費用支出をした者の悪意・善意を問わずに認められると解する見解が多いが（583条2項ただし書や299条2項ただし書と同様にする），費用支出をしたのが債務不履行をした当事者である場合には，償還義務者に期限を許与し，逆の場合には期限を許与しないとの見解もある。

4 損害賠償

（1）損害賠償の内容

契約を解除した場合，債権者は損害賠償請求をすることを妨げられない（545条4項）。債務不履行に基づいて契約が解除された場合の損害賠償請求権は，415条を根拠とするものである。契約解除後の損害賠償は，「履行に代わる損害賠償」（塡補賠償）である（415条2項3号）。解除までに生じた遅滞による損害があれば，遅延賠償も求めることができるし，得べかりし利益（例，転売利

益）の損失があれば，その賠償も求めることができる。損害賠償の範囲は，416 条によって決まる。

415 条 2 項は，実際に契約を解除しなくても，「債務の不履行による契約の解除権が発生したとき」には，履行に代わる損害賠償請求を認める（これは，履行請求権が解除によって履行に代わる損害賠償請求権〔塡補賠償請求権〕に転化するという構成〔債務転形論〕を，平成 29 年改正において否定したものである）。この場合，履行請求権と損害賠償請求権が併存することとなるが，両者をともに行使することはできない。

任意解除によって相手方が損害を受けた場合については，解除をした当事者は損害賠償責任を負う。そのことを定める根拠規定として，587 条の 2 第 2 項後段（消費貸借），641 条（注文者による請負の解除），651 条 2 項（委任），628 条後段（やむを得ない事由による雇用の解除），642 条 3 項（注文者の破産による解除），破産法 54 条 1 項（双方未履行契約の解除に伴う損害賠償）がある。

(2) 損害賠償額の算定

履行に代わる損害賠償として目的物の価値の賠償を求める場合，目的物の価値を「解除時」の市場価格を基準として算定する裁判例が多いが，準則が確立しているとはいえない。むしろ，次のように考えるべきではないか。なお，解除権者は，解除によって反対債務を免れる（給付したものは返還請求をできる）から，請求できるのは，履行に代わる損害賠償の額からこの利益を控除した額である。

契約を解除して代替取引を行った場合には，その代替取引価格と解除された契約の価格との差額を「通常損害」（416 条 1 項）とみる判例もある。契約が解除されて，合理的な代替取引がなされた場合は，これを基本とすべきであろう（CISG 75 条が参考になる）。

代替取引が行われなかった場合にも，代替取引を行うべきであったと評価できるときには，代替取引を行うべきであった時以降の損害は「通常損害」（416 条 1 項）と評価しないとする判例がある（最判平成 21・1・19 民集 63 巻 1 号 97 頁〔解除がされていない事案〕）。その場合には，「代替取引をすべきであった時」の市場価格を基準時とするべきであろう（CISG 76 条が参考になる）。判例・学説に

は，「履行期」や「受領時」を基準とすべきとするものもあるが，それらは，不履行時または受領時に直ちに代替取引をすることが合理的であると考えているという見方もできる。

5 遡及効からの第三者保護

(1) 解除前の第三者

　545条1項ただし書は，解除によって「第三者の権利を害することはできない」とする。ここにいう第三者とは，解除された契約から生じた法律効果を基礎として，その契約が解除される前に，その契約によって給付された物について権利を取得した者をいう（大判明治42・5・14民録15輯490頁）。契約によって給付された目的物の譲受人，目的物を差し押さえた者，目的物上に担保権を取得した者などがこれにあたる。たとえば，AからB，BからCへと土地が譲渡された後で，AB間の契約が解除された場合，解除の遡及効によって，Bは遡及的に無権利者であったことになるから，545条1項ただし書がなければ，CはBから土地の所有権を取得できなかったことになり，権利を害される。545条1項ただし書は，このような第三者Cを保護し，CはBから権利を取得したものと扱う規定である。AB間の契約は有効であったのであり，AまたはBの債務不履行という偶然によってCが不利益を受けるべきではないと考えられるからである。

　なお，目的物が動産である場合には，Cは，物権法上の権利割当ルールである即時取得（192条）による保護を受けることができる。したがって，545条1項ただし書の存在意義は，即時取得による保護をCが受けられない場合にある。

　ただし，判例は，Cが不動産の譲受人である場合において，545条1項ただし書の保護を受けるためには，Cは登記を備えていなければならないとする。この場合には，AC間に対抗関係が生じているわけではないから，この登記は「対抗要件」としての登記ではない。177条が適用されるわけではないが，Cが，権利保護を受ける資格があるというためには登記の具備が必要だという趣旨である（権利保護資格要件）（最判昭和33・6・14民集12巻9号1449頁など）。

　もっとも，AがCの登記欠缺を主張することが信義則に反することがある。その場合には，Cは登記を備えていなくても，Aに権利を主張することができ

る。たとえば，AがCへの権利移転を認めて協力し，ABC間に中間省略登記の合意があるにもかかわらず，AがCの登記欠缺を主張することは信義則に反するとした判例がある（最判昭和45・3・26判時591号57頁）。

　遡及的な合意解除も第三者の権利を害さないとした判例もあるが（前掲最判昭和33・6・14），これは契約の相対効をいうものであろう。

(2)　解除後の第三者

　契約が解除された後に法律関係に入った第三者は，契約の遡及的消滅による不利益を受けるわけではない。たとえば，売主Aと買主Bの売買契約がBの代金不払によって解除された後に，無権利者Bから目的物を買い受けたCは，545条1項ただし書による保護は受けない。しかし，目的物が動産である場合には，Cが目的物を占有していれば即時取得（192条）によって目的物の権利を取得することはあり得る。目的物が不動産である場合には即時取得は適用されないが，判例は，Cが所有権移転登記を備えれば，その所有権をAに対抗することができるとする（最判昭和35・11・29民集14巻13号2869頁）。これは，Bを起点としてAへの復帰的物権変動とCへの物権変動の二重の権利移転が行われたものとみて，先に対抗要件を具備した者を優先させるという構成である。

第6節　その他の終了事由

　以上で述べてきた以外の，法律の規定による終了（死亡，破産，後見開始など）と賃貸借における目的物の使用収益不能は，いずれも一定の事由の発生によって，当然に契約が終了する場合である。概観すれば次のとおりである。詳細は，個々の典型契約についての解説に委ねる。

　第1に，当事者の死亡を理由として終了する契約として，使用貸借（597条3項——借主の死亡），委任（653条1号），雇用（明文はないが，被用者死亡の場合，または使用者に一身専属的な労務内容の場合）がある。組合は，組合員の死亡によって終了しないが，その組合員は脱退したものとされる（679条1号）。これらの契約上の地位は，相続の対象にならないということである。いずれもその契

約または債務が，特定の当事者間の信頼関係に基礎をおくか，給付の目的が一身専属的・非代替的なものと考えられることを理由とする。

　第2に，当事者の破産手続開始決定を理由として終了する契約としては，まず，書面でする消費貸借が，借主の受取り前（つまり融資実行前）の当事者の破産手続開始決定で終了する（587条の2第3項）。借主が破産すれば融資の前提が崩れるからであり，貸主が破産した場合には借主に金銭交付請求権等があるとすることは破産の手続を煩雑にするからである。委任も当事者の破産手続開始決定で終了するとするのが民法の原則である（653条2号）。委任は，当事者の信頼関係を基礎とするものだからである。

　第3に，当事者の後見開始を理由として終了する契約としては，次のものがある。委任は受任者が後見開始の審判を受けることで終了する（653条3号）。組合も，組合員が後見開始の審判を受けることによってその組合員は脱退したものとされる（679条3号）。受任者による事務処理，当該組合員による業務執行ができなくなると考えられるからである。なお，当事者が補助・保佐開始の審判を受けても，当然に事務処理や業務執行ができなくなるわけではないので，これらの規定は適用されない。

　第4に，賃貸借契約は，目的物の全部が滅失その他の事由により使用収益できなくなった場合には終了する（616条の2）。賃借人が使用収益できない以上，賃料支払義務は発生しないとすべきだからである。

第7章
売　買

第1節　意義・成立

1 意　義

　売買とは，当事者の一方（売主）がある財産権を相手方（買主）に移転し，相手方（買主）がその対価として代金を支払うことを内容とする契約である。移転する財産権は，不動産や動産のような有体物の所有権であることが典型例であるが，それに限らず，債権や知的財産権などの無体の権利の売買もあり得る。

　売買は，両当事者の行う給付が経済的対価の関係に立つから有償契約であり，また，両当事者がそれぞれ対価関係に立つ牽連関係のある債務を負うから双務契約である。

　当事者の一方が相手方に財産権を移転する典型契約としては，他に贈与（549条）と交換（586条）がある。しかし，贈与は，無償・片務契約である点で売買と異なる。また，交換は，有償・双務契約である点は売買と同じであるが，

財産権の移転の対価が金銭の支払ではなく，金銭の所有権以外の財産権の移転
である点で，売買と異なる。

2 成　　立

　売買契約は，当事者の合意（意思表示の合致）のみによって成立する諾成・不
要式の契約である（555条）。売主が「ある財産権を相手方に移転することを約
し」，買主が「これに対してその代金を支払うことを約する」だけで効力を生
ずるとして，このことを定める。「約する」とは，約束することである。

　売買の目的となる財産権は，売主自身のものである必要はなく，他人物でも
かまわない。555条の規定が，売買の目的物を「自己の財産権」ではなく「あ
る財産権」としているのは，このことを含意している。他人物売買については，
第3節 **3** 参照。

3 有償契約への準用

　売買は，有償契約の最も基本的な類型であり，民法第3編第2章第3節の規
定（555条〜585条）は，原則として，売買以外の有償契約に準用される（559条
本文）。たとえば，有償契約である請負において，目的物の品質が契約の内容
に適合しない場合には，562条の準用により，注文者は，請負人に対して追完
請求をすることができる。

　もっとも，有償契約であっても売買の規定を準用することが，その有償契約
の性質上不適切な場合は例外とされる（559条ただし書）。

4 売買契約を規律する私法規範

（1）民　　法

　民法の売買に関する規定の大部分は任意規定であるから（572条はその趣旨か
らして強行規定である。買戻しに関する規定〔579条〜585条〕のうち少なくとも580
条〜582条も強行規定である），当事者が民法の規定と異なる合意（別段の合意）を
した場合には，その合意が民法規定に優先する（91条）。次に，当事者が任意
規定と異なる慣習による意思を明示的または黙示的に有する場合には，その慣
習が民法の規定に優先する（92条。大判大正10・6・2民録27輯1038頁〔「塩釜レ

ール入」事件〕，大判大正 14・12・3 民集 4 巻 685 頁〔「深川渡」事件〕)。

(2)　商　　法

　商事売買（商人が営業として行う売買，商行為〔商 501 条〜503 条〕にあたる売買）については，商法第 2 編第 2 章（商 524 条〜528 条）が民法の売買規定の特別法として優先して適用され，商法に定めのない事項については商慣習が民法の売買規定に優先して適用される（商 1 条 2 項）。

(3)　国際物品売買契約に関する国際連合条約 (CISG)

　国際的な動産売買については，「国際物品売買契約に関する国際連合条約」（ウィーン売買条約，CISG）との適用関係にも留意しなければならない。日本は，1980 年に成立した CISG の締約国である（日本の加入は 2008 年，日本についての発効は 2009 年 8 月 1 日）。日本（またはその他の締約国）が法廷地である場合において，売主と買主の営業所が異なる国に所在して，それらの国がいずれも CISG の締約国であるときには，消費者売買などを除き（CISG 2 条），CISG が適用される（CISG 1 条 (1)(a)。さらに同条 (1)(b) による適用もある）。日本の主要貿易相手国のほとんどはこの条約の締約国であるから，日本企業を当事者とする国際的な物品売買（動産売買）の多くは CISG の適用を受ける。

　CISG は，国際物品売買契約の成立と売主と買主の権利義務関係についての私法規範を定める（CISG 4 条）。CISG が適用される場合には，その規定が，民法・商法に優先して適用され，CISG の規律しない事項（第三者保護，契約の有効性，所有権移転など〔CISG 4 条参照〕）および，CISG が規律する事項であっても CISG が明示的に解決せず，また CISG の基礎を成す一般原則もない場合には，国際私法の準則により適用される準拠法が適用される（CISG 7 条(2)）。

　なお，CISG は，平成 29 年民法（債権法）改正の過程で参照され，債務不履行や売買の規定などに影響を与えた。

(4)　その他の特別法

　その他，消費者保護を目的とした特別法や業法にも，売買を規律する私法規範が含まれている。消費者契約一般に適用される消費者契約法はもちろん，割

賦販売法，特定商取引法，宅地建物取引業法，住宅の品質確保の促進等に関する法律などがその例である。

第 2 節　契約成立局面の諸問題

　第 1 節でも述べたとおり，売買契約は諾成・不要式の契約であって，当事者の合意のみによって契約が成立する（555 条）。

　民法は，第 3 編第 2 章第 1 節第 1 款において「契約の成立」の有無を判断するための，申込みと承諾，懸賞広告に関する規定を置いているが（⇨第 2 章参照），「売買」を扱う第 3 編第 2 章第 3 節にも，契約成立の前段階の法律関係に関する規定をいくつか置いている。「予約」，「手付」そして「売買契約に関する費用」に関する規定である（556 条〜558 条）。

1 予　　約

（1）意　　義

　民法でいう「予約」は，日常生活で頻繁に用いる「予約」という言葉とは意味が異なる。民法でいう「予約」とは，将来において別の契約——これを「本契約」という——を締結することを目的とする合意のことである（予約自体，一種の契約である）。たとえば，甲土地の購入を検討している A が，その検討中に甲土地の所有者 B が甲土地を他に売却してしまわないように，B との間で，甲土地の売買契約について「予約」の合意をして，甲土地を購入する義務をただちには負うことなく，甲土地を優先的に購入できるようにしたり，市場価格が高騰しても予約した価格で購入できるようにする場合などがその例である。この場合，甲土地の売買契約が「本契約」にあたる。

　これに対して，日常生活で，たとえばクリスマスケーキ販売の予約という場合には，予約とは別に本契約を締結することは予定されておらず，クリスマスケーキの売買契約が成立しているから，これは民法でいう予約ではない（販売時期が先だから予約というのであろう）。ホテルの宿泊予約，病院の診察予約なども同様である（もっとも，航空券〔旅客運送契約〕や宿泊の予約などで，一定期限までに代金を支払わなければ失効するものは，代金支払前の時点では，旅客運送契約や宿

泊契約に基づく代金支払義務は生じておらず，本契約は成立していないから，民法でいう予約にあたろう。代金を支払って，旅客運送契約や宿泊契約が成立しても，それを予約と称することがあるが，それは日常用語での予約である）。

予約は本契約を締結することを目的とする合意であるが，本契約を締結させる方法によって2つのタイプに分けることができる。第1は，当事者の一方が本契約の締結を申し込んだ場合に相手方に承諾の意思表示をする義務があるタイプのもので，その意思表示によって本契約が成立する（当事者の一方が承諾義務を負うものを片務予約，双方が負うものを双務予約という）。たとえば，継続的供給契約において基本契約に基づいて個別契約の承諾義務が生じるような場合が考えられる。もっとも，承諾義務を負う当事者が自発的に承諾をしなければ，相手方は契約を成立させるためには，承諾の意思表示を求める訴えを提起し，判決代用による意思表示を求めることになる（民執177条）。これは実用的ではなく，民法はより簡便な次の第2のタイプを定める。

第2は，当事者の一方が相手方に「予約完結権」を与え，その相手方が，予約完結権を行使することによって，本契約の効力を発生させるタイプである。これを「一方の予約」という。民法は，売買の一方の予約について定めるが（556条），この規定は他の有償契約の予約に準用される（559条）。また，無償契約であっても，契約自由の原則によって一方が相手方に予約完結権を付与することは妨げられない。以下では，「一方の予約」について説明する。

なお，相手方に予約完結権を与えた当事者を「予約者」——予め約束した者——という（この「予約者」も，それが指す当事者が日常用語とは逆である）。

(2)　予約完結権とその行使の効果

予約完結権は形成権である。その行使は，本契約を完結させる意思表示によって行うものとされる（556条1項）。しかし，当事者の合意により，意思表示に加えて金銭の交付を求めることなど，他の行使方法を合意することは妨げられない。

本契約は，予約完結権が行使された時に成立する（556条1項）。予約を完結させる意思表示のみによって本契約が成立する場合には，本契約の成立時期は予約完結の意思表示の到達時である（97条1項）。なお，本契約の種類によっ

ては，本契約の履行を観念できないものもあるが，それでも差し支えない。た
とえば，会社法上の新株予約権（ストックオプション。会社236条以下）は，予約
完結権の一種であるが，その行使（および出資）によって，当然に株主の地位
を取得するから，本契約を観念する実益はない。

(3) 予約完結権の行使期間

　予約において予約完結権の行使期間が定められている場合には，その期間内
に予約完結権が行使されなければ，一方の予約は失効する。期間後に予約完結
権を行使しても本契約を成立させることはできない。

　これに対して，予約完結権の行使期間が定められていない場合には，予約完
結権者が権利行使をするのか否かが確定しなければ，予約者は不安定な地位に
置かれる。そこで，民法は予約完結権の行使期間が定められていない場合につ
いて，予約者の催告権を定める（556条2項）。すなわち，予約者は，予約完結
権者に対して，相当の期間を定めて，その期間内に売買を完結するかどうかを
確答すべき旨の催告をすることができ，予約完結権者がその期間内に確答をし
ないときは，売買の一方の予約はその効力を失う（制限行為能力者の相手方の催
告権〔20条〕，無権代理の相手方の催告権〔114条〕，解除権者に対する催告〔547条〕，
遺言執行者に対する就職の催告〔1008条〕と同じしくみの規定である）。

(4) 担保取引における予約

　予約完結権型の予約は，債権担保のために用いられることも多い。以下の(a)
や(b)がその例である。これらは，その実質が担保目的であることから，債権者
には清算義務，債務者には清算前の受戻権が認められる。詳細は，担保物権法
の教科書参照。

　(a) **代物弁済予約**　　予約完結権を利用した取引として重要なのは，「代物
弁済の予約」である。これは，融資を受けた債務者が返済できない場合には，
債権者が予約完結権を行使して，代物（代わりの財産）の所有権を取得できる
ことを定める予約である。代物が不動産の場合には，債権者は，予約完結権
（正確には，予約された不動産の所有権移転の請求権〔不登3条1号〕）を仮登記する
ことによって，担保権の順位を保全することができる（仮登記担保法，不登105

条2号・106条)。

(b) 再売買の予約　AがBから融資を受けるにあたって，BがAに金銭を貸し付ける法的構成をとらずに，Aの所有する不動産甲をBに売却し，BからAに対して「代金」名目で資金を供与したうえで，Aがその代金相当額をBに返済した場合には，Aは，BからAへの不動産売買について予約完結権を有するとすることがある（一種の譲渡担保であり，Aによる予約完結権の行使が，譲渡担保における受戻権の行使にあたる）。この予約完結権も，仮登記をすることができる。なお，民法は「買戻し」についての規定も置いているが（579条〜585条。⇨第6節），買戻しでは，売主が原売買契約の解除権を留保するという法的構成をとるのに対して，再売買の予約では，売主が再売買の予約完結権を有するという法的構成をとる点が異なる。再売買の予約は，買戻しに関する民法の規定が厳格で利用しづらいために発達したという面がある。

(5) 双方の予約

当事者が相互に予約完結権を有する「双方の予約」もあり得る。その場合には，それぞれの予約完結権について，上記の説明があてはまる。

2 手　付

(1) 手付の意義と種類

売買契約の締結時に，買主から売主に，内金や手付金などの名目で，代金よりも少額の金銭が交付されることがある。このような金銭交付が，どのような趣旨でなされたのかは，当事者の合意による。一般的に，「内金」は代金の一部の意味を有する。

「手付」にも，代金の一部としての趣旨が含まれるが，それに加え，次の3つの趣旨が考えられる。ひとつの手付が複数の趣旨を含むこともあり得る。

(a) 証約手付　契約を締結したことの証拠として交付される手付である。手付には，常に証約手付の趣旨が含まれるといえる。

(b) 解約手付　買主は交付した手付を放棄すること（手付損）によって，また，売主は手付金額の倍額を買主に現実に提供して解除の意思表示をすること（手付倍返し）によって，自由に契約を解除することができるという趣旨で

交付される手付である。たとえば，売買契約締結時に買主が50万円の手付を売主に交付した場合，買主は50万円を放棄すれば自由に契約を解除することができるし，売主も100万円を買主に現実に提供すれば契約を解除することができる。これは，当事者双方が解除権を留保するものであり，このような解除を手付解除という。手付解除をすれば履行をしなくても債務不履行にあたらず，損害賠償責任も生じない（557条2項）。

解約手付は，契約の拘束力を弱める機能を有するという特徴がある。民法は，手付が交付された場合には，それは解約手付であると推定している（557条1項本文）が，手付解除がいつでもできるとすれば当事者の地位が不安定になる。そこで，民法は，相手方が履行に着手した後は，手付解除をすることはできないとする（同項ただし書）。この点については後述する（⇨ (3)(b)）。

(c) **違約手付**　債務不履行の場合に手付金額が没収される趣旨で交付される手付である。手付金額が債務不履行に基づく損害賠償（415条）に代えて没収される「損害賠償額の予定」（420条）にあたるのか，手付金額の没収とは別に債務不履行に基づく損害賠償（415条）もできる「違約罰」にあたるのかは，個別の違約手付の解釈による。また，違約手付は，手付放棄による解除権を留保するものではないから，債権者は，手付金額を没収するのとは別に，履行請求（買主の債務不履行であれば代金支払請求，売主の債務不履行であれば引渡請求など）をすることができる。

(2)　手付の解釈

手付は解約手付であると推定される（557条1項）。そのため，違約手付の合意があることは，この推定を覆すものであるか，換言すれば，手付は，違約手付であると同時に解約手付でもあり得るかが問題とされる。

判例は，交付された手付を違約手付とする条項（買主不履行のときは，売主は手付金を没収し，売主不履行のときは，売主は買主に手付を倍返しする旨の条項）のある市販の契約書を用いた建物売買契約において，買主の引渡請求に対して売主が手付解除を主張したという事案で，557条の推定を排除するためには「反対の意思表示」がされている必要があり，違約手付の合意と解約手付は両立するから，違約手付の合意があってもそれは「反対の意思表示」にあたらないとし

た（最判昭和 24・10・4 民集 3 巻 10 号 437 頁〔買主の引渡請求が認められなかった〕）。この違約手付が解約手付を兼ねないのであれば，売主は手付解除をすることができないから買主の引渡請求を拒むことができず，さらに違約手付の倍額を買主に支払わなければならないことになるが，この判例は，違約手付が交付されても反対の意思表示のない限り，手付解除はなお可能であって，買主の引渡請求は認められないとしたのである。なお，手付解除は相手方が履行に着手すればできなくなるから（⇨ ⑶ ⒝），相手方の履行着手後は，この手付は解約手付としては機能せず，違約手付としてのみ機能することになる。

　通説はこれを支持する。学説には，解約手付は契約の拘束力を弱めるものであって，諾成契約に拘束力を認める近代契約法に適合的でないから，解約手付の認定は慎重にすべきであるとの見解もある。しかし，不動産売買などの重要な契約においては，慎重を期するために，当事者が解除権を留保することに合理性があり，むしろ安易に契約の拘束力を認めるべきではないともいえる（宅建業 39 条 2 項・3 項は，宅地建物取引業者が売主となる場合に受領した手付は解約手付であるとの規定を片面的強行規定にしているほどである）。解約手付は，当事者が，契約の確定的な拘束を遅らせる法技術として，積極的に評価することができる（手付の額や行使期間の調整によって，当事者は解約手付の強度を調整することができる）。したがって，違約手付と解約手付は両立し得，違約手付の合意は当然に解約手付の推定を覆すものではないとする判例・通説を支持してよいであろう（もっとも，違約手付が解約手付の推定を覆す「反対の意思表示」にあたるかどうかは，個別の事案ごとに解釈すべきことである。上記の最高裁昭和 24 年判決は，出来合いの市販の契約書に違約手付条項があったという事案であるから，当事者が解約手付を否定したわけではないと解釈しやすい事案であった）。

⑶　解約手付による解除の方法と制限

⒜　**解除の方法**　　解約手付による解除（手付解除）は，買主が解除する場合には，①手付放棄の意思表示と②手付解除の意思表示を売主に対してする方法による（557 条 1 項）。もっとも，②の意思表示があれば，①の意思表示も黙示的に含まれているといえよう。

　売主が解除する場合には，受領した手付の倍額を現実に提供して，解除の意

思表示をする方法による（557 条 1 項）。買主が解除する場合には売主が現実に
手付金額を受領していることとの均衡を図る趣旨である。平成 29 年改正前に
は，手付の倍額を口頭で提供するだけで足りるとの見解もあったが，判例は現
実の提供が必要だとしていた（最判平成 6・3・22 民集 48 巻 3 号 859 頁）。改正法
はこの点を明文化したものである。

(b)　解除の制限

(ⅰ)　履行の着手　　解約手付は解除権を留保するものであるが，相手方が履
行に着手すれば，もはや手付解除をすることはできなくなる（557 条 1 項ただし
書）。相手方が履行に着手した後に契約を解除すれば，相手方は不測の損害を
被ることとなるので，それを防止する趣旨である（最大判昭和 40・11・24 民集
19 巻 8 号 2019 頁）。

判例は，「履行の着手」とは，単なる履行の準備と区別される概念で，「債務
の内容たる給付の実行に着手すること，すなわち，客観的に外部から認識し得
るような形で履行行為の一部をなし又は履行の提供をするために欠くことので
きない前提行為をした」ことをいうとする（上記の最高裁昭和 40 年大法廷判決）。
もっとも，その後の判例はこの基準へのあてはめにこだわらず，解除権行使の
機会確保と相手方の損害回避の必要性を総合的に衡量しているようである。た
とえば，履行期到来後に買主が残代金支払の準備をして売主に履行を求めるこ
とや，他人物売買における売主が目的物の所有権を取得して自己名義の所有権
移転登記を具備することなどは履行の着手にあたり，手付解除はできなくなる
とされる。他方で，履行期まで 1 年以上ある段階で土地建物売買契約の買主が
測量や残代金の準備と口頭の提供をしても履行の着手とはいえない（したがっ
て手付解除ができる）とした判例がある（最判平成 5・3・16 民集 47 巻 4 号 3005 頁）。
しかし，履行期前だからといって履行の着手になり得ないわけではない（最判
昭和 41・1・21 民集 20 巻 1 号 65 頁）。判例は，その行為がされた時期（履行期前か
後か），履行期を定めた趣旨（履行期前の履行着手を禁止する趣旨か否か）などの事
情を勘案しているものといえる。

(ⅱ)　履行に着手した当事者自身による手付解除　　履行着手後の手付解除を
認めない趣旨は，履行に着手した当事者を保護することにあるから，履行に着
手した当事者自身が手付解除することは（その相手方が履行に着手していない限

り）認められる。平成 29 年改正前の 557 条 1 項は手付解除をすることができるのは「当事者の一方」が履行に着手するまでとしていたため，履行に着手した当事者自身も手付解除ができなくなると解する余地があった。この点について上記の最高裁昭和 40 年大法廷判決は，557 条が履行に着手した当事者を保護するために，その当事者に対して解除権を行使することを禁止する趣旨であることを述べて，履行に着手した当事者は自由に解除権を行使することができるとしていた。現行の 557 条 1 項ただし書は，この最高裁判例を明文化したものである（「相手方」が履行に着手した後は，契約を解除することができないとする）。

　もっとも，最高裁昭和 40 年大法廷判決には反対意見が付されており，履行に着手した当事者は手付による解除権を放棄したものとみるのが相当であること，履行の着手があった場合には，その相手方も契約はもはや解除されないものと思うようになるのが当然であって，その後における解除を認容すれば，相手方は手付をそのまま取得しまたは手付の倍額を得てもなお償い得ない不測の損害を被ることもあり得ることを述べて，履行に着手した当事者も手付解除はできなくなると解すべきだとしていた。しかし，①履行に着手することを自らの解除権の放棄とみるのは飛躍があること，②手付解除を封ずるには自ら履行に着手すればすむこと，③自らは履行の準備さえしていない当事者が，相手方がもはや解除をしないと思ったとしても，それは保護に値する信頼とはいえないこと（信頼して行動したわけではないこと）などから，最高裁昭和 40 年大法廷判決に則して，現行法の文言どおりに解するのが適切である。ただし，事案によって，履行に着手した当事者の行為態様や，その相手方の準備状況などから，履行に着手した当事者による手付解除が信義則（禁反言）によって認められないことは考えられよう。

3 売買契約に関する費用の負担

　売買契約をはじめとする有償契約に関する費用は，当事者双方が等しい割合で負担，つまり折半する（558 条）。ここでいう売買契約に関する費用とは，土地の測量や境界確定の費用，印紙代，公正証書作成の手数料，仲介業者の報酬など，契約締結に関する費用を指す。

　「売買契約に関する費用」と区別すべきものとして，「弁済の費用」（履行に要

する費用）がある。これは，債務者が負担する（485 条）。たとえば，目的物の引渡場所が買主の住所であれば，そこまでの運送費用は売主が負担する。所有権移転登記の費用については，見解が分かれている（契約費用＝折半説，買主負担説，弁済費用＝売主負担説）。対抗要件を備えさせることは売主の義務であるが（平成 29 年に改正された 560 条はこのことを明文化する），これは登記手続に協力する義務にとどまるとすれば，必ずしも売主の弁済費用とはいえない。いずれにせよ，実務上は，所有権移転登記の費用も，買主が負担することが通常である。契約費用も弁済費用も，契約や慣習（92 条）によって費用負担が決まっているといえよう。

第 3 節　売買の効力 1　売主の義務

1 概　観

　売主は，買主に対して目的物の財産権移転義務を負う（555 条参照）。これには，①目的物の所有権を買主に移転する義務と②目的物を引き渡す義務（占有移転義務）が含まれる。また，売主は，③引き渡した目的物が契約で定めた種類・品質・数量を備えていること，および，移転した権利が契約に適合していることを担保する義務（契約適合給付義務）を負う。

2 売主の所有権移転義務（1）

　売主の主たる給付義務のひとつは，目的物の所有権を買主に移転することにある。これには，所有権移転を買主が第三者に対抗できるように対抗要件を備えることに協力する義務も含まれる（560 条）。

（1）所有権移転の方法と時期

　所有権移転は，売主と買主の意思表示によって行われる（176 条。物権変動における意思主義）。当事者間に所有権移転時期についての別段の合意がない限り，目的物が特定物の場合には「契約締結時」に，不特定物の場合には「特定時」に所有権が移転すると解されている（最判昭和 33・6・20 民集 12 巻 10 号 1585 頁

〔特定物〕，最判昭和 35・6・24 民集 14 巻 8 号 1528 頁〔不特定物〕）。要するに，当事者が別段の合意をしていない限り，目的物が「特定」されれば所有権を移転させるのが当事者意思だと推定されていることになる。

　もっとも，これでは，売主が代金支払を受ける前に所有権移転を先履行することになって，代金債権回収が不確実になるので，実際には，代金支払時を所有権移転時とする契約条項や，買主が代金を支払うまで売主が所有権を留保する条項が置かれることもある。そのような明示の条項がなくても契約がそのように解されることは多い（例，最判昭和 38・5・31 民集 17 巻 4 号 588 頁〔不動産売買契約において，代金支払と所有権移転登記がなされるまで所有権は移転しないとされた〕）。不動産売買においては，正式の契約書作成時まで契約は成立しないとすることによって所有権移転時期を後ろにずらすこともある。

　学説には，575 条 1 項が，売主は引渡時まで果実収取権を有するとしていることを捉えて，同条が，所有権移転時期を「引渡時」と推定する規定だとするものもある（⇨(4)(b)）。

(2)　対抗要件を備えさせる義務

　買主が所有権移転を受けても，それを第三者に対抗できなければ，買主は売買契約の目的を完全には達成できない。そこで，売主の所有権移転義務には，買主に対抗要件を備えさせる義務も含まれる（560 条）。これは，平成 29 年改正前からの判例の立場であるが（大判大正 9・11・22 民録 26 輯 1856 頁），同改正によってこのことが明文化された。

　これが具体的に問題となるのは，売主の協力がなければ買主が対抗要件を備えることができない場合である。そのような対抗要件の典型は登記（不動産売買における所有権移転登記〔177 条〕，動産売買における動産譲渡登記〔動産債権譲渡特 3 条〕，債権譲渡における債権譲渡登記〔動産債権譲渡特 4 条〕）である。権利の登記は，権利者と義務者の共同申請によらなければならないとされているからである（不登 60 条，動産債権譲渡特 7 条 2 項・8 条 2 項）。他に，債権譲渡における売主（譲渡人）から債務者に対する通知（467 条 1 項）も売主の協力が必要な対抗要件である。なお，動産譲渡の対抗要件である引渡し（178 条）については，引渡し（占有移転）と区別して対抗要件を備えさせる売主の義務を論ずる意味

はない。

(3) 売買の許可・承諾を得る義務（農地売買・賃借権譲渡）

　法令上，所有権移転に許可が必要とされることがある。農地売買がその典型であり，農地の所有権移転には農業委員会の許可，転用（例，農地を宅地とするために売る場合など）には都道府県知事等の許可がなければ，その効力を生じない（農地3条・5条）。売主には，このような許可の申請に協力する義務がある（最判昭和41・9・20民集22巻6号1322頁〔転用の事例〕）。

　また，賃借権譲渡においても，売主（譲渡人＝賃借人）は，賃貸人の承諾（612条1項）を得る義務を負う。賃貸人の承諾がなければ，無断譲渡となり，賃貸人に解除権が生ずるからである（612条2項）。

(4) 果実・使用利益の帰属と代金の利息

(a) みなし清算

　（i）　引渡しに遅滞のない場合　　所有者は，その所有物から「収益」をする権利を有するから（206条），所有物から生ずる果実（88条）——天然果実（例，乳牛の乳）および法定果実（例，建物の賃料）——を収取する権利を有し，果実は，所有者に帰属するのが原則である（89条）。この原則に従うとすれば，目的物の引渡前でも（＝売主が占有していても），所有権が買主に移転していれば（176条），売主は目的物から生じた果実（使用利益を含む）を買主に引き渡すべきことになる。他方，買主は，所有権者となっているのであれば目的物の管理保存費用を売主に償還しなければならず，また，代金を支払っていなければ，目的物の果実と代金の果実（利息）の二重取りは認められないから，代金の利息を売主に支払うべきことになる。

　しかし，目的物の果実・使用利益，目的物の管理費用，代金の利息を正確に清算することは煩雑である。そこで，575条は，引渡前に生じた目的物の果実は売主に帰属し（575条1項——89条の特則にあたる），また，引渡前は代金の利息は生じないとする（575条2項本文）。これは，目的物の果実・使用利益と，目的物の管理保存費用・代金の利息が一致するものとみなして，目的物の「引渡前」については画一的に「みなし清算」することを定める趣旨である。「引

渡後」は，買主は目的物の果実（使用利益を含む）を得るので，代金の利息を支払う必要があるが，代金支払期限があれば，その期限が到来するまでは利息を支払う義務はない（575条2項ただし書）。この場合，買主は目的物の果実と代金の利息を二重に取得することとなるが，そのことを織り込んで代金額や支払時期等の契約条件が調整されているとみることができる。

　なお，買主が代金を支払済みの場合には，575条が適用されず，果実は買主に帰属するとの学説もある。しかし，買主が償還しなければならない管理保存費用との清算は残っているほか，代金先払いの約定がある場合には，代金後払い（信用売買）と比較して信用リスクがないし，中間利息の分だけ代金が割り引かれ，果実・使用利益は売主に帰属させる利益調整が行われているともいえる。ここでもすべて織込み済で契約条件が定められており，引渡しの遅滞がないのであれば，売主が果実と利息を二重取りするわけではないといえるから，575条を適用してよいといえる。

　575条は任意規定であるから，果実と利息等の調整について当事者間に別の合意があればそれによる。

　(ii)　引渡しに遅滞のある場合　　判例は，売主の履行遅滞または買主の受領遅滞によって引渡しが遅れている場合であっても，このようなみなし清算の趣旨はあてはまるから，575条が適用されるとする。たとえば，土地の売主が3年間引渡しを遅滞し，その間，小作料収入を得ていたとしても，売主はその小作料を買主に引き渡す必要はなく，また，買主も3年間の代金から生じる利息を支払う必要がない（大連判大正13・9・24民集3巻440頁）。

　ただし，買主が代金を支払済みの場合には事情が異なる。判例は，売主が履行遅滞に陥っているとすれば，売主が目的物の果実と代金の果実を二重に取得できるとするのは575条の法意に適合せず，衡平に反するから，売主は果実を買主に引き渡さなければならないとする（大判昭和7・3・3民集11巻274頁）。その間の果実を売主が取得することは契約で織込み済であるとはいえないからである。このことは，買主が受領遅滞に陥っている場合にもあてはまろう。

　(b)　**575条を所有権移転時期に関する規定とする学説**　　以上のように，575条は目的物の果実と代金の利息をみなし清算するための規定であるとする考え方に対して，同条は引渡時または支払時に，所有権が売主から買主に移転

するという当事者意思を推定した規定とする学説がある。これは，特定物売買について，原則として契約成立と同時に所有権が移転するとする考え方に対するアンチテーゼを示すものである。この見解によれば，引渡前・支払前は所有権が売主にとどまっているから売主が果実収取権を有するのは当然であることになる。また，代金支払後には，代金支払によって所有権が買主に移転するから売主は果実収取権を失うという。しかし，同条は，引渡前・支払前に所有権を移転させる合意があっても適用されるし，引渡後・支払後に所有権をまだ移転させない合意があっても適用されるから，同条は，所有権の所在とは切断して果実収取権の帰属を定めた規定というべきであろう。

❸ 売主の所有権移転義務 (2)——他人物売買における権利取得義務

(1) 他人物売買の有効性と意義

　Aが，Bに対して，Cの所有物を目的物とする売買（他人物売買）をすることもできる。比較法的には，他人物売買を無効とする国もあるが（例，フランス民法 1599 条），日本法は，他人の所有物を目的物とする他人物売買も有効とする。ただし，このことは無権利者である売主が，その他人の権利を買主に移転することを認めるということではない。誰も，自己の有する権利以上の権利を譲渡することはできない（無権利の法理）。そのため，他人物売主は，目的物の権利者からその権利を取得して，買主に移転する義務を負う（561 条）。売主がこの義務を履行しない場合には，一般の債務不履行として，買主は履行請求，損害賠償請求，契約解除をすることができる。

　なお，他人物売買には，目的物の全部が他人に帰属する場合だけでなく，一部が他人に帰属する場合も含む。一部他人帰属は，目的物の一部に他人の所有物が含まれている場合（例，土地売買で境界線に誤りがあったために，契約で目的物とされた土地に他人が所有する隣地が含まれていた場合）と，目的物に共有者がいてその持分が含まれている場合（例，共同相続した土地の売買）がある。一部他人帰属の場合には，売主は自己に帰属する権利を移転することはできるが，他人に帰属する部分を移転できないことが生じ得る。その場合は，一般の債務不履行として，買主は履行請求，損害賠償請求，契約解除（一部解除を含む）（565条→564 条準用）をすることができるのに加え，追完請求・代金減額請求（565

条→562条・563条準用）をすることができる。これは，権利の一部を移転でき
ないことを，移転した権利が契約内容に適合しない「権利の不適合」として位
置づけるものである（565条）。権利の不適合については，**6** で扱うこととして，
以下では目的物の全部が他人に帰属する場合について説明する。

(2) 他人物売買における買主の救済

(a) 履行請求　　他人物売主が権利者から権利を取得しない場合，買主はそ
の権利の取得を請求することができる。しかし，売主による権利取得・権利移
転が契約および取引上の社会通念に照らして不能の場合には，履行請求をする
ことができない（412条の2第1項）。

　それでは，売主による権利取得が「不能」といえるのはどのような場合か。
他人物売買における不能の例としては，平成29年改正前の判例は，所有者に
譲渡の意思がない場合（最判昭和25・10・26民集4巻10号497頁，最判昭和30・
5・31民集9巻6号844頁〔売主から買主への登記移転後に，売主が所有者でないこと
が判明し，買主が所有者から追奪を受けた事案〕）や，権利取得の相手方として想定
していた所有者がその権利を第三者に譲渡して対抗要件を備えさせた場合など
を挙げる。履行不能の判断基準を明文化した改正後412条の2第1項の下でも
同様に解されるであろう。

(b) 損害賠償請求　　他人物売主が権利を取得して買主に移転しない場合
（移転不能の場合に限られない）には，買主は損害賠償請求をすることもできるが，
「契約……及び取引上の社会通念」に照らして売主に帰責事由がないといえれ
ば，売主は免責される（415条1項ただし書）。

　平成29年改正前は，目的物が他人に帰属することを知っている悪意の買主
には「担保責任」に基づく損害賠償請求が認められていなかった（改正前561
条後段・563条3項）。悪意の買主は，売主が権利者から権利を取得できない可
能性があることを知っているのであるから，必要に応じて契約締結時に損害賠
償の約定をすればよいというのがその理由であった。しかし，改正法では，そ
のような規律は硬直的であると考えられることから削除された。改正法の下で
は，売主が履行をしていないのに買主が悪意だからといって損害賠償請求が認
められないということはない。たしかに，買主が契約締結時に悪意であれば，

たとえば，売主が権利を取得することができなくても損害賠償責任を負わない約定（例，解除条件）がなされている可能性はあるが，それは個別の契約解釈の問題であって，買主の善意・悪意によって売主の責任の有無が当然に区別されるわけではない（もっとも，改正前の判例は，悪意の買主には「債務不履行責任」に基づく損害賠償請求〔改正前 415 条〕の余地を認めていた〔最判昭和 41・9・8 民集 20 巻 7 号 1325 頁〕。この判例は，改正前 561 条・563 条に基づく担保責任が無過失責任であるのに対して，改正前 415 条に基づく損害賠償は過失責任と解されていたという要件の違いに着目した解釈を示したものであった。このような解釈は，損害賠償責任の規定が 415 条に一本化された改正法の下では意味を持たなくなったが，悪意の買主も損害賠償請求をすることができるという考え方は既に現われていたといえる）。

　帰責事由の存否は，「契約……及び取引上の社会通念」に照らして，個別に判断される。不可抗力による不能の場合（例，震災による目的建物の滅失）に，売主に帰責事由がないことは疑いない。その他の例として，上記の最高裁昭和 41 年判決が参考になる。同判決の事案は，売主 A が権利者 C から土地の権利を取得したうえで買主 B に売却し，その差額を利益として得ることを目的とした他人物売買において，C は A に土地を譲る意思を示しているのに，その要求価格が A と B との売買契約の代金額の 6 倍近くになるために，それに応じたのでは差損が生じてしまう A が権利取得を断念したところ，B が直接に C から土地の権利を取得して，AB 間の売買価格との差額を債務不履行に基づく損害賠償として A に請求をしたというものである。最高裁は，売主 A に帰責事由がないとはいえないとして，買主 B の損害賠償請求を認めた。改正後 415 条 1 項ただし書に則していえば，その契約が，差益を得ることを目的とした他人物売買であることに照らして，売主が差損の生じるリスクを引き受けていると考えられ，売主に帰責事由がないとはいえないということになろう。

　(c)　**契約解除**　　他人物売主が権利移転義務を履行しない場合には，買主は契約を解除することができる（移転不能であれば 542 条 1 項 1 号に基づく無催告解除，そうでなければ 541 条に基づく催告解除）。目的物引渡後に契約が解除された場合については，買主は原状回復として目的物の使用利益を売主に返還しなければならないか否かが問題となるが，これは買主の債務不履行によって売主が解除した場合にも共通する問題なので，次に項目を改めて説明しよう。

(3)　他人物売買の解除と使用利益の返還

　他人物売買において，目的物の引渡後に契約が解除された場合，買主は目的物を他人物売主に返還するか（原状回復義務，545条1項），所有者の物権的請求権に基づいて所有者に返還しなければならない。このとき，買主は，目的物の果実（例，賃料など収益による利益）や使用利益（例，自動車による通勤の利益）を他人物売主に返還する義務があるか。

　売主が他人物ではなく，自己の権利を買主に売り，引渡後に契約が解除された場合において，売主に代金返還義務があれば，売主は，代金に利息を付して買主に返還しなければならないこと（545条2項）との均衡から，買主も，目的物の果実と使用利益を売主に返還しなければならない（同条3項。⇨第6章第5節 **3** (4)）。このことは，売主の債務不履行によって買主が解除したときにもあてはまる。果実や使用利益の返還は，債務不履行責任の問題ではなく，所有権者への財貨割当ての問題だからである。

　そうすると，他人物売買においては，目的物の果実または使用利益は，無権利者である売主ではなく，権利者に帰属すべきではないかが問題となる。判例（最判昭和51・2・13民集30巻1号1頁 ◀ **判例7-1** ▶）は，他人物売買であっても，目的物の果実・使用利益は，他人物の売主に返還すべきものであるとする。この事案では，売主が所有権者でないことについて買主が善意であったが，そのような場合についてのこの判例は，次のように正当化し得る。すなわち，権利者も所有権に基づいて占有者に対して果実・使用利益の返還を請求することができるが，買主が善意の場合，買主は権利者に使用利益を返還する義務はない（189条）。買主が売主にも使用利益を返還しなくてもよいとすれば，買主は棚ぼたで利益を取得することになって適切でない。この棚ぼたの利益を回避するためには，迂遠ではあるが，買主は売主との契約関係に基づいて使用利益を売主に返還したうえで（545条），他人物売主から権利者に使用利益を返還するようにすべきである（545条または190条）。

　しかし，この判決をどこまで一般化できるか疑問もある。第1に，買主が悪意であった場合には，買主は権利者に対して果実・使用利益を返還する義務があるから（190条），売主に対しても果実・使用利益を返還しなければならないとすれば二重の返還をしなければならなくなりそうである。また，第2に，本

件は他人物売買の事案であるといっても，権利者は所有権留保売主であって，形式的には所有者だが，実質的には担保権者にすぎない。つまり，所有権留保買主は，自動車を自由に使用収益することができ，所有権留保売主に使用利益は帰属しないはずの事案であった。本判決は，買主は他人物売主に使用利益を返還するべきとするが，それは売主が他人物売主であるといっても，目的物を自由に使用収益することのできる所有権留保買主であったから，そして所有権留保売主には使用収益をする権利はなかったからであるともいえる。そうだとすれば，本判決の射程は，このように他人物売主が所有権留保買主である場合に限られる。

＜判例7-1＞ 最判昭和 51・2・13 民集 30 巻 1 号 1 頁

【事案】自動車甲の売主 A が買主 B に目的物を引き渡したが，甲は，C が所有権留保をして D に売却し，D がそれをさらに A に売却したものであって，C が所有権者であった。D が C に代金を支払わないので，C が所有権に基づいて買主 B が占有する甲を引き揚げたため，B は A との売買契約を解除し（改正前 561 条〔改正後 561 条・542 条 1 項 1 号〕），A に対して代金と利息の返還を求めたところ，A がその返還額から B の得た甲の使用利益の控除を求めた。原審は，使用利益の控除を認めなかった（使用利益の返還は一種の不当利得返還請求〔703 条〕であるところ，所有者でない A には損失がないため）。そこで A が上告。

【判旨】破棄差戻し。「売買契約が解除された場合に，目的物の引渡を受けていた買主は，原状回復義務の内容として，解除までの間目的物を使用したことによる利益を売主に返還すべき義務を負うものであり，この理は，他人の権利の売買契約において，売主が目的物の所有権を取得して買主に移転することができず，民法 561 条〔旧規定〕の規定により該契約が解除された場合についても同様であると解すべきである。けだし，解除によって売買契約が遡及的に効力を失う結果として，契約当事者に該契約に基づく給付がなかったと同一の財産状態を回復させるためには，買主が引渡を受けた目的物を解除するまでの間に使用したことによる利益をも返還させる必要があるのであり，売主が，目的物につき使用権限を取得しえず，したがって，買主から返還された使用利益を究極的には正当な権利者からの請求により保有しえないこととなる立場にあったとしても，このことは右の結論を左右するものではないと解するのが，相当だからである。」

(4)　他人物売買と消滅時効

売主の担保責任に基づく買主の権利は，一般消滅時効期間（166条）に服する。このうち，「権利を行使することができる時」（客観的起算点）から10年の時効期間（166条1項2号）については，その起算点が，買主が目的物を受領した時であることに異論はないものと思われる。

他方，「権利を行使することができることを知った時」（主観的起算点）から5年の時効期間（166条1項1号）については，他人が所有権（売主の無権利）を主張して権利の帰属について争いがある場合，そのことを知っただけで買主は「権利を行使することができることを知った」といえるだろうか。これは，買主による権利行使を期待することができるかどうかという観点から判断されるべき問題である。

平成29年改正前564条は，目的物の権利の一部が他人に帰属する売買における売主の担保責任について，善意の買主は「事実を知った時」から1年の除斥期間にかかると定めていたが，その「事実を知った時」の解釈について，判例は，「買主が売主に対し担保責任を追及し得る程度に確実な事実関係を認識した」時として（最判平成13・2・22判時1745号85頁），第三者が権利の帰属を主張しただけでは買主が「事実を知った」とはいえないとしていた。これは，買主による権利行使を期待することができるようになるのはいつの時点かという観点からなされた判断であり，改正後の166条1項1号の解釈においても，他人物売買については同様に解するべきであろう。

具体的には，確定判決などによって確定的に権利が他人に帰属することを知った時や，対抗関係に立つ第三者との争いであれば第三者が自己より先に対抗要件を具備したことを知った時とすべきである。

(5)　他人物売買と相続

(a)　問題の所在　　他人物売買において，買主への権利移転がされないまま，目的物の権利者と他人物売主の間で相続が生じて，「権利者としての地位」と「他人物売主としての地位」が同一人に帰属することとなった場合，買主は相続人に対して履行を求めることができるか。たとえば，夫Aが所有する土地を，妻BがAに無断でCに売却する契約を締結したのちに，BがAから所有

権を取得しないまま（561 条参照），①権利者 A が死亡して他人物売主 B が相続した場合（他人物売主相続型）と，逆に，②他人物売主 B が死亡して権利者 A が相続した場合（権利者相続型）があり得る。この問題状況は，A の財産を B が無権代理行為によって C に譲渡したのちに，本人 A と無権代理人 B の間で相続が生じる「無権代理と相続」（⇨民法総則）といわれる問題と類似する点が多いが，法律構成としては違いも生じる。②の場合から先に説明しよう。

　(b)　**権利者が他人物売主を相続した場合**　他人物売主 B が死亡して，権利者 A が B を相続した場合，A は，権利者の地位に基づいて C への権利移転を拒絶することができる。権利者 A は，「相続によって売主の義務ないし地位を承継しても，相続前と同様その権利の移転につき諾否の自由を保有し，信義則に反すると認められるような特別の事情のないかぎり，右売買契約上の売主としての履行義務を拒否することができる」（最大判昭和 49・9・4 民集 28 巻 6 号 1169 頁）。権利者の諾否の自由が相続による売主の義務の承継という偶然の事由によって左右されるべき理由はなく，また権利者がその権利の移転を拒否したからといって，相続が生じていない場合と比較して買主が不測の不利益を受けるわけではないからである（無権代理人 B が死亡して本人 A が相続した場合には，A は追認を拒絶して〔113 条〕，C からの履行請求を拒むことができるのと共通する〔最判昭和 37・4・20 民集 16 巻 4 号 955 頁〕）。

　なお，A は相続によって B の債務不履行責任も承継するから，C からの履行請求を拒めても，損害賠償責任は免れない（415 条）。他人物売主に対する履行請求は，常に特定物の給付請求であるから，履行請求を認めれば権利者に「諾否の自由」があるといっても無意味になるばかりか，相続という偶然によって C が B に請求できなかったことを請求できることになるからである。これに対して，損害賠償債務は金銭債務であって，相続が生じなくても C は B に請求し得た点で違いがある（無権代理人を本人が相続した場合には，本人は追認を拒絶することができるが，無権代理人の責任〔117 条〕を相続するというのが判例である〔最判昭和 48・7・3 民集 27 巻 7 号 751 頁〕。この判例によれば，善意・無過失の相手方は無権代理人を相続した本人に対して履行請求か損害賠償請求を選択して行使することができるが，この判例の事案における履行請求とは，保証債務〔金銭債務〕の履行請求であったことに留意が必要で，同判決の射程は狭い可能性がある）。

⒞　**他人物売主が権利者を相続した場合**　他人物売主 B が権利者 A を相続した場合にはどうなるか。無権代理人が本人を相続した場合については，判例は，本人が死亡前に代理権を追認することを拒絶していたか否かによって処理が異なるという。すなわち，本人が追認拒絶をせずに死亡した場合には無権代理人が追認を拒絶することは認められないのに対して（最判昭和 40・6・18 民集 19 巻 4 号 986 頁〔単独相続の事案〕。共同相続人が追認拒絶した場合には追認権の不可分性からくる例外がある。⇨民法総則），本人が追認拒絶をしてから死亡した場合には，追認拒絶によって本人への効果不帰属が確定しているから無権代理人も履行を拒むことができるとされていた（最判平成 10・7・17 民集 52 巻 5 号 1296 頁）。しかし，他人物売買においては，権利者が権利移転をいったん拒絶してもそれを翻意することは自由であって確定するわけではなく，権利者が拒絶後に死亡したとしても，他人物売主が買主に対して権利移転義務を依然として負っていることに違いはない。他人物売主は，相続によって権利を取得したことにより，それを買主に移転することができるから，権利者が権利移転を拒絶したかどうかとは無関係に，C は B に対して所有権の移転を求めることができることになるものと考えられる。無権代理の場合には，相続によって無権代理人が所有権を取得しても，当然に代理権の不存在が治癒されるわけではないのに対して（追認とは代理権の追認である），他人物売主が所有権を取得すれば，それだけで欠けていた処分権限が追完されるからだと説明することができる。

4　売主の引渡義務（占有移転義務）

売主は，目的物を買主に引き渡さなければならない。つまり，目的物の占有を移転しなければならない。引渡しの方法，場所，時期は，契約の定めが優先するが，契約に定めがない場合には，次のとおり，民法の任意規定による（いずれも債権総則の規定である）。

まず，引渡しの方法は，売主が目的物を現実に提供し，買主がそれを受け取る方法によるのが原則である（493 条本文参照）。すなわち，引渡しは，（当事者が占有改定など他の引渡方法を合意していない限り）現実の占有移転による。

引渡しの場所は，①原則として，買主の住所である（484 条――持参債務の原則）。ただし，②目的物が特定物であるときは，引渡債務発生時（通常は契約締

結時であるが，停止条件付の場合など，債務発生が契約締結より遅れることがある）に目的物が存在した場所である。不動産であれば（建物が曳家などで移動していない限り）その所在地ということになる。

　引渡しの時期は，契約に定めがない場合には，売主はいつでも引渡しをすることができ，買主から履行の請求を受けた時から遅滞となる（412条3項）。もっとも，売主に同時履行の抗弁権（533条）がある場合には，買主が支払の提供をするまでは売主は遅滞に陥らない。

5 売主の契約適合給付義務（1）——種類・品質・数量の適合性——

(1) 契約適合給付義務

　①引き渡された目的物の「種類」，「品質」，「数量」が契約内容に適合しないものである場合や，②移転された権利が契約の内容に適合しないものである場合には，売主は「担保責任」を負う（「担保責任」という表現については565条・566条などの条文見出し参照）。これは，売主が，給付が契約内容に適合していることを保証しているということであり，売主には契約内容に適合した給付をする義務（契約適合給付義務）がある。以下，5 では，①について説明し，②については 6 で説明する。

　平成29年改正前にも，売主の瑕疵担保責任（改正前570条・566条）をはじめ，各種の担保責任の規定があったが，その法的性質について，それは売主の債務不履行責任とは区別された別個の責任体系であるとする見解（法定責任説）と債務不履行責任の特則であるとする見解（債務不履行責任説）とが対立していた。平成29年改正は，契約適合給付義務違反は債務不履行の一種であること，つまり，売主には目的物や権利の契約適合性を担保する契約上の義務があることを明確にした（⇨ Column 7-1 ）。

> **Column 7-1　契約適合給付義務と平成 29 年改正前の瑕疵担保責任**
> 　平成29年改正前においては，目的物に瑕疵がある場合について，「債務不履行責任」と「瑕疵担保責任」（改正前570条・566条）という二元的な責任が設けられていた。すなわち，目的物に瑕疵がある場合，まず，一般の債務不履行の効果として，買主に（a）履行請求権（これは，明文の規定はなかったが債務の当然の効力と考えられた），（b）損害賠償請求権（改正前415条），（c）契約解

除権（改正前541条・543条）が与えられる一方で，目的物に「隠れた瑕疵」が
ある場合については，瑕疵担保責任（改正前570条・566条1項）に基づく損害
賠償請求権と契約解除権が買主にあるとされた。

	債務不履行	瑕疵担保責任
履行（追完）請求	○	×
損害賠償請求	○（改正前415条〔帰責事由がなければ免責〕）損害賠償の内容：履行利益	○（改正前570条・566条1項〔無過失責任〕）損害賠償の内容：信頼利益，代金減額的損害賠償など（見解は分かれる）
契約解除	○（改正前541条〔催告解除〕）	○（改正前570条・566条1項〔契約目的達成不能を要件とする無催告解除〕）
期間制限	消滅時効	瑕疵を「知った時」から1年の除斥期間（改正前570条・566条3項）＋消滅時効

　したがって，両責任の性質や適用関係，損害賠償の要件・内容の異同，契約
解除の要件の異同，瑕疵担保責任に基づく買主の追完請求権（瑕疵修補請求権）
の有無などが問題となった。
　①債務不履行責任とは別に瑕疵担保責任が設けられた理由——この点につい
ては，法定責任説と債務不履行責任説の対立がみられた。「法定責任説」は次
のように考える。すなわち，特定物売買においては，引き渡された目的物に瑕
疵があっても，それは債務不履行にはあたらない。その理由には2通りの説明
の仕方がある。第1は，瑕疵があるのがその特定物の品質であり，それを引き
渡すことによって売主は債務を完全に履行しており債務不履行ではないとする
ものである（特定物ドグマ）。第2は，瑕疵のない特定物を引き渡すのが売主
の債務であるが，契約締結時から特定物に瑕疵があった場合には，瑕疵のない
その特定物を引き渡すことは原始的に不能であって売主は債務不履行責任を負
わないというものである。どちらの説明をするにせよ，買主は目的物に瑕疵が
あるのに，瑕疵がない目的物の代金を支払っているから，買主を保護するため
に法律上特別に設けられたのが瑕疵担保責任であるという考え方が法定責任説
である。この考え方によれば，瑕疵担保責任は特定物売買についてのみ適用が
ある。不特定物売買において瑕疵がある場合には売主の債務不履行にあたるか
ら，特別の法定責任は不要だからである。
　これに対して，「債務不履行責任説」は，特定物売買であっても当事者は一

定の品質の目的物の引渡しを想定しており，その品質を欠く目的物を引き渡すことは債務不履行にあたる。したがって，瑕疵担保責任は，債務不履行責任の一種であり，隠れた瑕疵についての特則であるとする。このような特則が必要とされる理由については見解が分かれていた。1つの有力な考え方は，瑕疵が隠れている場合には，買主は目的物の瑕疵を知らずに目的物を履行として認容して受領してしまい，売主の債務不履行責任を追及できなくなってしまうため，履行認容受領後に瑕疵を知った場合には，その時から1年という短期期間制限（除斥期間）内に限り売主の責任問題を蒸し返すことを認めるという考え方である（時的区分説）。もうひとつの有力な考え方は，瑕疵担保責任は無過失責任である点で債務不履行責任の特則であって，売主と買主の債務の対価の均衡を実現することがその趣旨であると考える。そのため，その効果は，瑕疵のために契約目的を達成できない場合には買主は無催告解除ができること（＝対価を支払う必要がない）と，瑕疵による目的物の価値減に対応した代金減額的な損害賠償（＝対価を上限とした損害賠償）に限られるとする（対価制限説）。債務不履行責任説によれば，瑕疵担保責任は特定物売買・不特定物売買を問わず適用される。

②追完請求は，債務不履行の場合にのみ認められる。瑕疵担保責任に基づく追完請求は認められない。

③損害賠償は，債務不履行と瑕疵担保責任の両方で認められるが，要件・効果が異なる。(a) 債務不履行による場合には，売主は買主の履行利益（転売利益などの逸失利益を含む）について賠償義務を負うが，売主は自己に帰責事由がないことを証明すれば免責される（改正前415条後段。もっとも，売主の引渡債務は結果債務であるから，不可抗力〔例，大震災，パンデミック〕にあたらなければ免責が認められることはないと指摘されていた）。(b) 瑕疵担保責任による場合には，無過失責任であるから売主が免責されることはない代わりに，損害賠償の内容は，信頼利益の賠償や代金減額的損害賠償に限定される。

④契約解除は，債務不履行に基づく場合には催告解除によることになるが（改正前541条），買主は，瑕疵のために契約目的を達成できないことを主張立証すれば，無催告で即時解除をすることができる（改正前570条→改正前566条1項準用）。

このように，平成29年改正前の民法は，債務不履行責任と瑕疵担保責任という二元的な責任法理を有していた（特に，損害賠償と契約解除は，それぞれで要件・効果が異なっていた）。これに対して，平成29年改正後の民法は，瑕疵担保責任を廃止し，債務不履行責任に一元化した。たしかに，契約不適合の場合については，一般の債務不履行に関する債権総則の規定（414条・415条）と契約総則の規定（541条・542条）とは別に，562条～564条に規定が別途設けられている。しかし，564条は，契約不適合の場合においても一般債務不履行と同じ損害賠償と契約解除の規定の適用が妨げられないことを確認するもので

あり，改正前のように，損害賠償と契約解除について，債務不履行責任と瑕疵担保責任とで異なる規定が定められていたのとは異なる。また，562条と563条が定める買主の追完請求権と代金減額請求権は，目的物の契約不適合の場面でしか問題となり得ない救済方法である。これらがすべて，売主の「契約適合給付義務」の違反という債務不履行として，一元的に構成されているのが平成29年改正後の民法である。

(a)　**契約適合性の判断基準**　売主は，契約の内容に適合した「種類」，「品質」，「数量」の目的物を引き渡さなければならない（契約適合給付義務）。民法は，このことを正面から規定していないが，それは売主が契約に適合しない目的物を引き渡した場合に買主に与えられる救済を定めることで（562条〜564条），十分に規定されていると考えられたからにすぎない。

　引き渡された目的物の種類，品質，数量が，契約内容に適合しているか否かは，当事者の合意した契約内容を基準として判断される。そこで，まず契約を解釈しなければならない。その解釈にあたっては，いうまでもなく，種類，品質，数量に関する当事者の明示または黙示の約定が重要なてがかりとなる。

　また，「品質」については，具体的に約定の認定をできない場合であっても，特段の事情のない限り，当事者は，目的物が，同種の目的物の通常の使用目的に適した品質，同種の契約の目的に適した品質（たとえば，家庭用オーブンの品質では，レストランの厨房用オーブンの売買においては不適合とされよう）を備えていることを予定しているといえるから，そのような品質を備えていることが契約内容になっているといえよう。たとえば，土地売買において，土壌に人の健康を損なう量の有害物質が含まれていないことは，土地が通常備えるべき品質といえる。ただし，これも当事者が契約でそれを予定していたと考えられるからであるから，契約締結時における当事者の認識が基準となる。土壌に人の健康を損なう量の有害物質が含まれていたとしても，売買契約締結時においては，その物質の有害性が認識されていなかったとすれば，その契約においては，土壌にその有害物質が含まれていたとしても契約不適合にあたらないというべきである。このような事案について，平成29年改正前の「瑕疵」の判断基準について判示した最判平成22・6・1民集64巻4号953頁〈 **判例7-2** 〉が，瑕疵の存否を客観的に判断して瑕疵が存在するとした原審判決を破棄して，当事者

が契約でどのような品質を予定していたのかを基準として瑕疵の存在を否定していたことが注目される。この考え方は，改正後の「契約適合性」の判断においては，なおのことあてはまるといえよう。

　以上に対して，契約内容から適合性の基準を明らかにできない場合にはどうするか。「種類」と「数量」については，契約内容から明らかにできなければ，目的物を確定することができないから，そもそも契約が成立していないことになろう（確定不能による契約の無効）。「品質」については，明示または黙示の合意が認定できない場合でも，同種の目的物の通常の使用目的に適した品質や同種の契約の目的に適した品質を備えることが契約内容になっていると解される場合が多いであろう。それでも契約で求められている品質が明らかにならない場合には，売主は，種類物については「中等の品質」の目的物を引き渡す義務を負う（401条1項）。

◁ 判例7-2 ▷ 最判平成22・6・1民集64巻4号953頁

【事案】 平成3年3月15日に買主Xと売主Yの間で甲土地の売買契約が締結され，平成4年4月2日に引渡しがなされた。甲土地の土壌には契約締結当時からふっ素が含まれていたが，当時は，ふっ素による土壌汚染について法令による規制はなく，取引観念上も土壌に含まれたふっ素によって人に健康被害が生じるおそれがあることは認識されていなかった。ところが，平成15年に施行された土壌汚染対策法とその施行令に基づき，ふっ素は人の健康に係る被害を生ずるおそれがあるなどの有害物質として指定され，それ以降，政府の定める環境基準（溶出量基準および含有量基準）を超えるふっ素が土壌に含まれていることは，土地の瑕疵にあたると認識されるようになった。平成17年になって，甲土地の土壌が環境基準を超えるふっ素に汚染されていることが明らかになったので，XがYに対して，瑕疵担保責任に基づく損害賠償を請求した。争点は，甲土地の土壌汚染が瑕疵にあたるかどうかである。

【原審判旨】「居住その他の土地の通常の利用を目的として締結される売買契約の目的物である土地の土壌に，人の健康を損なう危険のある有害物質が上記の危険がないと認められる限度を超えて含まれていないことは，上記土地が通常備えるべき品質，性能に当たるというべきであるから，売買契約の目的物である土地の土壌に含まれていた物質が，売買契約締結当時の取引観念上は有害であると認識されていなかったが，その後，有害であると社会的に認識されたため，新たに法令に基づく規制の対象となった場合であっても，当該物質が上記

の限度を超えて上記土地の土壌に含まれていたことは，民法570条〔旧規定〕にいう瑕疵に当たると解するのが相当である。したがって，本件土地の土壌にふっ素が上記の限度を超えて含まれていたことは，上記瑕疵に当たるというべきである」。このように述べてXの請求を認容したので，Yが上告。

【上告審判旨】破棄自判。「売買契約の当事者間において目的物がどのような品質・性能を有することが予定されていたかについては，売買契約締結当時の取引観念をしんしゃくして判断すべきところ，前記事実関係によれば，本件売買契約締結当時，取引観念上，ふっ素が土壌に含まれることに起因して人の健康に係る被害を生ずるおそれがあるとは認識されておらず，Xの担当者もそのような認識を有していなかったのであり，ふっ素が，それが土壌に含まれることに起因して人の健康に係る被害を生ずるおそれがあるなどの有害物質として，法令に基づく規制の対象となったのは，本件売買契約締結後であったというのである。そして，本件売買契約の当事者間において，本件土地が備えるべき属性として，その土壌に，ふっ素が含まれていないことや，本件売買契約締結当時に有害性が認識されていたか否かにかかわらず，人の健康に係る被害を生ずるおそれのある一切の物質が含まれていないことが，特に予定されていたとみるべき事情もうかがわれない。そうすると，本件売買契約締結当時の取引観念上，それが土壌に含まれることに起因して人の健康に係る被害を生ずるおそれがあるとは認識されていなかったふっ素について，本件売買契約の当事者間において，それが人の健康を損なう限度を超えて本件土地の土壌に含まれていないことが予定されていたものとみることはできず，本件土地の土壌に溶出量基準値及び含有量基準値のいずれをも超えるふっ素が含まれていたとしても，そのことは，民法570条〔旧規定〕にいう瑕疵には当たらないというべきである。」

(b) **「種類」の不適合**　「種類」の不適合は，引き渡された目的物が，契約で合意されたのとは異なる種類のものである場合である。「種類」の不適合と「品質」の不適合の区別が困難な場合もある。たとえば，ハイオクガソリンを注文したら，レギュラーガソリンが給油されたというような場合である。どちらであっても認められる救済は変わらないから，あえて区別する実益はない。

　なお，全く種類の異なる物（「異種物」ということがある）が引き渡された場合，これは引渡しがないというべきか，引渡しはあるが種類が不適合であるというべきか。たとえば，電子レンジの売買契約でオーブントースターが引き渡されたような場合である。学説は分かれるが，①種類の「不適合」と品違いによる

「不引渡し」の区別が困難な場合があること（例，自動車売買において色違いの自動車が引き渡された場合はどちらか），②売主が善意の場合（例，発送先の取り違え）には，買主は注文とは異なる物が届いたことの通知義務（566条本文）を負うべきと考えられること（引渡しがないと評価すれば，買主は通知義務を負わないこととなる），③買主は，全く種類の異なる物が届いた場合でも，追完請求（代替物の引渡し），契約解除，損害賠償請求といった，契約不適合に対する救済を得られるから不都合はないことから，全く種類の異なる物の引渡しも種類の不適合と区別するべきではない。

(c) 「品質」の不適合　「品質」の契約不適合は，引き渡された目的物が，契約で求められた品質を備えない場合をいう。品質には，性能も含まれる。次のような場合も品質の不適合にあたるか問題となる。

(i) 法令上の利用制限　たとえば，土地の売買において建築基準法上の建築制限，道路計画法上の道路指定，森林法上の保安林指定などによって土地の利用が制限されることがある。これを「権利」の不適合（565条。⇨ **6**）として捉えるべきか，「品質」の不適合として捉えるべきかが問題となり得る。両者の違いは，①買主の通知義務の期間制限（566条）が，品質の不適合には適用されるが，権利の不適合には適用されないこと，②競売における買受人は，「品質」の不適合は甘受しなければならないのに対して（568条4項），「権利」の不適合に基づく契約解除および代金減額請求はすることができること（同条1項）である。

平成29年改正前の判例は，法令上の利用制限を「物の瑕疵」としていた（最判昭和41・4・14民集20巻4号649頁，最判平成13・11・27民集55巻6号1311頁）。これに対して，学説ではこれを「権利の瑕疵」とすべき説が有力に主張されていた。その理由は，法令上の制限は，用益物権による利用制限などと類似することと，物の瑕疵だとすると強制競売の場合に瑕疵担保責任が適用されなくなって買主が保護されず（改正前570条ただし書。改正後568条1項も参照），不都合だという点にあった。平成29年改正後は，この有力説の挙げる論拠に加えて，法令上の利用制限については，早期の事実確認のために買主に通知義務（566条）を課す必要がないことも加えることができるであろう（565条参照）。

(ii) 環境瑕疵・心理的瑕疵　マンション売買の後で，近隣に別の建物が建

築されて日照や眺望が阻害されるなど，目的物そのものには不適合はないが，その外部環境に問題がある場合（環境瑕疵）や，目的建物が殺人事件や自殺の現場となったいわゆる事故物件であることや近隣に反社会的勢力の事務所があるなど心理的な抵抗のある場合（心理的瑕疵），それは「品質」の不適合にあたるか。平成29年改正前の裁判例は，このような場合に目的物は通常有すべき品質を欠いているとして，「瑕疵」があるとすることがあった。改正後も，そのような環境瑕疵や心理的瑕疵のないことが，契約で明示的または黙示的に求められているかどうか，それらの瑕疵のないことが同種の目的物にとって通常有すべき品質か，あるいは同種の利用目的にとって適切な品質かどうかという観点から契約に適合した「品質」を解釈すべきである。買主が，このような物件は割安となっていることを重視して購入しているような場合には，目的物が契約内容に適合しないとはいえない。

　(iii)　借地権付建物の敷地の瑕疵　　借地上に建物を所有するＡが，その建物を借地権付でＢに売った場合において，崖に面したその敷地に水抜き穴が不足していて，居住をするのには危険であることが判明したとする。このとき，Ｂは借地権売主Ａの契約不適合責任を追及すべきか，それとも，敷地賃貸人Ｃに対して，賃貸借契約に基づく修繕義務（606条）の履行を求めたり，Ｃの賃貸借契約上の契約不適合責任を追及すべきか。

　平成29年改正前の判例は，欠陥があるのは売買の目的物ではなく，賃貸借の目的物であるとして，敷地賃貸人Ｃの修繕義務で補完されるべき敷地の欠陥については，Ｂは，売主Ａではなく，賃貸人Ｃに修繕を求めるか，Ｃの瑕疵担保責任（平成29年改正後であれば契約不適合責任）を追及すべきであるとした（最判平成3・4・2民集45巻4号349頁）。そこでは，債権の売買において売主は債務者の資力を担保しないのが原則であること（569条参照）との対比も考慮された。しかし，ＡＢ間の建物売買が，建物を居住目的で利用するためのものであれば，建物は――敷地利用権だけでなく――敷地の存在を基礎とする以上，建物の敷地が建物所有に適したものであることも売買契約の内容になっているともいえる。Ａは敷地の所有者でないから，ＢがＡに対して敷地の追完（修補）を求めることはできないとしても，ＢがＡに対して，契約不適合に基づく代金減額請求権（563条），損害賠償請求権（415条），契約解除権（542条）を

行使することは認めるべきであろう。

(d) 「数量」の不適合

(ⅰ) 数量の不適合の意味　　数量の不適合は，売主が目的物の数量を確保する義務を負っている場合において，契約で定められた数量と異なる数量が引き渡された場合をいう。たとえば，200 リットルの灯油を注文したのに 150 リットルしか引き渡されない場合は数量の不適合にあたる。土地の売買においては，土地の面積（数量）が表示されていても，その数量の確保が売主の義務になっているとは限らない。たとえば，宅地の売買において，建物建築のために面積を確保することが重要であるという場合には，実測面積が不足していれば数量の不適合にあたる。これに対して，周囲を石垣で囲まれた土地の売買において，表示されていた土地の面積よりも実測面積が小さくても，その石垣に囲まれた土地が売買の目的として認識されていたのであれば，数量の不適合にはあたらない。

平成 29 年改正前 565 条は①「数量指示売買」における数量不足であること，②買主が数量不足について善意であったことを要件として，買主に代金減額請求権または契約解除権を与えていた（改正前 565 条→563 条準用）。そして，「数量指示売買」とは，当事者が一定の数量確保目的を有し，目的物が一定の面積，容積，重量，員数，尺度などを有することを契約において表示し，かつ，この数量を基礎として代金額が定められた契約を意味した。これに対して，改正後の「数量」の不適合は，①も②も要件とするものではない（改正前の判例を読むにあたって注意が必要である）。しかし，①②の事情に全く意味がないわけではなく，①の事情があれば，売主が数量確保義務を負っているとの契約解釈に傾きやすいであろうし，②の事情がなければ（買主が悪意であれば），売主が数量確保義務を負っていないとの契約解釈に傾きやすいであろう。

なお，代金減額の算定方法も，改正の前後で違いがある。改正前の数量指示売買が，代金が数量×単価で決定されていることを要件とし，代金減額請求においてはその不足量×単価で減額される額が決定されていたのに対して，改正後の数量の不適合における代金減額は，相対的算定方法による（⇨(2)(c)(ⅱ)）。

(ⅱ) 契約目的を達成するために数量確保が特段の意味を有する場合　　引き渡された目的物に数量の不適合がある場合について，原則として，追完（不足

分の引渡し）または代金減額がなされれば，買主に損害はないから，判例は，その不足がなければ得られたであろう利益について損害賠償を求めることはできないとする（最判昭和 57・1・21 民集 36 巻 1 号 71 頁〔土地売買契約において実測面積が示されたが引き渡された土地の面積に不足があった事例〕）。しかし，契約で表示された数量が，契約目的を達成するうえで特段の意味を有する場合がある。たとえば，転売目的で土地を購入する場合には数量によって転売利益が変わってくるし，建物建築目的で土地を購入する場合には面積不足は建ぺい率による建築制限に影響する。上記の判例は，このように，契約目的の達成のために数量に特段の意味がある場合には，買主は履行利益を確保するために損害賠償請求もすることができるとする。

　なお，数量の不適合には 566 条の通知期間の制限は適用されないが（565 条参照），学説には，このような場合の「数量」は「品質」も構成するものと評価できるとして，566 条を適用すべきとするものもある。

　(iii)　数量超過の場合　　契約内容で確保することとされた数量を超過する量の目的物が引き渡された場合も，数量の不適合にあたる。買主にとって超過分の引渡しが不利益になることもあるから（例，保管費用がかかるなど），買主は，追完請求として超過分の引取りを求めること，目的物が不可分の場合に契約を解除すること，超過量の引渡しによって損害が生じた場合にはその賠償を求めることができると考えられる。売主が買主に代金増額を請求することはできない。

　(e)　**契約適合性の判断基準時**　　目的物の種類・品質・数量が時間の経過によって変化することがある。その場合の，契約適合性の判断基準時は，目的物の引渡しの時，または，買主が受領遅滞に陥った時である。

　このことは，「危険の移転」について定める 567 条の規定から説明することができる（詳細は第 5 節参照）。同条は，目的物の引渡後または買主が受領遅滞に陥った後に，目的物が当事者双方の責めに帰することができない事由によって滅失または損傷した場合（例，台風による汚損〔損傷による品質の不適合〕，液体の蒸発〔一部滅失による数量の不適合〕）について，買主は，①追完請求，②代金減額請求，③損害賠償請求，④契約解除をすることができないと定める（567 条）。これは，引渡後・受領遅滞後の目的物の滅失・損傷は売主の契約適合給

付義務違反にあたらないからである。これに対して，引渡前または買主が受領遅滞に陥る前に，目的物の滅失・損傷が生じた場合には，買主は①〜④の権利を行使することができる。これは，目的物が滅失したからといって引渡しをしないこと，損傷して適合性を欠く目的物を引き渡すことは債務不履行（後者の場合は契約適合給付義務違反）にあたるからである。このように，売主は，危険移転時に存在した不適合について責任を負うのであるから，契約適合性の判断基準時は危険の移転時である。

　なお，時間の経過によって目的物の状態が変化するのは，目的物の滅失・損傷の場合に限らない。たとえば，園芸用苗木が成長して苗木には適さなくなった場合や，化学肥料が法改正によって使用を禁止されることなどもある（ただし，後者は権利の不適合とする考え方もある）。これらの場合について，どの時点を基準時とすべきかについて，民法は明示の規定を置いていない。しかし，滅失・損傷とそれ以外の場合の区別が不明確な場合も多いことから，567 条にいう「損傷」を広く捉え，危険移転時を，適合性の判断基準時と解すべきものと思われる（なお，CISG 36 条は，契約適合性の判断基準時は危険移転時であると定める）。

　もっとも，売主が一定期間の契約適合性を保証する旨の特約があれば，その特約に従って，引渡時だけでなく，その期間を通じて目的物が契約適合性を有しつづけることが求められる。電化製品の 1 年間の品質保証などがその例であるが，その内容も，買主の使用方法によっては保証の対象外にしたり，不適合が生じても無償修理に限るなど，特約によって定まる。

(2)　買主の救済

　(a)　概　観　　売主が，「種類・品質・数量について契約に適合した目的物を引き渡す義務」（契約適合給付義務）に違反した目的物を引き渡した場合には，売主は債務不履行責任を負う。この債務不履行責任を，特に「担保責任」という（566 条の条文見出しなど）。しかし，平成 29 年改正前にあった，売主の瑕疵担保責任をはじめとする各種の担保責任と債務不履行責任とを区別する議論は明確に否定されているので（⇨ Column 7-1 ），その残滓に引きずられないように注意しなければならない。

　引き渡された目的物に種類・品質・数量の不適合がある場合，①買主には，追完請求権（562条）と代金減額請求権（563条）が認められる。これは一般の債務不履行に基づく救済である損害賠償請求と契約解除に加えて認められるものである（564条。なお，引渡しはされているから履行請求は関係ない）。そして，②種類と品質の不適合については，買主は不適合を知った時から1年以内に売主に不適合の通知をしなければ，それらの不適合に基づく権利行使をすることができなくなる（566条）。なお，①の規定は，権利の適合性に関する担保責任に準用されている（565条）。これに対して，②の規定は，権利の不適合の場合には準用されていないことに注意を要する。

(b)　**追完請求**

(i)　追完請求権の要件・効果　　引き渡された目的物が契約適合性を欠く場合には，買主は，売主に対して，①目的物の修補（修理のことである），②代替物の引渡し，③不足分の引渡し（数量の不適合の場合）による履行の追完を請求することができる（562条1項本文）。買主は，追完の方法を指定せずに追完を求めることもできる。これらの追完請求は，平成29年改正前も，債務不履行の場合における履行請求権の一環として認められていたが，それが明文化された。目的物が引き渡されていることが追完請求権の要件であって，引渡前に不適合が判明している場合には，562条ではなく，一般の履行請求権によって契約に適合した目的物の引渡しを請求することができる。

　追完請求は無制約に認められるわけではない。第1に，買主が請求した追完方法と異なる方法による追完をすることが，「買主に不相当な負担を課するものでないとき」は，売主は買主の請求と異なる方法で追完をすることができる（562条1項ただし書）。これは，売主に自己に負担の小さな追完方法を選ぶ選択権を与えるものである。たとえば，新車の買主が代替の自動車の引渡しを求めたのに対して，売主が修補による追完を選択することなどが考えられる。売主のこの選択権は，買主に「不相当な負担」をかけるときには認められない。そのような場合としては，修補に時間を要するためにその間の買主の事業遂行が滞る場合などが考えられる

　第2に，不適合が，買主の責めに帰すべき事由によって生じた場合には，買主は追完請求をすることができない（562条2項）。これは，債権者に帰責事由

がある場合に債権者の救済を否定または縮減する 418 条（損害賠償額の減額），543 条（契約解除の否定），563 条 3 項（代金減額の否定）と同じ思想に立脚した規定である。

　第 3 に，不適合が重要でない場合において，追完に過分の費用を要するときは，追完請求権は認めるべきでないとする見解が有力に主張されている。これは，平成 29 年改正前の 634 条 1 項が，請負契約における瑕疵修補請求権について「瑕疵が重要でない場合において，その修補に過分の費用を要するとき」には，瑕疵修補請求が認められないとしていたのを，売買における瑕疵修補請求にも適用される一般法理と解したうえで，それが改正後 412 条の 2 第 1 項に承継されたとみる解釈である。平成 29 年改正では，改正前 634 条 1 項の実質的内容を否定する意図なく同項が削除されたという経緯からも，この解釈を支持することができる。結果として，改正前 634 条 1 項ただし書の趣旨は，追完請求についての一般法理として存続すると解すべきである（ちなみに，削除された改正前 634 条 1 項本文は，請負契約における瑕疵修補請求権の根拠規定であるが，改正後は，請負契約における瑕疵修補請求権は，562 条における追完請求権が，559 条によって準用されるかたちで認められることになる）。

　(ii) 売主の追完機会の確保　　ところで，買主の「追完請求権」と区別されるべきものとして売主に「追完権」を与え，追完によって債務不履行を解消して買主の権利行使を封ずることを売主に認めるべきであるとの学説もある。債務不履行に陥っている売主にそのような権利を与える必要はないという考え方もあり得るが，買主に不相当な負担を与えることなく追完によって契約目的が実現されるのであればこれを肯定すべきであるとの考え方もあり得る。この点，民法は，売主に「追完権」を与えるのではなく，買主からの各種の請求に対して売主に「追完の機会」を与えることによって，実質的には契約目的の実現を優先しているとみることができる。すなわち，不適合の追完が可能である場合，買主が契約を解除するには催告解除（541 条）によらなければならないから，売主には追完の機会が与えられる。また，代金減額請求は追完の催告が前提となるから（563 条），この場合にも売主に追完の機会が与えられる。

　もっとも，買主が追完に代わる損害賠償請求（追完費用相当額の損害賠償請求）をする場合については，まず催告をしなければならないかどうかは見解が分か

れている（⇨(d)(ii)）。仮に催告が不要だとしても，売主による追完の申出を買主が拒絶することが合理的といえない場合には，追完を拒絶しなければ回避できた損害についての損害賠償額が減額されるであろう（418条または損害軽減義務）。結果的に，買主に不相当な負担をかけない範囲で，売主には追完の機会が与えられているというべきである。

(c)　代金減額請求

(i)　代金減額請求権の要件　　目的物に不適合がある場合，買主は代金減額を請求することによって，給付の均衡（不適合物品とそれに対する代金の均衡）を回復することも認められる。この代金減額請求権は，その名称にもかかわらず，形成権であると解されており，契約の一部解除にあたる。すなわち，代金減額請求による一部解除によって，代金債務が縮減される。代金減額請求と類似の帰結は，代金減額的な損害賠償請求（415条）によっても得ることは可能である。しかし，相違点として，損害賠償請求の場合と異なり，代金減額請求においては，売主が自己に帰責事由がないことをもって抗弁とできないことを挙げることができる。また，代金減額の算定方法も損害賠償の算定（416条）とは異なる（⇨(ii)）。

このことから，解除について催告解除（541条）と無催告解除（542条）があるのと同様に，代金減額についても追完の催告による代金減額と催告によらない代金減額が定められている。

すなわち，買主は，まず相当の期間を定めて追完の催告をし，その期間内に追完がないときにはじめて代金減額請求が認められる（563条1項）。これは，催告解除に関する541条と軌を一にする規定であるといえる。

他方，次の場合には，無催告での代金減額が認められる。すなわち，①追完が不能であるとき，②売主が追完を拒絶する意思を明確に表示したとき，③定期行為において売主が追完をしないでその期限を過ぎたとき，④①～③以外の場合において，買主が追完の催告をしても追完を受ける見込みがないことが明らかであるとき，である（563条2項）。これらは，無催告解除が認められる場合に関する542条1項とパラレルな規定であることがみてとれる。

もっとも，不適合が買主の帰責事由によるものである場合には，買主は代金減額請求をすることができない（563条3項）。これは，債権者に帰責事由があ

る場合に債権者の救済を否定または縮減する 418 条（損害賠償額の減額），543条（契約解除の否定），562 条 2 項（追完請求の否定）と同じ思想に立脚した規定である。

　(ii)　代金減額請求権の効果　　代金減額は，「不適合の程度に応じて」認められる（563 条 1 項）。これは，割合的な減額がなされるということ，すなわち〈契約に適合した目的物の市場価格〉に対する〈引き渡された不適合物の市場価格〉の「割合」が，〈契約で合意した代金〉に対する〈減額後の代金〉の「割合」と等しくなるように減額される額を算定する（相対的算定方法）。不適合による目的物の下落価額が，そのまま減額される額になる絶対的算定方法によるのではないことに注意を要する。

　相対的算定による算定式は，次のとおりになる。

$$\frac{\text{引き渡された不適合物の市場価格}}{\text{契約に適合した目的物の市場価格}} = \frac{\text{減額後の代金}}{\text{契約代金}}$$

　問題は，どの時点の市場価格を基準としてこの算定をするかである。563 条1 項は，この点については何も定めていない。考え方としては，契約締結時，履行期，引渡時などがあり得るが，引渡時または受領遅滞時を基準とすべきである。それが契約適合性の判断基準時だからである（567 条）（⇨(1)(e)）。

　(d)　**損害賠償請求・契約解除**

　(i)　概　　観　　目的物が契約に適合しない場合に特有の救済である追完請求（562 条）と代金減額請求（563 条）に加えて，買主には，債務不履行に関する一般的な救済である，損害賠償請求（415 条）と契約解除（541 条・542 条）が認められる。564 条は，このことを確認するものである。この規定は，平成 29 年改正によって，改正前の瑕疵担保責任が，債務不履行責任に一元化されたことを象徴するものともいえる。

　(ii)　追完に代わる損害賠償請求　　ところで，引き渡された目的物に契約不適合がある場合，買主は追完の請求（催告）をすることなく，「追完に代わる損害賠償」（追完費用相当額の損害賠償）を求めることができるか。平成 29 年改正前は，請負についての規定である改正前 634 条 2 項前段が「注文者は，瑕疵の修補に代えて，又はその修補とともに，損害賠償の請求をすることができ

る」として，修補請求権と修補に代わる損害賠償請求権の併存を認めており，売買においても同様に考えられていた。ところが，平成29年改正では，一方でこの規定が削除され，他方で履行に代わる損害賠償請求（塡補賠償請求）は，契約を解除しなくても，解除権が発生していれば可能とされた（415条2項3号）。これによれば，無催告解除（542条）が認められる場合でなければ，解除権の発生のためには，催告が必要であるから（541条），買主は相当の期間を定めた催告をして，その期間内に履行がなされないことではじめて履行に代わる損害賠償請求をすることができることとなる。これは，修補費用相当額の損害賠償など「追完に代わる損害賠償請求」についてもあてはまるのか，つまり，415条2項3号に従い，追完の催告をして解除権を発生させなければ追完に代わる損害賠償請求はできないのか。

　これは否定すべきである。①改正前634条の削除は同条の趣旨を請負に限らず契約一般に及ぼす趣旨であったこと，②415条2項柱書の文言は「履行に代わる損害賠償」となっていて「追完に代わる損害賠償」は含まないと考えられること（562条も414条とは別個に定められ，要件も異なる），③不適合が軽微であって解除権が発生しない場合であっても（541条ただし書），修補費用相当額の損害賠償請求は認められるべきであることから，買主は，追完の催告をして解除権を発生させることなく，415条1項に基づいて追完に代わる損害賠償請求をすることができると解するべきである。

　(e) **担保責任の短期期間制限（買主の通知義務）と消滅時効**　買主が売主の契約不適合責任を追及するためには，買主は，①その不適合を知った時から1年以内にその不適合を売主に通知すること（566条），そして，②一般の消滅時効期間内に権利行使をすること（166条）という2つの期間制限をクリアしなければならない。以下，このことを説明する。

　(i) **買主の通知義務**　売主が種類・品質に関して契約に適合しない目的物を買主に引き渡した場合には，買主は，その不適合を知った時から1年以内にその旨を売主に通知しなければ，その不適合を理由とした売主の責任を追及することができなくなる（566条）。具体的には，追完請求，代金減額請求，損害賠償請求，契約解除をすることができなくなる。買主は通知義務を果たさなくても債務不履行責任を負うわけではなく，売主の責任を追及することができな

くなるという不利益を受けるにとどまる（このような性質の義務を間接義務という）。なお，不適合以外を理由とした売主の責任追及（例，遅滞による損害の賠償請求）は，この通知をしなくても妨げられるわけではない。

また，商人間売買については商法526条が検査通知義務を定めている。同条は，平成29年改正後は，民法566条の特則として位置づけられることになる。商人間売買では，買主に検査義務も課されること（商526条1項），不適合を発見した買主は（1年以内ではなく）「直ちに」通知をしなければ権利を喪失すること（同条2項前段），目的物を受領した時から6か月以内に不適合を発見して通知できなければ権利を喪失すること（同条2項後段）が，民法566条との違いであり，買主の負担が大きくなっている。

民法566条や商法526条が，債務不履行に陥っているのは売主であるにもかかわらず，買主に通知義務（間接義務）を課しているのは，引渡しによって履行が終了したとの売主の期待を保護する必要があること，不適合についての証明は短時間で困難となり得ることから，売主に証拠保全の機会を与えるとともに早期の紛争解決を促進するためである。

このような理由からすれば，売主が引渡時に不適合を知り，または重大な過失によって知らなかった場合には，売主を保護する必要はないことから，買主が通知をしなくても，買主が権利を失うことはない（566条ただし書。ただし，商526条3項では売主が悪意の場合にのみ買主は通知義務を負わないとされる）。

なお，数量の不適合については，この規定は適用されないことに注意を要する。種類・品質の不適合の場合には，買主は不適合があったとしても目的物を受け取っているのに対して，数量の不適合（特に数量不足）の場合には，売主に履行が終了したとの期待も生じたといえないし，買主は目的物を取得できておらず，不足分について引渡しを受けていないからである。一部他人物売買において権利を取得できなかった買主に，通知義務が課されないのと同じである（565条は566条を準用していない）。

(ii)　消滅時効との関係　　平成29年改正前は，瑕疵担保責任について，買主が「事実を知った時」（瑕疵の存在を知った時）から1年以内に権利行使（契約解除または損害賠償請求）をしなければならないとの短期期間制限の規定があった（改正前570条・566条3項）。判例は，これを除斥期間と解して，「売主の担

保責任を問う意思を裁判外で明確に告げることをもって足り，裁判上の権利行使をするまでの必要はない」こと，しかし，（買主が損害賠償を求めていた事案において）「損害賠償請求権を保存するには，少なくとも，売主に対し，具体的に瑕疵の内容とそれに基づく損害賠償請求をする旨を表明し，請求する損害額の算定の根拠を示すなどして，売主の担保責任を問う意思を明確に告げる必要がある」としていた（最判平成 4・10・20 民集 46 巻 7 号 1129 頁）。そして，そのようにして保存された権利については，権利を行使できる時（＝目的物の引渡時）を起算点とする一般の消滅時効期間に服するとしていた（最判平成 13・11・27 民集 55 巻 6 号 1311 頁）。

　これに対して，平成 29 年改正では，この 1 年の期間制限を権利行使の期間制限ではなく，通知のための期間制限として再構成した。改正前も，買主に求められていたのは裁判外の権利行使であったことから，一見すると，大きな違いはないようであるが，上記最高裁平成 4 年判決は損害額の算定根拠を示すなどして売主の担保責任を問う意思を明確に告げる必要があるとしていたのに対して，改正後の 566 条が求めるのは「不適合の通知」だけである。裁判外交渉によって円滑に紛争を処理することを考えれば，除斥期間内に交渉の状況とは無関係に，やや強硬な意思表示をすることを買主に強いる改正前の判例法理が改められたことは重要な違いだといえよう。

　買主の権利行使の期間制限については，上記最高裁平成 13 年判決の考え方を維持して，権利を行使できる時（＝目的物の引渡時）という客観的起算点から 10 年，および，権利を行使することができることを知った時という主観的起算点から 5 年の一般の消滅時効期間に服することになろう（166条）。

> ### Column 7-2　新築住宅の品質確保
>
> 　なお，「新築住宅の売買契約」については，1999（平成 11）年に制定された「住宅の品質確保の促進等に関する法律」（品確法）が，「住宅の構造耐力上主要な部分等」の「瑕疵」について，売主の担保責任の期間を延長している（品確 95 条 1 項）。これは，社会問題化した欠陥住宅による被害に対応する政策立法である。買主は，引渡しの時から 10 年間，民法 415 条（損害賠償），民法 541 条・542 条（契約解除），民法 562 条（追完請求），民法 563 条（代金減額請求）が規定する権利を行使することができる。これは民法 166 条 1 項 2 号を適用するのと結果的に同じであるが，同条 1 項 1 号によるよりも期間が長いこと

> があり得，また，この規定よりも買主に不利な特約は無効とされる（品確95
> 条2項〔片面的強行規定〕）。他方で，担保責任の存続期間は20年を上限として
> 延長することができるとしている（品確97条）。なお，住宅新築請負契約につ
> いても同様の規律がなされている（品確94条）。

(f)　**買主による「履行認容受領」**　　平成29年改正前においては，買主が，
引き渡された目的物の瑕疵（不適合）の存在を認識したうえで目的物を履行と
して認容して受領（履行認容受領）した場合には，それを売主の履行がすべて
終了したことを買主が認めて売主を免責する意思表示と解して，売主は確定的
に「債務不履行責任」を免れるとの解釈がなされていた（最判昭和36・12・15
民集15巻11号2852頁〔塩釜声の新聞社事件〕 ◁判例7-3▷──ただし，同判決は結論
として履行認容受領がないとしたもの）。

　しかし，買主が目的物の不適合を認識しながら，それを履行として認容して
受領して売主を「免責」している（これを買主が「性状承認」をしているという）
として，買主が自己に何のメリットもない意思表示をしていると解するのは非
現実的である。買主が，不適合を認識しながら目的物を履行として認容して受
領したとしても，それは，客体として承認しているにすぎず（「客体性承認」），
契約解除や代替品の引渡しを求めることはないとしても，修補請求権，損害賠
償請求権，代金減額請求権まで放棄しているとみるのは現実的ではない。たと
えば，自動車の売買契約において，内装の補修が必要な箇所があることを買主
が認識しながら受領しても，それは買主が，目的物はそのような性状のもので
あると承認して売主を免責したのではなく，修補や代金減額等の権利行使は留
保したまま，目的物として（つまり客体として）は承認した──代替物引渡請求
や契約解除はしない──という趣旨にとどまるとみるべきであろう。

　いうまでもなく，買主が不適合を認識せずに履行認容受領した場合には，不
適合が明らかになった場合の権利行使は留保されていると解すべきであろう。

> ◁判例7-3▷ 最判昭和36・12・15民集15巻11号2852頁〔塩釜声の新聞社
> 事件〕
> 【事案】放送機械（スピーカ）の売買契約において，買主Yが代金を支払わな
> いので，売主Xが代金支払を請求したのに対して，Yは，引き渡されたスピ
> ーカに瑕疵があるとして，①瑕疵担保または②債務不履行に基づく契約の解除

を主張して，支払を拒んだ。原審は，スピーカの瑕疵にもかかわらず，契約目的は達成できるとして瑕疵担保に基づく解除を認めなかったが，債務不履行に基づく解除は認めた。売主Ｘが，不特定物の売買においては，売買目的物の受領の前と後とにそれぞれ不完全履行の責任と瑕疵担保の責任とが対応するという立場から，本件売買ではＹが本件機械を受領したことが明らかである以上もはや不完全履行の責任を論ずる余地がないにもかかわらず，原判決が債務不履行による契約解除を認めたのは，法令の違背であると主張して上告。

【判旨】 上告棄却。※段落分けは便宜上付したもの。

「不特定物を給付の目的物とする債権において給付せられたものに隠れた瑕疵があった場合には，債権者が一旦これを受領したからといって，それ以後債権者が右の瑕疵を発見し，既になされた給付が債務の本旨に従わぬ不完全なものであると主張して改めて債務の本旨に従う完全な給付を請求することができなくなるわけのものではない。」

「債権者が瑕疵の存在を認識した上でこれを履行として認容し債務者に対しいわゆる瑕疵担保責任を問うなどの事情が存すれば格別，然らざる限り，債権者は受領後もなお，取替ないし追完の方法による完全な給付の請求をなす権利を有し，従ってまた，その不完全な給付が債務者の責に帰すべき事由に基づくときは，債務不履行の一場合として，損害賠償請求権および契約解除権をも有するものと解すべきである。」

「本件においては，放送機械が不特定物として売買せられ，買主たるＹは昭和27年4月頃から同年7月頃までこれを街頭宣伝放送事業に使用していたこと，その間雑音および音質不良を来す故障が生じ，Ｘ側の技師が数回修理したが完全には修復できなかったこと，Ｙは昭和27年6月初めＸに対し機械を持ち帰って完全な修理をなすことを求めたがＸはこれを放置し修理しなかったので，Ｙは街頭放送のため別の機械を第三者から借り受け使用するの止むなきに至ったこと，Ｙは昭和27年10月23日本件売買契約解除の意思表示をしたことが，それぞれ確定されている。右確定事実によれば，Ｙは，一旦本件放送機械を受領はしたが，隠れた瑕疵あることが判明して後は給付を完全ならしめるようＸに請求し続けていたものであって瑕疵の存在を知りつつ本件機械の引渡を履行として認容したことはなかったものであるから，不完全履行による契約の解除権を取得したものということができる。」

6 売主の契約適合給付義務 (2) ── 権利の契約適合性

(1)　概　　観

　売主が買主に移転した権利が契約の内容に適合しない場合，売主は契約適合給付義務違反の債務不履行責任を負う。この債務不履行責任を，目的物の種類・品質・数量の不適合の場合の債務不履行責任とあわせて，売主の担保責任という。

　権利が契約内容に適合しない場合，買主は，売主に対して追完請求（565条→562条準用），代金減額請求（565条→563条準用）ができるほか，債務不履行一般に対する救済である損害賠償請求（565条→564条準用・415条）と契約解除（565条→564条準用・541条・542条）が可能である。

　買主が権利の不適合を知っていたか否かは関係ないが，買主が権利の不適合について知って契約をしていた場合には，買主も完全な権利を取得できないことを覚悟して契約を締結していることから（そして悪意なのだから，契約締結時に契約内容で調整可能であることから），契約でどのようなリスク配分がなされていたのかを解釈しなければならない。このことについては(3)(d)，さらに，権利の全部が他人に帰属する場合についての**3**(2)(b)を参照してほしい。

　また，種類・品質の不適合における買主の通知義務（566条）は，権利の不適合については適用されず，準用もされていない。権利の不適合については，種類・品質の不適合と異なり，短期間で事実確認が難しくなることはないから，売主に早期の事実確認・証拠確保の機会を与えるために，買主の失権という強い効果をもたらす通知義務を定めるのは不適切だからである。

(2)　権利の不適合

　権利の不適合には，次のような場合がある。

　(a)　**権利の一部他人帰属**　　売買目的物の権利の一部が他人に帰属する場合，売主はその権利の一部を取得して買主に移転する義務を負う（561条括弧書）。売主がその他人の権利を移転しないときは，移転した権利は契約内容に適合しない（565条括弧書）。なお，権利の全部が他人に帰属する場合も，売主がその権利を所有者から取得して買主に移転しなければ，債務不履行ではあって，買

主は履行請求，損害賠償請求，契約解除をすることができるが，これは移転された権利についての担保責任の問題ではない。つまり，買主の追完請求や代金減額請求が問題となる場面ではない。

(b)　**他人の権利により利用が制限される場合**　　目的物に地上権，永小作権，地役権などの用益物権や賃借権が設定されていて，目的物の引渡しを受けてもそれらの権利者から対抗されるために目的物の利用が妨げられる場合は，権利の不適合にあたる。これらは，平成 29 年改正前は，改正前 566 条 1 項・2 項が規律していた場面である。逆に，売買契約上は存在するはずであった用益物権や賃借権が存在しないために引渡しを受けた目的物を利用できない場合も権利の不適合にあたる（最判平成 8・1・26 民集 50 巻 1 号 155 頁〔借地権付建物売買における借地権の不存在。強制競売の事案である〕）。

特許権や著作権など，第三者の知的財産権によって目的物の自由な利用が妨げられる場合にも同様に解するべきであろう。

なお，**5**(1)(c)(i)でみたとおり，法令上の利用制限は，権利の不適合にあたる用益物権による利用制限に近いこと，そして，改正法の下で「権利」と「数量」の不適合については買主に通知義務（566 条）を課していないのは，時間が経過しても事実確認が可能であるという評価に基づくことからすれば，法令上の利用制限は「権利の不適合」として捉えるべきであろう。

(c)　**目的物に担保物権が存する場合**　　目的物に抵当権等の担保物権が存しないことが契約内容となっていたのに，売主が引き渡した目的物にそれらの担保物権が存する場合には，権利の不適合にあたる（これは，改正前 567 条 1 項が規律していた場面に相当するが，それよりも広い）。これに対して，目的物に担保物権が存しているものとして売買がなされた場合には，担保権が存することは権利の不適合にあたらない（売買代金が割り引かれているなどしているであろう）。

買い受けた不動産について契約の内容に適合しない先取特権，質権または抵当権が存していた場合について，570 条は，買主が担保権者に費用を支払ってそれらの担保物権を消滅させたときには（被担保債権を第三者弁済することや，担保権者と交渉して被担保債権の額以下の額で担保権を消滅させてもらうことが考えられる），買主は，それに要した費用の償還を売主に請求することができると定める。この規定は，その他の担保権（所有権留保，仮登記担保，譲渡担保など）や，

目的物が動産の場合にも類推適用することができよう。

　なお，契約内容に適合しない担保物権が実行されて買主が所有権を失なった場合（追奪された場合）には，売主は565条に基づく契約不適合責任ではなく，所有権移転義務の違反に基づく一般の債務不履行責任を負う（追完請求や代金減額請求は問題とならない）。

(3)　買主の救済

　(a)　追完請求　　買主は，移転された権利を契約に適合したものにすることを売主に請求することができる（565条→562条準用）。具体的には，一部他人帰属の場合には，その一部の権利を所有者から取得して自己に移転するように求めることができるし，他人の権利が付着している場合には，それらの権利を除去することを求めることができる。あるべき権利（例，隣地の地役権）がない場合には，それらの権利を設定等するように求めることができる。

　(b)　代金減額請求　　相当の期間を定めて追完の催告をしても追完がされない場合には，買主は，代金減額請求をすることができる（565条→563条準用）。一部他人帰属の場合には，取得できない部分に応じた代金減額を求めることになる。

　(c)　契約解除　　移転した権利が契約に適合しない場合には，契約目的を達成できないことが多いであろうから，買主は契約解除を望むであろう。買主には，そのような契約解除が認められるが（565条→564条・541条・542条），権利の一部他人帰属の場合には，原則として，不適合に対応する範囲での一部解除が認められる（542条2項参照）。これに対して，移転された権利のうち契約に適合する部分（これを「残存部分」という）のみでは契約目的を達成することができない場合には，契約全部を解除することができる（同条1項3号参照）。

　(d)　損害賠償請求　　権利の不適合によって得られなかった履行利益が損害賠償の内容となる（565条→564条・415条）。買主が権利の不適合について契約締結時に善意であった場合には，不可抗力でもない限り，売主は免責されないであろうが，買主が契約締結時に悪意であった場合には，買主は契約内容に適合した権利を取得できない可能性があることを知って契約を締結しているので，そのリスクが契約においてどのように配分されたのかを解釈しなければならな

い。これは，目的物の権利が全部他人に帰属する場合における買主の損害賠償請求と同じ考慮である（⇨ **3**(2)(b)）。

7 競売における売主の担保責任等

（1）　競売に特有の事情

　568条は，民事執行法などの法律の規定に基づく「競売」――強制執行としての強制競売や担保権実行としての競売など――において，数量の不適合または権利の不適合があった場合，買受人が，競売における債務者（目的物の所有者）または債権者に対して行使できる救済方法についての規定である。競売は通常の売買と異なる特徴を有するからである。すなわち，①債務者（所有者）は自由意思で売却しているのではないから，任意の売買と同じ担保責任を負わせるのは適切ではないことと，②競売の結果の安定性を図る必要がある点が特に重要である。

　なお，買受人の保護は，競売の根拠法令においても図られる。たとえば，不動産執行においては先取特権，使用収益しない旨の定めのある質権，抵当権は売却によって消滅するから（民執59条），買受人が債務者の担保責任を追及する事態は生じない。

（2）　「権利」の不適合・「数量」の不適合

　競売の目的物に「権利」の不適合・「数量」の不適合がある場合，買受人は，競売における債務者（所有者）に対して，①契約を解除し，または，②代金減額請求をすることができる（568条1項→541条・542条・563条）。契約解除または代金減額請求をして債務者に返還請求をする場合に，債務者が無資力であれば，買受人は代金の配当を受けた債権者に対して，その代金の全部または一部の返還を求めることができる（568条2項）。

　さらに，③物もしくは権利が存在しない場合において，債務者がそれを知りながら申し出なかったとき，または債権者がそれを知りながら競売を請求したときは，買受人は，これらの者に損害賠償請求をすることができる（568条3項）。

　なお，権利・数量の不適合の場合に，債務者に対する追完請求（不足分の引渡請求）は認められない。競売は，債務者の意思にかかわらず強制的に行われ

るものであるから，債務者に積極的な追完義務を負わせるのは不適切だからである。

(3) 「種類」の不適合・「品質」の不適合

目的物の「種類」,「品質」については，買受人は債務者や債権者に対する568条1項～3項に基づく請求をすることはできない（568条4項）。競売における債務者（所有者）は，任意に所有物を売却しているわけではないから担保責任を負わせるのは酷であり，また，債権者（申立人）も目的物について責任を負う立場にないからである。したがって，目的物の種類・品質の不適合のリスクは，すべて買受人が引き受けていることになる。

8 債権の売主の担保責任

金銭債権の譲渡や賃借権の譲渡など債権の売買がなされた場合，売主は，債務者の資力を担保しないのが原則である。債務者の無資力リスクを織り込んで売却金額が定められるのが通常だからである。

もっとも，債権の売買契約において当事者が資力担保特約に合意することがある（この特約がついている分，売却価格は上昇する）。その場合，売主が債務者のいつの時点の資力を担保しているのかについて，569条は，原則として契約時の資力を担保したものと推定し（569条1項），弁済期未到来の債権について将来の資力を担保したときは，弁済期の資力を担保したものと推定している（同条2項）。債権の売主は，債務者が債権の買主に弁済しない場合には，これらの基準時における債務者の資力の額を上限として買主に弁済をする担保責任を負う。

9 担保責任と錯誤

給付された目的物が契約内容に適合しない場面は，同時に，目的物の性質について買主に基礎事情の錯誤がある場面として評価できることがある。この場合，契約不適合による債務不履行責任（562条以下）と錯誤に基づく取消権（95条1項2号）の適用関係が問題となるが，買主が，契約を取り消すか，取り消さずに債務不履行責任を追及するかを選択することができる。

　この点は，平成29年改正前は，瑕疵担保（改正前570条）と錯誤による「無効」の関係として論じられた論点である。平成29年改正前民法下の判例は「錯誤優先説」に立つのに対して（最判昭和33・6・14民集12巻9号1492頁がそのような判例の立場を示しているとされた），学説においては「瑕疵担保優先説」が通説であるとされてきた。錯誤優先説は，錯誤により契約が無効であれば，契約の有効を前提とする瑕疵担保が問題になる余地がないことを論拠にした。これに対して，瑕疵担保優先説は，錯誤と瑕疵担保は一般法と特別法の関係に立つことを形式的論拠とし，錯誤の主張を認めると紛争の早期解決のために瑕疵担保に短期期間制限（改正前570条・566条3項）が設けられた趣旨が没却されて不適切であることを主たる実質的論拠とした。しかし，判例は，実際には，錯誤優先説を貫徹していたわけではなく，どちらの主張をするかの選択を当事者にゆだねていたといえる。そして，上記最高裁昭和33年判決の7年後に，最高裁は改正前95条における錯誤無効は原則として表意者のみが主張できる「相対的無効」であるとした（最判昭和40・6・4民集19巻4号924頁，最判昭和40・9・10民集19巻6号1512頁）。そうなると，錯誤無効の主張をするかどうかは，必然的に当事者の選択可能性を包含したものに変容していたと評価することができる。平成29年改正後の95条では，錯誤の効果が「取消し」に改正されたので，債務不履行責任と錯誤の適用関係は，当事者が債務不履行責任を追及するか，取消権を行使するかの選択によることが明文上も明らかになった。

　その際，契約不適合責任を追及するためには，買主は不適合を知った時から1年の通知期間に服する（566条）。錯誤に基づく取消しをするにあたっては，明文上はそのような通知期間の定めはないが，目的物の不適合についての事実確認を早期にしなければならないという要請は，取消権の場合にも同様にあてはまることからすれば，566条は，契約不適合責任と錯誤に基づく取消権が競合する場合には，錯誤にも類推適用する余地はありそうである。そのうえで，錯誤に基づく取消権行使は追認することができる時から5年，または行為の時から20年の消滅時効に服する（126条。平成29年改正前の錯誤無効の主張には期間制限がなかったため，錯誤規定の優先や当事者の選択可能性を支持する学説は，錯誤無効の主張には改正前566条3項〔1年の短期期間制限〕の類推適用や信義則による期間制限を課すべきことを主張していた。平成29年改正後は，566条の期間制限が適用さ

れるほか，錯誤の効果は「取消し」になり，取消権の消滅時効が適用されるから，そのような解釈をする要請は低くなったといえる）。

　学説には契約不適合責任を優先して適用すべきとする見解もある（契約不適合責任が錯誤取消しの特則であるという）。契約不適合責任のほうが，錯誤取消しよりもきめ細かい柔軟な帰結を導くことに実益があるからである。しかし，錯誤取消しも「その錯誤が法律行為の目的及び取引上の社会通念に照らして重要なものであるとき」に限定されており，契約不適合責任においても契約解除が認められる非軽微な不履行の場面と重なるものと思われるから，買主の選択にゆだねてよいのではないか（CISG は契約不適合責任を優先するが，それは，CISG は錯誤については有効性の問題として国内法にゆだねており〔CISG 4 条〕，契約不適合の場面で国内法の錯誤規定の適用を認めると，CISG による法統一が維持できなくなるからであって，日本法を解釈する場合とは事情が異なる）。

10 担保責任免除特約の規制

　売主が担保責任を負わないとする合意（担保責任免除特約）は，原則として有効である（521 条 2 項）。しかし，一定の場合には，そのような特約によって売主を免責することが不当であると考えられることがある。

　そこで，572 条は，「引き渡された目的物が種類，品質又は数量に関して契約の内容に適合しないものであるとき」（562 条 1 項本文の文言）または「売主が買主に移転した権利が契約の内容に適合しないものである場合」（565 条の文言）に売主が担保責任を負わないとする特約があっても，①売主が「知りながら告げなかった事実」（例，品質が契約内容に適合しないことを知りながら，または，権利の一部が他人に帰属することを知りながら，契約締結時に買主に告げていなかった場合の不適合の事実），および②売主が「自ら第三者のために設定し又は第三者に譲り渡した権利」（例，売主が目的物に抵当権を設定した場合や，売主が目的物を他人に売却して他人物売買の状況を作出した場合）についての責任を免れることはできないとする。これはこの特約が無効になるとするものではなく，特約を援用することが信義則に反すると考えられることから，その援用を制限するものである。ただし，買主も，契約締結時にこれらの不適合を知っていたのであれば，売主がこれらの特約を援用することは信義則に反しないと考えられ，572 条は

適用されないと解される。

　572条は強行規定である。また，担保責任免除特約は，消費者保護の観点や不動産の買主保護の観点から，他の法令によって規制されることがある（消費契約8条・10条〔無効〕，宅建業40条〔責任期間2年以上→片面的強行規定〕，品確95条〔責任期間10年以上→片面的強行規定〕など）。

第4節　売買の効力2　買主の義務

1 代金支払義務

(1) 代金支払義務

　買主は，売主に代金を支払う義務を負う（555条参照）。

　支払時期と支払場所について契約で定められていなければ，債権総則の原則では，支払時期は支払請求を受けた時となり（412条3項），支払場所は売主の住所となる（484条。持参債務の原則）。しかし，売買契約は双務契約であるから，反対債務（売主の引渡債務）との関係も考慮しなければならない。

　そこで，民法は，目的物の引渡しに期限があるときは，代金支払についても同一の期限を付したものと推定している（573条）。つまり，目的物の引渡しと代金支払は同時履行の関係にあることが推定される。そして，目的物の引渡しと代金支払が同時履行の関係にある場合には，支払場所は，目的物の引渡場所（別段の合意がなければ，買主の住所〔484条〕）とされる（574条）。また，売主と買主はそれぞれ同時履行の抗弁権を有する（533条）。

(2) 売主の救済

　買主が代金を支払わない場合には，売主は①支払の請求，②損害賠償請求，③契約解除をすることができる。損害賠償請求（415条）は，遅延利息の賠償が当然に内容となり（419条1項・2項），買主は不可抗力（例，大震災・パンデミック）をもってしても免責されない（同条3項）。

　なお，動産売主には，その目的物に先取特権が与えられ，売買代金およびその利息について，他の債権者に優先する（311条5号・321条）。不動産売主につ

いても同様であるが（325 条 3 号・328 条），売買契約と同時に，不動産の代価・利息の弁済がされていないことを登記しなければその効力は保存されない（340 条）。

2 受領義務──信義則上の「引取義務」

　売主が目的物の引渡しを提供しているにもかかわらず，買主が目的物を受領しない場合には，引渡請求権の債権者である買主は受領遅滞（413 条）に陥る。この場合，弁済提供の効果が生じるほか（492 条），受領遅滞の効果として，①目的物の保存についての売主（債務者）の注意義務が軽減され（413 条 1 項），②増加費用が債権者（買主）の負担となり（同条 2 項），③履行提供後に当事者双方の責めに帰することができない事由によって履行不能となった場合には債権者（買主）の責めに帰すべき事由によるものとみなされ（413 条の 2 第 2 項），買主は売主の履行不能を理由とする損害賠償請求権（415 条 1 項ただし書），契約解除権（543 条），危険負担による履行拒絶権（536 条）を行使することができなくなる。また，④危険が買主に移転し（567 条 2 項），⑤売主は弁済供託が可能になる（494 条 1 項）。

　これに加えて，売主は，買主に対して損害賠償請求（415 条）および契約解除（541 条・542 条）をすることができるか。これを認めるためには，買主に債務不履行がある必要があり，買主に「受領義務」があるかどうかが問題となる。学説は，債権者は権利を有するだけであって，それを行使するかどうかは自由であると考えて受領義務を否定し，受領遅滞の効果は法定の責任であるとする考え方（法定責任説）と，債権者にも信義則上の協力義務として受領義務があるとする考え方（債務不履行責任説）が対立していた。売買以外の契約も含めて，一般的に債権者に受領義務があるということは困難であろう（例，診療契約に基づく治療を受けること，遊園地の入園をチケット保有者に強制することは不適切である）。しかし，売買契約においては，買主が受領しなければ，売主は目的物の保管をしなければならず倉庫スペースも占拠されて他の取引に差し障りが生じるなどの不利益が生じ得るし，継続的な供給契約における受領拒絶は事業の回転にも影響を及ぼし得る。そのような場合には，買主は代金さえ支払えばよいわけではなく，買主には，「信義則上の引取義務」があると解される（最判昭和

46・12・16民集25巻9号1472頁〔一定期間内に採掘される鉱石の全量売買契約において，買主が受領を拒んだのに対して，売主の損害賠償請求を認めた〕）。

　法定責任説も債務不履行責任説も純粋なかたちで貫徹することは困難であり，判例のように，事案に応じて「信義則上の引取義務」を認めるのが適切であると考えるが，売買契約については，信義則上の引取義務を認めるハードルは高くないであろう。なお，CISG は，買主には物品の引渡しを受領する義務——引渡しを可能とするために協力し，物品を受け取る義務——があるとする（CISG 53条・60条）。国境を越えて目的物が売買される国際売買においては，目的物の引渡しには買主の協力が必要なことが多く，また，買主が受け取らない場合に海外に送った目的物の処遇をめぐって売主は困難に直面するからである（買主に送付されて仕向地で買主の処分にゆだねられた〔つまり，現実の提供がなされた〕目的物に不適合があって，買主が契約解除をするなどして物品を拒絶する場合でさえ，買主は，原則として，売主のために物品の占有を取得しなければならないとされる〔CISG 86条2項〕）。

第5節　危険の移転

1 序　説

(1)　567条の趣旨

　567条は「危険の移転」について規定する。契約のひとつの機能は，さまざまなリスクを当事者間に配分することである。たとえば，契約で価格を定めれば，価格高騰のリスクを売主に，価格下落のリスクを買主に配分することである。567条が定める「危険の移転」でいう「危険」（リスク）とは，そのような多様なリスクのなかでも，目的物の滅失・損傷の危険（または不適合の危険）のことをいう。たとえば，建物売買において隣家の倒壊で建物が損傷したような場合や，冷凍食品の売買において大規模停電で冷凍庫内の冷凍食品が使いものにならなくなった場合などがそれにあたる。

　この危険は，ある時点で，売主から買主に移転する。567条1項・2項は，この危険の移転時期とその効果を定める任意規定である。

(2) 「給付危険」と「対価危険」

　危険の移転の効果には，滅失・損傷した目的物の給付にかかわる効果の側面（履行請求，追完請求，損害賠償請求の可否）と，対価支払にかかわる効果の側面（代金減額請求，契約解除の可否）がある。前者は「給付危険」，後者は「対価危険」の問題である。後者の「対価危険」は，目的物が滅失・損傷している場合に，買主が対価を支払う義務があるかどうかについての危険であるが，前者の「給付危険」については，2 通りの理解があり得る。すなわち，「給付危険」を，①目的物が滅失・損傷した場合に，売主が目的物を再調達する義務を負うかどうかについての危険——つまり，買主が「履行請求」をすることができるかどうかについての危険——と狭くみる見解と，より広く②目的物の滅失・損傷が売主の給付義務違反になるかどうかについての危険——つまり，その滅失・損傷について買主が売主の債務不履行責任（契約不適合責任を含む）を追及することができるかどうかについての危険とする見解である（本章の立場は②）。

　給付危険を①のように解した場合には，給付危険は「特定」によって移転するのに対して，対価危険は 567 条によって「引渡しの時」に移転するとされる余地がある（つまり，567 条は対価危険の移転についての規定）。

　これに対して，給付危険を②のように解した場合には，給付危険と対価危険は，ともに 567 条によって「引渡しの時」に移転することになる（つまり，567 条は，給付危険と対価危険の両方の移転についての規定）。たとえば目的物が滅失した場合に，なお履行請求できるかどうかは，履行が不能と評価できるかどうかによるが，②のように解した場合には，特定物または特定した種類物が滅失したときでも，目的物が特定していることによって当然に履行が不能になるのではなく，代替性のある目的物であれば不能とは評価されず，なお履行請求（売主の再調達義務）が認められることとなる（412 条の 2）。

> ■ Column 7-3　平成 29 年改正前の危険の移転
>
> 　平成 29 年改正前民法では，給付危険の移転は目的物の「特定」によって生じたのに対して，対価危険の所在（つまり，給付を受けられない買主が対価を支払う必要があるかどうか）は，売主に帰責事由がある場合には解除（改正前 543条），売主に帰責事由がない場合には改正前の危険負担制度によった。危険負担は，原則は履行不能になった債務の債務者が対価危険を負う「債務者主義」（つまり，債権者は反対債務である対価を支払う義務を負わない）であったが（改

正前 536 条），売買契約など物権の設定または移転を目的とした双務契約については，「債権者主義」が採用され，対価危険は特定によって債権者（買主など）に移転すると規定されていた（改正前 534 条）。しかし，これでは，買主は売主の実質的支配下で目的物が滅失して，引渡しを受けることができなくても，その対価を支払わなければならないこととなる。これでは対価危険の移転が早すぎると批判され，対価危険が移転するのは実質的支配の移転時（引渡し・登記・支払時）とする考え方が学説で支配的となっていた（判例の立場は明らかではなかった）。この支配的学説によれば，給付危険と対価危険の移転時期にずれが生じることとなった。

　平成 29 年改正は，改正前 534 条に対する批判を取り入れて，同条を削除し，危険負担の原則——履行不能になった債務の債務者が対価危険を負担する，つまり当事者双方の債務が消滅する——を定めていた改正前 536 条も履行拒絶権に衣替えされた。しかし，この点を捉えて，これを対価危険にかかわる制度のみの改正であるとみるべきではない。なぜなら，平成 29 年改正では，従来の危険負担制度が改正されただけでなく，売主の帰責事由は契約解除の要件ではなくなり，対価危険の所在については契約解除に一元化された（代金減額請求権も一部解除である）。そして，買主が契約を解除することができるかどうかは，目的物の滅失・損傷が売主の義務違反にあたるかどうかによることとなった。ここにおいて，給付危険の移転と対価危険の移転は一致することとなったとみるべきである。改正後 567 条はこのことを定めるものであり，同条にいう「危険」は，給付危険と対価危険の両方を含むものである。

2 引渡しによる危険の移転（567 条 1 項）

(1) 要　　件

(a) **概　　観**　　①目的物が特定しており（567 条 1 項括弧書），②「引渡しがあった時」以降に，③当事者双方の責めに帰することができない事由によって，④目的物が滅失・損傷した場合には，その危険は買主が負担する。つまり，危険の移転時期は「引渡しがあった時」である。

　目的物の滅失・損傷（④）のうち，「損傷」は物理的な損傷に限らず，広く不適合のことであると解するべきである。たとえば，苗木の売買契約において，苗木が育ちすぎて苗木として使用することができなくなった場合などが考えられる。この不適合の判断も，危険移転時を基準としてなされるべきである。つまり，危険移転時が，目的物の契約内容適合性の判断基準時となる（CISG では，

目的物の滅失・損傷の危険の移転についての規定〔CISG 66 条以下〕とは別に，契約適合性の判断基準時は危険移転時であるとする規定がある〔CISG 36 条〕。「損傷」の概念では，不適合のすべてをカバーできないからである。これに対して，民法には適合性の判断基準時についての規定はないため，「損傷」概念を広く捉えて，適合性の判断基準時を明らかにする必要がある）。

「引渡し」（②）は，現実の引渡しのみならず，簡易の引渡し，占有改定や指図による占有移転による方法も含む。

目的物が「特定」していることが要件なのは（①），特定していなければ危険の移転を観念できないからである。現実の引渡しがなされた場合には，目的物が特定したことは引渡しの主張立証に含まれることが通常であろうが，簡易の引渡し，占有改定，指図による占有移転の場合には，「特定」に独立の要件としての意味がある。

ところで，「特定」の要件をめぐっては，種類物売買において契約内容に適合しない物であっても特定したといえるのか，ひいてはそれが引き渡されても引渡しがあったと評価できるのかが問題となる。これについては(b)で検討しよう。

特定（①）と引渡し（②）の要件を満たせば，危険は移転するが，567 条 1 項の定める効果が生じるのは，危険が移転した後に，実際に目的物の滅失・損傷が生じ（④），かつ，それが「当事者双方の責めに帰することができない事由」による場合とされる（③）。しかし，この「当事者双方の責めに帰することができない事由」という要件は，「売主の責めに帰することができない事由」の意味であると解すべきである。つまり，買主に帰責事由があっても危険移転の効果は生じる。売主が買主への危険移転の効果を主張するために，買主に帰責事由がないことを主張しなければならないとすることも，買主が自己に帰責事由があることを主張して危険移転の効果を否定することができるとすることも理に反するからである（これは 536 条 1 項におけるのと同様の解釈である。⇨第 4 章第 3 節 **2**）。なお，当事者の一方または双方の責めに帰すべき事由による滅失・損傷が生じた場合の処理については，**4** でとりあげる。

(b) **不適合物による特定の可否**　不適合物でも特定は生じるか。学説は分かれている。不適合物では特定は生じないとする説は，売主が不適合物を引き

渡しても，特定は生じておらず，それは契約に基づく引渡しとは評価されないとする。これによれば，引渡しがあったことを前提とする契約不適合責任は適用されない。つまり，買主は売主に対してなお本来の給付を求めることができ，566 条の期間制限は受けない。これに対して，不適合物でも特定が生じるとする説は，特定の有無は 401 条 2 項によって判断すべき問題で，不適合については契約不適合責任の問題として処理すべきであるとする。この説が妥当であると考える。その理由としては，①そのように解しなければ，種類物売買において契約不適合責任が適用される場面がなくなること，②受領遅滞による危険移転（567 条 2 項）は，明示的に契約の内容に適合した目的物が提供されたことを明文で求めているのに，567 条 1 項はそのような定めを置いていないこと，③引き渡された目的物の契約適合性が争われている場合には，その決着がつくまで目的物が特定していたか否かが確定せず煩雑であること（たとえば，特定は所有権移転の前提であるから不適合が争われている場合には所有権の所在，使用利益の帰属等が不明となる），④買主は引渡しを受けた物が契約内容に適合しない場合には，566 条を適用して善意の売主にはそのことを通知すべきであると考えられること（意図せずに品違いの商品を引き渡した場合や，誤配なども考えられる），⑤買主は，追完請求によって適合物が引き渡されたのと同等の利益を得ることができ（562 条），追完によっても不適合が非軽微であれば契約を解除することができるから買主の利益は保護されていること（564 条・541 条・542 条），などを挙げることができる。

　なお，引渡後に目的物が滅失・損傷した場合でも，それが引渡前から存在した契約不適合を理由とする場合には，その滅失・損傷が非軽微なら，買主は不適合を理由としてなお契約を解除することができ（541 条・542 条），その滅失・損傷の危険は売主が負担すべきであると考えられる（⇨第 6 章第 5 節 **3**(2)(a)(ii)）。

(2)　効　果

(a)　引渡後の滅失・損傷　　引渡後に目的物が滅失・損傷した場合には，買主はその滅失・損傷を理由として，①追完請求，②代金減額請求，③損害賠償請求，④契約解除をすることはできない（567 条 1 項前段）。買主は解除をすることができないので，反対債務である代金支払義務も存続し，また，買主は履

行拒絶権（536条1項）に基づいて支払を拒むこともできない（567条1項後段）。このような帰結が導かれるのは，危険移転後の目的物の滅失・損傷は，売主の義務違反にあたらないと評価されるからである。

　このように，危険の移転後は，滅失・損傷の不利益を負担するのは買主である。

　なお，引渡前から目的物が契約に適合しておらず，その不適合が原因で引渡後に目的物が滅失・損傷したという場合には，567条1項は適用されない。その場合には，不適合そのものを理由に，買主は①〜④の権利行使をすることができる（そして，契約を解除した場合には，滅失・損傷の危険は買主に再移転するとみるべきである。⇨第6章第5節 **3**(2)(a)(ii)）。

　また，567条1項は任意規定であるから，売主が目的物の品質を引渡後についても保証している場合には，その保証約束の効果として，引渡後の滅失・損傷についても，売主が不適合責任を負うことはある。

　(b)　**引渡前の滅失・損傷**　567条1項は，引渡後の目的物の滅失・損傷について規定するが，それでは，引渡前に目的物が滅失・損傷した場合にはどうか。以下では，当事者双方の責めに帰することができない事由によって目的物が滅失・損傷した場合について検討する（当事者の一方または双方の責めに帰すべき事由による滅失・損傷が生じた場合については，**4**でとりあげる）。

　売主が「損傷」した目的物を引き渡した場合は，567条1項の反対解釈により，買主は，①追完請求，②代金減額請求，③損害賠償請求，④契約解除をすることができる。これは危険の移転前に損傷した目的物を引き渡すことが，売主の契約適合給付義務の違反と評価されるからである（つまり，危険移転時が適合性の判断基準時。⇨第3節 **5**(1)(e)）。

　売主が目的物を引き渡していない場合については，さらに買主が，⑤履行請求（契約内容に適合した目的物を再調達して引き渡すことの請求）をすることができるかどうか，つまり売主に再調達義務があるかどうかも問題となる。学説は錯綜している。

　以下では，学説の対立軸を単純化して，考え方の2つの基本型を説明する。なお，以下の2つの考え方においては，「給付危険」の理解に違いがあることにも留意が必要である（2つの理解の仕方について **1**(2)参照）。

（i）　給付危険・対価危険移転説　　第 1 の考え方（本章の立場）は，567 条は給付危険と対価危険の両方について，その移転時期と効果を定めるとする考え方である。すなわち，同条 1 項によれば，引渡しによって危険が移転するから，引渡後に目的物の滅失・損傷が生じて目的物が契約内容に適合しなくなっても，それは売主の債務不履行にあたらない。したがって，買主には①〜④の権利がないし，（解除ができないのだから）代金支払義務も免れない。危険の移転とは，契約内容に適合した給付をしないことが，売主の債務不履行にあたるかどうかの問題であるということである。また，「特定」は，滅失・損傷した目的物が買主に割り当てられたものであったというための前提となる要件にすぎないと考える（特定の効果について，567 条が売買をはじめとする有償契約についての特則であるという位置づけになる⇨(iii)）。この考え方は，平成 29 年改正に影響を与えたCISG の採用する考え方でもある。

　この考え方によった場合には，引渡前に目的物が滅失・損傷した場合には，目的物の滅失・損傷の危険はまだ買主に移転していないため，売主が引渡しをしないこと，あるいは，損傷した目的物を契約に適合しない状態で引き渡すことは，債務不履行（後者の場合は契約不適合）にあたる。したがって，契約内容に適合しない物が引き渡されている場合には，買主は，①追完請求，②代金減額請求，③損害賠償請求，④契約解除をすることができる。契約が解除されれば，買主は代金支払義務を免れる。引渡しがされていない場合には，③損害賠償請求と④契約解除のほかに，412 条の 2 第 1 項により，「契約……及び取引上の社会通念」に照らして不能と評価されない限り⑤履行請求（契約内容に適合した目的物を再調達して引き渡すことの請求）をすることもできる。

　（ii）　対価危険移転説　　第 2 の考え方は，567 条は，対価危険の移転についてその移転時期と効果を定めるものであって，給付危険の移転は「特定」（401条 2 項）によると考える。つまり，目的物が「特定」している以上，「特定」の効果として，再調達しての引渡しは不能となり，買主は⑤履行請求（契約内容に適合した目的物を再調達して引き渡すことの請求）をすることができなくなると考える。この説における給付危険は，売主が再調達義務を負うかどうかという点にのみ関わる危険である点で，第 1 の考え方と異なる。

　そして，引渡後の目的物の滅失・損傷について買主が代金の支払義務を免れ

ないのは（567 条 1 項後段），引渡しによって対価危険が買主に移転しているからであるとする。買主は，567 条 1 項前段により，①〜④の権利を行使することもできないが，この説ではその理論的根拠を，引渡しによる給付危険の移転に求めることはできない（この説における給付危険は売主の再調達義務に関する危険にとどまり，既に特定によって移転しているからである）。この説は，567 条 1 項前段は，引渡しの時が，契約適合性の判断基準時であることのみを定めるものと説明することになろう。

　この考え方によった場合には，引渡前の滅失・損傷であっても，目的物が特定していれば⑤売主は再調達義務を負わない。しかし，それは契約に基づく本来の給付をしなくてもよいということにとどまり，損傷した物をそのまま引き渡した場合には契約内容に適合した目的物を引き渡していないという債務不履行にはあたるため，買主は，①追完請求（損傷の場合），②代金減額請求（損傷の場合），③損害賠償請求，④契約解除をすることはできる。そして，契約が解除されれば，買主は代金支払義務を免れる。

　(iii)　両説の検討　　両説のうち，第 1 の考え方のほうを支持すべきである。その理由は次のとおりである。

　①567 条の条文見出しが「危険の移転」となっていて，危険の移転の時期と効果について規定しているとみるのが素直であり，また 567 条 1 項において引渡しによって給付危険が移転するのでなければ，同項前段は危険移転とは無関係の規定になってしまうこと，②引渡前に目的物が滅失・損傷した場合には売主が再調達をしなくてもよいとしながら，損傷した物が引き渡された場合には，買主に代替物の引渡請求権が認められるとすることは一貫性を欠くこと（もっとも，これに対しては，代物請求権は，履行請求権と損害賠償請求権の両方の性質を備える「現実賠償」であって，履行請求権とは質的に異なるとする反論もある），③売主の実質的支配下で目的物が滅失・損傷した場合にもかかわらず，買主に不利益を及ぼすのは公平に反すること，④第 2 説（対価危険移転説）は，その根拠のひとつとして，平成 29 年改正の過程において，特定による給付危険の移転という原則を転換することは議論されておらず，そのような大きな変更は意図されていなかったことを挙げるが，議論が全くなかったわけではなく，条文の構造からはそのように解釈することができること，などを挙げることができる。

　このように解した場合，平成 29 年改正後の 567 条の下では，売買（そして 559 条によって 567 条が準用される有償契約）については，「特定」によって当然に売主の再調達義務が消滅するのではなく，「契約……及び取引上の社会通念に照らして不能」（412 条の 2 第 1 項）と判断されてはじめて再調達は不能となって請求できなくなると解すべきと考える（例．特定物でも代替性がある場合にはなお履行は可能である。店舗で顧客が自分で商品を買物かごにいれてレジで代金を支払い，自宅への配達を依頼したが，配達途中に当事者双方の帰責事由なく目的物が滅失したという場合，まだ危険は移転しておらず，かつ再調達は可能であろう）。この結果，「特定」によって再調達義務が消滅する契約は，567 条が適用・準用されない，贈与契約や無償委任のような無償契約に限られることになる。この違いは，有償契約における売主等は，種類・品質・数量が契約内容に適合する目的物の引渡しを有償で引き受けているのに対して，無償契約における贈与者等はそうではなく，引渡前に危険が移転しても公平に反しないという点に求めることができよう。

　(ⅳ)　売主の「変更権」　　仮に，特定によって売主は再調達義務を免れると考えた場合，特定後，引渡しまでの間に目的物が「滅失」すれば，買主は売主に履行請求（本来的給付の請求）をすることはできないが，損害賠償請求や契約解除をすることはできる。このとき，売主は，自発的に目的物を再調達して買主に引き渡すことによって，損害賠償責任を免れたり，契約解除を封ずる「権利」はあるか。これは売主に「変更権」を認めるべきか否かという問題である。これを認めても，通常買主は本来的給付を得られるのであって不利益は受けないから，買主が売主の申出を拒むことは信義則に反すると考えられる。これを権利として構成するかどうかはともかく（目的物の「損傷」については，売主に「追完権」は認められないが，追完の機会は与えられている⇨第 3 節 **5** (2)(b)(ⅱ)），売主による他の物の給付を，信義則上，弁済または弁済の提供であると評価できよう。

> **Column 7-4**　危険移転と「善管注意義務」，「現状引渡原則」，「所有権移転」との関係
>
> （1）　善管注意義務（400 条）と危険移転の関係
> 特定物を引き渡す債務を負う者は，善管注意義務を負う（400 条）。善管注意

義務違反の効果は，損害賠償責任の発生である（415条）。400条は，特定によって債権者に危険が移転している場合にのみ意味のある規定である。危険が債務者にとどまっている場合には，善管注意義務とは無関係に，目的物の滅失・損傷の危険は債務者（売主）が負うからである。これに対して，危険が債権者に移転している場合には，債務者に善管注意義務を課して，債権者に不利益が生じないように行動するインセンティブを生じさせることに意味がある。

　売買契約およびその他の有償契約では，目的物が引き渡されるまで（567条1項），または買主が受領遅滞に陥るまで（同条2項）は，危険は売主にとどまるから，その間に目的物が滅失・損傷しても，買主には損害が生じない。売買契約において，目的物の特定後，引渡しまでは，売主が給付危険を負い，かつ，善管注意義務も負うことになるが，この場合の善管注意義務には意味がない。売買契約において善管注意義務が意味を有するのは，買主が受領遅滞に陥って危険が移転したが，売主が目的物を占有している場合である。

　(2)　現状引渡原則（483条）と危険移転の関係

　567条により，売買目的物の契約適合性は，危険移転時を基準に判断されることとなる。このことと，「引渡しをすべき時」における契約適合性を求める現状引渡原則（483条）との関係が問題となる。しかし，483条は，「契約……及び取引上の社会通念に照らしてその引渡しをすべき時の品質を定めることができないとき」に適用される規定であって，売買には適用されない（同条は，たとえば，受任者の受取物引渡義務について適用される。この場合，受任者が引き渡すべき物の品質は契約で定まるわけではないからである）。

　(3)　所有権移転と危険移転の関係

　売買における所有権移転について，平成29年改正前の判例は，特定物は契約成立時，不特定物は「特定時」に所有権が移転することを原則とした（特定物について，最判昭和33・6・20民集12巻10号1585頁，不特定物について最判昭和35・6・24民集14巻8号1528頁，最判昭和44・11・6判時579号49頁）。これは，「危険は所有者が負担する」という法原則に基づくものである（特定によって危険が移転するから所有権も移転する）。しかし，①所有権の移転時期は当事者意思によって決まるから（178条参照），特定によって所有権が移転するとするのは硬直的であること（上記判例は，せいぜい意思解釈のデフォルトないし推定として理解すべきである），②特定時に所有権が移転するとするのはむしろ当事者意思に反すること（上記判例はデフォルトの設定としても疑問がある），③危険の所在は，観念的な所有権の所在によって決めるのではなく，目的物を実質的に支配しているのは誰か（誰の危険領域内にあるか，誰が危険の最安価回避者であるか）という観点から決めるべきものである。

　したがって，平成29年改正によって売買における危険の移転時期が「引渡時」または「受領遅滞時」になったとしても，それは所有権移転時期とは無関係のことである。

⒊ 受領遅滞による危険の移転（567 条 2 項）

（1）　危険の移転時期

　売主が引渡しの提供をしても，買主が受領しない場合には，567 条 1 項によるだけではいつまでも危険が移転しない。そこで，567 条 2 項は，買主の受領遅滞の場合において，引渡しがなされるはずであった時に売主が危険を免れることを定める趣旨で，「履行の提供があった時」における危険の移転について定める。すなわち，①売主が契約の内容に適合する目的物をもって，②引渡債務の履行の提供をしたにもかかわらず，③買主が履行を受けることを拒み，または受けることができない場合で，④「履行の提供があった時」以降に，⑤当事者双方の責めに帰することができない事由によって，⑥目的物が滅失または損傷した場合には，危険は買主が負担する（567 条 1 項と同様の効果が生じる）。

　①②③をあわせて，買主が受領遅滞に陥っていることをいう。履行提供時に危険が移転するのは，売主は自己のなし得ることをすべてなしているのに買主が受領をしないために売主が危険を負い続けることが不当だからである。また，提供された目的物が契約内容に適合していることが要件とされているのは，契約内容に適合しない目的物については，買主は正当に受領を拒むことができるからである。

　危険の移転時期は，「履行の提供があった時」である（④）。もっとも，立法論としては，危険移転時期を履行提供の時ではなく，受領遅滞の時とすべきであったように思われる。持参債務であれば，履行提供時と受領遅滞に陥る時は一致するが，取立債務において引渡期日が定められていない場合において，売主が目的物を引き渡す準備をして通知をすることによって履行を提供しても，買主は通知を受領してから，目的物を受け取るまでの間には合理的な猶予期間が与えられると考えられるからである。解釈論としても，567 条 2 項の趣旨からすれば，「履行の提供があった時」とは「履行の提供により受領遅滞に陥った時」の意味であると解すべきであろう。⑤と⑥については，567 条 1 項について述べたことがあてはまる。

(2) 567条2項と413条・413条の2第2項との関係

　買主が受領遅滞に陥ると，目的物を保管する売主は，目的物の保管について「自己の財産に対するのと同一の注意」をする義務を負う（413条1項）。これは危険が買主に移転しているから（567条2項），買主に不利益を与えないために売主に注意義務が課されているものであるが，注意義務の程度は買主が受領遅滞に陥っているために，善管注意義務（400条）よりも軽減されている。売主がこの注意義務に違反して，目的物の滅失・損傷が生じた場合には，売主は損害賠償責任を負う（しかし，危険は移転しているので再調達義務は負わない）。これに加えて，売主の注意義務違反によって生じた不適合については，受領遅滞に陥っていた買主も，追完・代金減額を求めることができるという見解もある。

　他方，413条の2第2項と567条2項には重複がある。413条の2第2項は，債権者（買主）の受領遅滞中に当事者双方の責めに帰することができない事由によって生じた「不能」は，債権者（買主）の帰責事由によるものとみなす。その結果，買主は，履行不能を理由とする履行拒絶権（536条1項）と契約解除権（542条1項1号）を行使することができなくなり（536条2項前段・543条），（一部の滅失・損傷について）追完請求も代金減額請求もすることができなくなる（562条2項・563条3項）。また，売主に帰責事由がないから売主は損害賠償責任も負わない（415条1項ただし書）。つまり，受領遅滞中に生じた不能の場合における給付危険と対価危険の移転と同じ効果は413条の2第2項からも導くことができる。もっとも，413条の2第2項は，受領遅滞中の「不能」についてのみ規定して「滅失・損傷」全般についての規定でない点で，567条2項よりも狭い（たとえば，損傷したが修補可能な場合は413条の2第2項ではカバーされない）。そうすると，567条2項の独自の意義は，受領遅滞中の損傷が不能にあたらない場合に，買主に給付危険と対価危険が移転するとする点にある。413条の2第2項と重複する限りでは567条2項は確認規定として位置づけられよう。

> **Column 7-5**　**平成29年改正前の受領遅滞の効果としての危険移転**
>
> 　平成29年改正前にも受領遅滞の効果として危険が移転するといわれた。そこでいう危険は，給付危険ではあり得なかった。改正前民法では，給付危険は特定によって既に買主に移転しているからである。対価危険についても，改正

前534条1項・2項を特定によって対価危険が移転することを定めるものと解する場合には，受領遅滞が生ずる前に既に危険が買主に移転しているから，受領遅滞の効果として対価移転をいう必要はなかった。受領遅滞による対価危険の移転は，改正前534条について，実質的支配が売主にある間は対価危険は買主に移転しないという，改正前534条を実質的に修正する解釈をとった場合にのみ意味を有した。

　平成29年改正法では，売買契約においては，給付危険も対価危険も，特定によって移転するわけではなく，受領遅滞によって移転することが567条2項で明示的に定められたといえる。

④ 目的物の滅失・損傷に当事者の帰責事由がある場合

　567条1項・2項の文言は，目的物の引渡後または受領遅滞後に「当事者双方の責めに帰することができない事由」によって目的物が滅失または損傷したことを要件とする。この要件は，「売主の責めに帰することができない事由」と解すべきであって，買主に帰責事由があっても要件は満たすことについては既に触れた（⇨ ②(1)(a)）。以下では，買主に帰責事由がある場合も含め，当事者の一方または双方に帰責事由がある場合の処理を，引渡前・受領遅滞前の滅失・損傷，引渡後・受領遅滞後の滅失・損傷について，整理しておこう。

(1) 帰責事由が売主にあって，買主にない場合

　目的物の滅失・損傷について，売主に帰責事由があるが，買主にはない場合にはどうか。

　(a) 危険移転前（引渡前・受領遅滞前）の滅失・損傷　危険移転前（引渡前・受領遅滞前）に目的物が「損傷」し，売主がその損傷した目的物を引き渡した場合には，買主は，①追完請求（562条），②代金減額請求（563条），③損害賠償請求（415条），④契約解除（541条・542条）をすることができる。これは，当事者双方に帰責事由がない場合と同じである。

　危険移転前に目的物が「滅失」して，売主が引渡しをしない場合には，買主は③損害賠償請求と④契約解除をすることができる。これに加えて，買主は⑤履行請求（代替品を再調達して引き渡すこと）もすることができるかどうかは，売主に再調達義務があるかどうか，すなわち，再調達しての引渡しが不能であ

るかどうかにかかる。この点については，上述のとおり，412条の2によって
判断する見解と，特定によって当然に不能になるとする見解がある（⇨ **2**(2)
(b)）。これも，当事者双方に帰責事由がない場合と同じである。

(b)　**危険移転後（引渡後・受領遅滞後）の滅失・損傷**　　目的物の滅失・損
傷が生じたのが，危険移転後（引渡後・受領遅滞後）であれば，買主は，上記①
②④の権利行使をすることができないし，⑤売主に再調達を求めることもでき
ない。これは，売主は契約に適合した目的物を引き渡して履行を完了している
から，または，滅失・損傷が生じたのが受領遅滞中であれば売主は弁済の提供
により債務不履行責任を免れているからである（492条）。ただし，③損害賠償
請求については，引渡後の滅失・損傷が売主の帰責事由によるのであれば（た
とえば，ボイラーの売買において売主による設置方法に不備があって火災が生じた場
合），売主は損害賠償責任を負い（415条1項本文），受領遅滞中の滅失・損傷に
ついては，売主が「自己の財産に対するのと同一の注意」を怠ったのであれば，
損害賠償責任（413条1項・415条1項本文）を負う。結局，これは567条が適用
される場合とほぼ同じで，ただ③損害賠償の処理が異なるだけである。

(2)　**帰責事由が買主にあって，売主にない場合**

　目的物の滅失・損傷について，買主に帰責事由があるが，売主にはない場合
にはどうか。①追完請求，②代金減額請求，④契約解除については，目的物の
不適合が買主の責めに帰すべき事由によるものであるときには認められないこ
と（562条2項・563条3項・543条），③損害賠償請求については，売主は免責さ
れる（415条1項ただし書）ことなどがポイントである。具体的には次のとおり
である。

(a)　**危険移転前（引渡前・受領遅滞前）の滅失・損傷**　　危険移転前（引渡
前・受領遅滞前）に目的物が「損傷」した場合において，売主がその損傷した
目的物を引き渡しても，その「損傷」について買主に帰責事由があって，売主
にないのであれば，買主は，売主の契約不適合責任を追及できない。すなわち，
買主は①追完請求と②代金減額請求をすることはできず（562条2項・563条3
項），③売主は損害賠償責任を免れ（415条1項ただし書），④買主は契約解除を
することもできない（543条）。

　目的物が「滅失」して売主が引渡しをしていない場合，その「滅失」について帰責事由が買主にあって，売主にないのであれば，売主は③損害賠償責任を免れ（415条1項ただし書），買主は④契約解除をすることもできない（543条）。売主が⑤再調達義務を負うかどうかは，(1)(a)の場合と同様に，引渡しが不能と評価できるかどうかによるが，履行が可能であるとしても，帰責事由が買主にあって，売主にないのであれば，追完請求（特に代物請求）が認められないこと（562条2項）とのバランスから，買主による履行請求は認められないと解するべきである。

　(b)　**危険移転後（引渡後・受領遅滞後）の滅失・損傷**　　目的物の滅失・損傷が生じたのが危険移転後であれば，買主は567条によって上記①〜④の権利行使をすることができないし，(1)(b)と同様に，売主に⑤再調達を求めることもできない。

(3)　売主と買主の双方に帰責事由がある場合

　売主と買主の双方に帰責事由がある場合の処理は，①追完請求，②代金減額請求，④契約解除については，買主の帰責事由が優越的であるかどうかによって，上記(1)または(2)に準じて対応すべきである。ここで問題となるのは，買主が自らに帰責事由があるにもかかわらず，①②④の権利を行使することができるかということだからである（562条2項・563条3項・543条に基づく①②④の制限は，不適合が買主の責めに帰すべき事由によるものであることを要件としている）。これに対して，③損害賠償については過失相殺（418条）による中間的処理がなされる。具体的には次のとおりである。

　(a)　**危険移転前（引渡前・受領遅滞前）の滅失・損傷**　　危険移転前（引渡前・受領遅滞前）に，当事者双方に帰責事由があって目的物が「損傷」した場合には，③損害賠償については，売主にも帰責事由があるので売主は免責されないが（415条1項ただし書），過失相殺がなされる（418条）。①追完請求，②代金減額請求，④契約解除が認められるかどうかは，売主と買主のどちらの帰責事由が優越的であるかによって判断すべきである。すなわち，買主の帰責事由が優越的な場合には，上記(2)(a)に準じて扱い（買主は①②④の権利を行使することができない），そうでない場合には上記(1)(a)に準じて扱うべきである（買主は

①②④の権利を行使することができる）。

　当事者双方に帰責事由があって目的物が「滅失」し，売主が引渡しをしない場合には，③損害賠償については，売主にも帰責事由があるので売主は免責されないが（415条1項ただし書），過失相殺がなされる（418条）。買主の帰責事由が優越的であれば，上記(2)(a)に準じて買主は④契約解除をすることはできない（543条）。売主が⑤再調達義務を負うかどうかは，上記(1)(a)・(2)(a)の場合と同様に，再調達をしての引渡しが不能と評価できるかどうかによるが，履行が可能であるとしても，買主の帰責事由が優越的な場合には，562条2項とのバランスから，買主による履行請求は認められないと解するべきである。

　(b)　**危険移転後（引渡後・受領遅滞後）の滅失・損傷**　　目的物の滅失・損傷が生じたのが，危険移転後であれば，上記(1)(b)・(2)(b)と同様に，買主は，上記①②④の権利行使をすることができないし，売主に⑤再調達を求めることもできない。ただし，③損害賠償については，上記(1)(b)におけるのと同様に，引渡後の滅失・損傷について売主にも帰責事由があるのであれば，売主は損害賠償責任（415条1項本文）を免れず，受領遅滞中の滅失・損傷が売主の「自己の財産に対するのと同一の注意」の懈怠による場合も売主は損害賠償責任を負う（413条1項後段・415条1項本文）。ただし，買主にも帰責事由があるので過失相殺がなされる（418条）。

第6節　買　戻　し

1　意　　義

　不動産の売買契約において，契約の締結と同時に，買戻しの特約がなされた場合，売主は，買主が支払った代金（買戻しに際して支払う金額について別段の合意をした場合には，その額）および契約の費用を返還して，売買契約を解除することができる（579条前段）。解除がされれば，売買契約は遡及的に消滅し，所有権は移転しなかったことになる。これを買戻しという。①売買の目的物が不動産であること，②売買契約と同時に買戻し合意がされることが民法の買戻し特約とされる要件となる。

　融資を受ける際に，資金の借主が，その所有する不動産を融資相当額で融資者に売ったことにして，返済すれば売買代金の返還にあたるとして買い戻せる特約を付ける場合，買戻しは，担保目的で利用されていることになる。また，不動産の売買に際し，売主が対象となる不動産の利用方法に条件を付け，買主がその条件を遵守しなかったときに，売主が買い戻せる特約を付ける場合，買戻しは，履行確保目的で利用されていることになる。

　もっとも，同種の目的を達成するために，再売買の予約が用いられることもある。再売買の予約とは，買主が売主に売買の目的物について再売買する予約完結権を付与する合意であり（556条1項），予約完結権の仮登記も可能である。買戻しの場合，目的物は不動産に限定され，買戻し特約を売買契約と同時にしなければならず（579条），買戻し期間に上限がある（580条1項）。これに対し，再売買の予約にこのような制限はない。

　さらに，売買の形式で所有権の移転が行われ，所有権を移転した売主のために買戻し特約や再売買予約等が契約に定められていたとしても，所有権移転の目的が債権担保であるときには，譲渡担保契約であると認定され，譲渡担保の判例法理による解決が図られる（最判平成18・2・7民集60巻2号480頁）。判例は，担保目的か否かの判断において，売主から買主に占有の移転がない場合は，特段の事情のない限り，担保目的と推認されるとしている。買戻特約付売買契約という文言が書面において用いられていても，担保目的であれば，譲渡担保に関する判例法理による清算義務等を金融業者は免れない状況にある。不動産については譲渡担保を原因とする所有権移転登記が可能であるため，あえて買戻しという法形式を，金融担保の目的で用いる要請は乏しい状況にあるといえよう。

2　規定の概要

(1)　買戻しの期間

　買戻しの期間は，10年を越えることができない（580条1項）。10年を超える期間を定めても，10年に短縮される。また，特に買戻しの期間を定めたときは，その後にこれを伸長することはできない（同条2項）。買戻しについて期間の定めがない場合は，5年以内に買い戻す必要がある（同条3項）。不動産の

帰属を長い間不安定にしない趣旨である。

(2) 買戻権の対抗力

買戻権は，売買契約と同時に，買戻しの特約を登記したとき，第三者に対抗できる（581条1項）。売主が買い戻すまでに，買主が転売をしたり，用益物権を設定しても，買戻し特約の登記を備えた売主は，そのような第三者に対して買い戻した所有権を対抗できる。例外として，買戻し登記後，605条の2第1項に規定する対抗要件を具備した賃借人は，残存期間中，1年を超えない期間に限り，売主を害する目的で賃貸借をした場合を除き，売主に対抗することができる（581条2項）。

(3) 買戻権の代位行使

売主の債権者が，423条の規定によって売主に代わって買戻しをしようとするときは，買主は，裁判所において選任した鑑定人の評価に従い，不動産の価額から売主が返還すべき金額を控除した残額に達するまで売主の債務を弁済し，なお残余があればこれを売主に返還して，買戻権を消滅させることができる（582条）。不動産の価値が上昇したなど不動産の価額から買戻し金額を控除しても差額がある場合，売主の債権者は，その差額を売主の債務の弁済に充てることができるということになる。

(4) 買戻しの実行

売主は，買戻しを実行するために，買戻し期間内に，買主が支払った代金（別段の合意があれば，その約定額）および契約費用を提供して解除の意思表示をしなければならない（579条前段・583条1項）。不動産の果実と代金の利息は，別段の合意がない限り，相殺されたものとみなされる（579条後段）。これは，575条の趣旨を買戻しの場面にあてはめたものである。買主や転得者が不動産のために支出した費用について，売主は，196条の規定に従い，その償還をしなければならない（583条2項本文）。ただし，有益費については，裁判所は，売主の請求によって，相当の期限を許与することができる（同項ただし書）。

(5) 共有持分が買戻し特約付きで売買された場合

　不動産の共有者の1人が買戻しの特約を付してその持分を売却した場合について，次の特則が設けられている。

　不動産の共有持分が買戻しの特約付きで売却された後，その共有持分の買主が，その不動産の分割または競売によって不動産の一部または代金を取得する場合，共有持分の売主は，買主が受けた，もしくは受けるべきその部分または代金について，買戻しをすることができる（584条本文）。たとえば，A・Bが共有する甲土地について，Aがその持分を買戻特約付きでCに売却した後に，共有者となったB・C間で甲土地を分割する協議が成立した場合，売主Aは，買主Cが取得する土地の部分について，買戻しできる。ただし，売主に通知をしないでした分割および競売は，売主に対抗できない（同条ただし書）。通知がなかった場合，売主Aは，分割がないものとして，買主Cから共有持分を買戻しできるということである。

　不動産の共有持分が買戻しの特約付きで売却された後，その共有持分の買主が，その不動産の競売によって買主が不動産全部の買受人となったときは，売主は，競売の代金および583条に規定する費用を支払って，その不動産の全部を買い戻し，その不動産の全部の所有権を取得することができる（585条1項）。買主が分割を請求したことにより，買主が競売における買受人となったときは，売主は，買主の持分のみについて，買戻しをすることも可能であると解されている（同条2項の反対解釈）。これに対し，他の共有者が分割を請求したことにより，買主が競売における買受人となったときは，売主は買主の持分のみについて買戻しをすることはできない（同条2項）。この場合は，全部の買戻しだけが可能である（同条1項）。

第8章
交　換

---

1 意義・成立

　交換とは，当事者が「金銭の所有権以外の財産権」を互いに移転することを
内容とする契約である（586条1項）。金銭の所有権の交換には，交換の規定
（586条）は適用されないから，民法でいう交換とは，要するに物々交換のこと
である。交換される財産権は有体物の所有権に限らない。役務や債権が交換の
目的となることもある。交換の当事者は，それぞれ売買契約における売主類似
の地位に立つ。なお，たとえば売買契約における売主と買主にあたるような，
交換契約の当事者を指し示す呼称はない。

　交換は，有償・双務の契約である。

　また，交換は，当事者の合意（意思表示の合致）のみによって成立する諾成・
不要式の契約である（586条1項）。

　貨幣経済の下では，財産権の取引の圧倒的多数は，金銭を媒介として行われ
る。しかし，等価交換方式による不動産取引（典型的には，Aの土地上に不動産
業者Bが区分所有建物を建築し，Aが建物の一部の区分所有権を取得するのと交換に，
Bが土地の共有持分を取得する取引がその例であり，Bは土地の購入資金を調達する必
要がないので効率的である），区画の形状が入り組んでいる土地の区画整理にお
ける換地，譲渡所得税を節約するための不動産の交換（甲土地を売却して，その
資金で乙土地を購入すると譲渡所得税がかかるが，甲土地と乙土地を交換すれば一定の
場合には譲渡所得税がかからない〔所税58条1項参照〕），石油の元売会社間で物流
コストを節約するためにそれぞれの製油所の所在地で同量・同価格の石油製品
を融通しあうバーター取引など，交換によることに意味がある取引もある。

② 効　力

(1)　民法の規定の直接適用・準用

　交換の当事者は，相互に売買契約における売主と同様の権利義務を負う。

　交換は双務契約であるから，同時履行の抗弁権（533条），危険負担（履行拒絶権）（536条）の規定は直接適用される。

　交換は有償契約であるから，その交換の性質が許さないものを除き，売買の規定（第3編第2章第3節の規定）が準用される（559条）。したがって，当事者の一方が引き渡した目的物の種類・品質・数量が契約の内容に適合しなければ，その当事者は契約不適合責任を負う。その場合，追完請求権の規定（562条）は準用されるが，代金減額請求権の規定（563条）はどうか。それが認められれば，その権利を行使した当事者が引き渡すべきであった目的物を減量することになるが，減量される目的物が，金銭のように割合的に分割することができるものでない場合には，当該交換の性質上，563条は準用されないと解するべきである（559条ただし書）。たとえば，目的物が石油であれば減量が可能であるが，土地であれば減量できないことが通常であろう。なお，代金減額的な損害賠償請求は別論である（559条・564条・415条）。

　交換の当事者は，（補足金付交換〔⇨(2)〕の場合を除き）金銭の支払義務を負わないが，売買代金に関する規定も，支払期限や支払場所に関する573条・574条，代金支払前の果実の帰属に関する575条（ただし，利息に関する同条2項は除く），支払拒絶権の規定（576条〜578条）は準用されよう。これらは有償契約における給付の均衡や双務契約における両債務の牽連関係を定めるものであって，金銭債務に特有の規定ではないからである。

(2)　補足金付交換

　交換の目的物の価値に差がある場合などに，その差額を補足するために，当事者の一方が他の権利とともに金銭の所有権の移転を約束することがある。この場合に支払う金銭を補足金という。このような補足金付交換には，民法の「売買の代金に関する規定」が準用される（586条2項）。559条とは別に586条2項が規定されているのは，559条で準用される売買の節の規定以外に，「売買

の代金に関する規定」にあたる，売主の先取特権の規定（321条・328条）も準用する趣旨である。

　補足金付交換の債務不履行については，次のことが問題となる。Aが1000万円相当の甲土地の所有権をBに移転し，Bが900万円相当の乙土地の所有権とともに100万円の補足金をAに移転するという補足金付交換契約を考えよう。

　(a)　**補足金の支払義務を負う当事者の債務不履行**　　Bが，補足金は支払ったが，乙土地をAに引き渡さない場合や乙土地に契約不適合がある場合におけるAによる交換契約解除の可否は，乙土地に関する不履行のみに着目して判断すべきである（541条・542条1項）。たとえBが補足金を支払ったとしても，AとBの契約目的は，甲土地と乙土地を交換することだからである。Bが補足金を支払わない場合には，売買契約における買主の代金一部不払と同様に考えれば足りる。

　(b)　**補足金を受け取る当事者の債務不履行**　　Aが，甲土地を引き渡さない場合や，甲土地に契約不適合がある場合には，補足金のない交換契約の債務不履行と同様に考えれば足りる。Bは，代金減額請求権により補足金を減額することもできよう。

(3)　補論：金銭の所有権の交換

　金銭の所有権を当事者が互いに移転する契約は，一般に両替といわれる。これは両当事者が売買契約における買主類似の地位に立つ無名契約であり，586条は適用されない。また，邦貨と外貨の両替は，銀行においては，外貨の売買として構成されている。

　しかし，いずれにせよ，両替は有償・双務の契約であるから，双務契約に関する533条が適用されるほか，559条によって売買の節の規定（主に買主の代金支払義務に関する規定）が準用される。

第**9**章
贈　与

第1節　意義・成立
第2節　効　力
第3節　特殊な贈与

第1節　意義・成立

1 意　義

　贈与とは，当事者の一方（贈与者）がある財産を無償で相手方（受贈者）に与えることを内容とする契約である（549条）。贈与では，売買および交換とは異なり，対価の給付が予定されていない。このため，対価を給付すべき債務も生じない。贈与者が財産を給付すべき債務を負うのみである。つまり，贈与契約は，無償・片務契約である。

　贈与契約は，身近なところでは，誕生日のプレゼント，結婚祝い，親戚や友人宅を訪問する際の手土産，お中元やお歳暮などにみられる。このように，贈与は，社会生活のなかで一定の情誼関係に基づくもの，儀礼的な行為として行われることが多い。また，家族間で行われる贈与には，財産の生前処分としての意味合いを有するものもある。さらに，経済取引の場面においても，見本や試供品の提供は，法的には贈与となる。

　これらの贈与には，社会的にみると互酬性が存することが多い。友人間・親戚間で行われるプレゼントや手土産等は，相互に贈り合うことが多いであろう

し，見本や試供品は，取引の誘引として行われるものであって広い意味で対価を伴う取引行為の一部という側面を有する。以下で述べる民法上の贈与契約は，これらの社会的背景や文脈を捨象し，財産の一方的な給付に関する合意の部分だけを取り出したものとみることができる。ただし，特に履行後の贈与の解除を考えるにあたっては，贈与の社会的背景や文脈を考慮する必要が生じる。

　もうひとつ注意すべき点がある。先に挙げた贈与の例の多くは，事前の合意なく贈与者が目的物を受贈者に提供し，受贈者がこれを受け取るというものであり，贈与契約の成立と同時に履行が終了する。このような贈与を現実贈与といい，ここでは法的な問題が起こる余地がほとんどない。以下で述べるような法的な分析を必要とする贈与は，合意と履行期との間に一定の間隔がある場合である。

2　成　　立

(1)　成 立 要 件

　贈与契約は，当事者間の合意のみによって成立する。すなわち，諾成・不要式の契約である（549 条）。贈与の目的となる財産は，贈与者自身のものであることを要しない。他人の財産を目的とする贈与契約も有効である。549 条が贈与の目的を「自己の財産」ではなく「ある財産」と定めているのは，このことを含意している。

(2)　書面によらない贈与の法的拘束力

　(a)　任意解除権　　書面によらない贈与については，履行の終わった部分を除き，各当事者は解除をすることができる（550 条）。このように，書面によらない贈与も有効に成立するが，その法的拘束力は弱いものとされている。この任意解除権は，条文上は各当事者に認められているが，主に贈与者の保護を目的としている。時として贈与意思が明確でないまま，あるいは軽率に贈与することを約してしまった贈与者が，対価を得られないまま給付義務を負うことによる不利益を考慮したのである。このことの裏返しとして，①書面が作成された場合，または②口頭のみで合意された場合でも履行が終わった部分については，贈与意思が明確であって法的拘束力を認めても贈与者にとって著しい不利

益を強いるとは認められないとして，もはや任意解除をすることができないとされている。

　(b)　**書面の意味**　550 条の趣旨が以上のようなものであるため，書面によらない贈与というときの「書面」には，贈与契約書だけでなく，贈与があったと確実に認められる程度の記載のある書面が広く含まれることになる。判例には，不動産が A から B，B から C へと譲渡され，BC 間の譲渡が贈与であったという場合において，当該不動産の登記名義が A にあるため，B が A に対して登記名義を A から直接 C に移転させることを要請する手紙を出したときは，その手紙は「書面」にあたるとされたものがある。この手紙は，契約書でないだけでなく，贈与契約の相手方に宛てて書かれたものでもないし，無償である趣旨も文面上明らかでないが，当該不動産が B から C に贈与されたことが表れていることから 550 条の「書面」に該当し，B は C との間で締結した贈与契約を解除することができない（最判昭和 60・11・29 民集 39 巻 7 号 1719 頁）。

　他方，電磁的記録は「書面」に含まれない。この点において，保証契約（446 条 3 項）や書面でする消費貸借契約（587 条の 2 第 4 項）と異なる。

　(c)　**履行の終わった部分の意味**　これと同様の解釈は，550 条ただし書の「履行の終わった」とはどのような状態を指すのかを判断する際にも行われる。たとえば，不動産が A から B に贈与された場合において，所有権移転登記が行われれば引渡しが未了でも履行が終わったと解される。これと同様に，引渡しが行われれば所有権移転登記が未了でも履行が終わったと解される。ここでの引渡しには，簡易の引渡し，占有改定および指図による占有移転も含まれる。

第 2 節　効　　力

1 贈与者の義務

　贈与契約に基づき，贈与者は，受贈者に対し，目的物を引き渡す義務，目的たる権利を移転する義務を負う。さらに，対抗要件を備えさせる義務を負う。贈与者がこれらの義務を履行しなかったときは，受贈者は，履行を請求することができるほか，415 条の要件の下で損害賠償を請求することもできるし，

541 条または 542 条の要件の下で契約を解除することもできる。さらに，この目的物ないし権利は，契約内容に適合したものでなければならない。引き渡された目的物または移転された権利が契約内容に適合しないものであった場合，贈与者は，担保責任を負わないため追完義務を負わないものの（559 条により売買に関する規定が準用されるのは有償契約のみ），債務不履行責任を負う。

もっとも，贈与においては，当該目的物または権利を，贈与の目的として特定した時の状態で引き渡し，または移転することを約したものと推定される（551 条 1 項）。したがって，贈与者は，別段の合意がない限り，特定時の状態のままで当該目的物を引き渡し，権利を移転すればよい。贈与の目的物が特定物の場合は，契約締結時に既に特定しているが，種類物の場合は，給付に必要な行為を完了した時または受贈者の同意を得て給付すべき物を指定した時に特定が生じる（401 条 2 項）。具体的にどのような行為をした時であるのかについては，履行地によって異なり得る（債権総論を参照）。このように，有償契約である売買の売主の義務と比べて贈与者の義務が軽減されているのは，贈与の無償性ゆえである。

2 贈与の解除

前述した書面によらない贈与の解除（⇨第 1 節 2 (2)）および贈与者の債務不履行に基づく解除（⇨第 2 節 1）以外に，受贈者が贈与者に対して信義に反する行為をした場合，これを理由に贈与者は履行後の贈与契約を解除することができるかが問題となる。たとえば，A が B を幼少より養育し金銭的援助を行い，逆に A が高齢になってからは B が A に仕送りをしてきたことから，A が B に不動産を贈与し登記も済ませたところ，B が A への仕送りをやめて A を困窮させ，A が病気になり入院している間に A 宅の鍵を替えて居宅に入れなくする等の態度をとったという場合，A は，B との間の贈与契約を解除することができるだろうか（最判昭和 53・2・17 判タ 360 号 143 頁 判例 9-1）。

かつて学説では，このような信義に反する行為を忘恩行為と呼び，これを解除原因とすべきことが有力に主張されていた。しかし，近時は，このような贈与に特有の解釈論を認める必要はなく，契約解釈によって対処することが可能であり，その限りで贈与者の解除を認めれば足りるとする見解が有力である。

これによれば，当該贈与が契約の解釈により負担付贈与であるとされれば，後述するとおり，負担の不履行を理由に解除が認められ得る。解除条件付きの贈与であるとされれば，受贈者の背信的な行為をもって解除条件が成就したとして解除が認められ得る。また，一定の場合に贈与者が解除権を留保していることが契約解釈から導かれる場合は，この解除権の行使が認められ得る。

　このほか，学説では，受遺欠格に関する規定（965条が準用する891条）の類推適用により，受贈者が受遺欠格事由に該当する場合には贈与者による解除が認められると解する説が有力に主張されている。さらに，事情変更の法理を広く解してこれに依拠した解除を認めるべきとの説もみられる。

> ◁ 判例9-1 ▷ 最判昭和53・2・17判タ360号143頁
>
> **【事案】** A は，義弟 Y を将来的に養子として跡を継がせることを考え，Y を幼少の頃から養育して大学に進学させ，医師として独立開業するに至るまで教育および経済的支援を続けた。A の夫 B が死亡した際，A は，自分の老後を Y に託し Y 夫婦や孫に囲まれて安らかに暮らすことを予定して，B の他の相続人を説得して，本件土地を含む B の遺産全部を Y に贈与した（本件贈与）。他方，Y も，B 死亡後は A に仕送りをするなど世話を行っていた。B の死後，A と Y との間で養子縁組が成立した。
>
> 　ところが，Y は，A に対して冷たい態度をとり，A が困窮しても面倒をみず，A が病気で入院している間に A 宅に侵入して出入口の鍵を付け替えるなどの行為に及んだ。そこで，A は，本件贈与を解除し，本件土地のうちみずからが B から相続した部分の移転登記等を求めた。第一審，原審が本件贈与の解除を認めたため，Y が上告。
>
> **【判旨】** 上告棄却。原審は，本件贈与を A の扶養という負担付きの贈与であると認定したうえで，「Y は，A 側に格別の責もないのに，本訴が提起された当時において，養子として養親に対しなすべき最低限の A の扶養を放擲し，また子供の時より恩顧を受けた A に対し，情宜を尽すどころか，これを敵対視し，困窮に陥れるに至ったものであり，従って，A の Y に対する前記贈与に付されていた負担すなわち A を扶養して，平穏な老後を保障し，円満な養親子関係を維持して，同人から受けた恩愛に背かない義務の履行を怠っている状態にあり，その原因が Y の側の責に帰すべきものであることが認められ」るとして，A による本件贈与の解除を認めた。最高裁は，この判断を支持した。
>
> **【コメント】** もし本件贈与を単純な贈与であるとすると，贈与契約の履行は終了しており，その後における Y の信義に反する行為を理由に贈与契約の解除

を認めるには，解釈上の難問を生じる。本判決は，これを回避するため，贈与の際にYの負担が明示的に合意されていなかったが，契約解釈により負担の合意を認め，この不履行を理由とする贈与契約の解除を導いた。

第3節　特殊な贈与

1 定期贈与

　定期の給付を目的とする贈与を，定期贈与という。たとえば，大学生の甥のために生活費として毎月一定額の金銭を仕送りするというものがこれにあたる。このような定期贈与は，贈与者または受贈者の死亡によってその効力を失う（552条）。

　もっとも，552条は任意規定であるから，別段の合意があれば，その合意が優先される。たとえば，兄が弟に生活費として毎月一定額の金銭を贈与するという契約において，この贈与が弟のもとに生まれた子の生活費ないし教育費の援助という趣旨のものであり，その子が成人するまで毎月の贈与をする旨の合意があった場合は，弟が死亡しても定期贈与は効力を失わない。

2 負担付贈与

　受贈者に何らかの負担を負わせてする贈与を，負担付贈与という。たとえば，Aが，Bからその所有する甲土地の贈与を受ける際，Bが第三者Cに対して負う1000万円の貸金債務を肩代わりするというものがこれにあたる。この場合の負担と贈与の目的物とは，法的には対価関係にない。したがって，負担付贈与も無償・片務契約である。とはいえ，経済的には対価的な側面を有する。そこで，負担付贈与については，その性質に反しない限り，双務契約に関する規定が準用される（553条）。すなわち，危険負担（536条），解除（540条以下）の規定が準用されるほか，負担の性質および契約内容にもよるが同時履行の抗弁権（533条）の規定も準用の余地がある。

　さらに，贈与者は，その負担の限度において売主と同じく担保責任を負う

（551 条 2 項）。ここでの「負担の限度」とは，受贈者が負担を履行することによって損失を被らない限度を意味する。たとえば，先の例において，贈与の目的物たる甲土地が 3000 万円相当とされていたが実際には地中に産業廃棄物が埋設されていたため 600 万円の価値しかなかったとしよう。この場合，A は負担の減額請求をなし得るが（563 条参照），これにより A の負担は，約定の負担の 5 分の 1 である 200 万円の債務負担に減額されるのではなく，贈与の目的物の価値である 600 万円を上限とした債務負担を負うものとされる。つまり，A は，債務負担を 400 万円減額して 600 万円にするよう請求することができるにとどまる。

3 死 因 贈 与

　贈与者の死亡によって効力を生ずる贈与を，死因贈与という。たとえば，親が子との間で，自分が死亡したときに不動産を子に贈与するというものがこれにあたる。死因贈与は遺贈と似ているが，遺贈との違いは，遺贈が遺贈者の一方的な意思表示（遺言）によって行われる単独行為であるのに対して，死因贈与は，贈与者が生存している間に受贈者との間で締結される契約である点にある。

　とはいえ，両者には似ている点が多いことから，その性質に反しない限り，死因贈与には遺贈に関する規定が準用される（554 条）。具体的には，遺贈の効力のうち当事者の権利義務に関する 991 条から 993 条まで，996 条から 1003 条までの規定は，死因贈与にも妥当する。他方，遺贈が受遺者の関与なく行われることを考慮して定められている遺贈の承認・放棄に関する 986 条から 989 条までの規定，遺贈者の一方的な意思表示によって行われることを考慮して定められている遺贈の無効・失効に関する 994 条および 995 条は，契約である死因贈与には妥当しない。

第10章
消 費 貸 借

第1節　意義・成立
第2節　効　　力
第3節　準消費貸借

第1節　意義・成立

1 は じ め に

　消費貸借とは，当事者の一方（借主）が，相手方（貸主）から金銭その他の物を受け取り，これと種類，品質および数量の同じ物を返還することを内容とする契約である（587条）。借主が受け取った物は，消費されることが前提となっている。このため，借主は，受け取った物の所有権を取得し，受け取った物そのものではなく，これと同等の種類，品質および数量の物を返還する義務を負うのである。このような消費貸借の性質上，その目的物は，金銭のほか，水，ガソリン，米などの種類物である。しかし，種類物を入手したいならば，消費貸借により借りるのではなく，売買によって調達すればよいとも言える。むしろ，現代の取引社会において重要な役割を果たす消費貸借は，金銭に関する消費貸借（金銭消費貸借）である。

　なお，金銭消費貸借をめぐっては，過去に大きな社会問題が引き起こされている。経済的な力関係において優位に立つ貸主が，弱い立場の借主に対して法外な利率で貸すことが横行したり，法的知識や利息の計算方法に疎い借主に対

して法外な利率を合意させることが横行したりした。さらに，貸主がこの利息を苛烈な方法で取り立てて犯罪に発展したり，返済に窮した借主が自ら命を絶ったりするという悲惨な事案が社会問題化した。そこで，これらに対応するために利息制限に関する特別法が作られ，その下での判例法理が形成されたり，特別法の改正が繰り返されたりしている（⇨債権総論）。

2 通常の消費貸借

(1) 要物契約

　消費貸借は，成立の方式に応じて2種類に分けることができる。通常の消費貸借と，書面でする消費貸借である。前者は，①当事者の一方が，同種・同等・同量の物を返還することを相手方と合意して，②相手方から目的物を受け取ることによって成立する（587条）。つまり，通常の消費貸借は，要物契約である。民法は，これを消費貸借の原則形態としている。このような消費貸借の要物性は，ローマ法の伝統を受け継ぐものといわれている。ローマ法上の消費貸借は無利息を前提としており，このような無償契約においては，単なる合意には法的拘束力が認められず，合意に加えて目的物の授受が行われてはじめて法的拘束力が与えられたのである。

　目的物が金銭の場合，本来は，契約成立のためには金銭そのものの授受が必要となるが，金銭に代えて国庫債券（大判明治44・11・9民録17輯648頁），預金通帳および届出印（大判大正11・10・25民集1巻621頁），約束手形の交付（大判大正14・9・24民集4巻470頁）など，金銭の授受と同一の経済上の利益を有する物が交付されることで足りると解されている。

(2) 片務契約

　通常の消費貸借は，その要物性ゆえに，消費貸借が成立すると借主が返還義務を負うのみであり，貸主はこれと対価関係に立つ義務を負わない。つまり，通常の消費貸借は，片務契約である。このことは，利息の支払が合意されている場合でも同様である。

(3) 有償契約・無償契約

利息の支払についても，ローマ法の伝統を反映して，無利息が原則とされている（589条1項）。このような消費貸借は無償契約である。ただし，利息の支払を合意することは認められており（同条2項），実際の取引においては通常，この合意が行われる。利息付きの消費貸借は有償契約となる。利息は目的物の使用収益への対価という意味合いを有するからである。

なお，商人間の金銭消費貸借は，当然に利息付きとなる（商513条1項）。

3 書面でする消費貸借

(1) 要式契約

売買や賃貸借にみられるように，民法は，当事者の意思表示の合致のみによって契約の成立を認めることを原則としている。言い換えれば，契約の拘束力の根拠は，当事者の意思に求められる。この考えの下では，無償を原則とする契約であるからといって，当事者の意思表示の合致に加えて目的物の授受を契約の成立要件とする必要はない。また，取引社会からも，貸主に貸す義務を課し借主にその履行請求を認めるべきとの理由から，合意のみによって成立する消費貸借が要請されるようになった。

こうして，目的物の授受がなくても成立する消費貸借も認められている。それが，書面でする消費貸借である（587条の2第1項）。契約の成立のために当事者間の合意が必要である点は，通常の消費貸借と同様であるが，これと異なるのは，目的物の授受を必要としない代わりに書面の作成を必要とする点である。その趣旨は，契約の成立を明らかにすること，および当事者が明確な契約意思をもたないまま軽率に契約を結んでしまうのを防止することである。すなわち，貸主が無利息で金銭等を貸す旨の安易な口約束に拘束されるのを防ぐこと，および借主が貸主に損害を賠償しなければ契約の拘束から免れることができないようになるのを防ぐことを狙っている。

ここでの「書面」の典型例は，文字どおり紙に書かれた消費貸借契約書であるが，これに限らず，消費貸借の内容を記録した電磁的記録も書面とみなされる（同条4項）。いずれにせよ，両当事者の契約締結意思が書面に表れている必要がある。このように，書面でする消費貸借は，要式契約である。

　なお，このような要式性の趣旨を考慮すると，平成29年改正前民法の下で許容されていた諾成的消費貸借，すなわち当事者間の合意のみで成立する無方式の消費貸借は，平成29年改正民法の下では認められないことになろう。

> **Column 10-1　書面でする消費貸借と担保権の付従性**
>
> 　金融実務では，貸金の授受が行われる前に，貸金債権を被担保債権とする抵当権設定契約や保証契約が結ばれるのが通例である。他方で，平成29年改正前の民法では，消費貸借はすべて要物契約として規定されていた。このため，理論的には，抵当権設定契約・保証契約の締結や抵当権設定登記は，消費貸借契約が成立する前，すなわち被担保債権が存在しない時点で行われることになるので，担保物権・保証債務の付従性により無効ではないかという疑いが生じる。判例は，抵当権の付従性を柔軟に解し，消費貸借契約の成立を前提にされた行為を承認すること等により（大判明治38・12・6民録11輯1653頁参照），このような理論的な障害を克服しようとしてきた。
>
> 　平成29年の民法改正により，書面でする消費貸借（587条の2）が新設されたが，これによって状況に変化はあったのだろうか。たしかに，金融実務においては通常，金銭消費貸借契約書が作成されるため，587条の2の新設により，金銭の授受がない間に消費貸借契約の成立を認めてよいのかという疑義が生じるおそれがなくなった。しかし，書面でする消費貸借においても，金銭の授受がない段階で貸金の返還を目的とする債権が発生するとみるのは難しく，このため被担保債権が存在しない時点で担保権の設定が行われる状況には変わりがない。したがって，平成29年改正前民法の下で展開された判例は，改正民法の下でもなお存在意義をもち続けるものと思われる。
>
> 　なお，これとは異なり，金銭消費貸借契約に係る公正証書の作成後に金銭の授受が行われた場合について，平成29年改正前民法の下では，公正証書の作成時においては契約が成立していないので公正証書は無効ではないかという疑念が生じ，判例は，この疑念を払拭するため，公正証書の作成から金銭の授受までの期間を一連の契約締結プロセスと捉えることでこの疑念を克服していた（大判昭和11・6・16民集15巻1125頁）。しかし，改正民法の下では，書面でする消費貸借が認められるので，このような解釈は不要となる。

(2)　片務契約

　通常の消費貸借とは異なり，書面でする消費貸借においては，貸主は目的物を引き渡す義務を負い，借主はこれと同種・同等・同量の物を返還する義務を負う。しかし，両者は対価関係にないので，双務契約ではない。書面でする消費貸借も，通常の消費貸借と同様，片務契約である。

(3) 有償契約・無償契約

　書面でする消費貸借も，無利息が原則である（589条1項）。このような消費貸借は無償契約である。しかし，当事者の合意により利息付きとすることもでき（同条2項），この場合には有償契約となる。

図表10-1　消費貸借の性質

通常の消費貸借	要物契約	片務契約	無利息：無償契約
書面でする消費貸借	諾成・要式契約		利息付き：有償契約

(4) 目的物受取り前の借主の解除権

　書面でする消費貸借は，目的物の授受がなくても成立する。このため，契約成立後，目的物の授受が行われる前に，借主においてその目的物を必要としなくなることがある。この場合，契約が有効に成立した以上は借主にその目的物の受取りを義務づけ，すぐに返還することを認めるという考え方もあり得る。しかし，このような無用な目的物の授受を強いるのではなく，端的に契約の解除を認めるほうがよい。このような趣旨で，借主には，目的物を受け取る前に限り，任意解除権が認められている（587条の2第2項前段）。

　もっとも，貸主は，解除によって損害を被ることがあり得る。この場合，借主は，この損害を賠償しなければならない（同項後段）。貸主が被る損害として考えられるのは，たとえば，目的物を引き渡す準備をするために支出した費用や，利息の支払が合意されていた場合には得られたはずの利息相当額である。しかし，たとえば，貸主が金融機関等であって，借主のために調達した金銭その他の目的物を直ちに他者への消費貸借の目的物とすることができた場合には，貸主には損害が生じていないことになる。このように，目的物の受取り前に消費貸借が解除されたからといって，常に貸主が借主に対して約定の返還時期までの利息相当額を損害として賠償を請求することができるとは限らず，具体的にどのような損害が生じたのかを事案ごとに検討する必要がある。

(5) 目的物受取り前の当事者の破産

　書面でする消費貸借の成立後，目的物の授受が行われる前に，当事者の一方

が破産手続開始決定を受けたときは，書面でする消費貸借の効力は失われる（587条の2第3項）。なぜなら，貸主が破産手続開始決定を受けたときは，借主は破産手続のなかで目的物引渡請求権を行使することになるが，その手続は複雑であって時間を要するし，借主が破産手続開始決定を受けたときは，貸主は返還の見込みがないにもかかわらず目的物の引渡しを強いられることになり，いずれにしても妥当でないからである。

Column 10-2　消費貸借の予約

　消費貸借の予約とは，将来，消費貸借契約（本契約）を締結する債務を当事者に負わせる契約である。消費貸借には予約に関する規定が存在しないが，売買の一方の予約に関する規定（556条）が原則として有償契約に準用されるため（559条），利息付きの消費貸借に関してはその一方の予約が認められる。また，無利息の消費貸借についても，契約自由の原則により，予約それ自体が一律に否定されるわけではない。

　金融実務においては，コミットメント・ライン契約と呼ばれる融資契約が用いられており，これが消費貸借の予約であるといわれている。コミットメント・ライン契約とは，顧客が金融機関から融資を受ける場合に，一定の融資枠（上限額）をあらかじめ設定しておき，その枠内であれば自動的に融資を受けられるという合意である。この融資枠の設定が消費貸借の予約に相当するというわけである。個別の融資の場合には，金融機関においてそのつど審査を受けなければならないところ，コミットメント・ライン契約を結ぶことにより，融資枠内での融資であればその審査を省略することができる。平成29年改正民法の下でも，このような契約は無効とはされないであろう。

　ただし，前述のように（⇨ **3**(1)），諾成・無方式の消費貸借は認められない。そこで，消費貸借の予約が有効とされるためには書面の作成が要求され，その反面，その後に予約完結権が行使されれば，本契約について書面が作成されなくても，書面でする消費貸借の成立を認めるという解釈が考えられよう。

第2節　効　力

1 貸主の義務

（1）目的物の引渡義務

　通常の消費貸借は要物契約であるから，貸主は目的物を引き渡す義務（貸す

義務）を負わない。他方，書面でする消費貸借においては，貸主は目的物を引き渡す義務（貸す義務）を負う。

(2) 契約内容に適合した物を引き渡す義務

引き渡された物が契約内容に適合していなかった場合，貸主は，担保責任を負う。このことは，通常の消費貸借でも書面でする消費貸借でも変わらない。ただし，担保責任の内容は，消費貸借が利息付きであるか否かによって異なる。

利息付きの消費貸借では，借主は，売主の担保責任に関する諸規定に準じて，各要件を満たす限りにおいて，追完請求，損害賠償請求，対価である利息の減額請求，契約の解除をすることができる（559条）。

他方，無利息の消費貸借では，贈与に準じた扱いがされる。ともに無償契約という点で共通するからである。すなわち，貸主は，目的物をその特定時の状態で引き渡し，または移転することを約したものと推定される（590条・551条）。借主が貸主の担保責任を追及するためには，これと異なる合意をしたことを立証してこの推定を覆したうえで，この合意した内容に適合しない物が引き渡されたことを主張・立証しなければならない。

② 借主の義務

(1) 目的物返還義務

(a) **返還すべき物**　借主は，借り受けた物と種類・品質・数量の同じ物を返還する義務を負う（587条）。しかし，たとえば，借り受けたガソリンに不純物が混入していた場合，借主がこれと同等の不純物の混じったガソリンを調達して返還する義務を負うとすることは，かえって借主に大きな負担となりかねない。そこで，貸主から引き渡された物が種類・品質に関して契約内容に適合しないものであるときは，借主は，その物の価額を返還することができる（590条2項）。

他方，金銭以外の物の消費貸借において，借主が契約内容に適合した物を借り受け，これと種類・品質・数量の同じ物を返還することができなくなったときは，その時における物の価額を償還しなければならない（592条本文）。また，金銭消費貸借において，特定の種類の通貨で返還することを合意し，返還時に

その通貨が強制通用の効力を失っているときは，借主は，他の通貨で返還しなければならない（同条ただし書・402条2項）。

(b)　返還時期

（ⅰ）　返還時期の定めがある場合　　返還時期の定めがある場合には，その時に借主の返還義務の履行期が到来する。

借主は，返還時期の到来前に期限の利益を放棄して，借り受けた物と種類・品質・数量の同じ物を返還することができる（591条2項）。ただし，これによって貸主に損害が生じた場合，貸主は，借主に対してその賠償を請求することができる（同条3項）。利息付きの消費貸借において，借主が期限前に返還をする場合，借主は，返還までの利息を支払えばよく，約定の返還期限までの利息を支払う必要はない。その結果，貸主は，得られたはずの利息を得られないことになるが，これが常に損害になるとは限らない。貸主は，期限前に目的物の返還を受けたことによりそれを他に貸して利息を得ることができるからである。

（ⅱ）　返還時期の定めがない場合　　返還時期の定めがない場合，貸主は，相当期間を定めて返還の催告をすることができる（591条1項）。この相当期間が経過することにより，借主の返還義務の履行期が到来する。貸主が相当期間を定めなかった場合や，定めた期間が相当でなかった場合には，客観的にみて相当と認められる期間が経過することにより，返還義務の履行期が到来する。履行期の定めのない債務については，債務者が履行請求を受けた時に履行期が到来するのが原則であるが（412条3項），消費貸借上の返還債務については例外的な扱いとされている。なぜなら，借主に返還のための準備期間を与える必要があるからである。さもなければ，借主は，履行遅滞責任を免れるには，常に貸主からの返還請求に備えて返還すべき物を準備しておかなければならなくなるが，それは消費貸借の趣旨に反する。

他方，借主は，返還時期の定めがある場合と同様，いつでも返還をすることができる（591条2項）。

(2)　利息支払義務

利息の支払に関する合意がある場合には，借主は，目的物を受け取った日以後の利息を支払う義務を負う（589条2項）。利息は，金銭で支払われることが

多いが，規定のうえでは金銭に限定されない。

　なお，金銭消費貸借では，利息の制限が大きな問題となるが，これについては債権総論に譲る。

第3節　準消費貸借

1 意義・成立

　金銭その他の物を給付する義務を負う者が，給付の相手方との間の合意によりその物を消費貸借の目的とすることとしたときは，これによって消費貸借が成立したものとみなされる（588条）。たとえば，AがBから300万円で新車を1台買い受けたが，代金を支払う代わりに300万円をBから借り受けたことにする場合が，これにあたる。このように，準消費貸借は，借主となる者が金銭その他の物を既に受け取っているため，さらに要物性を求める必要がなく，当事者の合意のみによって成立する。

　準消費貸借は，既存の消費貸借上の債務についても成立し得る。たとえば，債権債務関係を明確にするため複数の小口の金銭債務をまとめて1個の金銭債務にする場合などが，これにあたる（最判昭和40・10・7民集19巻7号1723頁）。

　準消費貸借は，他の法律関係の債務（旧債務）を消費貸借上の債務（新債務）に変更することであるから，準消費貸借の成立により旧債務は消滅し，新債務が発生する。したがって，旧債務が無効または取り消された場合には，準消費貸借は成立しないし，逆に，準消費貸借が無効または取り消された場合には，旧債務は消滅しない。

2 効　　果

　準消費貸借の当事者の権利義務は，原則として通常の消費貸借の当事者のそれと同様である。ただし，準消費貸借は旧債務を準消費貸借上の債務に変更するものであるから，旧債務に関する法的効果が準消費貸借上の債務に承継されるのか否かという問題が生じる。具体的には，次の4つが主に問題となる。

（1）　同時履行の抗弁権

旧債務に付着していた同時履行の抗弁権は，準消費貸借の成立によって消滅するのであろうか。判例は，準消費貸借によって新旧債務の同一性が失われるか否かを基準に判断している。すなわち，同一性が失われるときは，同時履行の抗弁権は消滅し，同一性が維持される場合には，同時履行の抗弁権は存続する。そして，同一性の有無について，当事者意思が明らかな場合にはこれに従い，当事者意思が明らかでないときは同一性があるものと推定する（大判昭和8・2・24民集12巻265頁）。

（2）　担保権・保証債務

旧債務を被担保債権として設定されていた抵当権などの担保権や，旧債務を主たる債務とする保証債務についても，判例は，新旧債務の同一性の有無を基準に判断している（大判大正7・3・25民録24輯531頁）。

（3）　詐害行為との関係

詐害行為取消権を行使する債権者は，詐害行為前に債権を取得していることを要する。そこで，債権者Aが債務者Bに対して甲債権を有していたところ，Bが第三債務者Cに対して有していた金銭債権を第三者Dに譲渡し，その後にAB間で準消費貸借契約を締結し，これに基づき甲債権が乙債権に変更されたという場合，Aは，乙債権を取得する前になされたBからDへの債権譲渡を詐害行為として取り消すことができるか否かが問題となる。判例は，ここでも新旧債務の同一性の有無を基準に解決を図っている。すなわち，準消費貸借上の債務は，当事者の反対の意思が明らかでない限り，旧債務と同一性を維持すると推定されるとして，詐害行為取消権の行使を認めている（最判昭和50・7・17民集29巻6号1119頁）。

（4）　消 滅 時 効

準消費貸借上の債務の消滅時効期間については，判例は，新旧債務の同一性，すなわち当事者の意思を問題にすることなく，新債務を基準としている（大判大正10・9・29民録27輯1707頁）。たとえば，物損の不法行為に基づく損害賠償

債務を目的として準消費貸借が行われた場合，準消費貸借上の債務の消滅時効期間は，3年または20年（724条）ではなく，5年または10年（166条1項）となる。時効期間は当事者の意思によって左右されるべきものではなく，債務の性質から定まるべきものだからである。

Column 10-3　ファイナンス・リース

　たとえば，法律事務所A（ユーザー）が事務用コピー機を導入する際，それを購入するのではなく，ファイナンス・リースを用いることがある（単にリースという場合，ファイナンス・リースを指すのが通常である）。それは，次のようなものである。Aは，希望する機種を選んでリース会社Bに伝える。Bは，販売業者C（サプライヤー）からその事務用コピー機を購入してAに賃貸する。Aは，毎月一定額のリース料をBに対して支払う。AB間の契約は，法形式上は賃貸借契約であるが，貸主Bがあらかじめ所有している物を借主Aが借り受けるのではなく，リース物件を借主Aが自由に選択し，リース会社Bに購入を依頼するという取引形態に，単なる賃貸借とは異なる特徴がみられる。このような取引形態は，AがCから事務用コピー機を購入するための代金についてBから融資を受けると理解するほうが実態に合致している。つまり，ファイナンス・リースは，AB間の賃貸借という法形式を利用した，AC間の売買とAB間の金銭消費貸借の複合体なのである。

　このような実態と乖離した法形式をあえてとることのAにとっての利点は，節税にある。すなわち，賃貸借の形式をとれば，Aは賃料を直ちに損金として処理することができるので，購入の場合（法定耐用年数にわたり減価償却により損金処理する）に比べて節税につながるのである。また，Aにとっては，一時に多額の資金を準備することなく高額な物品を導入することができると同時に，耐用年数経過後は当該物品をBに引き取ってもらうことができるという利点もある。このため，ファイナンス・リースは，コンピューター，コピー機，自動車など経年による陳腐化が激しい高額な物品に利用されることが多い。

　さて，ファイナンス・リースをめぐる法律問題を考える際，どの典型契約に引き寄せて考えるのが適切なのかが問題となる。大きく分けて，法形式を重視して賃貸借に準じた扱いをすべきとの見解と，実態を重視してリース物件の不具合については売買に準じて，リース料支払遅滞については金銭消費貸借に準じて処理すべきとの見解がある。

　両者の違いは，次のような場面で現れる。たとえば，リース物件に不具合があった場合，別段の合意がない限り，契約不適合による担保責任を負い得るのは，前者ではリース会社Bであるが，後者ではサプライヤーCとなる。また，ユーザーAがリース料の支払を遅滞した場合，リース会社Bはリース物件をユーザーAの元から引き揚げるとともに，ユーザーAに対して残リース料全

額の一括支払を請求し得るが，この法律構成に違いが生じる。前者によれば，〔債務不履行に基づくリース契約の解除＋原状回復としてのリース物件の中途引揚げ＋予定損害賠償額の支払〕と構成するのに対して，後者によれば，〔期限の利益喪失＋残リース料全額の一括支払＋約定によるリース物件の中途引揚げ〕と構成することになる。

　なお，いずれの構成をとるにせよ，中途引揚げの場合には，リース会社 B は残リース料全額またはこれに相当する予定損害賠償金を得たうえにリース物件の返還を受けたことになるので，原則として，これによって得た利益（リース物件が返還時において有していた価値と本来のリース期間の満了時において有すべき残存価値との差額）をユーザー A に清算する義務を負う（最判昭和 57・10・19 民集 36 巻 10 号 2130 頁）。

Column 10-4　消費者販売信用における抗弁の対抗・既払金の返還

　たとえば，マンションの一部屋を購入するにあたり，銀行に住宅ローンを申し込み，審査を受け，30 年の住宅ローンを組んだとしよう。その後，マンションの欠陥が発覚しても，銀行に対しては住宅ローンの返済を継続しなければならない。売主との間で締結されたマンションの売買契約と銀行との間で締結された金銭消費貸借契約（住宅ローン）は別個の契約であり，売買契約上の契約不適合・詐欺・錯誤など追完・解除・取消し・無効原因があることを理由として，銀行に対して支払を拒絶したり，既に支払った金銭の返還を求めることは，原則として，できないことになる。

　住宅ローンのような，金銭を借り入れ，後で貸金が返済される金銭信用に対し，商品購入にあたり，代金が後払される場合を販売信用という。販売信用は二者間で行われることもある。たとえば，車の売買にあたり，売主に代金を 12 回払で支払うことにした場合，売主は買主を信用して車を先渡しすることになるが，車に問題があれば，買主は売主に対して同時履行の抗弁権を主張して支払を一時停止したり，契約を解除して車を返品し既払金を取り戻したりできる。もっとも，販売信用は，信販（クレジット）会社が加わった三者間で行われるほうが一般的である。信販会社は，その加盟店である販売店における商品の売買等に際して，購入者が信販会社のクレジットカードの呈示（包括式）や個別の与信申込（個別式）をした場合，購入者からの委託に基づき販売店に対して一括して代金を支払い，購入者は立替払をした信販会社に後払する。このような三者間でのクレジット取引（信用購入あっせん）が世間では広く行われており，割賦販売法（割販法）によって規制されている。三者間のクレジット取引では，前もって販売店と信販会社に提携関係（加盟店契約）があり，クレジットの仕組みがあることによって商品の販売が促進されていることから，

信販会社に加盟店である販売店の管理等について一定の責任を負わせるという発想が採られる。本来，購入者と信販会社との立替払契約は，購入者と販売店の間で成立している売買契約と別個のものであるものの，たとえば，売買契約に追完・解除・取消し・無効などの代金支払を拒絶できるような事由がある場合，購入者は信販会社に支払を拒絶できる抗弁の対抗が認められている（包括式は割販法30条の4，個別式は割販法35条の3の19）。さらに，個別式のクレジットは，悪質な販売業者等に利用される傾向にあったため，特定商取引に関する法律が規制する5類型（訪問販売・電話勧誘販売・業務提供誘引販売取引・連鎖販売取引・特定継続的役務提供）においてクレジット取引が行われる場合には，クーリング・オフや契約取消権なども導入され，購入者は支払拒絶のみならず，既払金の返還も信販会社に請求できる仕組みが導入されている（割販法35条の3の10・11，35条の3の12，35条の3の13〜16）。

　なお，注意して欲しいのは，抗弁の対抗等の割販法上の制度はいわゆるマンスリークリア（翌月払）には認められておらず，また，電子マネーやデビットカードも対象外である。マンスリークリアや電子マネー決済等は現金決済に近いものとして，売買契約等にトラブルがあった場合の対応等は信販会社・金融機関の利用規約等の内容に委ねられている。

第**11**章
使 用 貸 借

第1節　意義・成立

1 意　義

　使用貸借とは，当事者の一方（借主）が相手方（貸主）からある物を無償で借りて使用・収益を行い，その後にこれを返還することを内容とする契約である（593条）。借主は物の使用・収益につき対価の給付を要しないことから，使用貸借は無償契約である。このことは，借主が使用・収益と対価関係に立つ債務を負わないことでもある。したがって，使用貸借は片務契約である。対価の給付が合意される場合には，次章で述べる賃貸借になる。

　使用貸借は，無償性という性質ゆえ，親族，友人，知人等の好意関係に基づく便宜の提供という意味合いで行われることが多いと考えられてきた。さらに，合意だけでなく目的物の引渡しがあってはじめて契約が成立するとされてきた。

　しかし，製品販売会社がその特約店に対し販売促進用の設備等を無償で貸与したり，インターネット接続会社が顧客に対し通信機器等を無償で貸与したりするなど，経済的取引の一環として行われることも多い。そこでは，合意のみでも貸与に対する正当な期待が生じると考えられる。そこで，取引の安定を保

護するため，現在は，当事者間の合意のみによって使用貸借が成立することとされている。

2　成　立

(1)　成立要件

使用貸借契約は，当事者の一方がある物を引き渡すことを約し，相手方がその受け取った物について無償で使用収益をして契約が終了したときに返還することを約することによって成立する（593条）。つまり，使用貸借は当事者間の合意のみによって成立するのであり，諾成・不要式の契約である。

ところで，事実上の使用収益がある場合に，それが黙示的な合意によるものであるとして使用貸借の成立が認められることがある。判例上これが認められた例として，共同相続人のひとりが遺産を使用したというものがある。被相続人と生前からその所有する不動産に同居していた共同相続人のひとりが，相続開始後も当該不動産に居住し続けたことが不当利得になるかどうかが争われた事案において，判例は，その共同相続人と他の共同相続人との間で無償の使用に関する合意を認め，不当利得の成立を否定した（最判平成8・12・17民集50巻10号2778頁〈 判例 11-1 〉）。

> 〈 判例 11-1 〉最判平成8・12・17民集50巻10号2778頁
> 【事案】Aが死亡し，Xら5名およびYら2名が共同相続人となった。XはAの遺言により遺産の16分の2につき包括遺贈を受けたが，他方で，Yらは，Aの生前から，Aの遺産のひとつである土地およびその上の建物（「本件不動産」という）にAと同居し，相続開始後も引き続き居住していた。そこで，XらはYらに対し，本件不動産の賃料相当額のうち，Yらの共有持分に相当する部分を超える金額が不当利得になると主張し，その返還を求めた。第一審，原審はXらの請求を認めたため，Yらが上告。
> 【判旨】破棄差戻。最高裁は，「共同相続人の一人が相続開始前から被相続人の許諾を得て遺産である建物において被相続人と同居してきたときは，特段の事情のない限り，被相続人と右同居の相続人との間において，被相続人が死亡し相続が開始した後も，遺産分割により右建物の所有関係が最終的に確定するまでの間は，引き続き右同居の相続人にこれを無償で使用させる旨の合意があったものと推認される」としたうえで，「被相続人が死亡した場合は，この時か

ら少なくとも遺産分割終了までの間は，被相続人の地位を承継した他の相続人
等が貸主となり，右同居の相続人を借主とする右建物の使用貸借契約関係が存
続することになる」と判示して，Xらの不当利得返還請求を退けた。

(2)　無償性の判断

　物の貸借について借主がごく僅かな金員を支払っていたり一定の費用のみを
負担していたりする場合には，それが貸借への対価と呼べるかどうかが問題と
なる。なぜなら，対価と認定されるとその貸借は賃貸借となり，当事者の権利
義務が異なってくるし，目的物が不動産の場合には，借主は借地借家法による
法的保護を受けることがあり得るからである。

　判例には，妻の伯父と弟に家屋の一部を貸借して（いわゆる間貸し），相場の
約13分の1の金額を室代として受け取っていた場合につき，この貸借を使用
貸借としたもの（最判昭和35・4・12民集14巻5号817頁），家屋の借主が固定資
産税等の公租公課の支払のみを負担していた場合につき，それが使用・収益に
対する対価の意味をもつものと認めるに足りる特段の事情のない限り，この貸
借を使用貸借としたものがある（最判昭和41・10・27民集20巻8号1649頁）。さ
らに，家屋の借主が留守番などの労務を負担していた場合についても，労務の
提供は法律上家屋使用の賃料の支払といえないとして，この貸借を使用貸借と
認定したものがある（最判昭和26・3・29民集5巻5号177頁）。

3　目的物受取り前の解除権

　前述のとおり，使用貸借は無償契約であり，貸主は，契約に基づいて給付を
するだけであり対価を得ることはできない。そこで，贈与におけると同様，契
約意思が曖昧なまま形式的に合意をしてしまった貸主を保護するため，民法は，
使用貸借契約の拘束力をある程度緩和している。すなわち，貸主は，借主が借
用物を受け取るまでは，契約の解除をすることができる（593条の2本文）。た
だし，書面によって使用貸借が合意された場合は，貸主の契約意思が明確であ
ると解されるので，このような解除権は認められない（同条ただし書）。

　契約意思の曖昧な貸主を保護するための方策としては，使用貸借を要物契約

にするということも考えられる。目的物の引渡しがあってはじめて契約が成立するという規律であれば，契約意思が曖昧なまま軽率に無償貸与の意思表示をしてしまっても，それだけで契約に拘束されることはないからである。実際，平成 29 年改正前の民法はこの立場をとっていた。しかし，前述のように，合意のみで契約の拘束力を認めることへの要請に対応するため，平成 29 年の民法改正では，契約の成立それ自体を諾成的とする一方で，贈与における贈与者保護の規律を使用貸借にも採用することで調整を図った。なお，これと同旨の規律は，無償寄託にもある（657 条の 2 第 2 項）。

第 2 節　効　　力

1 貸主の義務

（1）　目的物引渡義務

　貸主は，使用貸借契約に基づき，目的物を引き渡す義務を負う。その際，貸主は，目的物を使用貸借の目的として特定した時の状態で引き渡すことを約したものと推定される（596 条・551 条 1 項）。使用貸借の目的物は通常，特定物であるから，通常は契約時の状態で引き渡すことを約したものと推定されることになる。これは，贈与におけると同様，使用貸借の無償性から，貸主の義務内容を軽減したものと理解することができる。なぜなら，上記のような推定がはたらく結果，貸主は，契約締結時から引渡しまでの間その目的物の保管について善管注意義務を尽くせば（400 条参照），現状で目的物を引き渡すことで引渡義務を尽くしたことになるからである。

　他方，負担付贈与と同様，負担付の使用貸借もある。このような使用貸借の貸主は，贈与者と同様，負担の限度において担保責任を負う（596 条・551 条 2 項）。

　以上については，これと異なる合意があればそれに従うが，その証明責任は借主が負う。

(2) 消極的義務

　目的物を引き渡した後の貸主の義務についても，使用貸借の無償性ゆえに軽減されている。すなわち，貸主は，基本的には，借主が目的物を使用・収益することを適法行為として承認するという消極的義務を負うにとどまる（次章でみる賃貸借における賃貸人の義務と比較してほしい。⇨第12章第4節 **1**(1)）。

　このため，貸主は，目的物の通常の必要費を負担しなくてよいし（595条1項），修繕義務も負わない（賃貸借に関する606条1項参照）。これらは借主が負担する。たとえば，自動車の使用貸借では，ガソリンの補給，エンジンオイルの交換などがこれにあたる。

　ただし，特別の必要費については，貸主が負担する（595条2項・583条2項・196条1項）。また，有益費については，価値の増加が現存する場合に限り，貸主の選択に従い，借主が支出した金額または増価額を貸主が負担する（595条2項・583条2項・196条2項）。たとえば，自動車の使用貸借では，台風で飛んできた看板が当たってへこんだドアの修繕費用やバッテリーの交換費用が特別の必要費であり，ドライブレコーダーの購入および取付費用が有益費である。

　これら借主の費用償還請求権については，貸主が目的物の返還を受けた時から1年の期間制限に服する（600条1項）。

2 借主の義務

(1) 目的物の保管義務・用法遵守義務

　借主は，契約または目的物の性質によって定まった用法に従い，目的物の使用・収益をしなければならない（594条1項）。また，借主は，善良なる管理者の注意をもって目的物を保管しなければならない（400条）。借主がこの義務に違反して目的物を破損した場合には，損害賠償義務を負う（415条1項）。これに関する貸主の損害賠償請求権は，目的物の返還を受けた時から1年の期間制限に服する（600条1項）。これは，使用貸借契約に基づく清算関係を短期間で完了させることを目的とする。同旨の規定は，賃貸借（622条）および寄託（664条の2第1項）にもある。

　他方で，使用貸借の継続中に目的物が破損し，貸主が損害賠償請求権を取得した場合，使用貸借期間が長期に及ぶとその間に時効期間（166条）が満了し

てしまい，その後に使用貸借が終了し目的物が返還されても損害賠償を請求することができないという不都合な事態が生じ得る。そこで，この損害賠償請求権については，貸主が目的物の返還を受けた時から1年を経過するまでの間は，消滅時効の完成が猶予されている（600条2項）。

さらに，使用貸借は，当事者の人的な信頼関係に立脚するものであるから，借主は，貸主の承諾を得なければ，第三者に借用物の使用・収益をさせてはならない（594条2項）。これらの義務に対する違反は，契約の解除原因となる（同条3項）。

(2) 目的物の費用の負担

前述のとおり，借主は，目的物の通常の必要費を負担しなければならない（595条1項）。たとえば，居住用建物の使用貸借において，庭木の剪定費用や建物内の蛍光灯の交換費用がその例である。

3 対 抗 力

賃借権とは異なり，使用借権には対抗力を認める規定がない。目的物が不動産の場合も借地借家法の適用がないので（借地借家1条参照），無償で借りた土地上に建物を建設して所有権保存登記を備えても，無償で借りた建物の引渡しを受けても，使用借権について対抗力を備えることはない。これも，無償契約である使用貸借が，有償契約である賃貸借に比べて効力が弱いことの表れである。このため，使用貸借の目的物を譲り受けた新所有権者から返還を請求された場合，使用借主は新所有権者に対して使用借権を対抗することができない。

もっとも，民法の一般原則に従い，新所有権者による返還請求が権利濫用として否定される余地は残されている。

第3節 終 了

使用貸借が終了する場面は，2つに大別することができる。ひとつは，一定の事由が生じると当然に契約が終了するというものであり（597条），もうひとつは，当事者の意思表示によって契約が終了するというものである（598条）。

　両者に共通しているのは，次章で述べる賃貸借とは異なり，契約（すなわち借主の権利）の存続に対する保護がなく，契約の終了が比較的容易に認められる点である。ここにも使用貸借の無償性という特徴が表れている。

1 契約の当然終了

（1）　存続期間の満了
　当事者間で存続期間を定めたときは，その期間が満了することにより，使用貸借は終了する（597条1項）。賃貸借とは異なり（619条1項参照），更新に関する推定規定はない。

（2）　使用・収益期間の終了
　当事者が存続期間を定めなかった場合において，使用・収益の目的を定めたときは，借主がその目的に従い使用・収益を終えた時に使用貸借は終了する（597条2項）。たとえば，旅行先で写真を撮るために使用することを目的と定めて，友人から高性能のデジタルカメラを無償で借りる旨の使用貸借契約を結んだ場合は，使用貸借の期間について合意をしなくても，借主が旅行から戻った時に使用貸借は終了する。

（3）　借主の死亡
　使用貸借は，当事者間の人的な信頼関係に立脚するものであるから，借主が死亡した場合には，終了する（597条3項）。

2 解　　除

（1）　目的物受取り前の解除権
　前述のとおり（⇨第1節**3**），貸主は，借主が目的物を受け取る前は，書面による使用貸借を除き，自由に契約を解除することができる（593条の2）。

（2）　債務不履行解除
　使用貸借は契約であるから，当事者の一方に債務不履行があったときは，相手方は，契約の総則規定に従い契約を解除することができる（541条・542条）。

(3)　特殊な解除権

そのほかに，使用貸借に特有の解除権が定められている。

(a)　**借主の解除権**　　借主は，いつでも契約の解除をすることができる（598条3項）。このことは，使用貸借の期間または使用・収益の目的に関する定めの有無を問わない。借主が使用・収益の利益を自由に放棄することを認めても，これによって貸主に不利益は生じないからである。

(b)　**貸主の解除権**　　当事者が使用貸借の期間を定めず，使用・収益の目的のみを定めた場合において，その使用・収益をするのに足りる期間を経過したときは，実際にその使用・収益を終える前であっても，貸主は契約の解除をすることができる（598条1項）。貸主がこの解除の意思表示をしないまま，借主が実際にその使用・収益を終えた場合は，その時に使用貸借は当然に終了する（597条2項）。

使用・収益をするのに足りる期間を経過したかどうかの判断要素につき，判例は，土地の使用貸借に関して，経過した年月，土地が無償で貸借されるに至った特殊な事情，その後の当事者間の人的つながり，土地使用の目的・方法・程度，貸主の土地使用を必要とする緊要度など双方の諸事情を挙げている（最判平成11・2・25判時1670号18頁）。

他方，当事者が使用貸借の期間も使用・収益の目的も定めなかったときは，貸主は，いつでも契約の解除をすることができる（598条2項）。

③　終了後の権利義務

使用貸借が終了した場合，借主は貸主に対して目的物を返還しなければならない（593条）。その際，目的物を原状に復する義務（原状回復義務）を負う。具体的には，次のとおりである。

第1に，借主が目的物を受け取った後にこれに付属させた物があるときは，その付属させた物を収去する義務を負う（599条1項本文）。ただし，分離することができない場合または分離するのに過分の費用を要する場合は，この限りでない（同項ただし書）。これは，履行不能に関する一般的な規律（412条の2第1項）が具体化されたものとみることができる。

第2に，借主が目的物を受け取った後に付属させた物があり，その付属物が

分離可能である場合は，借主はこれを収去することができる（599条2項）。このことは，使用貸借の継続中も同様である。

　第3に，借主が目的物を受け取った後にこれに生じた損傷があるときは，その損傷を原状に復する義務を負う（599条3項本文）。通常損耗および経年変化についても借主が原状回復義務を負うか否かについては，賃貸借とは異なり，当該契約の解釈を通じて個別に判断される。賃貸借では，通常損耗および経年変化の修補費用が考慮されて賃料額が決定されると考えられるため，賃借人がこれらの原状回復義務を負うことは二重の負担を強いられることになるとの理由から，賃借人の原状回復義務の範囲から除かれている（621条本文。⇨第12章第7節**7**）。しかし，無償契約である使用貸借では，このような事情がないため，賃貸借と同様の規律は妥当しないし，とはいえ一律に借主の負担とすることも妥当とはいえない。

　ただし，その損傷が借主の責めに帰することができない事由によるものであるときは，借主は原状回復義務を負わない（599条3項ただし書）。

第**12**章
賃 貸 借

第1節　意　　義

1 法 的 性 質

　賃貸借とは，当事者の一方（賃貸人）がある物の使用および収益を相手方（賃借人）にさせ，相手方がその対価として賃料を支払い契約終了後にこの物を返還することを内容とする契約である（601条）。賃貸借契約に基づき，賃貸人は目的物を使用・収益が可能な状態にする債務（貸す債務）を，賃借人は賃料を支払う債務を負い，両債務は対価関係に立つ。このように，賃貸借は，双務・有償の契約である。

　賃貸借は，たとえば DVD のレンタル，レンタカー，月極駐車場，賃貸マンションなど，われわれの日常生活の最も身近にある契約のひとつである。同時に，企業活動においても，事業所・店舗用の建物やその敷地，工場機械，倉庫などの賃貸借が大きな役割を果たしている。このように，賃貸借は市民生活の

さまざまな場面で利用されているが，とりわけ重要なのは，土地，建物の賃貸借である。これらは，目的物の経済的価値が高いことに加え，賃借人にとって居住や事業など重要な生活基盤をなしている。このため，賃貸借をめぐる諸問題に関する判例・学説は不動産賃貸借を中心に展開しており，さらに不動産賃貸借に関する特別法が大きな役割を果たしている。したがって，賃貸借に関するルールを理解するためには，民法上の賃貸借に関する規定のみならず，主要な特別法である借地借家法にも目を配る必要がある。そこで，本章では，賃貸借契約の成立から終了までを時系列に沿って解説するなかで，各場面で適用される民法のルールと借地借家法のルールを扱うこととする。

② 不動産賃貸借に関する特別法

(1) 不動産賃借権および賃借人の保護

他人の土地の利用権には，賃借権以外に，地上権と永小作権がある。明治期における民法典の起草者は，登記を不動産賃借権の対抗要件と定めるにあたり（605条），他人の土地の利用権のうち長期のものを物権である地上権ないし永小作権，短期のものを債権である賃借権と使い分けしようとしていた。また，起草者は，賃借人が不動産賃借権の登記請求権を有すると考えていたようである。

しかし，起草者の構想に反して，地上権，永小作権は，長期の存続期間（268条2項・278条参照）など効力の強さゆえ土地所有者から敬遠され，他人の土地の利用には主に賃借権が用いられた。さらに，判例は，賃貸借契約は当事者間に債権関係を発生させるにとどまり，その旨の特約がない限り登記請求権を発生させるものではないとして，賃借人による賃借権の登記請求権を否定した（大判大正10・7・11民録27輯1378頁）。

その結果，土地の賃借人がその土地上に建物を建てた後にその土地が第三者に譲渡されると，「売買は賃貸借を破る」の法諺のとおり，賃借人は土地の譲受人に賃借権を対抗することができず，地上建物を収去して土地を明け渡さなければならない事態に直面する。こうした賃借人の弱い社会的・経済的立場に乗じた悪徳な地主が，賃貸借の目的物たる土地の譲渡をほのめかして法外な賃料値上げなどみずからに有利な契約内容への変更を迫るということが横行した。

このような賃貸借の目的物たる土地の売買は，地上建物の存立基盤を失わせることから，地震売買と呼ばれた。

そこで，このような事態に対処するため，明治 42 年に「建物保護ニ関スル法律」（建物保護法）が制定された。これにより，土地の賃借人がその土地上に登記をした建物を所有する場合には賃借権に対抗力が付与されることとなり，賃借人は地震売買から保護されることとなった（⇨第 5 節 **1**）。

すると今度は，地主側が賃貸借期間を短く設定し，更新拒絶を盾に地代の値上げを要求するということが頻発した。そこで，これに対処するため，大正 10 年に「借地法」が制定され，長期の存続期間，建物買取請求権，賃料増減額請求権などの規律が整備された。建物保護法および借地法の直接の目的は，国民経済的な観点からの建物保護ないし借地人の投下資本回収の保護であったが，結果として借地人の生活の保護につながった。むしろ，立法当初の直接の目的とは別に，これらの立法は次第に，借家法と合わせて借地人・借家人保護の観点から理解されるようになっていく。

他方，借家については，当時の物価騰貴と大都市の住宅難に伴い家賃の値上げをめぐる紛争が増加したことをきっかけに，紛争解決と住宅難の緩和を狙い，借地法と同じ大正 10 年に「借家法」が制定され，借家権の対抗力，解約申入期間の伸長，賃料増減額請求権，造作買取請求権などが明文で規定された。

その後，昭和 16 年の法改正により，更新拒絶（借地および期間の定めのある借家）および解約申入れ（期間の定めのない借家）による借地・借家契約の終了に「正当ノ事由」が必要とされることとなり，借地権・借家権の存続保護が強化されるようになった。さらに，昭和 41 年の法改正により，借地権譲渡・転貸に関する地主の承諾に代わる裁判所の許可制度（借地法），借家人が相続人なくして死亡した場合における同居人による借家権の承継に関する規定（借家法）等が追加されるなど，借地人・借家人の保護が一層強く図られるようになった。

なお，特別法とは異なるが，第二次大戦後の住宅事情の悪化を背景として展開された契約解除の制限（612 条 2 項の制限解釈，債務不履行解除の制限），借地権・借家権の対抗要件の緩和（現地検分主義）などの判例法理の展開も，借地人・借家人保護策のひとつと位置づけることができる（⇨第 5 節 **1**(2)，第 6 節 **3**(3)(a)，第 7 節 **3**(1)）。

(2) 不動産の高度利用の要請による「揺り戻し」

　借地権・借家権（特に借地権）の存続を保護することには，弊害も指摘された。すなわち，借地権の長期間にわたる存続は，都市開発および土地の高度利用を阻害する一因になることがある。また，借地権の存続保護の強化は，土地所有権者による「貸し渋り」を引き起こすとの懸念も指摘された。

　このような指摘を背景に，更新のない借地権（定期借地権）の導入が議論され，平成3年の「借地借家法」によってこれが実現した。同法は，従来の建物保護法，借地法，借家法を全面的に見直したうえで1本の法律にまとめたものであり，定期借地権制度のほか，立退料の明文化，期限付き借家制度の新設など重要な改正を含んでいた。さらに，経済取引全般における規制緩和の流れが加わり，平成11年の法改正によって定期建物賃貸借の制度が新設された。この定期建物賃貸借は定期借家と呼ばれることがあり，定期建物賃貸借の賃借権は定期借家権と呼ばれることがある。

　このような近時の法改正は，借地人・借家人保護に偏りすぎた借地借家法制の，賃貸人側の利益尊重への「揺り戻し」とみることもできる。もっとも，定期借地・定期借家制度の創設は新たなオプションの追加にすぎず，従来の普通借地権・普通借家権に関する規律は維持されている。また，借地借家法には，同法の規定に反する特約で借地人または借家人に不利なものを無効とする規定（片面的強行規定という）が多くみられる（借地借家9条・16条・21条・30条・37条）。このように，近時の法改正によって借地人・借家人保護が弱まったというわけではない。

(3) 農地に関する特別法

　農地に関しては，戦後の農地改革を契機として，昭和27年に「農地法」が制定され，これにより農地および採草放牧地の賃借人保護が図られている。内容的には，農地・採草放牧地の賃借権の対抗力に関する特則（農地16条），法定更新（農地17条），解除・解約申入れ・合意解除の制限（農地18条），借賃等の増減額請求権（農地20条）など，基本的には借地借家法と類似したものとなっている。

3 借地借家法の適用を受ける賃貸借

　本章では，前述のとおり，賃貸借契約の各場面における民法のルールと特別法のルールを対比させながら解説を行う。そこで，どのような賃貸借が特別法のルールの適用を受けるのかを最初に明らかにしておきたい。なかでも特に重要な特別法は，借地借家法である。

　借地借家法の適用を受ける賃借権は，建物の所有を目的とする土地の賃借権および建物の賃借権である。このほか，建物の所有を目的とする地上権も借地借家法の適用を受ける（借地借家1条）。借地借家法は，同法の適用を受ける土地の賃借権および地上権を借地権と呼び，これに応じて，賃貸人を借地権設定者と呼んでいる。そこで，本章でも，借地借家法に関する記述ではこれらの用語を用いることがある。

　他方，建物の所有以外の目的を有する土地の賃借権には，借地借家法の適用はない。なぜなら，同法によって借地権を保護する主な理由が，借地上の投下資本の維持・回収および借地人・借家人の生活基盤の確保にあるからである。

　また，使用貸借に基づく借主の不動産利用権にも，借地借家法の適用はない。なぜなら，無償の不動産利用権に民法のルールを超える存続保護を与える必要はないと考えられるからである。

(1) 「建物の所有を目的とする」借地権

　どのような借地利用が「建物の所有を目的とする」にあたるのであろうか。居住用建物，工場，貯蔵用倉庫の建築およびその所有がこれに含まれることは明らかであるし，他方で，鉄塔や橋など建物以外の工作物の所有や，借地の耕作を目的とする場合がこれに含まれないこともまた明らかである。

　しかし，判断が難しいものもある。判例は，自動車教習所の建設を目的とする土地の賃貸借契約に旧借地法の適用を肯定する一方（最判昭和58・9・9判時1092号59頁），ゴルフ練習場に使用するための土地の賃貸借契約（最判昭和42・12・5民集21巻10号2545頁），幼稚園の運動場として使用するための土地の賃貸借契約（最判平成7・6・29判時1541号92頁）には旧借地法の適用を否定した。これらの判例では，賃借人が当該土地を使用する「主たる目的」がその地上に

建物を築造しこれを所有することにあるか否かが基準とされ，たとえ賃借した土地上に建物を築造しこれを所有しようとする場合であっても，それが土地使用の従たる目的にすぎないときは，「建物の所有を目的とする」にあたらないと判断されている。

(2)　建物の一部の賃借権

借地借家法の適用を受ける借家権は，1棟の建物全体の賃借権のみならず，1棟の建物の一部の賃借権であってもよい。ただし，その一部が障壁等によって他の部分と区画され，独占的排他的支配が可能な構造・規模を有することが必要となる（最判昭和42・6・2民集21巻6号1433頁）。賃貸借の対象となる部分が区画され独立の入り口を備えているマンションやアパートの専有部分の賃貸借には，当然に借地借家法が適用される。さらに，たとえば，鉄道高架下施設物の一部分を区切った飲食店であっても，隣の部分と客観的に区別されており，独立的排他的支配が可能な場合には，この部分の賃貸借には借地借家法が適用される（最判平成4・2・6判時1443号56頁）。

第2節　成　立

1 成 立 要 件

賃貸借は，当事者の一方がある物の使用および収益を相手方にさせることを約し，相手方がこれに対して賃料を支払うことおよび契約終了後にその物を返還することを約することによって，その効力を生じる（601条）。このように，賃貸借契約が成立するために必要なのは当事者間の合意だけであり，それ以外の方式等は求められていない。つまり，賃貸借は，諾成・不要式の契約である。

もっとも，賃貸借のなかでも重要な位置を占める不動産の賃貸借については，契約書が作成されるのが通常であるし，宅地建物取引業者が賃貸借契約を代理または仲介する場合には，契約内容を記載した書面の作成・交付が義務づけられている（宅建業37条2項）。しかし，この書面交付義務に違反があっても，宅地建物取引業務の停止や罰金などの制裁が課せられることはあるが，賃貸借契

約の成立それ自体には影響しない。したがって，この義務によって賃貸借契約の諸成契約性・不要式契約性が修正されているわけではない。

ただし，後述する定期借地および定期借家については，例外的に，書面によってすることが契約の成立要件とされている（借地借家22条・23条3項・38条1項・39条2項）（⇨第3節 **2**(2)(c)・(d)）。

また，賃貸借契約が成立するためには，前述のとおり，物の使用・収益に関する合意だけでなく，これに対する対価の支払が合意される必要がある。これにより，当事者が互いに債務を負うこと，その債務の内容である使用・収益とその対価が経済的にも対価的な意味を有することから，賃貸借は，双務・有償契約である。対価は，金銭であることが通常であるが，売買とは異なり，これに限定されない。たとえば，農地の賃貸借の場合に収穫物を対価とすることでもよい。対価の支払に関する合意がない場合，その契約は使用貸借となる（⇨第11章）。

2 自己借地権

賃借権は，賃貸借契約から生じるものであり，ひとりで契約を締結して自己の所有物に賃借権を取得することはできない。また，事後的に賃貸人と賃借人とが同一人に帰属したときは，賃借権は原則として混同により消滅する（520条）。このため，土地の所有権者は，みずからの土地上の建物に，みずからを借地権者とする借地権を設定することができない。

しかし，次のような場合には不都合が生じる。たとえば，甲土地の所有権者Aがその上にマンションを建設して，その専有部分のひとつ（乙）にみずからが居住し，他の専有部分9戸を1戸ずつ9人の第三者に分譲したとする。この場合，Aは乙の敷地利用権として甲土地に借地権を設定することができない。Aがみずから乙に居住する限りにおいては不都合が生じないが，後にAが乙を第三者Bに譲渡する場合，乙は敷地利用権を欠くことになってしまう。この対応策として，Aが乙をBに譲渡するのと同時またはその直後にBのために甲土地に借地権を設定するという方法が考えられるが，これは認められない。なぜなら，他の9人はそれぞれ，みずからの専有部分の面積の割合に応じた持分で甲土地の借地権を準共有しているため，もともと甲土地の借地権の準共有

者でない A が B のために借地権を設定することを認めると，その分だけ他の
9 人の共有持分が不当に減じられることになるからである。

　そこで，このような不都合を回避するため，土地所有権者が他の者と借地権
を準共有することとなる場合には，例外的に，自己所有の土地に借地権を設定
することが認められている（借地借家 15 条 1 項）。このような借地権を，自己借
地権という。先の例では，当初から甲土地の所有権者 A を含む地上マンショ
ンの専有部分の所有権者 10 人が甲土地の借地権を準共有することができる。
これとは逆に，借地権が事後的に借地権設定者（土地所有権者）に帰属した場
合であっても，他の者とその借地権を準共有する場合には，その借地権は混同
により消滅しないこととされている（同条 2 項）。

第 3 節　存続期間と契約の更新

1 存 続 期 間

(1)　民法上の賃貸借

　民法上の賃貸借の存続期間は，最長 50 年である。契約でこれより長い期間
を定めたときでも，その期間は 50 年に短縮される（604 条 1 項）。この期間は
更新することができるが，その場合でも，更新後の存続期間は更新の時から
50 年を超えることができない（同条 2 項）。前述のとおり，当初は，長期の土
地利用については地上権ないし永小作権によらしめようと考えられていたため，
地上権および永小作権の存続期間の上限が 50 年であるのに対し（268 条 2 項・
278 条 1 項），賃借権については 20 年が存続期間の上限とされていた。しかし，
実際にはこのような存続期間の長さに応じた使い分けが行われていないうえ，
20 年を超える賃借権のニーズがあることから，平成 29 年民法改正により 50
年が上限とされることとなった。

　ただし，処分の権限を有しない者（不在者の財産管理人〔28 条〕，権限の定めの
ない代理人〔103 条〕，後見監督人がある場合の後見人〔864 条〕など）がなす賃貸借
は，短期のものに制限される。具体的には，①樹木の栽植または伐採を目的と
する山林の賃貸借については 10 年，②これ以外の土地の賃貸借については 5

年，③建物の賃貸借については3年，④動産の賃貸借については6か月である。契約でこれより長い期間を定めたときでも，その期間は上記の期間となる（602条）。これらの期間は，更新することができるが，その場合には，期間満了前，土地については1年以内，建物については3か月以内，動産については1か月以内に，その更新をしなければならない（603条）。この規定の趣旨は，長期の賃貸借が処分行為に属すると解して，これと管理行為である比較的短期間の賃貸借を区別し，処分の能力を制限された者や処分権限を有しない者についても，管理行為として認められる賃貸借の範囲を明確にすることにある。

　他方，当事者間で期間を定めない賃貸借も有効である。この場合，各当事者はいつでも解約の申入れをすることができ，この解約申入れの日から一定期間を経過することによって，賃貸借は終了する（⇨第7節 **2**(1)）。

(2)　借地借家法の特則

　借地借家法上の借地・借家については，同法により存続期間に関する特則が設けられている。これは，前述のとおり，土地・建物の所有者が契約締結時の優越的地位を利用して短期間の賃貸借契約を締結させ更新拒絶を盾に賃料値上げを迫るという事態が横行した過去の経緯を踏まえ，借地権・借家権の存続保護を図った規定のひとつと位置づけられる。

(a)　借地権

(ⅰ)　原　則　　借地権（定期借地権を除く。以下同じ）の存続期間は，30年である。契約でこれより短い期間を定めた場合も30年となる。他方，契約でこれより長い期間を定めたときは，その期間となる（借地借家3条）。

　以上が原則であるが，存続期間が満了する前に借地上建物が滅失し，その後，借地権者が残存期間を超えて存続すべき建物を築造した場合については，例外的に，一定の要件の下で存続期間の延長が認められている。

(ⅱ)　建物の再築による借地権の期間の延長　　借地権の存続期間の満了前に借地上建物が滅失しても借地権は消滅しないので，借地権者はその後，建物を再築することができる。これを禁止する旨の特約は，無効である（最判昭和33・1・23民集12巻1号72頁）。建物が再築された場合，再築建物の耐用年数が借地権の残存期間を超えることがある。そこで，再築建物の耐用年数だけ借地

権が存続することに対する借地権者の要請と，借地権設定者の意思の尊重との均衡を図るため，借地借家法は，次のような規定を置いている。すなわち，借地権が設定されて最初の存続期間が満了する前に借地上建物が滅失し，その後，借地権者（転借人がいる場合には転借人）が残存期間を超えて存続すべき建物を築造したときは，その建物を築造するについて借地権設定者の承諾がある場合に限り，借地権は，承諾があった日または建物が築造された日のいずれか早い日から20年間存続する。ただし，借地権の残存期間がこれより長いとき，または当事者がこれより長い期間を定めたときは，その期間による（借地借家7条1項・3項）。当事者が延長期間として20年より短い期間を定めたとしても，このような合意は無効であり，20年となる（借地借家9条）。

　さらに，建物再築に関する承諾については，これを擬制する規定が置かれている。借地権者が借地権の残存期間を超えて存続すべき建物を築造する旨を借地権設定者に通知した場合において，借地権設定者がこの通知を受けた後2か月以内に異議を述べなかったときは，築造につき承諾があったものとみなされる。ただし，これは借地権が設定されて最初の存続期間が満了する前の通知に限られ，借地契約更新後になされた通知については，このような承諾の擬制ははたらかない（借地借家7条2項）。

　この結果，借地権設定者は，①借地権の期間延長を承諾する，②期間延長を承諾せず法定更新を甘受する（法定更新については⇨ **2**(2)(a)），③法定更新されず期間満了により借地契約が終了した場合に，借地権者からの建物買取請求により比較的高額で借地上建物を買い取ることを甘受する（建物買取請求権については⇨第7節 **1**(2)(b)），のいずれかを選択することになる。

　(iii)　**借地契約の更新後の建物の滅失**　　借地契約が更新された後に建物の滅失があった場合には，借地権者は，借地契約の解約申入れをすることができる（借地借家8条1項）。この場合，借地権は，解約申入れがあった日から3か月を経過することによって消滅する（同条3項）。建物の滅失によって借地を利用する実益を欠くに至った借地権者から賃料支払義務を免れさせるのがその目的である。

　借地権者（転借人がいる場合には転借人）が借地権設定者の承諾を得ないで，残存期間を超えて存続すべき建物を築造したときは，借地権設定者は，借地契

約の解約申入れをすることができる（借地借家8条2項・5項）。この場合も，解約申入れがあった日から3か月を経過することによって消滅する（同条3項）。この規定の背景には，残存期間を超えて存続すべき建物を借地権設定者の承諾を得ないで築造することは当事者間の信頼関係を破壊する行為にあたるとの判断がある。したがって，この地上権消滅請求または解約申入れによって借地契約が終了した場合には，借地権者の建物買取請求権は成立しない（建物買取請求権については⇨第7節 **1**(2)(b)）。

　他方，残存期間を超えて存続すべき建物の再築につきやむを得ない事情があるにもかかわらず，借地権設定者がこれを承諾しないときは，裁判所は，借地権者（転借人がいる場合には転借人を含む）の申立てにより，借地権設定者の承諾に代わる許可を与えることができる（借地借家18条1項・3項）。その際，裁判所は，許否を判断するに際し，建物の状況，建物の滅失があった場合には滅失に至った事情，借地に関する従前の経緯，両当事者が土地の使用を必要とする事情その他一切の事情を考慮しなければならない（同条2項）。そして，特に必要がないと認める場合を除き，鑑定委員会の意見を聴かなければならない（同条3項）。

> **Column 12-1** 旧借地法下における借地権
>
> 　旧借地法では，借地上の建物が堅固か否かによって借地権の存続期間が異なっていた。堅固建物の場合は原則として60年，非堅固建物の場合は原則として30年であり，ただし堅固建物につき30年以上，非堅固建物につき20年以上の存続期間を定めたときは，これが優先されるとされていた（旧借地2条）。
>
> 　借地借家法が施行されたのは平成4年8月1日であり，これ以前に設定された借地権の存続期間および借地契約の更新については，なお旧借地法が適用される（借地借家附則4条ただし書・6条）。このため，旧借地法の下で設定された借地権のなかには，なお旧借地法が適用されるものがあり得る。

　(b)　**借家権**　　借家権（定期借家権を除く。以下同じ）については，借地権とは異なり，存続期間に関する規定がない。このため，原則として当事者の合意により自由に存続期間を定めることができる。民法上の賃貸借とは異なり，50年を超える期間を定めることもできる（借地借家29条2項）。ただし，期間を1年未満とする建物の賃貸借は，期間の定めがないものとみなされる（同条1項）。存続期間を定めない借家契約も有効である。このような借家契約については，

一定の要件の下で，賃貸人からの解約申入れにより借家契約を終了させること
ができる（⇨第 7 節 **2**(2)(b)）。

(c)　**一時使用目的の借地権・借家権**　　一時使用のための不動産賃貸借にお
いては，借地権・借家権の存続保護を図る必要性が低い。このため，一時使用
のための借地権については，存続期間および契約の更新に関する規定（借地借
家 3 条〜8 条），建物買取請求権に関する規定（借地借家 13 条），借地条件の変更
に関する規定（借地借家 17 条・18 条），定期借地権に関する規定（借地借家 22 条
〜24 条）が適用されない（借地借家 25 条）。さらに，一時使用のための借家権に
ついては，そもそも借地借家法の適用がなく，民法の賃貸借に関する規定が適
用される（借地借家 40 条）。

　一時使用のためかどうかは，単に期間の長短だけで決まるのではない。借地
の場合には，土地の利用目的，地上建物の種類・設備・構造，賃貸借の期間な
ど諸般の事情から，当該賃貸借契約を短期間内に限り存続させる趣旨のもので
あることが客観的に認められるか否かによって決まる（最判昭和 43・3・28 民集
22 巻 3 号 692 頁）。一般に，使用目的それ自体が一時的・臨時的な場合には，一
時使用のためと解される。たとえば，コンサート，博覧会など期間限定のイベ
ントを開催するための土地・建物に関する賃貸借がその典型例である。これに
対して，賃貸人側の事情によって土地・建物の利用を短期間に限定する場合が，
ここでいう「一時使用のため」に含まれるか否かは微妙である。従来の判例は，
そのような賃貸借も一時使用と解していたが，建物賃貸借に関しては，定期借
家制度を利用することができるし（借地借家 38 条），取壊し予定の建物につい
ては取壊し時に賃貸借が終了する旨の特約を設けることができるため（借地借
家 39 条），このような賃貸借を「一時使用のため」に含める必要はないとの見
解が有力である。

2 契約の更新

(1)　民法上の賃貸借

　期間の定めのある賃貸借は，原則として期間満了により終了する。しかし，
期間満了後も賃借人が賃借物の使用収益を継続している場合において，賃貸人
がこれを知りながら異議を述べないときは，契約が更新されたものと推定され

る（619条1項）。なぜなら，このような場合には当事者間に賃貸借を継続させる意思があると考えられるし，仮に賃借人の使用・収益を不適法なものとすると，法律関係をいたずらに複雑にするとともに，賃借人の利益を著しく害することになるからである。

　更新後の賃貸借の内容は，原則として従前の賃貸借と同一である（619条1項前段）。敷金も，更新後の賃貸借に受け継がれる（同条2項ただし書。敷金については⇨第4節 **3**(1)）。ただし，存続期間については，従前の賃貸借の内容にかかわらず，期間の定めのない賃貸借になる。したがって，各当事者は，いつでも解約の申入れをすることができる（同条1項後段）。また，従前の賃貸借について当事者が担保を供していたときは，その担保は期間の満了によって消滅する（同条2項本文）。

(2)　借地借家法の特則

　借地借家法の適用を受ける借地契約・借家契約では，借地権・借家権の存続保護を図るため，借地権者ないし建物の賃借人が望む場合には，原則として契約は更新される。借地権設定者ないし建物の賃貸人の側で更新を拒絶する場合には，単に異議を述べるだけでは足りず，更新拒絶につき「正当の事由」（以下，「正当事由」という）が必要とされている。

　他方で，あらかじめ更新のない借地権・借家権を設定することも，一定の要件の下で認められている（定期借地・定期借家）。

　(a)　**借地権**　借地権の存続期間が満了する場合において借地権者が契約の更新を請求したとき，または存続期間が満了した後も借地権者（転借人がいる場合には転借人）が土地の使用を継続するときは，建物がある限り，原則として契約が更新される（借地借家5条1項本文・2項・3項）。これを，法定更新という。ただし，借地権設定者が遅滞なく異議を述べ，かつその異議に正当事由があるときは，契約は更新されない（借地借家5条1項ただし書・6条）。

　(i)　正当事由の内容　正当事由の有無は，①借地権設定者および借地権者（転借人がいる場合には転借人を含む）が土地の使用を必要とする事情のほか，②借地に関する従前の経過（契約締結の事情，権利金や更新料の有無，賃料の額，借地権者の使用期間，賃料延滞の有無等），③土地の利用状況（借地上の建物の存否，建

物の種類・構造，建物の老朽化の程度等），④借地権設定者が土地の明渡しの条件
としてまたは土地の明渡しと引換えに借地権者に対して財産上の給付（立退料
の支払）をする旨の申出をした場合におけるその申出を考慮して判断される
（借地借家 6 条）。

　一般的には，①が中心的な考慮要素であり，②③が従属的な考慮要素，④は
補完的な考慮要素として位置づけられる。とりわけ，①に関連して，借地権設
定者に土地の使用を必要とする事情が存在することは，正当事由を肯定するた
めに必要不可欠であり，この事情が存在しない場合には，借地権設定者が多額
の立退料の支払を申し出たとしても，正当事由は認められない。

　(ii)　正当事由の判断基準時　　正当事由の有無は，原則として契約更新に対
する異議が述べられた時を基準として判断される。ただし，立退料の提供ない
しその増額の申出に関しては，借地権設定者が意図的にその申出時期を遅らせ
るなど信義に反するような事情がない限り，事実審の口頭弁論終結時までにさ
れたものについて考慮することができる（最判平成 6・10・25 民集 48 巻 7 号 1303
頁）。

　なぜならば，①立退料提供等の申出は，異議申出時において他に正当事由の
内容を構成する事実が存在することを前提に，土地の明渡しに伴う当事者双方
の利害を調整し，正当事由を補完するものとして考慮されるのであって，その
申出がどの時点でされたかによって，正当事由の有無の判断が大きく左右され
ることはないし，②立退料提供等の申出により正当事由が補完されるかどうか，
その金額としてどの程度の額が相当であるかは，訴訟における審理を通じて客
観的に明らかになるのが通常であり，当事者が異議申出時においてこれを的確
に判断するのは困難であることが少なくないからである。また，③立退料の提
供の申出をするまでもなく正当事由が具備されていると考えている土地所有権
者に対し，異議申出時までに立退料の提供の申出を要求するのは，困難を強い
ることになるからである。

　(iii)　転借人等の事情　　借地が適法に転貸されている場合には，転借人の事
情も，原賃貸人・賃貸人間の借地契約の更新拒絶に係る正当事由を判断するに
際して考慮される（借地借家 6 条）。

　これに対して，借地上建物の賃借人の事情は，借地契約の終了後に別途考慮

すべきであるから（借地借家35条参照），原則として考慮されない。ただし，借地契約が当初から建物賃借人の存在を容認したものであるとか，建物賃借人を借地権者と実質的に同一視できるなどの特段の事情が存する場合は，別である（最判昭和58・1・20民集37巻1号1頁）。

　(ⅳ)　更新後の契約内容　　契約が更新された場合，更新後の契約の内容は，原則として従前の契約と同一であるが（借地借家5条1項），存続期間については，最初の更新の場合は更新の日から20年，2回目以降の更新の場合は更新の日から10年である。ただし，当事者がこれより長い期間を定めたときは，その期間となる（借地借家4条）。

　(b)　**借家権**　　期間の定めのある借家契約において，当事者が期間満了の1年前から6か月前までの間に，相手方に対して，更新拒絶の通知または条件を変更しなければ更新しない旨の通知をしなかったときは，契約は更新される（法定更新。借地借家26条1項）。さらに，この通知をした場合であっても，期間満了後も賃借人（転借人がいる場合には転借人）が使用を継続する場合において，賃貸人が遅滞なく異議を述べなかったときも，契約は更新される（借地借家26条2項・3項）。なぜなら，この場合には，更新拒絶が撤回されたとみなされるからである。

　ただし，更新拒絶等の通知には，正当事由が必要とされる。正当事由の有無は，①賃貸人および賃借人（転借人がいる場合には転借人を含む）が建物の使用を必要とする事情のほか，②建物の賃貸借に関する従前の経緯，③建物の利用状況および建物の現況，④建物の賃貸人が建物の明渡しの条件としてまたは建物の明渡しと引換えに賃借人に対して財産上の給付（立退料の支払）をする旨の申出をした場合におけるその申出を考慮して判断される（借地借家28条）。正当事由の有無に関する判断枠組みや正当事由の基準時については，借地権の場合と同様である。

　借家権に特有の問題は，目的物たる家屋の破損腐朽の程度が甚だしく朽廃の時期が迫っていることを理由に，賃貸人が大修繕のために契約の更新を拒絶し，または解約申入れをする場合に，大修繕の必要性が正当事由として考慮されるか否かである。賃貸家屋が自然朽廃した場合には借家契約は終了するが，その前に賃貸人において家屋を大修繕することにより効用期間の延長を図るため朽

図表 12-1　借地・借家契約の法定更新

(1)　借地

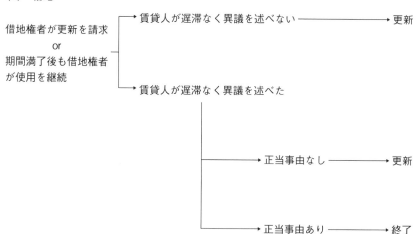

(2)　期間の定めのある借家

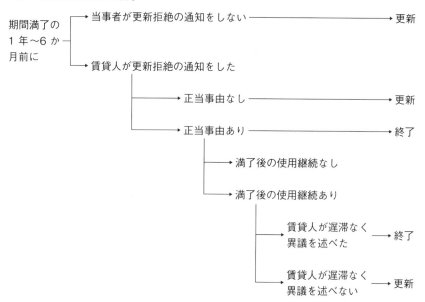

廃前に借家契約を終了させる必要があり，この必要性が賃借人の有する利益を上回るときは，この必要性をもって借家契約の解約申入れまたは更新拒絶の正当事由となり得る（最判昭和35・4・26民集14巻6号1091頁）（期間の定めのない借家契約における解約申入れについては⇨第7節 **2** (2)(b)）。

契約が更新された場合，更新後の契約の内容は，原則として従前の契約と同一であるが，存続期間については，期間の定めのないものとなる（借地借家26条1項）。

(c) **定期借地権**　　法定更新の制度や，更新拒絶に対して正当事由を要求する制度によって，借地権の存続保護が強化された。しかし，その結果，土地所有権者は土地の賃貸を控えるようになり，土地の有効活用が阻害される状況が生じた。そこで，従来の制度枠組みを維持しつつ借地権設定の活性化を図ることを目的として，平成3年の法改正により，新たなオプションとして更新のない借地権制度が新設された。このような借地権を定期借地権という。もっとも，定期借地権も，基本的な性質において通常の借地権（定期借地権と区別する意味で，普通借地権と呼ばれることがある）と変わらず，契約の更新や建物買取請求権等がない旨の特約が付いているにすぎない。

定期借地権は，さらに次の3つの種類に分けることができる。

(ⅰ)　普通定期借地権　　存続期間を50年以上として借地権を設定する場合においては，契約の更新および建物の築造による存続期間の延長がなく，借地権者の建物買取請求権もないことを定めることができる。このような借地権を，普通定期借地権という。この特約は，公正証書による等書面（電磁的記録によるものを含む）によってしなければならない（借地借家22条1項・2項）。これは，定期借地である旨を明確にするためである。上記要件を満たさないで設定された借地権は，普通借地権として扱われる。したがって，存続期間も30年になる。

(ⅱ)　事業用定期借地権等　　専ら事業の用に供する建物の所有を目的とし，かつ，存続期間を一定の期間と定めて借地権を設定する場合には，契約の更新および建物の築造による存続期間の延長がなく，借地権者の建物買取請求権もない。このような借地権には，事業用定期借地権と事業用借地権の2種類がある。両者は存続期間の長さによって区別がされており，前者は存続期間を30

年以上50年未満とするもの（借地借家23条1項），後者は存続期間を10年以上30年未満とするもの（同条2項）である。これらの借地権が設定される場合として主に想定されているのは，ショッピング・センターやレストラン等の事業用地として借地権を設定する場合である。

　事業用定期借地権を設定するためには，存続期間を30年以上とする普通借地権と区別するため，①専ら事業用の建物所有を目的とすること，②存続期間を30年以上50年未満とすることに加えて，③契約更新および建物の築造による存続期間の延長がない旨の特約，ならびに④建物買取請求権を排除する旨の特約をする必要がある。これに対し，事業用借地権を設定するためには，①専ら事業用の建物所有を目的とすること，②存続期間を10年以上30年未満とすることが合意されればよい。これらの合意があれば，契約の更新，建物の築造による存続期間の延長および建物買取請求権に関する規定は適用されないので（借地借家23条2項），これらに関する特約は不要である。

　さらに，これらの借地権の設定を目的とする契約は，その旨を明確にするため，公正証書によってしなければならない（借地借家23条3項）。普通定期借地権の設定とは異なり，単なる書面の作成では足りず，公正証書の作成が必要とされる。これらの要件を満たさないで設定された借地権は，普通借地権として扱われる。

　(iii)　建物譲渡特約付き借地権　　借地権を設定する際，その設定後30年以上を経過した日に借地権を消滅させるため借地上建物を借地権設定者に相当の対価で譲渡する旨を定めることができる（借地借家24条1項）。この特約を付した場合には，借地契約は更新されない。たとえば，土地開発業者等が土地所有権者から30年以上の期間で土地を借り受け，その上に賃貸マンションや事務所用ビルを建てて賃貸業を営み，30年以上の期間が経過した時点で建物を相当の価格で土地所有権者に譲渡するという場合に，このような借地契約が用いられる。そのねらいは，建物を建てる資金や賃貸業を経営するための専門的知識をもたない土地所有権者と，土地を所有していない土地開発業者等の双方のニーズを満たすとともに，将来確実に土地が返還されることから借地権を設定しやすくなり，土地の有効活用を図ることにある。

　なお，この特約は，普通定期借地権および事業用定期借地権等とは異なり，

公正証書等の書面によりなされることを要しない。

　(d)　**定期建物賃貸借**　　定期借地権と同様，借家供給の促進を図るため，平成 11 年の法改正により，契約の更新がない借家権の制度が新設された。この定期建物賃貸借においては，賃借人は，存続期間の満了とともに建物を返還しなければならず，場合によっては生活基盤を失う可能性もある。そこで，契約の成立段階および終了段階において，賃借人に対して一定の配慮を行っている。

　(i)　定期借家権　　期間の定めがある建物の賃貸借においては，契約の更新がない旨を定めることができる（借地借家 38 条 1 項前段）。存続期間については，普通借家権と同様，当事者が自由に定めることができる（借地借家 29 条 2 項）。1 年未満の存続期間を定めることも妨げられない（借地借家 38 条 1 項後段）。

　このような定期借家権の設定は，公正証書による等書面（電磁的記録によるものを含む）によって契約をするのでなければならない（同条 1 項・2 項）。さらに，賃貸人はあらかじめ，賃借人に対して，定期借家であることにつき，その旨を記載した書面を交付して説明しなければならない（同条 3 項）。これは，期間満了とともに建物を返還しなければならない賃借人に対して，そのことを十分に理解させるためである。このため，ここで要求される書面は，賃貸借契約書とは別個独立のものでなければならない。賃貸人がこの説明をしなかったとき，または契約書と別個独立の書面を交付しなかったときは，契約の更新がない旨の特約は無効となり（同条 5 項），設定された借家権は，普通借家権となる（最判平成 24・9・13 民集 66 巻 9 号 3263 頁）。

　さらに，存続期間が 1 年以上の定期借家権が設定された場合には，賃貸人は，期間満了の 1 年前から 6 か月前までの間（通知期間）に賃借人に対して賃貸借終了の通知をしなければ，期間満了による賃貸借終了を賃借人に対抗することができない。ただし，賃貸人が通知期間の経過後に賃借人に対して賃貸借終了の通知をした場合には，その通知の日から 6 か月を経過した時に賃貸借は終了する（同条 6 項）。これは，賃貸借終了後の賃借人の生活基盤を確保する期間を賃借人に認める趣旨の規定である。他方，1 年未満の定期借家権については，事前の通知を要することなく，期間満了とともに終了する。

　定期借家権が設定された場合，賃貸借期間中に解約申入れにより契約を終了させることは，原則としてできない。しかし，契約後の事情変更により建物に

居住することができなくなったときには，期間満了まで賃料支払義務を負担し続けることが賃借人にとって過酷な場合がある。そこで，床面積200平方メートル未満の居住用建物に関する定期借家については，転勤・療養・親族の介護その他のやむを得ない事情により，賃借人が建物を自己の生活の本拠として使用することが困難になった場合には，賃借人は解約の申入れをすることができる。「その他のやむを得ない事情」の例としては，一定期間以上の長期にわたる海外勤務を命じられたような場合が挙げられる。この場合，借家契約は，解約申入れの日から1か月後に終了する（同条7項）。

　(ⅱ)　取り壊し予定の建物の賃貸借　　法令または契約により一定期間の経過後に建物を取り壊すことが明らかな場合において，建物の賃貸借をするときは，建物を取り壊すこととなる時に賃貸借が終了する旨の特約を定めることができる（借地借家39条1項）。たとえば，A所有の土地にBが定期借地権の設定を受けてその上に建物を建設し，借地権の存続期間中のみこの建物をCに賃貸する場合に，この種の定期借家権が利用される。借地借家法38条の定期借家権とは異なり，ここでの「建物を取り壊すこととなる時」は，不確定期限である。たとえ具体的な日付が決められていたとしても，諸事情によりその時期が延びた場合には，現実に建物を取り壊すこととなる時期が賃貸借の終了時となる。

　なお，この特約は，建物を取り壊すべき事由を記載した書面によってしなければならない（借地借家39条2項。電磁的記録によるものを含む。同条3項）。

(3)　更 新 料

　更新料とは，契約の更新の際に賃借人が賃貸人に対して支払う金員のことをいう。不動産賃貸借において授受されることが多い。その法的性質は，一般に，更新後の期間の賃料の補充（賃料の一部前払），訴訟に持ち込むことなく合意により契約を継続するための対価等の趣旨を含む複合的な性質を有するものと解されている（最判平成23・7・15民集65巻5号2269頁）。契約更新時における更新料の支払は，賃貸借契約の締結時に契約書のなかに更新料に関する特約（更新料条項）が設けられるという形で合意され，これに基づき，更新料の支払を条件として合意により契約が更新されるのが通常である。このような更新料条

項をめぐっては，次の３つの問題がある。

(a)　**更新料条項の有効性**　　事業者と消費者の間で締結される賃貸借契約は，消費者契約法の適用を受ける。そこで，このような契約における更新料条項は，消費者の利益を一方的に害する条項であって消費者契約法10条に基づき無効ではないかが問題となる。

判例は，賃貸借期間１年，賃料月額３万8000円，更新料を賃料の２か月分とする旨の更新料条項を原則として有効とした。このような更新料条項は，一般的には賃貸借契約の要素を構成しない債務を特約により賃借人に負わせるものであるから，任意規定の適用による場合に比し消費者である賃借人の義務を加重する条項（消費契約10条前段）にあたるが，賃貸借契約書に一義的かつ具体的に記載された更新料条項は，更新料の額が賃料の額，賃貸借契約が更新される期間等に照らし高額に過ぎるなどの特段の事情がない限り，信義則に反して消費者の利益を一方的に害するもの（同条後段）にはあたらないというわけである（前掲最判平成23・7・15）。裏を返せば，賃貸借期間や更新料の金額等によっては，消費者契約法10条後段の要件も満たし無効とされる場合があり得ることになる。

(b)　**更新料不払を理由とする契約の解除**　　更新料条項が有効であるとすると，これに違反することは債務不履行となるが，賃貸借契約の解除原因になるのかが問題となる。

たしかに，借地権・借家権設定者に契約の更新を拒絶する正当事由（借地借家6条・28条）がなければ法定更新が認められるため，この正当事由がないことは，更新料の不払を理由とする契約の解除を認めない方向に作用する事情となり得る。

しかし，判例は，単に更新料の支払がなくても法定更新がされたかどうかという事情のみならず，当該賃貸借成立後の当事者双方の事情，当該更新料の支払の合意が成立するに至った経緯その他諸般の事情を総合考慮して，具体的事実関係に即して判断をしている。たとえば，更新料の支払をめぐる紛争のなかで，賃借人の過去の不信行為を賃貸人が不問に付すことの解決料と更新料の合計100万円を賃借人が２回に分割して支払う旨の調停が成立したにもかかわらず賃借人が第２回の支払をしなかったという場合には，更新料の支払は賃料の

支払と同様，更新後の賃貸借契約の重要な要素として組み込まれ，その賃貸借契約の当事者間の信頼関係を維持する基盤をなしており，更新料の不払は，信頼関係を破壊する著しい背信行為として賃貸借契約の解除原因となり得る（最判昭和59・4・20民集38巻6号610頁）。

(c)　**特約がない場合における更新料支払義務**　　更新料条項がない場合，賃貸借期間の満了にあたり賃借人は賃貸人の請求に応じて当然に更新料を支払う義務を負うのであろうか。判例は，このような商慣習ないし事実たる慣習が存在するものとは認めるに足りないとして，これを否定している（最判昭和51・10・1判時835号63頁）。

第4節　効　力

1 賃貸人の義務

　賃貸借契約に基づき，賃貸人は，賃借人に対して，目的物を使用・収益できる状態におく義務，目的物の修繕義務，費用償還義務，担保責任を負う。

　他方，賃貸人は，不動産賃借権の登記手続に協力する義務を負わない。

(1)　使用・収益できる状態におく義務

　賃貸借契約に基づき，賃貸人は，賃借人に対して，目的物を使用・収益できる状態におく義務を負う（601条）。この点が使用貸借における貸主の義務との違いである。使用貸借は無償契約であるため，貸主は，借主が目的物を使用・収益することを許容するという消極的な義務を負うにとどまるのに対して，有償契約である賃貸借では，賃貸人は積極的な義務を負うのである。

　使用・収益できる状態におく義務の主な具体的内容としては，目的物を賃借人に引き渡す義務がある。しかし，賃貸借は継続的な契約であるから，目的物を引き渡すことだけでよいとはいえない。その後も契約継続期間を通じて，賃借人が目的物の使用・収益をなし得る状態を維持しなければならない。このため，契約継続中における目的物の修繕義務，目的物を不法に占有する第三者の妨害を排除する義務などもこの義務に含まれる。

(2) 契約継続中における修繕義務

(a) 修繕義務が課せられる場面　賃貸借契約の期間中に目的物が損傷した場合，賃貸人は，賃貸物の使用・収益に必要な修繕をする義務を負う（606条1項本文）。この義務は，目的物を使用・収益できる状態におく義務（601条）の具体化と位置づけられる。ただし，賃借人の責めに帰すべき事由によって修繕が必要となった場合は除外される（606条1項ただし書）。さらに，修繕が不可能な場合にも，賃貸人は修繕を義務づけられない。修繕が物理的・客観的に不可能な場合だけでなく，目的物が大きく損傷して修繕に多額の費用を要する場合は，修繕義務の履行が不能とみなされることがあり得る（412条の2第1項）。

他方，賃貸人に帰責事由があるかどうかは問題とならない。このため，賃貸物の損傷が自然災害のような不可抗力によるものであるときも，その修繕義務が賃貸人に課せられる。

(b) 義務違反の効果　賃貸人が修繕義務を怠り，これによって賃借物の使用・収益ができなくなった場合，賃借物の使用・収益ができなくなった部分の割合に応じて，賃料は減額される（611条1項）。さらに，賃借人は，使用・収益を妨げられたことによって損害を被った場合には，その賠償を請求することができる（415条）。さらに，契約の解除も問題となり得る（⇨第7節 **3**）。

(c) 賃借人による修繕権　前述のとおり，賃貸借契約に基づき賃貸人に賃借物の修繕義務が課せられているため，目的物の修繕が必要となった場合に第1次的に修繕をすべきは賃貸人である。また，賃借物の所有権者は賃貸人であるから，賃借人が無断で賃借物を修繕することは，賃貸人の所有権に対する侵害にもなる。このため，賃借物の修繕が必要なときでも，原則として，直ちに賃借人がこれを修繕することはできない。賃借人は賃貸人に修繕が必要である旨を通知しなければならず，それにもかかわらず賃貸人が相当の期間内に必要な修繕をしない場合にはじめて，賃借人は修繕をすることができる（607条の2第1号）。

ただし，①賃借物に修繕が必要であることを賃貸人が既に知っていたときは，賃借人は，上記の通知をしなくても，賃貸人がこのことを知った時から相当の期間内に必要な修繕をしないときは修繕をすることができる（同号）。さらに，②急迫の事情があるときも，賃借人は，この通知をすることなく修繕をするこ

とができる（607条の2第2号）。

(d) **免除特約**　賃貸人が修繕義務を負わない旨の合意（修繕義務免除特約）は，有効である。しかし，このことは，当然に賃借人が修繕義務を負うことを意味しない。

さらに，賃借物の修繕を賃借人の負担とする旨の特約がある場合も，この特約は制限的に解釈される。たとえば，建物賃貸借において「入居後の大小修繕は賃借人がする」旨の特約があったとしても，これは賃貸人が606条1項の修繕義務を負わないとの趣旨にすぎず，賃借人が賃借家屋の使用中に生ずる一切の汚損，破損箇所を自己の費用で修繕し，賃借当初と同一状態で維持すべき義務を負うとの趣旨ではないと解される（最判昭和43・1・25判時513号33頁）。また，賃貸借契約の締結当時において当事者が全く想定していなかった稀有の大天災による家屋の大破損の修繕は，たとえ賃借物の修繕はすべて賃借人が負担すべきとの特約があったとしても，賃貸人が負担すべきと解される（大判昭和15・3・6新聞4551号12頁）。なぜなら，賃貸人の修繕義務は，目的物を使用・収益に供するという賃貸人の主たる給付義務から派生するものだからである。

(3) 費用償還義務

(a) **必要費償還義務**　賃貸人には目的物の修繕義務が課せられているので（606条1項），賃借人が賃貸人の負担に属する修繕を行った場合には，賃貸人はその費用を賃借人に償還すべきである。この費用のうち，賃借人が必要費を支出した場合には，直ちにその償還を賃貸人に請求することができる（608条1項）。これを賃貸人側からみると，賃貸人はその費用を償還する義務を負う。このほか，目的物たる土地の固定資産税などの公租公課も，本来は所有権者たる賃貸人が負担すべきものであるから，これを賃借人が支出した場合，賃貸人はその償還をする義務を負う。この必要費償還義務は，一種の不当利得返還義務と解される。

(b) **有益費償還義務**　賃借人が賃借物について有益費を支出したときは，賃貸人は，賃貸借終了時に，その価格の増加が現存する限りにおいて，その償還をする義務を負う（608条2項）。本来，賃借人が賃借物を改良したり，賃借物に別の物を付加したりした場合，賃借人は，賃貸借終了時にこれを原状に復

する義務を負う。しかし，これらの行為によって賃借物の価値が上がった場合にまであえて原状に復させることは経済的にみて合理的ではないし，物理的に原状に復することが困難な場合もある。そこで，これらの不都合を回避するため，一方では，原状回復せず価値の増加した状態のままで賃借物を返還することを認め，他方では，価値の増加に要した費用の償還を賃貸人に義務づけた。この意味において，有益費償還義務も，一種の不当利得返還義務と解することができる。償還すべき金額は，賃貸人の選択に従い，賃借人が支出した金額または増価額のいずれかである（196 条 2 項）。この場合，裁判所は，賃貸人の請求により，その償還について相当の期限を許与することができる（608 条 2 項ただし書）。

(c) **通知を怠った修繕**　賃借人が 607 条の 2 第 1 号所定の通知を怠って直ちに修繕をした場合にも，必要費ないし有益費の償還請求をすることができるのだろうか。条文上は，607 条の 2 第 1 号所定のこの通知は必要費ないし有益費償還請求権の成立要件とされていないし，必要費ないし有益費償還請求権の法的性質が不当利得返還請求権であると解するならば，やはり通知がされなくても不当利得が成立する。したがって，賃借人が通知を怠って修繕をした場合でも，必要費ないし有益費償還請求権を取得するものと考えられる。ただし，通知が行われていれば賃貸人がより少額の費用で修繕を行っていたという事情がある場合は，賃借人は，その額を超える額について償還請求をすることはできないであろう。

(d) **費用償還の確保手段**　賃借人は，賃貸借期間中に必要費を支出した場合，賃貸人がこれを償還するまで賃料の支払を拒むことができる。たしかに，賃借人の必要費償還請求権は不当利得返還請求権の性格を有するのであり，この意味において賃料支払請求権と対価関係にないとも考えられる。しかし，判例・通説は，必要費の償還を確保するため，賃料の支払との同時履行関係を認めている（大判昭和 15・11・20 法学 10 巻 417 頁）。

さらに，賃借人が賃貸借期間中に必要費，有益費を支出した場合，賃借人は，留置権（295 条）を行使して，費用の償還を受けるまで賃借物の返還を拒絶することができる。この場合，賃借人は，原則として賃貸人の承諾を得ることなく引き続き賃借物を使用することができるが（298 条 2 項ただし書参照），使用に

よって受けた利益は，賃貸人に返還しなければならない。すなわち，賃料相当額を不当利得として返還する義務を負う（大判昭和10・5・13民集14巻876頁）。

　(e)　**権利行使期間**　必要費，有益費を問わず，費用償還請求権は，賃貸人が賃貸物の返還を受けた時から1年以内に行使しなければならない（622条・600条）。これは，賃貸借契約に基づく清算関係を契約終了後から短期間で完了させるためである。

　さらに，これとは別に，これらの請求権は，消滅時効に関する一般規定の適用も受ける（166条1項）。すなわち，必要費償還請求権については賃借人が必要費を支出した時から，有益費償還請求権については賃貸借が終了した時から権利行使が可能となり，かつ，賃借人は通常これと同時に権利行使できることを知ると考えられるので，特に前者については，賃貸借の存続中または賃貸物の返還を受けた時から1年を経過する前に消滅時効期間が満了することがあり得る。

　(f)　**特　約**　608条は任意規定であるから，賃貸人の費用償還義務を免除または軽減する旨の特約は有効である。しかし，賃借人に過大な負担を強いる結果となることを防ぐため，免除または軽減が合理的な範囲になるように当該特約を解釈すべきであろう。

(4)　担保責任

　賃貸借は有償契約であるから，賃貸人は賃借人に対して担保責任を負う（559条）。すなわち，一部他人物の賃貸借の場合，賃貸物の一部滅失の場合，賃貸物に用益権等・抵当権等が設定されていた場合，引き渡された賃貸物が契約内容に適合していなかった場合には，売買に関する担保責任の規定が準用される。

　ただし，賃貸物の追完（562条）と修繕（606条）が重なる場面では，後者が優先すると考えられる。なぜなら，賃貸借契約が存続する限り賃貸人は目的物を使用・収益可能な状態におく義務を負い続けるにもかかわらず，賃借人が修繕を必要とする状態であることを知った時から1年で目的物の追完を求めることができなくなる（566条）と解することは妥当でないからである。

2 賃借人の義務

　賃貸借契約に基づき，賃借人は，賃貸人に対して，賃料支払義務，目的物保管義務，用法遵守義務，賃借物の保存に関する通知義務，修繕に関する受忍義務を負う。このほかに，賃借人は，賃貸借終了時に目的物を原状に復して返還する義務を負うが（601条），この義務の履行をめぐる問題は賃貸借契約の終了後に生じるため，便宜上，第7節で扱うこととする。

(1) 賃料支払義務

　賃借人は，賃貸人に対して賃料を支払う義務を負う（601条）。この義務が，賃貸借契約における賃借人の主たる給付義務である。

　(a) **賃料支払の時期**　賃料の支払時期は，民法の規定によれば，動産，建物および宅地については毎月末，その他の土地については毎年末となる。収穫の季節があるものについては，その季節の後に遅滞なく支払わなければならない（614条）。つまり，後払が原則とされている。ただし，当事者間に別段の合意があればこれに従う。実際，賃料を前払とする特約が定められることが少なくない。

　(b) **賃料額の変更**　賃料の額は，当事者間の合意によって決まる。この賃料の額は，合意による変更が可能であることはもちろんである。それ以外の方法で変更が可能な場面もあるが，限られている。

　(i) 民法上の賃貸借　耕作または牧畜を目的とする土地の賃貸借については，賃借人は，地震や台風など不可抗力によって賃料より少ない収益しか得られなかったときは，その収益の額に至るまで，賃料の減額を請求することができる（609条）。これは，凶作の場合に賃料の支払が困難となる賃借人を保護する趣旨である（これに対し，永小作権については274条参照）。609条の文言は「請求することができる」となっているが，賃借人の権利行使により減額の効果が生じると解されている。つまり，この減額請求権の性質は形成権である。

　また，賃借物の一部が滅失その他の事由により使用・収益をすることができなくなった場合において，使用・収益をすることができなくなったのが賃借人の責めに帰することができない事由によるものであるときは，賃料は，その使

用・収益をすることができなくなった部分の割合に応じて，減額される（611条1項）。賃貸借契約では，賃借物の使用・収益と賃料とが対価の関係にあることから，このようにすることが公平に適うと考えられるからである。なお，この場合における賃料減額は，609条の賃料減額請求権とは異なり，賃借人による権利行使を待つことなく，賃借物の一部が使用・収益をすることができなくなった時に当然に効力を生じる。

　このように，民法上の賃貸借については，ごく例外的にのみ賃料の減額が認められているにとどまり，物価の変動やこれに伴う地価の上昇等を理由とする賃料額の変更は，その旨の合意による場合を除き，認められていない。

　(ii)　不動産賃貸借の特則　　建物所有を目的とする土地の賃貸借および建物賃貸借については，借地借家法が賃料増減額請求権を規定している。これによれば，借地契約については，土地に対する租税その他の公課の増減により，土地の価格の上昇もしくは低下その他の経済事情の変動により，または近傍類似の土地の賃料等に比較して，賃料の額が不相当となったときは，契約の条件にかかわらず，当事者は，将来に向かって賃料の額の増減を請求することができる（借地借家11条1項）。借家契約についても，同旨の規定がある（借地借家32条1項）。この賃料増減額請求権は，事情変更の法理をその要件を修正して具体化したものと位置づけられる。

　賃料増減額請求権の法的性質は，609条と同様，形成権であり，賃料増減額の効果は権利行使時に生ずる。しかし，具体的な賃料の額は，当事者間の協議によって決まる。協議が調わない場合には調停により，調停も調わない場合には訴訟により決まる。当事者は，直ちに訴訟を提起することはできず，まず調停を申し立てなければならない（調停前置主義：民調24条の2）。

　賃貸人が賃料増額請求をして訴訟となった場合，増額を正当とする裁判が確定するまでは，賃借人は，みずからが相当と考える額の賃料を支払えばよい（借地借家11条2項・32条2項）。賃貸人がこれを受領しない場合には，供託をすることができる（494条1項1号）。このことは，賃借人は常に従前の額の賃料を支払えば足りるということではない。賃借人が従前の賃料額を主観的に相当と考えていないときには，従前の賃料額と同額を支払っても，「相当と認める額の地代等」を支払ったことにはならない。さらに，賃借人が主観的に相当

と考える金額であっても，客観的にみて不相当であることが明らかな場合には，これを支払っただけでは債務の本旨に従った履行をしたことにならないと解されることがある（最判平成 8・7・12 民集 50 巻 7 号 1876 頁 ◁ 判例 12-1 ▷）。

　他方，賃借人が賃料減額請求をして訴訟となった場合，賃貸人は，減額を正当とする裁判が確定するまでは，相当と認める額の賃料の支払を請求することができる（借地借家 11 条 3 項・32 条 3 項）。

　このようにして暫定的な額の賃料が支払われた結果，裁判により確定した変更後の賃料額との間に過不足が生じたときは，清算が行われる（借地借家 11 条 2 項ただし書・3 項ただし書・32 条 2 項ただし書・3 項ただし書）。

◁ 判例 12-1 ▷ 最判平成 8・7・12 民集 50 巻 7 号 1876 頁

【事案】賃貸人 X は，賃借人 Y に対し，その所有する土地（「本件土地」という）を賃貸し，Y はこの上に建物を建築して居住していた。賃料は昭和 55 年当時，月額 6 万円であったが，平成元年の時点で本件土地の公租公課の額は年額 74 万余円であり，賃料の年額を上回った。そこで，X は Y に対し，月額 12 万円に増額する旨の請求をしたが協議が調わず，その間 Y は従前どおり月額 6 万円の支払を続けていた。平成 2 年，X は Y に対し，1 週間以内に増額賃料の支払がない場合には賃貸借契約を解除する旨の意思表示をしたが，Y はこれに応じなかった。原審は，賃料の増額を一部認めたものの，X による解除の効力を否定したため，X が上告。

【判旨】一部却下，一部破棄差戻。最高裁は，まず，賃借人が従前の賃料額を主観的に相当と認めていないときは，これを支払っても「相当と認める額の地代等」を支払ったことにはならないと判示した。

　さらに，「賃借人が主観的に相当と認める額の支払をしたとしても，常に債務の本旨に従った履行をしたことになるわけではない。すなわち……賃借人が自らの支払額が公租公課の額を下回ることを知っていたときには，賃借人が右の額を主観的に相当と認めていたとしても，特段の事情のない限り，債務の本旨に従った履行をしたということはできない」と判示した。なぜなら「借地法 12 条 2 項〔筆者注：現借地借家法 11 条 2 項〕は，賃料増額の裁判の確定前には適正賃料の額が不分明であることから生じる危険から賃借人を免れさせるとともに，裁判確定後には不足額に年 1 割の利息を付して支払うべきものとして，当事者間の衡平を図った規定であるところ，有償の双務契約である賃貸借契約においては，特段の事情のない限り，公租公課の額を下回る額が賃料の額として相当でないことは明らかであるから」である。

　こうして，最高裁は，Y がみずからの支払額を主観的に相当と認めていたか等について審理を尽くすべく事案を原審に差し戻した。

　当事者間において，賃料の改定に関する特約をすることもできる。しかし，この特約において基礎とされていた経済事情が変更し，特約に従った賃料の改定が借地借家法 11 条 1 項ないし 32 条 1 項の趣旨に照らして不相当なものとなった場合には，当事者はこの特約に拘束されず，借地借家法に基づく賃料増減額請求権を行使することができる。たとえば，借地契約において，地価の上昇を前提に段階的に賃料を増額する旨の特約（賃料自動改定特約）を結んでいたにもかかわらず，地価が下落したような場合には，借地権者は，借地借家法 11 条 1 項に基づき賃料の減額を請求することができる（最判平成 15・6・12 民集 57 巻 6 号 595 頁）。この場合，賃料減額請求の当否および相当賃料額を判断するにあたっては，賃料自動改定特約によって自動的に改定された賃料額を基礎とするのではなく，当事者が現実に合意した賃料のうち直近のものを基礎として，この賃料が合意された日以降に生じた借地借家法 11 条 1 項ないし 32 条 1 項所定の諸般の事情が総合的に考慮される（最判平成 20・2・29 判時 2003 号 51 頁）。

> **Column 12-2　サブリースと賃料減額請求**
>
>　1980 年代後半に全盛を迎えたバブル経済の時期には，不動産価格が高騰し，不動産事業者にとって開発用地を取得することが困難となった。そこで，土地所有権者にマンションやテナントビル等の収益用賃貸建物を建築させてこれを不動産事業者が一括して賃借し，その際，賃貸人に最低賃料の保証および賃料の自動増額を約定し，これを他に転貸したうえで保証賃料と転貸賃料との差額および賃貸建物管理手数料を取得するという事業が増加した。土地所有権者と不動産事業者との間のこのような契約を，サブリースという。具体的な事業形態にはさまざまなものがあるが，転貸借という観点からは，土地上の建物が転貸借の目的物となり，敷地の所有権者が原賃貸人，不動産事業者が賃借人，入居者が転借人となる。
>
>　ところが，バブル経済が崩壊すると地価が下落し，これに伴い賃料水準も低下したため，転貸賃料を高額に設定したのでは入居者を確保することが難しくなった。とはいえ，最低賃料保証を維持したまま転貸賃料を下げると，いわゆる逆ざや現象が生じ，不動産事業者が損失を被る。そこで，不動産事業者が借地借家法 32 条に基づいて最低賃料の減額を主張するという紛争が多発した。
>
> 　この問題につき，判例は，同法 32 条は強行規定であり特約によってその適

用を排除することができないが，賃料自動増額特約も有効であるとして，平時においては同特約に従い賃料の自動増額が行われるとしても，近傍同種の賃料水準が下落する等の事情があれば同法 32 条による賃料減額請求が認められるとの立場をとっている（最判平成 15・10・21 民集 57 巻 9 号 1213 頁，最判平成 15・10・23 判時 1844 号 54 頁）。

(c)　**義務違反の効果**　　賃借人が定められた期日に賃料を支払わない場合，賃貸人は，賃借人に対し，履行遅滞による損害賠償を請求することができる（415 条 1 項）。さらに，賃貸借契約の解除をなし得ることもある（⇨第 7 節 **3**）。

(2)　目的物保管義務・用法遵守義務

(a)　**義務の内容・義務違反の効果**　　賃借人は，賃借物を善良な管理者の注意をもって保管し，契約または賃借物の性質によって定まった用法に従って使用・収益しなければならない（400 条・616 条・594 条 1 項）。賃借人またはその同居人がこれに違反して賃借物を滅失・損傷した場合には，債務不履行に関する一般規定（415 条以下）に基づき損害賠償義務を負う（最判昭和 30・4・19 民集 9 巻 5 号 556 頁）。

この損害賠償請求権は，賃貸人が賃貸借の終了に伴い目的物の返還を受けた時から 1 年の期間制限に服する（622 条・600 条）。これは，賃貸借契約に基づく清算関係を契約終了後から短期間で完了させるためであり，この期間は除斥期間と解されている。

さらに，目的物保管義務・用法遵守義務違反が賃貸借契約の解除原因になることもあり得る（⇨第 7 節 **3**）。

(b)　**無断増改築禁止特約の有効性**　　建物の賃貸借契約においては，賃借人が賃貸人に無断で目的物たる建物の増改築を行うことは，目的物保管義務違反となる。さらに，無断増改築により賃借物の使用形態に変更が生じた場合は，用法遵守義務違反にもなり得る。このことは，当事者間で無断増改築を禁じる特約がなくても同様である。

他方，土地の賃貸借契約においては，賃貸借の目的物は土地であり，地上建物は賃借人の所有に属する。したがって，貸借人は，原則として建物を自由に増改築することができる。それでは，これを制限し，地上建物を賃貸人に無断

で増改築することを禁ずる特約は有効であろうか。

　判例・通説はこれを有効と解している（最判昭和 41・4・21 民集 20 巻 4 号 720 頁 <判例 12-5>）。というのは，賃貸借契約が期間満了により終了した場合には，賃借人は地上建物につき建物買取請求権を取得するが（借地借家 13 条），地上建物の自由な増改築を認めると建物の買取価格が上がり，賃貸人が予想外の大きな負担を強いられることになりかねず，ひいては賃貸借契約の期間満了に際して更新拒絶への阻害要因となりかねないからである。このような事態を防ぐため，無断増改築禁止特約は，一定の合理性を有すると解されている。したがって，この特約に反して無断で増改築を行うことは，義務違反となる。

　ただし，この義務違反が直ちに賃貸借契約の解除原因となるかについては，別個の考慮が必要になる（⇨第 7 節 **3**）。

　(c)　**不動産賃貸借の特則：借地条件の変更に関する非訟事件手続**　無断増改築禁止特約は有効であるから，このような特約がある場合に，借地権者が借地上建物の増改築を行おうとするときは，賃貸人の承諾が必要である。さらに，借地上建物の種類，構造，規模または用途を制限する旨の借地条件がある場合においてこれを変更しようとするときや，借地契約の更新後に借地上建物を再築しようとするときも，同様である。賃貸人の承諾を得ずに借地権者がこれらの変更や再築を行うことは，借地契約の解除原因となり得る。解除が認められた場合には，建物買取請求権も認められない（⇨第 7 節 **1**(2)(b)）。

　そこで，借地上建物に関する増改築禁止特約がある場合において，借地権者（転借人がいる場合には転借人も含む。借地借家 17 条 5 項）が希望している増改築が土地の通常の利用上相当と考えられるにもかかわらず借地権設定者が承諾せず，当事者間の協議が調わないときは，裁判所は，借地権者の申立てにより，借地権設定者の承諾に代わる許可を与えることができる（借地借家 17 条 2 項）。

　また，借地条件の変更に一定の合理性があるにもかかわらず借地権設定者が承諾しない場合にも，裁判により借地条件の変更を実現する制度が設けられている。すなわち，建物の種類，構造，規模または用途を制限する旨の借地条件が借地契約に付されている場合において，法令による土地利用の規制の変更，付近の土地の利用状況の変化その他の事情の変更により，これに応じて借地条件を変更することが相当であるにもかかわらず，その変更につき当事者間に協

議が調わないときは，裁判所は，当事者の申立てにより，その借地条件を変更することができる（借地借家 17 条 1 項）。たとえば，居住用建物の所有のみに目的を限定して締結された借地契約において，借地権者が借地上建物の 1 階部分を店舗に変更しようとする場合などがこれにあたる。

　裁判所は，借地上建物の増改築や借地条件の変更に関する許否を判断するに際し，借地権の残存期間，土地の状況，借地に関する従前の経過その他一切の事情を考慮しなければならない（同条 4 項）。そして，特に必要がないと認める場合を除き，鑑定委員会の意見を聴かなければならない（同条 6 項）。増改築や借地条件の変更を命じる際，当事者間の利益の衡平を図るため必要があるときは，他の借地条件の変更や財産上の給付を命じたり，その他相当の処分をしたりすることができる（同条 3 項）。

　借地契約の更新後において，借地権者が残存期間を超えて存続すべき建物を新たに築造しようとする場合についても，同様の制度がある（借地借家 18 条）。

(3)　賃借物の保存に関する通知義務

　賃借物が破損しているなど修繕を要する場合には，賃借人は修繕を要する旨を賃貸人に通知し，修繕を求めるのが通常である。しかし，賃貸借が間もなく終了するなどの事情がある場合には，賃借人が修繕を要する旨を通知せずに放置し，結果的に賃借物の価値を下落させることがある。また，賃借物について第三者が権利を主張する場合にこれを放置しておくと，賃借物が当該第三者によって大きく変更されたり，賃借物に関する権利が当該第三者によって時効取得されたりするおそれがある。そこで，賃借物が修繕を要し，または賃借物について権利を主張する者があるときは，賃借人は，賃貸人が既にこれを知っている場合を除き，遅滞なくその旨を賃貸人に通知しなければならない（615 条）。

(4)　修繕に関する受忍義務

　賃貸人が賃貸物の保存に必要な行為をしようとする場合，賃借人はこれを拒むことができない（606 条 2 項）。もっとも，賃貸人が賃借人の意思に反して保存行為をしようとする場合において，そのために賃借人が賃貸借契約を締結した目的を達成することができなくなるときは，賃借人は契約を解除することが

できる（607条）。

③ 敷金・保証金・権利金

(1) 敷　金

(a) 法的性質　　敷金とは，賃貸借継続中の賃料債権，賃貸借終了後に目的物引渡義務の履行までに生ずる賃料相当損害金の債権，そのほか賃貸借契約により賃貸人が賃借人に対して取得する一切の金銭債権（賃借物の損傷による損害賠償請求権など）を担保する目的で，賃借人が賃貸人に交付する金銭をいう（622条の2第1項）。このように，敷金の授受はいわば担保権の設定であり，賃貸借契約に従属付随する別個の契約（敷金契約）に基づいて行われる。不動産の賃貸借契約においては，敷金の授受が行われることが多い。

　敷金は，賃貸借契約の終了後，賃貸物が返還された時において，それまでに生じた上記の被担保債権が敷金から控除され，残額がある場合にはその残額が賃借人に返還される（622条の2第1項）。このことから，次のことが帰結される。

　第1に，敷金返還請求権は，賃貸借契約の終了時ではなく，賃貸物の返還時に発生する（622条の2第1項1号）。賃貸借契約の終了から明渡しまでの間に発生した損害賠償債権も敷金によって担保されるためである。したがって，賃借人は，同時履行の抗弁権を主張して敷金の返還まで家屋の返還を拒絶することができない（⇨後述(c)）。

　第2に，賃借人は，賃貸借存続中に賃料債務その他の賃貸借に基づいて生じた金銭債務の支払が困難になったとしても，敷金を賃料債務の弁済に充当するよう主張することはできない（622条の2第2項後段）。敷金は賃貸人の債権の担保であり，敷金からの弁済充当による債権回収は，債権者たる賃貸人の権利だからである。他方，賃貸人が敷金を上記債務の弁済に充当することは認められる（同項前段）。

　第3に，賃貸借に基づいて生じた賃貸人の債権は，敷金の充当によりその限度で当然に消滅するので，賃貸人の債権者は，これらの債権を差し押さえることができないし，賃貸物が不動産であり抵当権が設定されている場合でも，抵当権者はこれらの債権を物上代位として差し押さえることができない（最判平成14・3・28民集56巻3号689頁）。

(b)　敷金の承継

(i)　賃貸人の交代　　前述のとおり，敷金契約は，賃貸借契約から生じた債権を担保する目的で締結される，賃貸借契約に従属付随する契約である。このため，賃貸人が賃貸物を第三者に譲渡したこと等により賃貸人たる地位が譲受人に移転した場合，敷金契約の当事者たる地位も移転することとなる（605条の 2 第 4 項）。

その際，賃借人が旧賃貸人に交付していた敷金は，原則として，賃借人が旧賃貸人に対して負う延滞賃料債務その他の損害賠償債務の弁済に充当され，その残額が新賃貸人に承継される（最判昭和 44・7・17 民集 23 巻 8 号 1610 頁）。なぜなら，このような賃貸借継続中における債務の弁済充当を認めないと，旧賃貸人が賃借人に有する債権が確保されないこととなってしまい，旧賃貸人の利益ないし期待を不当に害するからである。もちろん，当事者間でこれと異なる合意をすることは妨げられない。

これに対し，賃貸借契約が終了した後に賃貸人が賃貸物を第三者に譲渡した場合は，敷金は当該第三者に承継されない。この場合，賃貸借契約上の地位が当該第三者に移転しない以上，これに従属付随する敷金契約上の地位が当該第三者に移転することはないと解すべきだからである（最判昭和 48・2・2 民集 27 巻 1 号 80 頁）。したがって，当該第三者は，賃借人が賃貸物の返還を怠ったことによる賃料相当額の損害賠償債権ないし不当利得返還債権について，敷金から弁済充当をすることはできない。

(ii)　賃借人の交代　　賃借人が賃借権を第三者に適法に譲渡した場合，旧賃借人が賃貸人に対して交付していた敷金は，新賃借人に承継されるだろうか。判例は，新賃借人への敷金承継を否定している。なぜなら，仮に敷金の承継を肯定すると，旧賃借人は，みずからの敷金でもって新賃借人の債務を担保することになってしまい，このような事態は，旧賃借人の予期に反した不利益を被らせる結果となって妥当でないからである（最判昭和 53・12・22 民集 32 巻 9 号 1768 頁）。

結局，賃借人が交代した場合には，旧賃借人が交付していた敷金について清算が行われ，残額が旧賃借人に返還される（622条の 2 第 1 項 2 号）。もっとも，新旧の賃借人の間で敷金の承継に関する合意をすることは可能であり，このよ

うな合意がある場合には，これに従う。

　なお，借地上建物が競売されたことに伴い敷地の賃借権の譲渡が生じたにもかかわらず，土地の賃貸人が賃借権の譲渡を承諾しない場合には，裁判所は，借地借家法20条1項に基づいて譲渡の承諾に代わる許可をすることができるが（⇨第6節**1**(2)），その際，付随的裁判として（借地借家20条1項後段），相当額の敷金の交付を新賃借人に命じることができる。この場合の敷金の額は，旧賃借人が交付していた敷金の額，新賃借人の経済的信用，敷金に関する地域的な相場等の一切の事情を考慮して決せられる（最決平成13・11・21民集55巻6号1014頁）。

　(c)　**同時履行の問題**　　前述のとおり，敷金返還請求権は，賃貸物の返還時に発生すると解されている（622条の2第1項1号参照）。すなわち，賃貸物の返還が先履行となる。また，敷金の授受は賃貸借契約とは別個の敷金契約に基づくものであるから，賃貸物返還義務と敷金返還義務とは，同一の双務契約から生じるものではなく，価値の点でも大きな差があるため，対価性が認められない。

　これらの理由から，賃借人の賃貸物返還義務と賃貸人の敷金返還義務とは，同時履行の関係に立たず，また，賃貸物と敷金返還請求権との間には牽連性を欠くと解されている。したがって，賃借人は，特別の約定がない限り，同時履行の抗弁権（533条）または留置権（295条）を主張して，敷金が返還されるまで家屋明渡しを拒絶することはできない（最判昭和49・9・2民集28巻6号1152頁）。

　(2)　保　証　金

　(a)　**法的性質**　　敷金のほかに，不動産の賃貸借契約を締結する際に賃借人から賃貸人に交付される金銭には，保証金と呼ばれるものがある。たとえば，授受された保証金は，賃貸人がこれを無利息で自由に運用し，一定期間経過後または賃貸物の返還時に全部または一部を返還することなどと約される。

　とはいえ，保証金の法的性質は曖昧で，さまざまな趣旨のものが混在している。多くの保証金が有する性質は，敷金と同様，賃貸物の返還までに賃貸人が取得する一切の債権の担保である。このほかにも，保証金には，次に述べる権

利金としての性質を有するもの，賃借人に債務不履行があったときに保証金の一定割合を違約金として没収する趣旨のもの等がある。

　また，建物賃貸借の目的物たる建物の建設協力金の性質を有するものもある。すなわち，賃貸人は，賃借人から保証金の名目で建設協力金の交付を受け，これを原資に賃貸借の目的物たる建物を建設して賃借人の使用・収益に供する。賃貸借が終了し賃貸借契約上の債務の清算が終わった時に，賃貸人は，この保証金を賃借人に返還しなければならない。このような保証金は，実質的には金銭消費貸借上の借入金とみることができる。このため，このような性質を有する保証金の返還債務については，賃貸借の目的物の譲渡に伴って賃貸人たる地位が新所有権者に承継された場合でも，特段の合意をしない限り，当然には新所有権者に承継されない（最判昭和 51・3・4 民集 30 巻 2 号 25 頁）。

　(b)　**敷引特約**　　主に建物の賃貸借において，敷金または保証金の授受に伴い敷引特約といわれる特殊な契約条項が置かれることが，一部の地域の慣行としてみられる。敷引特約とは，敷金または保証金のうち一定金員について賃貸人が返還義務を負わない旨の特約をいう（その代わりに，契約更新時に更新料を授受しないとすることもある。更新料については⇨第 3 節 **2**(3)）。「賃貸人は，建物の返還時に，敷金 50 万円から 30 万円を差し引いたうえで賃料その他本契約に基づく未払債務を控除した額を返還する」という条項がその例である。

　返還を要しない金員は，敷引金と呼ばれる。敷引金は，賃貸借契約上の債務の弁済に充当されないため，敷金とは性質を異にする。敷引特約の法的性質は一義的ではなく，①通常損耗の補修費用等の負担をめぐる紛争を防止する観点からあらかじめその額を概括的に算定し，これを賃借人が塡補するという目的で設けられたもの，②賃貸借契約成立の謝礼（礼金と同じ性質），③空室損料の塡補，④上記①ないし③が混在または渾然一体となったもの，といわれている。

　このような敷引特約は，実質的な合意に基づくものであれば，すなわち賃貸人が契約条件のひとつとして敷引特約を定め，賃借人がこれを明確に認識して賃貸借契約の締結に至ったのであれば，原則として有効である。ただし，敷引金の額が，当該建物に生ずる通常損耗等の補修費用として通常想定される額，賃料の額，礼金等他の一時金の授受の有無等に照らし高額に過ぎると評価すべきものである場合は，消費者契約法 10 条により無効とされる可能性がある

（最判平成 23・3・24 民集 65 巻 2 号 903 頁）。

　こうして敷引特約が有効である場合でも，地震等の災害によって賃貸物たる
居住用建物が滅失したことにより賃貸借が終了した場合には（616 条の 2 参照），
敷引特約が上記②の趣旨であることが明確である等の場合を除き，敷引特約は
適用されず，賃貸人は敷引金を賃借人に返還しなければならない。というのは，
上記①③④の趣旨で敷引特約が設けられた場合には，災害により当事者が予期
していない時期に賃貸借が終了した場合についてまで敷引金を返還しないとの
合意が成立していたと解することはできないからである（最判平成 10・9・3 民
集 52 巻 6 号 1467 頁）。

（3）　権利金・礼金

　不動産の賃貸借契約に際して，権利金または礼金と称する金銭の授受が行わ
れることもある。権利金の法的性質は一様でなく，主に，①営業上の場所的利
益の対価としての性質を有するもの，②賃料の前払の性質を有するもの，③賃
借権の譲渡・転貸の承諾料の性質を有するものがあるといわれている。権利金
については，敷金とは異なり，その性質上，原則として賃貸借終了時における
返還請求は認められない（最判昭和 43・6・27 民集 22 巻 6 号 1427 頁）。

　ただし，②の性質を有する権利金が授受された場合において，前払分に相当
する期間が経過する前に賃貸借契約が合意解除されたときや，賃借権の存続期
間を基礎として③の性質を有する権利金の額が決められていた場合において，
当該期間が経過する前に賃貸借契約が合意解除されたときには，例外的に権利
金の一部返還が認められる余地があろう。

第5節　賃借人の第三者との関係

◼1 賃貸物の新所有者に対する賃借権の対抗力

（1）　民法上の賃借権

　債権である賃借権には，原則として対抗力がない。賃貸物が第三者に譲渡さ
れると，賃借人は当該第三者に賃借権を対抗できず，このため，当該第三者か

らの所有権に基づく賃借物返還請求に応じざるを得ないのである。「売買は賃貸借を破る」との法諺は，このことを表したものである。

　ただし，不動産賃借権は登記をすることができ，登記をすることによって対抗力を備えることができる（605条）。とはいえ，賃借人に賃借権の登記請求権が認められていないこともあり，現実には賃借権が登記されることはほとんどない。こうして，不動産の賃借人は，賃借不動産の新所有権者からの立退き要求の危険に常にさらされることとなった（⇨第1節**2**）。

　そこで，この危険から不動産の賃借人なし賃借権を保護するため，借地借家法により，一定の要件の下で借地権・借家権に対抗力が付与されている。「一定の要件」の具体的内容については次項で詳しく述べるが，借地権・借家権を有する者が通常行うであろうことを行えばよいとすることで，容易に借地権・借家権の対抗力を備えられるよう配慮がされている。このような不動産賃借権の対抗力の強化は，契約更新における正当事由の制度や解除の制限法理による不動産賃借権の存続保障，賃借権の譲渡に関する賃貸人の承諾に代わる裁判の制度による譲渡性保障と相まって，不動産賃借権の物権化といわれている。

(2)　借地借家法上の借地権
(a)　借地上建物の登記　建物所有を目的とする借地契約に基づく借地権は，借地権者が借地上に「登記されている建物」を有する場合には，たとえ借地権の登記がなくても，借地権を第三者に対抗することができる（借地借家10条1項）。なぜならば，登記した建物が存する場合には，その敷地に建物の登記名義人の借地権が存することが推知できるため，この状況を通じて借地権が公示されているとみることができるからである。

　それでは，建物についてどのような登記があれば敷地に建物の登記名義人の借地権が存すると推知できるであろうか。判例は，土地を譲り受けようとする者が現地を検分するのが通常であることを考慮し，現地検分と相まって当該土地に建物の登記名義人の借地権が存することが推知できる程度の建物登記であればよいとの態度を示している。

　したがって，建物登記の記載内容（建物の構造や床面積等）が実際と異なる場合であっても，建物の現状と建物および土地の登記簿とを照合することにより

建物の同一性が推知できるときは，このような建物登記で借地権の対抗力が認められる（最判昭和 39・10・13 民集 18 巻 8 号 1559 頁）。また，建物登記における建物の所在地番の表示が錯誤または遺漏により実際と多少相違している場合にも，建物の種類，構造，床面積等の記載と相まって，その登記の表示全体において建物の同一性が認識できる程度の軽微な誤りであり，殊にたやすく更正登記ができるときは，借地権の対抗力が認められる（最大判昭和 40・3・17 民集 19 巻 2 号 453 頁，最判平成 18・1・19 判時 1925 号 96 頁〈 判例 12-2 〉）。さらに，建物に表題登記がなされているにとどまる場合であっても，借地権の対抗力が認められる（最判昭和 50・2・13 民集 29 巻 2 号 83 頁）。

〈 判例 12-2 〉**最判平成 18・1・19 判時 1925 号 96 頁**

【事案】昭和 34 年 4 月，A は借地上建物（「本件建物」という）を譲り受け，所有権移転登記も経て居住していたが，平成 2 年 6 月に死亡して，孫 B らがこれを代襲相続により取得した。この間，本件建物は数度にわたり増築が行われ，床面積が当初の約 3 倍になったが，表示の変更登記はされなかった。また，本件建物の所在地番は，実際には「a 市 b 町 1 丁目 24 番 1」であるにもかかわらず，本件建物の登記には「a 市 b 町 1 丁目 65 番地」と誤って表示されていた。これは，当初は正しい表示であったが，所在地番の変更や分筆が行われた際に，登記官の過誤によって生じたものである可能性が高いとみられた。本件建物の敷地を競売により取得した X が，B らの親 Y に対して建物収去・土地明渡しを求めたのに対して，Y は，①本件建物の所有権者は B らであること，②本件建物は登記されているため B らは対抗力ある借地権を有することを主張した。第一審，原審は，X の請求を認めた。Y が上告。

【判旨】破棄差戻。最高裁は「当初は所在地番が正しく登記されていたにもかかわらず，登記官が職権で表示の変更の登記をするに際し地番の表示を誤った結果，所在地番の表示が実際の地番と相違することとなった場合には，そのことゆえに借地人を不利益に取り扱うことは相当ではないというべきである。また，当初から誤った所在地番で登記がされた場合とは異なり，登記官が職権で所在地番を変更するに際し誤った表示をしたにすぎない場合には，上記変更の前後における建物の同一性は登記簿上明らかであって，上記の誤りは更正登記によって容易に是正し得るものと考えられる。そうすると，このような建物登記については，建物の構造，床面積等他の記載とあいまって建物の同一性を認めることが困難であるような事情がない限り，更正がされる前であっても借地借家法 10 条 1 項の対抗力を否定すべき理由はないと考えられる」と判示した。

　他方，借地上建物が借地権者と同居している長男名義や妻名義で登記されていた場合（最大判昭和 41・4・27 民集 20 巻 4 号 870 頁，最判昭和 47・6・22 民集 26 巻 5 号 1051 頁），このような登記では借地権の対抗力が認められない。さらに，借地権者が隣接する二筆の借地の一方のみに登記した建物を所有していた場合には，他方の借地については借地権の対抗力が認められない（最判昭和 44・12・23 民集 23 巻 12 号 2577 頁）。これらの建物登記では，借地権者の借地権を推知することができないからである。

　借地借家法 10 条 1 項の要件を満たさない借地権には，対抗力がない。しかし，このような借地権が存する土地の譲受人が，借地権の存在を知りつつ借地権を消滅させる目的で借地を譲り受けた場合は，このような譲受人からの土地明渡請求が権利濫用とされることがある（最判昭和 38・5・24 民集 17 巻 5 号 639 頁，最判平成 9・7・1 民集 51 巻 6 号 2251 頁〈 判例 12-3 〉）。学説には，背信的悪意者排除論によってこのような新所有権者を排除すべきことを主張する説もある。

〈 判例 12-3 〉 最判平成 9・7・1 民集 51 巻 6 号 2251 頁

【事案】 甲乙 2 筆の土地をその所有権者 A から借り受けた Y は，ガソリンスタンドの営業のために甲地上に登記されている建物を所有して店舗等として利用し，隣接する乙地の上には未登記の簡易なポンプ室や給油設備等を設置し，両地を一体として利用していた。このため，乙地が利用できなくなるとガソリンスタンドの営業が事実上継続できなくなるという状況にあった。Y はポンプ室を独立の建物としての価値を有するものとは認めず登記手続をしていなかった。X は A から，Y が甲乙両地を A との間の使用貸借契約に基づいて占有しているにすぎない旨の説明を受け，これを信じて甲乙両地を買い受け，土地上の建物収去および土地の明渡しを Y に求めた。第一審は，X の請求を棄却したが，原審は，乙地について X の請求を認めた。Y が上告。

　ただし，甲地については，登記された建物が存在していたので X の借地権に対抗力があることは明らかであり，争点となったのは，未登記の建物が存在するにすぎない乙地の借地権の対抗力である。

【判旨】 破棄自判。最高裁は，上記事実関係を踏まえ，「Y において乙地を甲地と一体として利用する強度の必要性が存在し，右につき事情の変更が生ずべきことも特段認められない本件においては，X が右各土地を特に低廉な価格で買い受けたのではないことを考慮しても，なお，その Y に対する乙地についての明渡請求は，権利の濫用に当たり許されない」と判示した。

(b)　**建物滅失の場合の「掲示」**　　借地上に建てられた登記されている建物が滅失すると，敷地の借地権は，原則として対抗力を失う。しかし，この場合でも，借地権者が，その建物を特定するために必要な事項，その滅失があった日および建物を新たに築造する旨を土地上の見やすい場所に掲示するときは，借地権はなお対抗力を保持することができる。一種の明認方法である。

　建物を特定するために必要な事項とは，具体的には，滅失した建物の所在，建物の種類，構造，床面積等である。この掲示を行えば，借地権者は，建物の滅失から 2 年を経過する前は，上記掲示がある限り，建物がなくても第三者（新所有権者，他の借地権者等）に対して借地権を主張することができる。そして，この 2 年の間に借地権者が建物を築造し，かつ登記をした場合には，借地権者は，この 2 年経過後も，第三者に対して借地権を主張することができる。しかし，この掲示をした場合でも，建物の滅失から 2 年を経過する前に建物を新たに築造し，かつその建物につき登記をしなければ，借地権は対抗力を失う（借地借家 10 条 2 項）。

(3)　借地借家法上の建物賃借権

　借地借家法上の建物賃借権については，借家権の登記がなくても，賃借人への建物の引渡しがあれば，賃借人は，その後その建物について物権を取得した者，たとえばその建物の譲受人に対して借家権を対抗することができる（借地借家 31 条）。

　Column 12-3　**大規模災害における借地借家に関する特別法**

　地震や大火災等の災害によって借地上建物が倒壊・焼失した場合，借地権の対抗力が失われるため，借地権者は，借地借家法 10 条 2 項に従い掲示をしない限り，借地の譲受人に借地権を対抗できなくなる。しかし，災害の大きさゆえ，この掲示をすることが困難なことがある。このような事態から借地権者や建物の賃借人を保護するため，「大規模な災害の被災地における借地借家に関する特別措置法」（平成 25 年）がある。

　同法は，借地借家臨時処理法（大正 13 年）および罹災都市借地借家臨時処理法（昭和 21 年）を前身にもち，大規模な地震，火災，台風等により借地上建物や借家が滅失した場合における借地権者・建物の賃借人を保護する制度を設けている。借地権の対抗力に関しては，一定期間に限り借地借家法 10 条 2 項による掲示をしなくても借地権の対抗力を認める特例を定めている（被災借

> 地借家 4 条)。その他，借地権者からの解約申入れを認める制度（被災借地借家
> 3 条)，借地権の譲渡・転貸に関する承諾に代わる許可を認める制度（被災借地
> 借家 5 条）により，地代等の負担から借地権者を早期に解放するとともに，地
> 上建物の再築をすることのできる者に建物を再築させることで復興の促進を図
> っている。

(4)　効　　果

　対抗力ある不動産賃借権を有する賃借人は，賃借物の譲受人に対して，みず
からの不動産賃借権を対抗することができる。

２ 賃貸物の譲受人との関係──賃貸人の地位の移転

(1)　賃貸不動産の譲渡による賃貸人たる地位の移転

　不動産の賃貸人が賃貸不動産を第三者に譲渡した場合において，**１**で述べ
たルールにより譲受人が賃借人から賃借権の対抗を受けるときは，譲受人は，
このことを前提にその後の法律関係を構築するしかない。具体的には，みずか
らが賃貸人となり，賃借人に対して，賃料の支払請求，解約申入れ，債務不履
行による解除権の行使など賃貸人の権利を行使することである。

　とはいえ，契約法の通則規定によれば，契約上の地位の移転には，その旨の
合意に加えて，契約の相手方，すなわち賃借人の承諾が必要とされる（539 条
の 2)。しかし，賃貸不動産の譲渡は実際にしばしば行われており，そのつど賃
借人の承諾を必要とすることは煩雑である。しかも，賃貸人が負う使用・収益
させる義務は，賃貸人が誰であるかによって履行方法が異なるわけではなく，
誰でも履行することができるため，賃貸人が交代することで賃借人に不利益が
生じるとは考えにくい。さらに，譲渡された目的物が不動産であって賃借権に
対抗力が備わっている場合は，その目的物の譲受人は，賃借人から賃借権を対
抗されるので，使用・収益を拒むことができない。

　そこで，対抗力を備えた不動産賃借権の目的物たる不動産が譲渡されると，
賃貸人たる地位は，605 条の 2 第 2 項に定められた合意がない限り（⇨後述(2)），
賃借人の承諾を必要とせず，譲受人に当然に移転することとされている（605
条の 2 第 1 項)。ここでの「対抗力を備えた」には，605 条により登記された不

動産賃借権のほか，借地借家法 10 条により対抗力を備えた借地権，同法 31 条により対抗力を備えた借家権，その他の法令により対抗力を備えた不動産賃借権が含まれる。

とはいえ，賃貸人たる地位の移転に賃借人の関与が全くなくなると，賃借人は賃貸借契約に基づく債権の行使および債務の履行の相手方が誰であるかを確認することが難しくなり，賃借人の法的地位が不安定なものになってしまう。

そこで，賃借人の法的地位を保護するため，賃貸物の所有権移転につき対抗要件を具備しなければ，譲受人は，賃貸人たる地位の移転を賃借人に対抗することができない（605 条の 2 第 3 項）。すなわち，賃貸物の譲受人は，賃貸人たる地位に基づいて賃借人に賃料の支払を請求したり，債務不履行を理由に賃貸借契約を解除したりするためには，賃貸不動産の所有権に関する登記を備えなければならない。これを賃借人側からみると，賃貸不動産の登記名義人を賃貸人として取り扱えばよいことになる。

賃貸人たる地位の移転に伴い，賃貸物に関する費用償還債務および敷金返還債務についても，譲受人に承継される（605 条の 2 第 4 項）。なお，敷金の承継に関しては，第 4 節 **3**(1)(b)(i)参照。

(2) 賃貸不動産の譲渡の際の賃貸人たる地位の留保

賃貸不動産の所有者が，資金調達を目的として，当該不動産を譲渡担保に供したり，信託的に譲渡したり，小口化して共有持分権を販売したりすることがある。これらの譲受人は担保目的や投資目的で賃貸不動産の所有権を取得するにすぎず，賃借人との間に賃貸借関係を成立させ契約上の債務をも引き受けることを望んでいない。もしこれらの場合にも，前記(1)のように，賃貸人たる地位が当然に譲受人に移転するとなれば，担保目的・投資目的での賃貸不動産の活用が困難になってしまう。

そこで，賃貸不動産の譲渡人と譲受人との間で，①当該不動産の譲渡に際して賃貸人たる地位を移転させず譲渡人に留保すること，および②当該不動産を譲受人が譲渡人に賃貸することを合意することにより，当該不動産の所有権のみを譲受人に移転し賃貸人たる地位を譲渡人に残すことができる（605 条の 2 第 2 項前段）。

　この合意の結果，賃貸人と賃借人との間の賃貸借関係は，事後的に転貸借関係となる。すなわち，賃貸不動産の譲受人が賃貸人，譲渡人が賃借人，賃借人が転借人となるのである（このことを明確にするために②の合意も必要とされる）。このような合意がされた場合において，②の合意による譲渡人と譲受人（その承継人も含む）との間の賃貸借が終了したときは，譲渡人に留保されていた賃貸人たる地位は，譲受人（その承継人も含む）に移転する（同項後段）。後述するとおり，転貸借において，原賃貸借が期間満了または債務不履行を理由とする解除により終了した場合，転貸借も終了する（⇨第6節 **4**(1)・(3)）。しかし，事後的に転貸借関係となったこの場面においてこの原則を貫くと，転借人の法的地位は不当に不安定なものとなってしまう。このような事態を避けたのである。

(3)　合意による不動産の賃貸人たる地位の移転

　不動産の賃貸人が賃貸不動産を第三者に譲渡した場合において，前記(1)とは異なり賃借権が対抗要件を備えていないときでも，譲受人が賃借権の存続を認め賃貸人の地位の移転を望むことがある。この場合は605条の2第1項の要件を満たさないため，原則に戻り，賃貸借契約の相手方である賃借人の承諾が必要になるかにみえる（539条の2参照）。しかし，賃借人は，賃貸人が交代しても賃貸不動産の使用・収益に変更を生じるわけではないので，賃貸人の地位の移転に利害関係を有していない。そこで，この場合には，賃借人の承諾を要しないで，当該不動産の譲渡人と譲受人との合意により，賃貸人の地位を譲受人に移転させることができる（605条の3前段）。

　譲受人が賃貸人の地位を取得したことを賃借人に対抗するためには，賃貸不動産について所有権移転の登記をする必要がある。また，賃貸人の地位が譲受人に移転したときは，費用償還債務および敷金返還債務も原則として当該譲受人に承継される（同条後段）。これらの点は，前記(1)の場合と同様である。

3 その他の第三者との関係

(1)　他の不動産利用権者との関係

　賃借権の登記を備えた賃借人は，同一の賃貸物に関する他の賃借人，地上権

者，永小作権者，地役権者に対し，みずからの賃借権を対抗することができる
（605条）。このことは，借地借家法等の規定によって対抗力を備えた賃借人も
同様である（最判昭和28・12・18民集7巻12号1515頁）。すなわち，最も早く対
抗力を具備した賃借権は，対抗力を具備していない賃借権や，遅れて対抗力を
具備した賃借権に優先する。このような仕組みは，不動産の物権変動における
対抗要件（177条）と似ている。

(2)　不法占有者等との関係

　不動産の賃借人が，賃借権につき対抗力を具備した場合には，賃借不動産の
不法占有者に対して，賃借権に基づく返還請求をすることができる。また，賃
借人による賃借不動産の占有を妨害する第三者に対しては，妨害の停止を請求
することができる（605条の4）。

　対抗力のない賃借権を有するにとどまる賃借人は，賃借物の不法占有者等に
対し，賃借権それ自体に基づき賃借物の返還請求や妨害排除請求をすることが
できない。しかし，賃貸人は，所有権に基づき，不法占有者等に対して物権的
請求権を有するため，賃借人は，賃借権を被保全債権として，この物権的請求
権を代位行使（423条）することができる（大判昭和4・12・16民集8巻944頁）。
さらに，賃借人が賃借物の引渡しを受けている場合には，占有回収の訴え
（200条）ないし占有保持の訴え（198条）により，不法占有者に対して賃借物の
返還ないし妨害の停止を請求することができる。

第6節　賃借権の譲渡・転貸

1　賃借権の譲渡

(1)　賃借権の譲渡の仕組み

　賃貸借契約は，契約当事者間の信頼関係を基礎とする継続的契約であり，賃
貸人は賃借人からの時宜に適した賃料支払や目的物の適切な使用・収益につい
て重大な関心を有している。このような使用・収益の主体に変更が生じること
は，賃貸人にとって大きな利害関係を有することがらである。このため，賃借

権を譲渡するには賃貸人の承諾が必要とされている（612条1項）。

　賃借権が適法に譲渡された場合，譲渡人（旧賃借人）は，賃貸借の当事者から離脱し，譲受人（新賃借人）と賃貸人との間に賃貸借関係が成立する。賃貸人と旧賃借人との間で敷金の授受が行われていた場合に，特約のない限り，旧賃借人が交付していた敷金が新賃借人に承継されないことは，前述のとおりである（⇨第4節 **3**(1)(b)(ii)）。

(2) 借地上建物の譲渡に伴う借地権の譲渡

(a) 借地権設定者の承諾に代わる裁判所の許可　借地借家法の適用を受ける借地については，借地権譲渡・転貸に関して，借地権設定者の承諾に代わる裁判所の許可制度が設けられている。

　借地上建物が第三者に譲渡されると，敷地の借地権もこれに伴って譲渡され，もしくは転貸されることになる。この借地権譲渡・転貸が借地権設定者にとって不利となるおそれがないにもかかわらず借地権設定者が承諾をしない場合には，裁判所は，借地権者（転借人がいる場合には，転借人も含む）の申立てにより，借地権設定者の承諾に代わる許可を与えることができる。その際，当事者間の利益の衡平を図るため必要があるときは，借地権譲渡・転貸を条件とする借地条件の変更を命じ，またはその許可を財産上の給付にかからしめることができる（借地借家19条1項・7項本文）。裁判所は，借地権譲渡・転貸の許否を判断するに際して，借地権の残存期間，借地に関する従前の経過，借地権譲渡・転貸を必要とする事情その他一切の事情を考慮しなければならない（同条2項）。

　また，第三者が借地上建物を競売または公売により取得した場合において，これに伴う借地権譲渡が借地権設定者に不利となるおそれがないにもかかわらず借地権設定者が承諾しないときも，同様である（借地借家20条1項）。

(b) 借地上建物の取得者の建物買取請求権　借地権者が借地上建物を第三者に譲渡する場合には，必然的に，敷地の借地権の譲渡または転貸を伴う。そこで，借地上建物その他借地権者が権原によって土地に付属させた物を取得した者が，借地権の譲渡・転貸につき借地権設定者から承諾を得られなかった場合には，当該取得者は，借地権設定者に対して，借地上建物その他の土地に付属させた物を時価で買い取るべきことを請求することができる（借地借家14条）。

この建物買取請求権は，定期借地権についても認められると解されている。

2　転　　貸

(1)　転貸借の仕組み

　転貸借とは，賃借人が賃借物をさらに第三者に賃貸することである。賃借権の譲渡とは異なり，賃貸人と賃借人との間の賃貸借（原賃貸借）は維持されたまま，これを基礎として賃借人と転借人との間の賃貸借（転貸借）が生じることになる。他方で，転貸借も，賃貸物を直接に支配し使用・収益する主体に変更が生じる点では，賃借権の譲渡と同様である。このため，転貸借をするには賃貸人の承諾が必要とされる（612条1項）。

　転貸借が行われても，原賃貸借は，基本的に影響を受けない。このため，前節まで述べたことは，転貸借後における原賃貸借に妥当する。また，転貸借も，契約それ自体は通常の賃貸借と同様であるから，前節まで述べたことが妥当する。

　ただし，2つの点で，やや特殊な問題が生じる。ひとつは，転借人の原賃貸人に対する直接の履行義務，もうひとつは，転借人の責めに帰すべき事由による賃借物の滅失・損傷についての賃借人の責任である。

(2)　転借人の原賃貸人に対する直接の履行義務

　転貸借が行われた場合も，賃借人が賃貸人に対して賃貸借契約上の債務を負うことに変わりはない。すなわち，原賃貸借契約の賃借人は，原賃貸人に対して当該契約上の債務を負い，転貸借契約の賃借人（転借人）は賃貸人（転貸人）に対して当該契約上の債務を負う。転貸借の特殊な点は，これに加えて，転借人が転貸借契約上の債務を原賃貸人に対して直接履行する義務を負うとされていることである（613条1項前段）。裏を返せば，原賃貸人は，賃借人が転借人に対して有する転貸借契約上の債権を，転借人に対して直接行使することができる。ただし，行使できる範囲は，原賃貸借の範囲に限られる。

　このようにして直接行使することのできる債権の代表例は，賃料債権である。たとえば，原賃貸借における賃料が月額10万円，転貸借における賃料が月額12万円であった場合，原賃貸人は，転借人に対して，みずからに10万円を支

払うよう請求することができる。この場合，転借人は，約定の期日より前に賃料を賃借人に支払ったことを理由に，原賃貸人への支払を拒絶することができない（同項後段）。もちろん，この請求に応じて原賃貸人に 10 万円を支払った転借人は，賃料の残額 2 万円を賃借人に支払わなければならない。

　他方，原賃貸人は，賃借人に対して賃料の支払を請求することもできる（613 条 2 項）。保証とは異なり（452 条参照），請求の順序に制限はない。要するに，原賃貸人は，みずからが有する債権額の範囲において，賃借人と転借人のいずれか一方から賃料の支払を受けることができるのであり，この点において，原賃貸人は賃料債権を回収しやすくなる。原賃貸人と転借人との間には直接の契約関係がないため，本来，原賃貸人は，転借人に対して賃料の支払を請求することができないはずである。しかし，原賃貸人の所有物である賃貸物を直接に使用・収益するのが転借人であることを考慮し，原賃貸人を保護するため，このような特別な権利が認められているのである。

　転借人が原賃貸人に直接履行すべき債務は，賃料債務だけではない。転貸借に基づいて転借人が賃借人に対して負う債務の全般がその対象となる。たとえば，費用償還債務，損害賠償債務なども同様である。

(3) 転借人の責めに帰すべき事由による賃借物の滅失・損傷についての賃借人の責任

　転借人は，613 条 1 項により，原賃貸人に対して直接に賃借物の保管に関する善管注意義務を負う。このため，転借人は，賃借物を滅失・損傷させた場合，415 条の要件の下で，原賃貸人に対して，この義務の不履行による損害賠償責任を負う。

　それでは，賃借人は，原賃貸人に対して損害賠償責任を負うのであろうか。古い判例は，転借人は賃借人の履行補助者（利用補助者）であるとの構成により，これを肯定し（大判昭和 4・6・19 民集 8 巻 675 頁），この立場を支持する学説もある。他方で，転貸借関係は原賃貸借関係とは独立した利益領域を形成しているとして履行補助者構成を否定する学説もある。これによれば，転借人は原賃貸人に対して直接に目的物保管義務を履行すべきであるし（613 条 1 項参照），その義務違反による損害賠償義務についても同様であるから，原賃貸人は直接，

転借人に責任を問えばよいことになる（債権総論を参照）。

(4)　原賃貸人の転借人に対する義務

原賃貸人と転借人との間には直接の契約関係がないため，原賃貸人は，転借人に対して直接の義務を負わない。前述した 613 条 1 項は，転借人が原賃貸人に対して義務を負うことを定めているにすぎず，逆について同条は妥当しないのである。

このため，転借人の責めに帰することができない事情によって賃借物が損傷した場合，転借人は賃借人に修繕を請求し得るにとどまる。とはいえ，賃借人は，原賃貸人との関係において賃借物を直ちにみずから修繕する権限を原則として有しないので（607 条の 2 第 1 号参照），まずは原賃貸人に修繕を請求することになる。この請求にもかかわらず原賃貸人が修繕を行わず，かつ賃借人も 607 条の 2 第 1 号による修繕を行わないときは，転借人は，みずから修繕を行い，その費用の償還を賃借人に請求することができる（608 条 1 項）。また，転借人は，賃借人が原賃貸人に有する修繕請求権を代位行使することもできる（423 条）。

3　賃借権の無断譲渡・無断転貸

賃借人が，賃貸人の承諾を得ることなく，第三者に賃借権を譲渡し，または賃借物を転貸することを，賃借権の無断譲渡・無断転貸という。この場合，三者の法律関係はどうなるのかが問題となる。

(1)　（原）賃貸人と第三者の関係

賃借権を譲り受けた第三者または賃借物を転借した第三者は，（原）賃貸人に対し，賃借権を対抗することができない。このため，（原）賃貸人は，賃借人との賃貸借契約を解除しなくても，当該第三者に対し，賃貸物の返還を請求することができる（最判昭和 26・5・31 民集 5 巻 6 号 359 頁）。

(2)　賃借人と第三者の関係

賃借人と第三者との間における賃借権譲渡契約ないし転貸借契約それ自体は，

原賃貸人の承諾があるか否かにかかわらず，有効に成立する。そこで，賃借人は，当該第三者に対し，（原）賃貸人から賃借権の譲渡・転貸につき承諾を得る義務を負う（最判昭和 34・9・17 民集 13 巻 11 号 1412 頁）。最終的に（原）賃貸人からの承諾が得られなかった場合，当該第三者は，前記(1)のとおり，賃借物の使用・収益をすることができないため，賃借人との賃借権譲渡契約ないし転貸借契約を解除することができる。

(3)　(原) 賃貸人と賃借人の関係

(a)　(原) 賃貸人の契約解除権

賃借人が（原）賃貸人に無断で賃借権の譲渡・転貸を行い，第三者に賃借物の使用・収益をさせた場合，（原）賃貸人は，賃借人との契約を解除することができる（612 条 2 項）。賃貸借契約は当事者間の信頼関係を基礎として成り立っている継続的契約であるところ，目的物の使用・収益を行う者を賃貸人に無断で変更する行為は，原則として当事者間の信頼関係を破壊する著しい背信行為と考えられるからである。このように考える結果，形式的には賃借権の無断譲渡・転貸であったとしても，当事者の背信行為と認めるに足りない特段の事情がある場合には，解除権は発生しない（最判昭和 28・9・25 民集 7 巻 9 号 979 頁）。判例・通説は，612 条 2 項をこのように制限的に解釈している。この「特段の事情」の主張・立証の責任は，賃借人にある（最判昭和 41・1・27 民集 20 巻 1 号 136 頁）。

判例によれば，①賃借人の変更が形式的なものであって利用の主体が実質的に変更されない場合には，賃借物の利用実態に変更がないため，背信性は否定される傾向にある。建物の賃借人が賃借家屋の一部で経営していた個人企業を株式会社に変更して当該一部を使用させる場合が，これにあたる（最判昭和 38・10・15 民集 17 巻 9 号 1202 頁参照）。②同居の近親者への賃借権の譲渡・転貸も，賃借物の利用実態に変更がないことが多いため，背信性を否定する方向に傾く（最判平成 21・11・27 判時 2066 号 45 頁）。さらに，③無断で第三者に使用させたのが賃借物のごく一部であることや（最判昭和 46・6・22 判時 636 号 47 頁），使用させた期間がごく短期間であることも，背信性を否定する要素である。

他方，④いったん無断転貸がなされたが既に終了しているという事情は，直ちに背信性を否定することにはつながらない。なぜなら，賃借人が過去に無断

転貸を繰り返したという事情があり，このため今後も無断転貸を行うかもしれないという将来の不安が存する場合には，解除当時に無断転貸が終了していたとしても，解除の効力を妨げるものとはいえないからである（最判昭和32・12・10民集11巻13号2103頁）。

　また，⑤借地上建物を譲渡することに伴い敷地の賃借権が移転することは，原則として背信行為にあたらないとはいえない（最判昭和35・9・20民集14巻11号2227頁）。この場合には，敷地の使用・収益の主体が実質的に交代するからである。これと同様に，⑥借地上建物への譲渡担保権の設定も，譲渡担保権者が当該建物を使用・収益する場合には，借地の使用主体が交代することによってその使用方法や占有状態に変更を来たし，賃貸借当事者間の信頼関係が破壊されるから，解除原因となり得る。このことは，いまだ譲渡担保権が実行されておらず，譲渡担保権設定者による受戻しの可能性がある場合も同様である（最判平成9・7・17民集51巻6号2882頁）。

　このように，判例は総じて，背信行為と認めるに足りない「特段の事情」の判断を厳格に行っており，賃借権の無断譲渡・転貸があったにもかかわらず解除権が制限されるのは，例外的な場合にとどまる。

　なお，賃借権の無断譲渡・転貸が背信行為と認めるに足りないとして契約の解除が認められなかった場合には，賃借権の譲渡が適法に行われたのと同様の法律関係が生じる（最判昭和45・12・11民集24巻13号2015頁）。

　(b)　**賃借権の譲渡・転貸の有無**　　そもそも賃借権の譲渡・転貸にあたるか否かが問題になることもある。

　まず，借地上建物の賃貸は，借地の転貸にあたらない。なぜなら，土地の賃借人は，地上建物を第三者に賃貸した後も，当該建物を所有することによって土地を使用・収益し続けるのであって，建物の賃借人に土地の使用・収益を委ねたとはいえないからである。

　また，賃借人たる小規模で閉鎖的な会社の経営者が交代したことは，原則として賃借権の譲渡にはあたらない。なぜなら，賃借人たる法人の構成員や機関に変動が生じても，法人格の同一性が失われるものではないからである。もっとも，経営者の交代という事実が，賃貸借契約における賃貸人・賃借人間の信頼関係を悪化させるものと評価され，その他の事情と相まって賃貸借契約の解

除原因になる可能性は残されている（最判平成 8・10・14 民集 50 巻 9 号 2431 頁）。

　居住用建物の賃貸借契約において，当該建物の一部の転貸（いわゆる間貸し）は，戦後の住宅事情の劣悪な時代には多くみられた。判例には，期間が一時的なもの，無償のもの，使用部分が特定していないもの（同居に近いもの）等について，転貸にあたらないとしたものがある。他方で，2 階建て住宅の 2 階部分を 1 か月に満たない期間だけ居住させたことが転貸にあたるとして，その背信性を認め解除を肯定したものもある（最判昭和 33・1・14 民集 12 巻 1 号 41 頁）。しかし，後者においては，転貸が短期間で終了したのは原賃貸人が退去を求めた結果であり最初から短期間に限って貸与したものではないこと，2 度にわたり無断転貸が行われていたこと等の事情も考慮されている。

　このように，賃借権の譲渡・転貸の存否に関する判例は，実質的に，賃借権の無断譲渡・転貸を理由とする解除を制限する判例理論と同様の役割を有している。

▌4▐　原賃貸借の終了と転貸借の帰趨

　転貸借は，原賃貸借の存在を基礎として，そのうえに成り立っている。したがって，原賃貸借が終了すると，原則として，転貸借は存立の基礎を失い終了する。しかし，原賃貸借の終了原因によっては，この原則を貫くと転借人の地位を不当に害する結果が生じることがある。

（1）　原賃貸借の法定解除

　原賃貸借が，賃借人の賃料不払等の債務不履行を理由に解除された場合には，上述の原則があてはまる。原賃貸人は，原賃貸借の終了を転借人に対抗することができ，したがって，所有権に基づき賃貸物の返還を請求することができる。この請求を受けた転借人は，これに応じなければならない。判例によれば，これにより，賃借人の転借人に対する使用・収益させる義務は履行不能に陥るので，この時，すなわち原賃貸人が転借人に賃貸物の返還を請求した時に，転貸借は終了する（最判平成 9・2・25 民集 51 巻 2 号 398 頁。616 条の 2 参照）。

　転借人が原賃貸人からの返還請求に応じず，賃貸物を使用・収益し続けた場合は，賃貸物を返還するまでの間の賃料相当額を不法行為に基づく損害賠償ま

たは不当利得として原賃貸人に支払わなければならない（前掲最判平成 9・2・25）。

　このように，転借人の法的地位は，賃借人の賃料不払という転借人自身にかかわりのない事由によって覆滅されるおそれがある。そこで，原賃貸人が賃借人の賃料不払を理由に原賃貸借を解除しようとする場合，解除に先立ち，転借人に賃料の代払を催告したり，代払の機会を与えるため解除を予告ないし通知したりすることを原賃貸人に求めることが考えられる。原賃貸人は転貸借を承諾することで転借人に賃借物の使用収益権を与えたのであるから，その覆滅を回避する機会を転借人に与える信義則上の義務を負うとして，原賃貸人がこれを尽くさなかった場合には，法定解除をもって転借人に対抗することができないというわけである。しかし，判例は，このような事前の通知等を要しないと解している（最判平成 6・7・18 判時 1540 号 38 頁）。

(2)　原賃貸借の合意解除

　原賃貸借が合意解除された場合には，前述の原則が修正され，原賃貸人は，合意解除をもって転借人に対抗することができない（613 条 3 項本文）。なぜなら，転借人の使用収益権は，原賃貸人が転貸借を承諾したことによって基礎づけられるに至ったにもかかわらず，転借人の関与しないところでこの権利を原賃貸人と賃借人の合意によって消滅させることは，信義則に照らして認めるべきではないからである。このような考え方は，398 条や 538 条にも表れている。

　ただし，原賃貸借の解除が，合意解除という形式をとりつつも，実質的には賃借人の債務不履行を理由とするものであり法定解除が可能であった場合には，法定解除の場合と同様，原賃貸人は，原賃貸借の解除をもって転借人に対抗することができる（613 条 3 項ただし書）。

　原賃貸人が原賃貸借の解除をもって転借人に対抗することができなかった場合，その後の法律関係がどのようになるのかは明らかでなく，学説ではいくつかの考えが示されている。ひとつは，原賃貸借が解除されても転貸借が存続することから，転貸借の存続に必要な範囲で原賃貸借が存続するというものである。しかし，これによれば，結果的に他人物賃貸借類似の利用関係が続くこととなり，法律関係が複雑なものとなる。

そこで，多数説は，転貸借のみが存続し賃借人（＝転貸人）の地位を賃貸人が承継し，賃貸人と転借人との賃貸借関係が生じると解している。これによれば，存続する賃貸借の内容は，従前の転貸借契約の内容となる。

(3) 原賃貸借の期間満了

原賃貸借が期間満了により終了した場合は，法定解除の場合と同様，原賃貸人が転借人に対して賃借物の返還を請求した時点で，転貸借は終了する。

その結果，特に不動産賃貸借の場合，転借人は生活基盤を失うことになりかねない。そこで，借地借家法において，一定の配慮がされている。

まず，借地については，借地上に建物が存在する限りにおいて，転借人に建物買取請求権が認められている（借地借家13条3項）。これにより，転借人は，建物に対する投下資本を回収することがある程度可能になる。

他方，借家については，原賃貸人は，期間満了または解約申入れによる原賃貸借の終了を転借人に通知しなければ，原賃貸借の終了を転借人に対抗することができない（借地借家34条1項）。原賃貸人がこの通知をしたときは，転貸借は，その通知がされた日から6か月を経過することによって終了する（借地借家34条2項）。すなわち，転借人には，転居のため6か月の猶予期間が認められているのである。

> **判例12-4** 最判平成14・3・28民集56巻3号662頁
> 【事案】土地の所有権者Xは，ビルの賃貸・管理業者Aの勧めに応じ，Aから建設協力金の拠出を得てその土地上に本件ビルを建設して，1976年11月30日，これを一括して期間20年でAに賃貸した（以下，「本件賃貸借」という）。Aは，本件ビルの一部である甲をBに転貸し，Bは，XおよびAの承諾を得て，甲の一部（乙）をCに再転貸した（以下，「本件再転貸借」という）。Cは，乙で寿司の販売店を経営した。再転貸借の期間は5年とされたが，更新が繰り返された。
> 1994年2月21日，Aは，本件ビルの経営が採算に合わないことを理由に，Xに対し，本件賃貸借につき更新を拒絶する旨を通知した。こうして，本件賃貸借が期間満了により終了したため，Xは，Y（Cにつき会社更生手続開始決定がされて選任された管財人）に対し，再転貸部分である乙の返還等を求めた。第一審はXの請求を棄却したが，原審がXの請求を認めたため，Yが上告受理申立て。

【判旨】破棄自判。判決は，本件ビルの法律関係について，「本件賃貸借は，A
がXの承諾を得て本件ビルの各室を第三者に店舗又は事務所として転貸する
ことを当初から予定して締結されたものであり，Xによる転貸の承諾は，賃借
人においてすることを予定された賃貸物件の使用を転借人が賃借人に代わって
することを容認するというものではなく，自らは使用することを予定していな
いAにその知識，経験等を活用して本件ビルを第三者に転貸し収益を上げさ
せるとともに，Xも，各室を個別に賃貸することに伴う煩わしさを免れ，かつ，
Aから安定的に賃料収入を得るためにされたものというべきである。他方，C
も，Aの業種，本件ビルの種類や構造などから，上記のような趣旨，目的の
下に本件賃貸借が締結され，Xによる転貸の承諾並びにX及びAによる再転
貸の承諾がされることを前提として本件再転貸借を締結したものと解される」
と述べた。

　そのうえで，「このような事実関係の下においては，本件再転貸借は，本件
賃貸借の存在を前提とするものであるが，本件賃貸借に際し予定され，前記の
ような趣旨，目的を達成するために行われたものであって，Xは，本件再転貸
借を承諾したにとどまらず，本件再転貸借の締結に加功し，Cによる乙の占有
の原因を作出したものというべきであるから，Aが更新拒絶の通知をして本
件賃貸借が期間満了により終了しても，Xは，信義則上，本件賃貸借の終了を
もってCに対抗することはでき」ないと判示した。

【コメント】本判決は，原賃貸人が，原賃貸借の期間満了による終了を転借人
に対抗することができないとしたものである。本文で述べた原則とは逆の結論
となっているが，これは，原賃貸人Xが土地を提供して本件ビルを建設する
などサブリース関係の構築に当初から関与し，これを通じて（再）転貸借契約
の締結，すなわちCの出現にも積極的に関与したという特殊な事情が大きく
影響している。したがって，本判決は，あくまでも例外則を述べたものではあ
るが，サブリース以外の転貸借であっても，同様の事情が認められる事案には
その射程が及ぶと考えられる。

(4)　借地契約の終了と借地上建物の賃借人の地位

　以上述べたことと似た状況は，借地上建物に賃借人がいる状態で借地契約が
終了した場合にも生じる。判例・通説は，借地契約の終了原因に応じて，転貸
借の場合と同様の取扱いをしている。また，借地契約の期間満了による終了の
場合については，借地借家法が建物賃借人を保護する規定を置いている。

　第1に，借地権者の債務不履行により借地契約が解除された場合には，建物
賃借人は土地賃貸人からの土地明渡請求に応じざるを得ない。その結果，建物

賃貸借も終了する。

　第2に，借地契約が合意解除された場合には，特段の事情がない限り，土地賃貸人はこれをもって建物賃借人に対抗することができない（最判昭和38・2・21民集17巻1号219頁）。

　第3に，借地契約が期間満了によって終了した場合にも，債務不履行解除の場合と同様，建物賃借人は土地賃貸人からの土地明渡請求に応じざるを得なくなる。ただし，建物賃借人が借地契約の期間満了をその1年前までに知らなかった場合には，これを知った日から1年を超えない範囲内において，土地明渡しにつき相当の期限を許与するよう裁判所に請求することができる（借地借家35条1項）。

5 賃借人の死亡による賃借権の承継

　賃貸借では，使用貸借とは異なり（597条3項参照），賃借人の死亡は契約の終了原因とはされておらず，賃借権は賃借人の相続人に承継される。しかし，建物賃貸借において賃借人に相続人がいない場合には，たとえ賃借人に事実上夫婦または養親子と同様の関係にあった同居者がいたとしても，賃借権を承継取得することができない。その結果，これらの同居者は賃借建物に居住し続けることができず，生活基盤を失ってしまう。

　そこで，借地借家法は，これらの同居者の生活基盤を保障するため，居住用建物の賃貸借について特則を設けている。すなわち，居住用建物の賃借人が相続人なくして死亡した場合で，その当時婚姻または縁組の届出をしていないものの賃借人と事実上夫婦または養親子と同様の関係にあった同居者がいるときは，その同居者は，賃借人の権利義務を承継することができる（借地借家36条1項本文）。この場合，借家契約に基づいて生じた債権債務は，賃借人の生存中に発生したものも含めて，すべてその同居者に帰属する（同条2項）。ただし，賃借人が相続人なしに死亡したことを知った後1か月以内に，その同居者が建物の賃貸人に反対の意思を表示したときは，この限りでない（同条1項ただし書）。

　死亡した建物賃借人に相続人がいる場合には，上記規定は適用されない。しかし，この相続人が建物賃借人と同居していない一方，建物賃借人に前述のよ

うな同居者がおり，この者が当該建物に居住し続けることに重大な利益を有する場合に，この同居者に居住の継続を認めるべきか，これを認める場合にいかなる法律構成によるべきかが問題となる。

　判例は，同居者が事実上の養子である場合および内縁の妻である場合において，賃借権それ自体は相続人に相続されるものの，同居者がこの賃借権を援用して，賃貸人に対して建物に居住する権利を主張することを認めている（最判昭和37・12・25民集16巻12号2455頁，最判昭和42・2・21民集21巻1号155頁）。

　しかし，賃借権を承継するのはあくまでも相続人である。賃借建物を直接に使用・収益しない当該相続人が賃料を支払わない等の理由により賃貸借契約が解除されたり，更新拒絶・解約申入れが認められたりした場合には，賃貸借が終了することになるので，同居者の地位はきわめて不安定である。根本的な解決は，立法によるほかないであろう。

第7節　終　　了

1　期間満了

(1)　民法上の賃貸借

　期間の定めのある賃貸借は，存続期間の満了によって終了する（622条・597条1項）。ただし，期間満了後も賃借人が使用を継続する場合において，賃貸人がこれを知りながら異議を述べないときは，従前の賃貸借と同一の条件で更新されたものと推定される（619条1項）。

(2)　借地借家法の特則

(a)　存続保護　　借地借家法上の借地権・借家権には，原則として存続保護が図られており，存続期間の満了によって当然に賃貸借が終了するわけではない。借地権者・建物賃借人が契約の更新を希望するときは，原則として従前の契約と同一の条件で更新されたものとみなされる（借地借家5条1項・26条1項。正当事由制度につき⇨第3節 **2**(2)(a)・(b)）。さらに，借地契約において，存続期間の満了後に借地権者が土地の使用を継続するときは，借地上に建物がある場

合に限り，やはり借地契約は従前の契約と同一の条件で更新されたものとみなされる（借地借家5条2項）。借家契約についても，期間満了後に賃借人が建物の使用を継続する場合において，賃貸人が遅滞なく異議を述べなかったときは，従前の契約と同一の条件で契約の更新がされたものとみなされる（借地借家26条2項）。

ただし，定期借地権・定期借家権については，更新がなく，存続期間の満了によって終了する（⇨第3節**2**(2)(c)・(d)(i)）。

(b)　**建物買取請求権**　借地借家法上の借地契約が期間満了により終了する場合，借地権者（転借人がいる場合には，転借人を含む。以下同じ）は，借地権設定者に対して，借地上の建物その他借地権者が権原により借地に付属させた物を時価で買い取るべきことを請求することができる（借地借家13条1項・3項）。これを建物買取請求権という。

本来，賃貸借契約が終了した場合には，賃借人は目的物を原状に復してこれを賃貸人に返還する義務を負う（621条）。これによれば，借地権者は借地上建物を収去し更地にして賃貸人に返還しなければならない。しかし，そうなると借地権者は建物を建設するに際して投下した資本を回収する機会を失うし，なお経済的効用を有する借地上建物を取り壊すことは社会経済上の損失でもある。そこで，借地権者の請求により賃貸人が借地上建物を時価で買い取らなければならないこととした。この建物買取請求権の法的性質は，借地権者の権利行使によって買取りの効力を生じる形成権である。このため，借地権の存続期間が満了する前に，借地権者が賃貸人の承諾を得ないで借地権の残存期間を超えて存続すべき建物を建てた場合には，賃貸人はその予測に反して高額な買取代金を支払うことを余儀なくされるおそれがある。そこで，この場合には，裁判所は，賃貸人の請求により，買取代金の全部または一部の支払につき相当の期限を許与することができる（借地借家13条2項）。

建物買取請求権は，借地契約が期間満了によって終了した場合にのみ認められるものであり，借地権者の債務不履行を理由に契約が解除された場合には認められない。債務不履行を理由とする借地契約の解除が認められるためには，後述のとおり，単なる債務不履行では足りず信頼関係の破壊を要するが（⇨**3**(1)），信頼関係を破壊する行為をした借地権者に，賃貸人の金銭的支出という

犠牲の下に投下資本を回収する権利を認める必要はないと考えられるからである。

　建物買取請求権の行使により，借地権者と借地権設定者との間には建物の売買契約が締結されたのと同じ法律関係が生じる。したがって，借地権者は，同時履行の抗弁権または留置権の行使として，建物代金の支払を受けるまで建物の明渡しを拒絶することができる。問題となるのは，敷地たる借地の返還である。理論的には，建物の代金債務と敷地の返還債務とは対価的牽連関係にないし（同時履行の抗弁権の成立要件を欠く），建物の代金債務は建物に関して生じたものであるから，敷地との牽連性も認められない（留置権の成立要件を欠く）。しかし，敷地を返還して建物の引渡しのみを拒絶することは，事実上不可能であることから，判例・通説は，建物につき同時履行の抗弁権ないし留置権が認められることの反射的効果として，その権利を行使するのに必要な限度において，敷地の返還を拒絶し得ると解している。ただし，上記のとおり，正当な権原によるものではないため，敷地の使用・収益相当額については不当利得として借地権設定者に返還しなければならない（最判昭和35・9・20民集14巻11号2227頁）。

　(c)　**造作買取請求権**　　借家契約についても，建物買取請求権とほぼ同様の規定が借地借家法に置かれている。すなわち，建物の賃貸人の同意を得て建物に付加した畳，建具その他の造作がある場合には，賃借人（転借人がいる場合には，転借人も含む）は，借家契約が期間満了または **2** で述べる解約申入れによって終了するときに，賃貸人に対してその造作を時価で買い取るべきことを請求することができる。建物の賃貸人から買い受けた造作についても，同様に買取りを請求することができる（借地借家33条）。これを造作買取請求権という。その趣旨は，建物買取請求権におけるのとほぼ同様，①造作の除去による賃借人の不利益を回避すること，②同一の物を新調しなければならない賃貸人の不便を除去すること，③建物と造作の経済的一体性に鑑み，両者を分離しないことで社会経済上の利益を保護することにある。

　この権利も，建物買取請求権と同様，形成権であり，権利行使により造作に関する売買契約が締結されたのと同じ関係が発生する。このため，賃借人は，同時履行の抗弁権または留置権の行使として，造作の代金支払があるまで造作

の引渡しを拒絶することができるが，建物の明渡しを拒絶することまでは認められない（最判昭和29・7・22民集8巻7号1425頁）。造作代金支払義務と建物返還義務とは発生原因を異にし，対価関係がないからである。

しかし，造作と建物を分離してしまうと，造作買取請求権を認めた意義が失われるため，結果的には，賃借人は造作の代金を受け取る前であっても，造作の付加された建物を明け渡さざるを得ないことになる。このような判例の結論に対しては，造作代金支払義務も建物返還義務も，同一の賃貸借関係から生じた債務であるとか，有益費償還請求権の場合に賃借物に留置権を認めることとの均衡を欠くなど学説からの批判が多い（⇨第4節 **1**(3)(d)）。

2 解約申入れ

（1） 民法上の賃貸借

期間の定めのない賃貸借においては，各当事者は，いつでも解約の申入れをすることができる（617条1項）。ただし，収穫の季節がある土地の賃貸借については，その季節の後，次の耕作に着手する前に，解約申入れをしなければならない（同条2項）。解約申入れがなされた場合には，この日から，①土地の賃貸借については1年，②建物の賃貸借については3か月，③動産および貸席の賃貸借については1日を経過することによって，賃貸借は終了する（同条1項1号〜3号）。期間の定めのある賃貸借において，当事者の一方または双方がその期間内に解約をする権利を留保したときも，同様である（618条）。

（2） 借地借家法の特則

（a） **借 地** 借地借家法上の借地については，存続期間が最短でも30年と定まっており（借地借家3条参照），存続期間の定めのない借地は存在しない。存続期間の満了前に，当事者からの解約申入れにより一方的に借地契約を終了させることはできない。

（b） **借 家** 借地借家法上の借家については，存続期間が法定されていないし，当事者間の合意により存続期間を定める必要もない。そこで，期間の定めのない借家契約に関しては，賃貸人からの解約申入れにより借家契約を終了させることができる。ただし，この場合にも，期間の定めのある借家契約の更

新拒絶と同様，解約申入れにつき正当事由が必要とされる。解約申入れにつき正当事由が認められた場合には，解約申入れの日から6か月を経過することによって契約は終了する（借地借家27条1項）。

　(i)　正当事由　　正当事由の有無は，①建物の賃貸人および賃借人（転借人がいる場合には，転借人を含む）が建物の使用を必要とする事情のほか，②建物の賃貸借に関する従前の経緯，③建物の利用状況および建物の現況，④建物の賃貸人が建物の明渡しの条件として，または建物の明渡しと引換えに建物の賃借人に対して財産上の給付（立退料の支払）をする旨の申出をした場合におけるその申出を考慮して，判断される（借地借家28条）。この判断枠組みは，期間の定めのある借家における更新拒絶の場合と同様である（⇨第3節 **2**(2)(b)）。

　正当事由の存在は解約申入れの有効要件であるから，原則として，解約申入れの時点で正当事由が存在している必要がある。ただし，これには2つの例外がある。

　第1に，解約申入れに基づいて提起された家屋明渡請求訴訟においては，解約申入れ当時に正当事由が存在していなくても，原告たる賃貸人が口頭弁論期日に弁論を行った場合には，そのつど賃借人に対して明渡しを求める意思を表示したものと解され，その間に正当事由を具備するに至った頃の口頭弁論期日に正当事由のある解約申入れをなしたものと解される（最判昭和29・3・9民集8巻3号657頁，最判昭和34・2・19民集13巻2号160頁）。したがって，これに基づき正当事由が肯定された場合には，当初の解約申入れの日からではなく，正当事由が具備された口頭弁論期日から6か月が経過した時に，契約が終了する。

　第2に，解約申入れ後に賃貸人が立退料の提供を申し出たときまたは解約申入れ時に申し出ていた金員の増額を申し出たときは，この提供または増額に係る金員を参酌して当初の解約申入れの正当事由を判断することができる（最判平成3・3・22民集45巻3号293頁）。これに基づき正当事由が肯定された場合には，立退料の提供ないし増額の申出の時点からではなく，当初の解約申入れの日から6か月を経過した時に，契約が終了する。

　(ii)　賃借人の使用継続　　正当事由がある解約申入れがなされた場合であっても，解約申入れの日から6か月を経過しても賃借人（転借人がいる場合には，転借人）が建物の使用を継続する場合において，賃貸人が遅滞なく異議を述べ

図表 12-2　期間の定めのない借家の終了

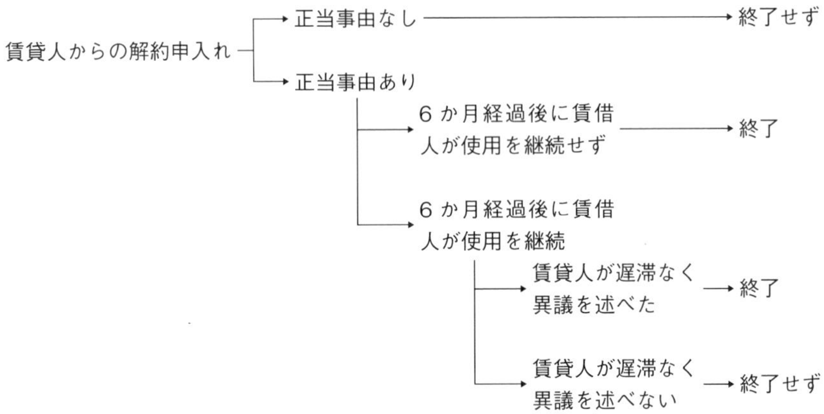

なかったときは，従前の契約と同一の条件でさらに賃貸借をなしたものとみなされる（借地借家 27 条 2 項，26 条 2 項・3 項）。

3 債務不履行解除

(1) 信頼関係破壊の法理

　当事者の一方に債務不履行があった場合，相手方は，一定の要件の下で賃貸借契約を解除することができる。解除の効果は，将来に向かってのみ生じる（620 条前段）。この場合，415 条の定める要件の下で，損害賠償を請求することもできる（620 条後段）。

　それでは，契約解除のための一定の要件とは何か。賃貸借契約は，当事者間の信頼関係を基礎に成り立つ継続的契約である。このため，判例は，不動産賃貸借において債務不履行が生じた場合について，債務不履行により形式的には解除権が発生するものの，この債務不履行により当事者間の信頼関係が破壊されるおそれがあると認めるに足りない場合は解除権の行使を信義則上許されないとしてきた（賃料不払につき最判昭和 39・7・28 民集 18 巻 6 号 1220 頁，借地上建物に関する増改築禁止特約違反につき最判昭和 41・4・21 民集 20 巻 4 号 720 頁 ⟨判例 12-5⟩）。他方で，判例は，債務不履行によって信頼関係が著しく破壊された場合は無催告で契約の解除をすることができるとしてきた（用法遵守義務

違反につき最判昭和27・4・25民集6巻4号451頁，最判昭和50・2・20民集29巻2号99頁）。このように，判例法理は，解除権の行使に制約を課すことで契約の解除を制限する側面と，催告を不要とすることで解除の要件を緩和する側面とを併せもっていた。この判例法理は，解除の可否を決する際の中心的要素に信頼関係の破壊の有無を据えていることから，信頼関係破壊の法理（信頼関係理論）と呼ばれる。

◁ 判例 12-5 ▷ **最判昭和41・4・21民集20巻4号720頁**

【事案】 Yは土地所有権者Aとの間で借地契約を締結し，その上に2階建て木造住宅を所有していた。この借地契約には，建物の増改築または大修繕をするときは賃貸人の承諾を得なければならず，これに違反した場合には無催告で契約を解除することができる旨の特約があった。ところが，YはAから借地を相続したXに無断で，建物の2階部分を拡張して2階の居室全部をアパートとして他人に賃貸するように増改築を行ったため，Xが借地契約を解除し，Yに対して建物収去・土地明渡しを求めた。第一審はXの請求を認めたが，原審は，上記特約による解除を無効であるとして，Xから本件土地を取得したZの請求を退けた。Zが上告。

【判旨】 上告棄却。最高裁は，上記のような特約があるにもかかわらず，賃借人が賃貸人の承諾を得ないで増改築をした場合においても「この増改築が借地人の土地の通常の利用上相当であり，土地賃貸人に著しい影響を及ぼさないため，賃貸人に対する信頼関係を破壊するおそれがあると認めるに足りないときは，賃貸人が前記特約に基づき解除権を行使することは，信義誠実の原則上，許されないものというべきである」と判示し，本件においては，住宅用普通建物である点では増改築の前後で同一であり，建物の同一性を損なっていないとして，Zの解除の主張を退けた。

この法理の実質は，平成29年の民法改正により解除に関する規定が変更された後も変わりがない。ただし，この法理が現行の解除に関する規定のどこに位置づけられるかについては，大きく分けて次のような考え方があり得る。

第1は，従来と同様，541条の修正法理と位置づける考え方である。すなわち，債務不履行が541条ただし書にいう「軽微である」とはいえないときでも，信頼関係の破壊に至らない場合は，解除権の行使が信義則上認められず，他方で，信頼関係が著しく破壊された場合は，同条本文の催告を不要と解するのである。

　第2に，信頼関係破壊の法理が，解除が認められるために信頼関係の破壊を要するとしていること，信頼関係の破壊に至った場合は催告を要しないとしていることから，その根拠を無催告解除に関する542条1項5号の適用ないし類推適用に求めるという考え方である。この考え方による場合，履行の催告とこれへの不応答は，信頼関係の破壊を基礎づける事情のひとつとして，無催告解除の要件充足性を判断する際の考慮要素と位置づけられる。

　第3は，債務不履行によって信頼関係が著しく破壊されるに至った場合は542条1項5号の適用ないし類推適用により無催告解除が認められ，そうでない場合でも541条本文により催告解除が認められるが，信頼関係が破壊されるに至らない場合は541条ただし書にいう「軽微である」とされて解除が否定されるという考え方である。第2，第3の考え方によれば，解除が否定されるのは，従来の判例法理とは異なり，解除権が成立要件を満たさず発生しないからとなる。

　もっとも，いずれの立場によっても，具体的な結論が異なることにはならないと考えられる。

Column 12-4　**動産賃貸借における債務不履行**

　信頼関係破壊の法理を展開した判例は，賃貸借契約が継続的契約であって当事者間の信頼関係を基礎に成り立っていることを同法理の出発点としており，不動産賃貸借に限定した表現をしていない。しかし，判例に表れた事案はいずれも不動産賃貸借である。しかも，信頼関係破壊の法理が確立した時期は，日本が戦後の厳しい住宅難に見舞われた時期と重なる。その後に住宅事情が改善した状況においても，不動産が賃借人にとって生活ないし事業の基盤となる重要な財産であることに変わりはなく，判例はこのような不動産の特殊性を考慮し，賃借人保護の観点から信頼関係破壊の法理を確立していったものと考えられる。

　このように考えると，動産の賃貸借にも信頼関係破壊の法理が妥当するのかについては疑問がある。実際，動産賃貸借において信頼関係破壊の法理を適用した判例は見当たらない。とはいえ，解除に関する一般的な規律によれば，不履行が「軽微」であるときは解除が認められないので（541条ただし書），たとえば，賃料のごく僅かな一部が延滞しただけで常に解除が認められるとは限らない。

（2）　無催告解除特約の解釈

　信頼関係破壊の法理は，無催告解除特約の解釈にも影響を及ぼす。たとえば，「賃借人が賃料を 1 か月延滞したときは，賃貸人は無催告で契約を解除することができる」との契約条項は，賃料の延滞を理由に契約を解除するにあたり催告をしなくても不合理とは認められない事情が存する場合には催告をせずに解除をなし得る旨を定めたものと解釈される（最判昭和 43・11・21 民集 22 巻 12 号 2741 頁。無断増改築禁止特約の解釈については最判昭和 41・4・21 民集 20 巻 4 号 720 頁〈 判例 12-5 〉参照）。

4 目的物の滅失

　賃借物の全部が滅失した場合，その他の事由により使用・収益をすることができなくなった場合には，賃貸借は，これによって終了する（616 条の 2）。この場合，賃借物の使用・収益を可能な状態におくという賃貸人の債務が履行不能となり，賃貸借の目的を達成することができなくなるからである。滅失につき当事者に帰責事由があったか否かは問わない。契約の総則規定によれば，双務契約に基づく一方の債務が履行不能となっても，これにより契約は当然には終了せず，債権者による解除の意思表示が必要とされる（542 条 1 項 1 号）。賃貸借においては，例外的な扱いがされていることになる。

　また，賃借物の一部が滅失した場合，その他の事由により使用・収益することができなくなった場合において，残存する部分のみでは賃借人が賃借をした目的を達することができないときは，賃借人は，契約を解除することができる（611 条 2 項）。これは，契約総則で定められている履行の一部不能による解除に関する規律（542 条 1 項 3 号）を具体化したものである。

5 混　同

　賃貸人が死亡して賃借人がこれを相続した場合など，賃貸人と賃借人が同一人となると，賃貸借契約に基づく債権および債務が同一人に帰属するため，原則として，混同により賃貸借は終了する（520 条）。

6 収益を目的とする土地の賃貸借における減収

　耕作または牧畜を目的とする土地の賃貸借については，地震や台風などの不可抗力によって引き続き 2 年以上，賃料より少ない収益しか得られなかったときは，賃借人は，契約を解除することができる（610 条）。これは，小作人保護のための規定であると同時に，理論的には，目的不到達を理由とする事情変更の法理の適用例と位置づけることもできる（なお，永小作権につき 275 条参照）。

7 終了の効果：目的物の原状回復・返還義務

　賃貸借が終了したとき，賃借人は，賃借物に付属させた物を収去するなど原状に復して（原状回復義務。621 条），賃貸人に賃借物を返還する義務を負う（目的物返還義務。601 条）。賃借人がみずからの責めに帰すべき事由によって賃借物を損傷させた場合には，これを補修して返還しなければならない。

　これに対し，賃借物の通常の使用・収益によって生じた損耗ならびに経年変化（通常損耗）については，原状に復する必要がない（621 条本文括弧書）。なぜなら，通常損耗の発生は，賃借物の使用・収益を内容とする賃貸借契約の本質上当然に予定されているため，通常損耗に係る投下資本の減価の回収は通常，必要経費分を賃料のなかに含ませて賃借人からその支払を受けることにより行われているからである。たとえば，家屋の賃貸借契約において，通常の使用により，襖や壁紙が汚れた場合，床に家具を置いた跡がついたり細かな傷がついたりした場合，経年により壁紙や床が色あせた場合，賃借人は，原状回復義務としてこれらを補修する義務を負わない。したがって，賃借人は，これらの修補費用を負担する義務も負わない。

　ただし，特約により賃借人が通常損耗に係る補修費用を負担する旨を定めることができる。とはいえ，このことは賃借人にとって大きな負担となるため，①賃借人が補修費用を負担することになる通常損耗の範囲が賃貸借契約書の条項自体に具体的に明記されているか，②仮に賃貸借契約書から明らかでない場合には，賃貸人が口頭により説明するかのいずれかにより，賃借人がその旨を明確に認識しそれを合意の内容としたものと認められるなど，その旨の特約が明確に合意されていることが必要とされる（最判平成 17・12・16 判時 1921 号 61

頁)。通常損耗の範囲が契約書から明確でなく，賃貸人からの口頭の説明が不十分であるために，通常損耗の具体的範囲および通常損耗に係る補修費用を賃借人が負担する旨を賃借人が明確に認識していなかった場合には，このような特約の合意が成立したということはできない。さらに，特約の内容によっては，消費者契約法10条により当該特約が無効とされる可能性もある。

　目的物の損傷，汚損，損耗が，賃借人の故意・過失によるものであり原状回復義務の対象になるものか，それとも通常損耗であり原則として補修費用を賃貸人が負担すべきものかを判断するにあたっては，当該損傷等の対象が消耗品的なものか否か，入居時の状況と退去時の状況との比較，入居期間の長短等が考慮される。

第13章 雇　用

第 1 節　意　　義

1 意　　義

　雇用とは，当事者の一方（労働者）が相手方（使用者）に対して労働に従事し，相手方がこれに対してその報酬を与えることを内容とする契約である（623条）。雇用契約は，双務・有償・諾成契約である。雇用といえば，会社に就職して働く，アルバイトをするといった関係が思い浮かび，労働法の問題だと考える人も多いであろう。たしかに，会社に雇われた場合の法律関係は，労働基準法，労働契約法など労働法によってその大部分が規律され，民法と規律対象が重複する場合には，特別法である労働法が優先的に適用される。判例も含めた雇用契約・労働契約に係る法規範の全体像は，労働法に委ねざるを得ないため，本章では，雇用契約・労働契約の概念的な異同について確認のうえ，民法の規定を概観しつつ，特別法による修正に注意を促す記述にとどめる。

> **Column 13-1　役務提供型契約の分類基準**
> 　雇用は，役務（取引の対象となり得る人の行為）を目的とする契約（役務提供型契約）の一類型として位置づけられる。13種類の典型契約のうち，役務提供

型契約には，雇用・請負・委任・寄託が分類される（⇨第 3 章第 3 節 **1**）。寄託は，物を預かることに役務の内容が限定されている点で他の役務提供型契約と区別しやすい。雇用・請負・委任を区別する基準については，一般に，①役務提供の従属性・独立性，②結果の達成が義務づけられるか否か（結果がもたらされない場合に債務不履行となるか否か），に着目して説明される。すなわち，雇用と委任・請負の区別においては，労働者の使用者に対する従属性が雇用の特徴とされるのに対し，請負の請負人や委任の受任者は注文者や委任者に対する独立性があるとされる。また，請負と雇用・委任の区別においては，請負人が仕事の完成（役務の結果）を義務づけられるのに対し，労働者・受任者は，行為が義務づけられるだけで，結果を保証するものではない点が特徴として挙げられる。なお，現代における多種多様な役務提供型契約について準委任（委任の規定）がその受け皿となっている状況と課題については，委任の第 15 章 **1** の説明を参照されたい。

2 雇用契約と労働契約

　民法の雇用契約の規定（623 条〜631 条）は，他の契約類型と同様に，対等な立場にある私人間での契約を想定したものである。しかし，現実の労働市場においては，生活の糧を得るために労働せざるを得ない労働者と，雇う側の使用者とでは，使用者が労働者に対し社会的・経済的優位に立つことから，当事者の自由な交渉と合意に委ねたのでは，労働者の地位が不安定となる状況がある。そこで，労働者保護や雇用関係の安定等を目的に，労働法（労働契約法，労働基準法，労働組合法，労働安全衛生法，男女雇用機会均等法等）や労働判例法理が展開している。

　労働契約という概念は，従属労働性と労使間の構造的格差を前提とするものである。この労働契約概念と民法上の雇用契約概念との関係については，いわゆる同一説，峻別説，新峻別説の対立がみられる。すなわち，民法と労働法に規制理念の違いはあっても，雇用契約と労働契約に契約類型としての違いはないと理解する同一説，労働者の従属性を前提として生存権保障を理念とする労働契約と対等市民像を前提とする雇用契約との違いを強調する峻別説，さらに，現代社会における働き方の実態から，民法上，請負や委任と性質決定される契約でも，労働契約と捉えるべき場合はあるとして，雇用契約と労働契約を区別すべきという新峻別説も登場している。民法の雇用概念も，実質的な従属性に

よって判断され得るものであり，契約類型としては雇用契約と労働契約とは同一であることを出発点としてよいと考える。役務を提供する者に実質的な従属性が認められるのであれば，請負・委任の特徴があったとしても，雇用との混合契約として，民法の規定についても，問題に応じて最適な規範の適用が検討されるべきであろう。また，従属性が認められる場合には，労働法の適用対象となるところ，民法と同じ事項について規定している民事ルールが労働法に存在するのであれば，特別法（労働法・労働判例法理）が優先することになると理解できる。そのうえで，労働法の適用範囲は，適用除外規定等によって画される点には注意を要する。たとえば，民法では，家事使用人を個人で雇う場合も雇用契約であるが，労働基準法116条2項では，家事使用人は適用除外とされている。

第2節　成　　立

　雇用契約は諾成契約である（623条）。労働契約法においては，労働契約が合意によって成立することが確認されている（労契6条）。企業に個人が雇われるという典型的な労働契約関係においては，しばしば当該関係が契約に基づくことが意識されないため，労働契約法においては，契約関係の成立・内容形成・変更は原則として「合意による」ということが強調されている（労契1条・3条1項・6条・8条参照）。また，労働契約法においては，契約内容をできるだけ書面で確認することを求める規定（労契4条2項）があるものの，この規定は労働契約を要式契約化する趣旨ではない。民法は，契約の内容形成やその変更は当事者の合意によって行われることを前提とするが，定型約款に関しその例外となるような規定がみられる（⇨第3章第4節）。労働契約法も，当事者の合意によることを原則としつつ，集団的処理の必要性等に配慮して，就業規則の労働契約内容化，就業規則による労働条件の変更が予定されている（労契7条・9条〜13条参照）。

第3節 効 力

1 労働者の義務

労働者は使用者の指揮命令の下で労働に従事する義務を負う（623条）。労働者は，労働契約の内容に従い，債務の本旨に従って労働に従事する義務を負う。労働契約法によれば，労働者に周知させていた就業規則の合理的な労働条件は，最低基準となるとともに，それと異なる特別の合意がない限り，労働契約の内容となる（労契7条・12条）。

通常，雇用契約は労働者の個性を重視して締結されることから，労働者は自己就労義務を負う（625条2項）。使用者の承諾を得ずに，労働者が自己に代わって第三者を労働に従事させた場合，使用者は契約を解除できる（625条3項）。もっとも，この解除権についても，判例上確立していた解雇権濫用法理の明文化である労働契約法16条が適用されるので，客観的に合理的な理由を欠き，社会通念上相当であると認められない場合，解雇は無効となる。

その他，労働者は，労働契約上，または信義則上の義務を負い，秘密保持義務や競業避止義務などが問題となることもある。

2 使用者の義務

使用者は労働者に報酬を支払う義務を負う（623条）。報酬は後払が原則であり，約束した労働が終わった後に労働者は報酬を請求できる（624条1項）。期間によって報酬を定めた場合の報酬支払時期は，その期間を経過した後である（同条2項）。もっとも，次の場合には，労働の途中や期間の途中であっても，労働者は使用者に既にした履行の割合に応じて報酬を請求できる（624条の2）。第1に，使用者の責めに帰することができない事由によって労働に従事することができなくなったときである（同条1号）。なお，使用者に帰責事由があって労働に従事することが不能となった場合には，536条2項が適用され，労働に従事することが不能であった期間について労働者は全額の報酬を請求できると考えられる（536条2項は反対給付の履行を拒否できないと規定するが，この場面では，

具体的な報酬請求権を根拠づけることになる）。第2に，雇用が履行の中途で終了したときである（624条の2第2号）。これには，解雇が認められた場合や労働者の死亡による終了が該当する。

　雇用契約においては，通常，人的要素が重視されることから，使用者は，労働者に対する就労請求権を，労働者の承諾なしに第三者に譲渡できない（625条1項）。本条に反し労働者の承諾なしにその権利を使用者が譲渡しても，譲渡の効力は生じない。

　使用者も労働契約上，または信義則上の諸義務を負うが，労働契約法は，使用者が安全配慮義務を負うことを明文で確認している（労契5条）。

第4節　終　　了

1 期間の定めのある雇用の終了

(1)　長期の場合の解除権

　期間の定めがあれば，その期間の満了によって契約は終了する。雇用では，当事者の長期拘束を回避する趣旨から，雇用の期間が5年を超える場合，またはその終期が不確定であるときは，5年を経過した後，各当事者は解除ができるという形で実質的に期間の上限が設けられている（626条1項）。この解除をしようとする場合，使用者は3か月前，労働者は2週間前に予告しなければならない（同条2項）。なお，雇用における解除に遡及効はない（630条・620条前段）。

　労働基準法14条は，労働基準法が適用される労働契約についてこの上限を原則として3年としており（一定の専門職労働者と高齢者は5年），上限を超える部分は上限までに縮減されると解されている（それを超えての継続は黙示の更新〔629条1項〕として扱われ，期間の定めのない契約となる）。

(2)　やむを得ない事由による解除

　期間の定めがあっても，やむを得ない事由があるときには，各当事者は雇用契約を直ちに解除でき，やむを得ない事由について過失がある当事者は損害賠

償責任を負う（628条）。たとえば，労働者の著しい非行や天災事変による事業継続不能を理由に使用者が労働者を解雇する場合や心身被害の緊急回避等のため期間満了前に労働者が辞職を望む場合などである。

　労働契約法17条は有期労働契約における使用者からの解雇について，「やむを得ない事由」の要求が強行的規範であることを明らかにしている。

(3) 期間満了と更新

　期間の定めのある雇用契約は期間の満了によって終了する。期間満了後も引き続き労働者が労働に従事し，使用者が異議を唱えない場合には，契約は同一条件で更新されたものと推定される（629条1項前段）。この場合，従前の雇用について当事者が供していた担保は，身元保証金を除き，期間満了によって消滅する（629条2項）。通説によれば，更新後の雇用契約は期間の定めのない契約となって，627条による解約の申入れが可能となる（629条1項後段）。

　もっとも，現実の労働市場では，有期労働契約の複数回の合意更新後，更新が拒絶される事態が生じ，有期労働契約の更新拒絶に解雇権濫用法理を類推適用する雇い止め法理（判例法理）が形成された。そして，労働契約法は，期間の定めのある労働契約について，労働者を使用する目的に照らして，必要以上に短い期間を定めることにより，その有期労働契約を反復して更新することのないよう配慮する義務を使用者に課し（労契17条2項），さらに，同法では，有期労働契約の更新拒絶は，客観的に合理的な理由と社会通念上の相当性がなければできないとする雇い止め法理が明文化され（労契19条），有期から期間の定めのない契約への転換（いわゆる無期転換）の要件が定められるに至っている（労契18条）。

② 期間の定めのない雇用の終了

　雇用契約に期間の定めがない場合，各当事者はいつでも解約の申入れができる（627条）。期間の定めのない契約の解消を認めつつ，突然の終了によって相手方が不測の損害を被らないよう，解約の申入れから契約終了までに一定の期間の経過が必要とされている。期間によって報酬が定まっていない場合には，解約申入れの日から2週間の経過によって，契約は終了する（627条1項）。期

間によって報酬が定められている場合には，使用者からの解約申入れは，当期前半に次期以後についてすることができ（同条2項），6か月以上の期間によって報酬が定められている場合には，使用者からの解約申入れは，3か月前にしなければならない（同条3項）。労働者には辞職の自由があり，627条1項によって辞職の意思表示から2週間の経過によって契約は終了する。

　もっとも，ここでの使用者からの解雇に対しては，労働基準法20条が30日前の解雇予告（ないし解雇予告手当）を要求し，罰則でこれを担保している（解雇予告が不要となる場合については，労基20条1項ただし書・3項参照）。また，使用者からの解雇については，労働契約法16条（解雇権濫用法理）が適用されるので，解雇は，客観的に合理的な理由を欠き，社会通念上相当であると認められない場合は，その権利を濫用したものとして，無効となる。

③ その他の終了事由

(1) 使用者の破産手続開始による労働者の解約申入れ

　使用者が破産手続開始決定を受けた場合，期間の定めがあるときでも，労働者または破産管財人は，627条の規定により解約申入れができる（631条前段）。この場合，各当事者ともに相手方に対し解約によって生じた損害について賠償を請求できない（同条後段）。

(2) 当事者の死亡

　労働者の死亡は雇用契約の終了原因と考えられている。使用者の死亡は，原則として，雇用契約の終了原因ではないが，労働契約の内容が使用者の一身に専属する場合には，使用者の死亡によって終了する。

第14章
請　負

第1節　意義・成立

1 意　　義

　請負とは，当事者の一方（請負人）がある仕事を完成し，相手方（注文者）が
その仕事の結果に対してその報酬を支払うことを内容とする契約である（632
条）。請負契約は，双務・有償・諾成契約である。請負にかかわる特別法とし
ては，運送営業に関する商法の規定や住宅の品質確保の促進等に関する法律
（以下，住宅品質確保促進法）などがある。さらに，民法等の規定を排除・修正す
る約款も普及している（各種標準運送約款，公共工事標準請負契約約款，民間〔七
会〕連合協定工事請負契約約款など）。

　雇用や委任・準委任に対し，請負は，請負人に仕事の完成が義務づけられ，
結果債務を負う点に特徴がある。結果を目指して最善の努力を尽くしても，仕
事が完成できなければ，債務不履行となる。請負の例としては，建物の建築，
機械・設備の修理，洋服の仕立て，コンピューターソフトやプログラムの開
発・製作，洋服のクリーニング，ビルの清掃，理美容，鑑定，運送などが挙げ
られる。物に結びつかない仕事も請負の目的となり，上記例示も含め準委任と

の区別が難しいことも少なくない。たとえば，設計・工事監理業務については，請負契約とする判決と委任契約とする判決に分かれている。四会連合協定建築設計・監理等業務委託契約約款では，準委任であることを前提とする報酬や解除に関する契約条項が置かれたうえで，成果物について契約不適合責任の規定にあわせた契約条項が置かれている。混合契約として，適用が問題となる諸規定の趣旨を踏まえ，問題となる事項ごとに，最も適切な規定の適用を探究すべき場合（⇨第3章第3節 **3**）のほか，時系列的な段階ごとに，委任と請負が組み合わされていると捉えられる契約もあろう（⇨ **Column 14-1** ）。なお，売買と請負との区別が問題とされてきた製作物供給契約については， **Column 3-1** を参照されたい。

> **Column 14-1**　システム開発契約
>
> 　システム開発契約とは，民間企業である委託者（ユーザー）が，情報サービス企業など受託者（ベンダー）に，情報処理管理等に関するシステムの受託開発・保守・運用を委託する契約である。企画⇒開発（システム設計・ソフトウェア設計・システム結合・テスト・導入支援）⇒運用⇒保守といった段階があり，多くの場合，企画段階は準委任，開発段階は請負，運用・保守段階は準委任と請負の混在といった特徴がみられる。情報システム開発の取引構造を透明化するためのツールとして，経産省がモデル契約書（「情報システム・モデル取引・契約書」第2版）を作成している。モデル契約書では，民法の任意規定や裁判例も手がかりとして，双方が負う諸義務の内容や免責条項の有効性の分水嶺となる重過失概念などについて明確化が試みられている。

2 成　立

　請負契約は，諾成契約であり，口頭でも成立する（632条）。建設業法19条や下請代金支払遅延等防止法3条のように，業法上の規制として書面の作成・交付（相手方の承諾を得て，電子情報処理組織を使用する方法その他情報通信技術を利用する方法で行うことは可能）が要求されている場合でも，要式契約となるわけではなく，その違反は契約の不成立・無効を直ちに帰結しない。

第2節　効　力

1 請負人の義務

(1)　仕事完成義務

(a)　仕事完成義務と仕事の完成　　請負人は仕事を完成する義務，すなわち合意された結果を役務によってもたらす義務を負う（632条）。物の製作が請け負われる場合には，仕事の目的物の引渡しも必要となることが多い。632条の「仕事を完成する」義務は，仕事の目的物の引渡しも必要となる請負については，引渡義務を含むものと解されるが，641条の「仕事を完成しない間」における「完成」は，引渡し前の製作工程を終えた（仕事の終了）時点を指す（製作工程が完了すれば，引渡し前でも，解除できないとする）ものである。本章においては，特段の断りがない限り，「仕事完成義務（債務）」という場合には，原則として引渡義務をも包含する請負人の義務（債務）を指し，単に「仕事の完成」という場合には，引渡し前の製作工程を終えた状態を指すものとする。

(b)　引渡し前の目的物の滅失・損傷と仕事完成義務　　仕事の完成前に，仕事の目的物の滅失・損傷が生じても，請負人は追加費用を負担して仕事完成義務を負い続ける（滅失・損傷について注文者に帰責性がある場合，請負人は注文者に損害賠償請求は可能であり，それが原因で完成が遅れても，遅滞による責任は負わなくてよい）。

　目的物完成後，引渡し前に，目的物が滅失・損傷した場合，平成29年改正前の伝統的通説は，仕事の完成によって，請負人の仕事完成義務は目的物引渡義務に集中するので，目的物が滅失・損傷すれば，原則として履行不能となると説明してきた。しかし，仕事の完成の前後で一律に区別する理論的根拠はなく，原則として，請負人は仕事完成義務を負い続けると考えられる。なお，仕事完成義務の存続が請負人にとって経済的に過酷であるような場合に，履行不能（412条の2第1項）と評価されることはある（仕事完成義務不能時の報酬債権の帰結については⇨ *2*(1)）。

(c)　下請負の利用　　請負人は，原則として，自己執行義務を負わない。た

とえば，ビル建築においてエレベーターの設置を専門業者に依頼するなど，請
負人が仕事の完成の全部または一部を他の者に請け負わせる下請負の利用は，
自己執行の特約がない限り，通常は許されると解釈される。もっとも，注文者
の明示の同意がない場合に，いかなる範囲において，いかなる態様の下請負が
許されるかは，契約内容に照らして検討する必要がある。なお，公法上の規制
として，建設業法 22 条は，注文者の書面による承諾のない一括下請負を禁止
している。

(2) 請負人の契約不適合責任（担保責任）

(a) 売買の規定の準用と請負契約に特有の規定　　請負契約において引き渡
された目的物（引渡しを要しない場合にあっては，仕事が終了した時の目的物）が種
類，品質または数量に関して契約の内容に適合しないものであるとき，請負人
は契約不適合責任を負う。請負は有償契約であるので，売買契約の規定が準用
され（559 条），注文者は，請負人に対して，①追完請求（562 条），②報酬減額
請求（563 条），③損害賠償請求（564 条・415 条）および④解除（564 条・541 条・
542 条）をすることができる。請負契約に特有の規定としては，種類または品
質の不適合（数量不適合は含まない）について，それが注文者の供した材料や与
えた指図に起因する場合に，請負人の責任を否定する規定（636 条），担保責任
の期間制限（引渡しを要しない場合に関する部分が請負に特有となる）に関する規定
（637 条）が置かれるのみである。なお，636 条・637 条は種類または品質に関
する契約不適合を対象としているので，請負の契約不適合責任は，数量の契約
不適合を対象としていないという理解と，559 条による 562 条以下の準用には
数量も含まれるので，請負契約における数量不足の事例（たとえば，製作物の個
数不足，面積数に応じて対価計算された作業の作業面積不足）も対象とするが，636
条・637 条は数量に関する担保責任を対象としていないという理解がみられる。
請負においても，数量不足の事例自体は想定し得ることから，後者を前提に解
説していく。

(b) 債務不履行と契約不適合責任の関係　　契約不適合責任は債務不履行責
任の一種と位置づけられるが，契約不適合に関する規定の適用は，目的物の引
渡しを要する場合は，引き渡した時以降，目的物の引渡しを要しない場合は，

仕事の終了時以降である（637条2項参照）。契約不適合責任の特則性（債務不履行責任との違い）は，①短期の期間制限の存在（⇨(e)(iii)），②有責の注文者は追完請求できないとされていること（⇨(e)(i)）に認められる。①は，種類または品質の適合性に関し，請負人が目的物の引渡し後にまで，関係証拠を長期にわたり保存する必要があるとすると過度の負担となるという趣旨から設けられている。また，②は，引渡し後の救済手段に対し政策的に置かれた制限である（引渡し前に契約不適合が確認された場合には，注文者からの履行請求自体は認められるが，増加費用や損害について帰責性のある注文者が責任を負担することになろう）と考えられることから，契約不適合に関する規定の適用は，目的物の引渡し（引渡しを要しない場合には，仕事の終了）後と考えられる。

(c)　**契約不適合（契約に適合した仕事完成義務の違反）**　　仕事の目的物が契約内容に適合しないとは，行われた仕事が当事者の合意した契約の内容に合致しないということである。請負の目的物に応じて一般に要求される品質を備えなければならないのはもちろん，当事者が特に合意した品質等に合致しない場合も契約不適合である（改正前，「主観的瑕疵」として説明されていた定義と合致する）。たとえば，注文者が耐震性を特に高めるため太い鉄骨の使用を要望し請負人と合意したにもかかわらず，請負人が構造計算上安全であることを理由に約定よりも細い鉄骨を用いた場合なども，契約不適合と判断される（最判平成15・10・10判時1840号18頁）。契約不適合の有無は，個別事例において，解釈による具体的契約内容の確定を経て，引渡し時（引渡しを要しない場合は仕事の終了時）を基準に判断される。

(d)　**契約不適合責任**

(i)　**追完請求権**　　引き渡された目的物（終了した仕事）に，契約不適合があれば，追完請求権が発生する（559条・562条1項本文）。追完の内容は，修補請求が一般的であるが，やり直しも代替品請求もあり得る。たとえば，引き渡された建物に構造上の重大な欠陥があるため建て直しすしかない場合は，注文者は請負人に再建築を請求できる。

　請負人は，注文者に不相当な負担を課すものではないときは，注文者が請求した方法と異なる方法による追完をすることができる（562条1項ただし書）。引渡し（仕事の終了）時の不適合が注文者の責めに帰すべき事由によるもので

あるときは，注文者は追完請求できないが（562条2項），注文者の供した材料や注文者の指図に起因する場合は，636条の適用によるので，562条2項が問題となるのはそれ以外の事態となる。また，不適合が軽微で，修補に過分の費用を要する場合，追完は不能と評価でき（412条の2第1項），追完請求は認められないと考えられる（平成29年改正前634条1項ただし書は瑕疵が重要ではない場合において，その修補に過分の費用を要するときは，修補請求できないと規定していたが，履行請求権の限界に関する一般規定〔412条の2第1項〕に委ねることとされ，削除された経緯がある）。履行請求権の限界と同様に，追完請求権の限界も不能概念によって画されることになる。たとえば，建物の鉄骨が安全基準に問題はないものの，約定と異なる鉄骨が使用され，修補には解体を要するといった場合，修補は不能であるとして否定される可能性がある（注文者の救済は損害賠償請求・報酬減額請求など他の手段によることになる）。

　なお，注文者が報酬の一部または全部を支払っていない場合，追完の先履行または報酬支払との同時履行（533条）を理由に，追完が完了しない限り，請負人からの報酬請求を拒むことができる（第4章第2節 **2**(3)(b)の説明を参照）。不適合が非常に軽微な場合に，報酬全額の支払拒絶が信義則に反し許されないと判断されることはあり得る。

　(ⅱ)　報酬減額請求権　　562条1項本文が規定する場合において，買主が相当の期間を定めて履行の追完を催告し，その期間内に追完がないときは，注文者は，その不適合の程度に応じて報酬の減額を請求できる（559条・563条1項）。また，追完の催告をしても，履行の追完を受ける見込みがないことが明らかである場合（559条・563条2項4号。同項1号～3号はその具体化である）は，催告をせずに，直ちに報酬の減額請求ができる。報酬減額請求の性格および減額される金額の算定方法については，第7章第3節 **5**(2)(c)を参照されたい。追完と同様に，契約不適合が注文者の責めに帰すべき事由によるものであるときは，注文者は減額請求できない（559条・563条3項）。

　(ⅲ)　損害賠償請求　　注文者は，引き渡された目的物に契約不適合がある場合，損害賠償を請求できる（559条・564条・415条）。損害賠償の内容としては，たとえば，建物建築請負の契約不適合事案であれば，追完（修補）請求と両立しない追完に代わる損害賠償として，修補費用相当額（修補不能の場合などには，

本来の客観的価値との差額）が考えられ，また，追完（修補）とともにする損害賠償としては，調査・鑑定費用，予定通り入居できなかった場合の代替家屋の賃料，営業用施設の営業利益の喪失などが考えられる（具体的な範囲は 416 条の解釈・適用により定まる）。裁判例には，研磨材の自動製造設備工事の対象である設備が正常に稼働しなかった事案において，修繕改修費のほか，第三者による修理がされるまでの間の生産量の低下といった逸失利益等に対する損害賠償も認めたものがある（東京地判平成 3・9・17 判時 1430 号 100 頁）。なお，軽微な不適合において修補には過分な費用を要するため，修補が不能であると評価される場合においては，当該修補費用相当額も損害賠償として請求することはできず（最判昭和 58・1・20 判時 1076 号 56 頁），価値減価等の損害を賠償請求することになる。

　追完に代わる損害賠償について，平成 29 年改正前の 634 条 2 項に関し，判例は，修補が可能な場合であっても，注文者は，修補請求することなく直ちに修補に代わる損害賠償請求を選択できるとしていた（最判昭和 52・2・28 金判 520 号 19 頁，最判昭和 54・3・20 判時 927 号 184 頁）。改正後，履行に代わる損害賠償を請求するには，無催告解除の要件を充足しない限り，履行の催告が必要である（415 条 2 項）。追完請求も履行請求と同様に解すべきか，それとも，改正前と同様に追完請求と損害賠償は選択的かについて，解釈が分かれている。①追完に代わる損害賠償の根拠条文は 415 条 1 項であり，415 条 2 項の射程外であるとして，追完請求することなく追完に代わる損害賠償を選択できるという見解がある（415 条 1 項説）。理由として，本来的な履行請求と現実賠償としての追完請求との異質性および 415 条 2 項によると軽微な契約不適合の場合に追完に代わる損害賠償が認められなくなる不都合などが挙げられる。これに対し，②415 条 2 項の適用により，追完請求の優位性を認める見解は，履行請求と追完請求の共通性を強調し，契約に適合しない仕事をした請負人にも原則としては追完の機会が与えられるべきであると考える（415 条 2 項説）。さらに，③563 条を類推適用し，報酬減額の場合に，追完の機会が請負人に与えられることとのバランスから，追完に代わる損害賠償の場合にも追完請求の優位性（催告を要件とすること）を認め，ただし，請負人の誠実性を欠く態度や技量等に照らし追完を受ける見込みがない場合は，催告せずに追完に代わる損害賠償

を認める（563条2項4号参照）見解（563条類推適用説。損害賠償の根拠自体は415条1項となろう）もある。平成29年改正の立案担当者は①に肯定的である。

　損害賠償額の算定基準時は，追完請求後に追完に代わる損害賠償請求をする場合は，最初の追完請求の時点であり（最判昭和36・7・7民集15巻7号1800頁），追完請求せずに損害賠償請求を認める解釈に立つ場合には，損害賠償請求をした時点となる（最判昭和54・2・2判時924号54頁）。

　注文者は，報酬の一部または全部を支払っていない場合，追完に代わる損害賠償支払と報酬支払との同時履行（533条括弧書）を理由に，請負人からの報酬請求を拒むことができる。この場合，契約不適合の程度や当事者の交渉態度等に鑑み，全額の支払拒絶が信義則に反する事情がない限り，追完（修補）請求を行った場合のバランス等から，損害賠償債権と対当額のみならず報酬債権全額について注文者は支払拒絶できる（最判平成9・2・14民集51巻2号337頁 ⟨判例14-1⟩）。そして，一般には，同時履行の抗弁権の付着した自働債権による相殺は制限されると解されているが，請負人の報酬債権と注文者の修補に代わる損害賠償債権には，相互に現実に履行させなければならない特別の利益はないため，相殺は認められ（最判昭和53・9・21判時907号54頁），報酬の残債務が履行遅滞に陥るのは，相殺時（相殺の意思表示の翌日）となる（最判平成9・7・15民集51巻6号2581頁）。相殺によって損害賠償債権が相殺適状時に遡って消滅するとしても（506条2項），同時履行関係にあるため報酬債務全額について履行遅滞による責任を負わなかったという効果に影響はないと解すべきだからである。減額請求権はあるものの，報酬減額よりも，損害賠償のほうが立証において容易であったり，注文者に有利となる場合もあると考えられ，追完に代わる損害賠償債権と報酬債権の同時履行および相殺にかかわる一連の最高裁判決は，平成29年改正後も，参照され得るものである。

◁ 判例 14-1 ▷ 最判平成 9・2・14 民集 51 巻 2 号 337 頁

【事案】 請負人 X が，注文者 Y 所有の納屋の解体と新居の建築を請け負ったが，引渡しを受けた建物には，複数箇所に瑕疵が存在し，Y は X に修補を求めたが，一部について拒否し，修補工事は中止となった。Y が瑕疵修補費用を工事残代金の 1 割とみて工事残代金の減額を提案したものの，X がこれを拒否して，具体的対策を示さなかった。X は Y に対して工事残代金と遅延損害金を求めて訴えを提起した。X の請求に対し，Y は修補に代わる損害賠償債権と工事残代金の同時履行を主張し，X は同時履行の抗弁が認められるのは対当額の範囲のみであるなどと主張したが，一審・原審は，Y の主張を容れて，損害賠償債権と工事残代金債権について引換給付を命じた。X 上告。

【判旨】 上告棄却。「請負契約において，仕事の目的物に瑕疵があり，注文者が請負人に対して瑕疵の修補に代わる損害の賠償を求めたが，契約当事者のいずれからも右損害賠償債権と報酬債権とを相殺する旨の意思表示が行われなかった場合又はその意思表示の効果が生じないとされた場合には，〔平成 29 年改正前 634 条 2 項〕により右両債権は同時履行の関係に立ち，契約当事者の一方は，相手方から債務の履行を受けるまでは，自己の債務の履行を拒むことができ，履行遅滞による責任も負わないものと解するのが相当である。しかしながら，瑕疵の程度や各契約当事者の交渉態度等に鑑み，右瑕疵の修補に代わる損害賠償債権をもって報酬残債権全額の支払を拒むことが信義則に反すると認められるときは，この限りではない。そして，〔同改正前 634 条 1 項ただし書〕は『瑕疵カ重要ナラサル場合ニ於テ其修補カ過分ノ費用ヲ要スルトキ』は瑕疵の修補請求はできず損害賠償請求のみをなし得ると規定しているところ，右のように瑕疵の内容が契約の目的や仕事の目的物の性質等に照らして重要でなく，かつ，その修補に要する費用が修補によって生ずる利益と比較して過分であると認められる場合においても，必ずしも前記同時履行の抗弁が肯定されるとは限らず，他の事情をも併せ考慮して，瑕疵の修補に代わる損害賠償債権をもって報酬残債権全額との同時履行を主張することが信義則に反するとして否定されることもあり得るものというべきである。けだし，右のように解さなければ，注文者が〔同改正前 634 条 1 項〕に基づいて瑕疵の修補の請求を行った場合と均衡を失し，瑕疵ある目的物しか得られなかった注文者の保護に欠ける一方，瑕疵が軽微な場合においても報酬残債権全額について支払が受けられないとすると請負人に不公平な結果となるからである」。

(iv)　全部解除・一部解除　　仕事の目的物に契約不適合がある場合に，注文者が，相当の期間を定めて請負人に追完の催告をし，その期間内に履行がなく

（559条・564条・541条本文），契約の不適合の程度が軽微ではない場合には（541条ただし書），全部解除できる。また，追完の催告をしても，契約をした目的を達するに足りる追完がされる見込みがないことが明らかな場合などには（559条・564条・542条1項），注文者は無催告で契約を全部解除できる。不適合が重大で，請負人の態度から修補が期待できない場合などに，無催告解除が認められよう。

　なお，追完が不能か，請負人が追完を拒絶する意思を明確に表示した場合で，残存部分が注文者にとって利益となる場合，一部解除をすることも考えられるが（559条・564条・542条2項），このような一部解除は，報酬減額請求とその実質は変わらないであろう。

(e)　契約不適合責任の否定・制限

　(i)　契約不適合について注文者に帰責事由がある場合　　(d)において，既に言及したとおり，契約不適合について注文者に帰責事由がある場合，追完請求（559条・562条2項），報酬減額請求（559条・563条3項），解除（559条・564条・543条）は認められない。

　(ii)　注文者の材料・指図に起因する種類・品質の契約不適合　　種類または品質に関する契約不適合が，注文者によって提供された材料の性質や注文者が与えた指図に由来する場合，追完・報酬減額・損害賠償・解除すべての救済手段が否定される（636条本文）。不適合の原因が注文者にある場合に，公平の観点から請負人の責任は否定されるべきであり，また，注文者の指定する方法に請負人が契約上義務づけられる場合には，契約不適合責任は生じない事態ともいい得る。ただし，請負人がその材料や指図の不適当なことを知っていながら，告げなかったときは，この限りではない（636条ただし書）。請負人が不適当であることを知っている場合には，注文者に告知すべきことになる。さらに，裁判例では，専門知識を欠いた注文者の希望・賛同だけでは，そもそも本条にいう指図にあたらないと解釈されている（東京地判平成3・6・14判タ775号178頁，京都地判平成4・12・4判タ809号167頁）。なお，引渡し前に確認可能なことが多い数量不足による契約不適合については，この責任制限はそもそも対象外とされている。

　(iii)　期間制限　　仕事の目的物の種類または品質に契約不適合があった場合

には，注文者がその不適合を知った時から1年以内にその事実を請負人に通知しなければ，追完請求，報酬減額請求，損害賠償請求および解除はできない（637条1項）。目的物の引渡し（引渡しを要しない場合には，仕事の終了）後にまで，請負人が適合性にかかわる関係証拠を長期にわたり保存する必要があるとすれば，過度の負担となり得るので，契約不適合を知った時から1年以内にその事実を通知した場合にのみ，注文者には救済手段が与えられる（637条1項）。このような規定の趣旨から，仕事の終了とは，一般的には，仕事を終えたことについて注文者の承認を得た（実務的には注文者による点検を経た）時点となろう。

請負人が，引渡し（引渡しを要しない場合にあっては，仕事の終了）時に，不適合について悪意または善意であることに重過失があるときは，上記期間制限の趣旨から，この制限は適用されない（同条2項）。また，上記規定の趣旨から，外見上明らかであることが多い数量不足については，期間制限は設けられていない。

637条の期間制限とは別に，上記の請求権および解除権には，債権一般の消滅時効の規定（166条1項）も適用される。住宅の新築工事の請負契約においては，請負人は，住宅の構造耐力上主要な部分等の瑕疵について，引き渡した時から10年，民法の契約不適合責任を負うことが，住宅品質確保促進法94条1項において規定されていることにも注意を要する。

(iv) 免責特約　　契約不適合責任を排除・制限する特約は，原則として有効である。しかし，請負人が知りながら告げなかった不適合の事実，および自ら第三者のために設定しまたは第三者に譲り渡した権利については，免責されない（559条・572条）。また，住宅品質確保促進法の10年の責任存続期間は片面的強行規定である（同法94条2項）。そのほか，請負契約が消費者契約である場合には，消費者契約法8条1項1号により全部免責条項や，同項2号により故意または重過失がある場合の一部免責条項は無効となり，また，軽過失の場合の一部免責条項なども消費者契約法10条によって無効とされる可能性がある。

2 注文者の義務

（1）報酬支払義務

（a）報酬支払時期，報酬債権の発生　　注文者は報酬支払義務を負う（632

条)。報酬の支払時期については，目的物の引渡しを要する場合は，報酬と物の引渡しが同時履行となり（633条本文），物の引渡しを要しない場合には，624条1項の準用により，仕事の終了時となる（633条ただし書）。

　報酬債権の発生については，差押えや譲渡・転付命令の対象となり得る抽象的債権としては，請負契約の成立時に発生するが（大判明治44・2・21民録17輯62頁，大判昭和5・10・28民集9巻1055頁。ただし，民事執行法159条1項にいう券面額が確定できない場合では，転付命令の対象とはならない），請求が可能となる具体的債権の発生は，仕事の完成または遅くとも引渡し時と捉えられる。たとえば，引渡し前に，工事の施工不良が確認されれば，仕事は未完成であるとして，注文者は報酬を払う必要はなく，仕事完成義務の履行を請求することになる。引渡し後は，具体的報酬債権の発生を前提に，注文者は，契約不適合責任の報酬減額請求や損害賠償債権との相殺を争うことになる（⇨ **1**(2)(d)）。

　注文者の責めに帰すべき事由によって仕事の完成が不能となった場合には，536条2項によって全額の報酬債権の発生が基礎づけられると考えられる（⇨第4章第3節 **3**(3)）。

　(b)　**割合報酬債権の発生**　　請負人は，原則として，完成した仕事に対して，報酬を請求できる。しかし，仕事が完成していなくとも，既にした仕事の結果のうち可分な部分の給付によって注文者が利益を受けるときは，その部分が仕事の完成とみなされ，請負人は，注文者が受ける利益の割合に応じて報酬を請求することができる（634条柱書）。利益に応じた割合報酬が認められるのは，第1に，注文者の責めに帰することができない事由によって仕事を完成することができなくなったとき（同条1号），第2に，請負が仕事の完成前に解除されたとき（同条2号）である。

　第1の場面は，双方の責めに帰することができない事由や請負人の責めに帰すべき事由によって仕事の完成が不能となった場合である。たとえ，請負人に帰責性がある仕事完成不能の事態であっても，給付が可分であり，既履行部分から注文者が利益を受けるときは，その部分についての割合報酬は認められてよいということであり，注文者に損害が発生している場合は，別途，損害賠償の問題として処理される。なお，注文者に帰責性がある完成不能の場合は，(a)で述べたとおり，536条2項の問題となる。

　第2の場面は，請負人の履行遅滞など債務不履行を理由に注文者が契約を解除し（541条・542条），あるいは当事者間で合意解除が行われたような場合である。注文者の任意解除（641条）の場合は，同条の損害賠償の問題となり，未履行部分の履行利益も損害の内容に含まれるというのが通説である（⇨第4節**1**）。学説には，641条解除の場合には，請負人には同条による損害賠償請求のみ認められ，634条2号による割合報酬請求は認められないという見解と，641条解除の際に，請負人が同条による損害賠償請求ではなく，自己に不利な634条2号の割合報酬請求を選択することは差し支えないという見解がみられる。

(2)　受領義務

　注文者の目的物受領義務に関しては，請負契約の事案において，受領義務はないとして，請負人からの解除を否定した判決（最判昭和40・12・3民集19巻9号2090頁）がある。もっとも，その後，継続的供給契約の事例において，買主に信義則上，引取義務が認められる場合があるとする判決もあり（最判昭和46・12・16民集25巻9号1472頁），債権総論における受領義務の議論を踏まえたうえで，検討すべき問題である。

第3節　請負契約における目的物の所有権の帰属

1　問題の所在

　請負契約における所有権の帰属は，請負人の代金債権確保の要請や各契約当事者の債権者の利害にかかわる問題である。建物建築請負の事例を中心に判例・学説において議論が展開されているが，同種の問題は，目的物が動産である場合にも生じる。たとえば，有名デザイナーにドレスをオーダーし，布地は注文者が持ち込んだもののデザイナーの加工が材料の価値を上回る場合，あるいは布地もデザイナーが用意したが注文者の寸法にあわせる形でドレスが作成されている場合，作成途上や仕事完成時のドレスの所有権はどちらに帰属するのか，といった問題が考えられよう（特段の合意がない場合，材料供給者基準によ

り考える見解が一般的であろう）。以下では，最も議論の蓄積のある建物建築請負
の事例に説明の対象を絞る。

２ 建物建築請負における建物所有権の帰属

(1) 建物建築のプロセス

　建物の建築は，土地が掘削されコンクリートが流し込まれるなどして土台が
作られ，当初は動産にすぎなかったものが，屋根瓦がふかれ荒壁が塗られ，風
雨をしのげる程度に達すれば不動産たる建物となる（大判昭和 10・10・1 民集 14
巻 1671 頁）。日本では，建物と土地は独立の不動産とされ，建築途上の動産段
階のものも含め，契約の趣旨や 242 条ただし書により，土地に付合することは
ないと一般に考えられている。

(2) 当事者（注文者・請負人）間における建物所有権の帰属

　判例・通説は，いわゆる材料供給者基準説に立ち，次のような準則を示す。
①注文者が材料を供給した場合には，建物の所有権は原始的に注文者に帰属す
る（大判昭和 7・5・9 民集 11 巻 824 頁）。この場合，たとえ請負人の加工が加わ
ったとしても 246 条（加工の法理）が適用されないことを意味しよう。②請負
人が材料を供給した場合には，材料が土地に付合して注文者の所有となること
はなく，完成建物の所有権はいったん請負人に帰属し，建物を引き渡すことに
よってはじめて請負人から注文者に所有権が移転する（大判明治 37・6・22 民録
10 輯 861 頁）。③ただし，所有権の移転時期について特約がある場合はそれに
従い（大判大正 5・12・13 民録 22 輯 2417 頁），代金の支払がある場合には，完成
と同時に建物の所有権が移転する旨の特約の存在が推認される（大判昭和 18・
7・20 民集 22 巻 660 頁）。このような準則を示す材料供給者基準説は，請負人の
代金債権確保の要請に適うこと，所有権の所在を決するには原則として労力よ
りも材料の所有権を重視すべきこと（有体物所有権尊重思想），かかる解釈が請
負契約における当事者意思に合致することを，その理由とする。

　もっとも，建物の所有権は請負人に帰属することなく，原始的に注文者に帰
属するという注文者帰属説も有力である。理由として，所有権移転時期を引渡
時や代金支払時と考える必要はなく，むしろ，敷地所有権が注文者にある建物

建築請負契約においては，注文者に建物所有権が原始的に帰属すると考えるほうが，当事者意思に合致すると説明される。また，請負人の代金債権確保は同時履行の抗弁権（533 条）や留置権（295 条），不動産工事の先取特権（325 条 2 号）によって図ることができ，請負人に敷地利用権がない以上，請負人に所有権を認めても有効な債権確保手段とならないことも理由として挙げられる。もっとも，請負人が材料を供給している場合，注文者帰属説では，どの段階から注文者に所有権が帰属するかについて，見解は一致していない。仕事が終了するまでは，作業の工程でいったん添付した材料を取り外してやり直すといったことは一般に許容されているので，仕事の完成時とする見解，不動産として所有の対象となる建物となった時点とする見解，あるいは工事開始後から工事の進捗に伴い注文者に所有権が帰属するといった見解がみられる。

(3) 仕事完成前における請負人の変更と建物所有権の帰属

第一請負人が材料を提供して工事をしたが建物には至らない段階で工事を止め，引き続き第二請負人が材料を提供して残工事を行い建物として完成させた場合，あるいは第一請負人が建物と呼べる程度まで工事を行ったが，仕上げを第二請負人が行った場合など，工事の途中で第一請負人と注文者との間の契約が解除され，第二請負人が仕事を引き継ぐ場合がある。注文者が，いずれの請負人に対しても，いまだ代金を支払っていないという場合，建物の所有権は誰に帰属するのか。

注文者帰属説に立てば，遅くとも仕事完成の段階に至れば，建物の所有権は注文者に帰属する。材料供給者基準説ではどうか。請負人同士には契約関係はなく，所有権の帰属は物権法の規定による。判例は，第一請負人がいまだ独立の建物に至らない建前（軸組を組み，棟上げを行うまでの工事）の状態で放置し，第二請負人が建物として完成させた場合，動産の付合（243 条）ではなく，請負人の労力価値も考慮して所有権の帰属を決定する動産の加工の規定（246 条 2 項）を用いて，所有権の所在を決している（最判昭和 54・1・25 民集 33 巻 1 号 26 頁）。物権法の規定によるとすれば，独立した不動産である建物となった段階で，第二請負人が追加工事をして完成させた場合は，不動産付合の規定（242 条）によるものと考えられるが（246 条は「動産」加工を対象とするので），判例は

存在しない。

(4)　下請負人による材料提供と建物所有権の帰属

　請負契約において下請負人が材料を提供している場合はどうか。注文者帰属説に立てば，遅くとも仕事完成時には，所有権は注文者に帰属するが，判例・通説を前提とすると，下請負人が材料を提供している場合，引渡しや代金支払がない限り，所有権は下請負人にあるということになろう（大判大正 4・10・22 民録 21 輯 1746 頁）。

　では，注文者が元請負人に対して代金を支払ったが，元請負人は下請負人に代金を支払っていない場合，あるいは元請契約には所有権移転時期について特約があるが，下請契約にはない場合はどうか。この問題は，特に元請負人が倒産等により無資力となった場合に，この無資力リスクを，代金支払済みの注文者と材料および労力を供給した下請負人のいずれが負担するべきかという問題として現れる。判例は，注文者の承諾を得ていない一括下請負において，元請契約解除時には出来形部分を注文者の所有とする旨の特約があり，かつ注文者は出来形部分に対応する代金支払をしていたが，元請負人から下請負人に代金は支払われず，下請負人が工事を中止したので注文者が元請負人との契約を解除した（元請負人は倒産）という事案において，従来の材料供給者帰属説を前提としつつ，下請負人は元請負人の履行補助者的立場に立つにすぎず，元請負人と異なる権利関係を主張し得る立場にはないとして，元請契約の約定に従い注文者への所有権帰属を認めた（最判平成 5・10・19 民集 47 巻 8 号 5061 頁 ◀ 判例 14-2 ▶）。所有権の所在に関する明示の特約がない場合でも，注文者が元請負人に代金を支払済みであれば，やはり所有権は注文者に帰属するとの結論が導かれよう。

◀ 判例 14-2 ▶ 最判平成 5・10・19 民集 47 巻 8 号 5061 頁
【事案】注文者 Y が建設業者 A と建物建築請負契約を締結したところ，A は Y の承諾を得ずにこの工事を建設業者 X に一括下請負させた。元請契約には出来形部分の所有権は Y に帰属する旨の約定があった。下請負人が材料を提供して全体の約 26% まで工事を行ったが，工事中に A が倒産し，Y は A との契約を解除して，他業者に依頼して建物を完成させた。なお，Y は A に出

来形部分の代金相当額を超える請負代金の約56％を支払っていたが，AはXに代金を全く支払っていなかった。XがYに対し，主位的に建物所有権に基づく引渡しを，予備的に出来形部分の所有権喪失を理由とする償金を請求した。一審は請求棄却。原審は償金請求を認容。Y上告。

【判旨】破棄自判。「建物建築工事請負契約において，注文者と元請負人との間に，契約が中途で解除された際の出来形部分の所有権は注文者に帰属する旨の約定がある場合に，当該契約が中途で解除されたときは，元請負人から一括して当該工事を請け負った下請負人が自ら材料を提供して出来形部分を築造したとしても，注文者と下請負人との間に格別の合意があるなど特段の事情のない限り，当該出来形部分の所有権は注文者に帰属すると解するのが相当である。けだし，建物建築工事を元請負人から一括下請負の形で請け負う下請契約は，その性質上元請契約の存在及び内容を前提とし，元請負人の債務を履行することを目的とするものであるから，下請負人は，注文者との関係では，元請負人のいわば履行補助者的立場に立つものにすぎず，注文者のためにする建物建築工事に関して，元請負人と異なる権利関係を主張し得る立場にはないからである。」

【コメント】「履行補助者的」という言葉が用いられているものの，従来，履行補助者概念が用いられてきた，履行補助者の行為について債務者の債務不履行責任を追及する場面とは異なる。ここでは元請契約の当事者ではない下請負人に元請契約の効力を及ぼすことが問題となっており，下請契約の性質論・複数契約の構造論が問題となっている事例としても位置づけられる。判決の射程が，下請契約一般に妥当するかについては見解が分かれよう。

第4節　終　　了

1 注文者の任意解除権

（1）意義・要件

　注文者は仕事の完成までは任意に請負契約を解除できる（641条）。請負契約において，仕事の完成に利益を有するのは注文者だけであり（仕事完成利益の偏在性），また注文者にとって不要な仕事の完成は無駄である（仕事続行の無益性）という特徴がある。その一方で，請負人の不利益は損害賠償によって塡補でき

るので，任意の解除権が注文者に認められている。

　解除の要件は，仕事の完成前であることである。引渡し前であっても，製作工程を完了した仕事完成時には，もはや注文者は任意解除権を行使できない。損害賠償については，これを提供して解除をする必要はなく，注文者は単に解除の意思表示をすれば足りる（大判明治37・10・1民録10輯1201頁）。なお，注文者が請負人の債務不履行を理由に契約解除の意思表示をしたが，債務不履行の事実がなかった場合，当該解除の意思表示を当然に641条の解除の意思表示として扱うことは否定的に解されてきた（大判明治44・1・25民録17輯5頁）。ただし，解除の意思表示の解釈の問題として，請負人の債務不履行といえなくとも，請負人による仕事の継続を希望せず，641条による解除の趣旨も含んでいる場合もあり，そのような解釈により解除の効力を認めた下級審判決もある（東京地判平成4・11・30判タ825号170頁）。

(2)　損害賠償の内容

　損害賠償の内容は，請負人に不利益を及ぼさないという趣旨からも，履行利益賠償が認められると解されてきた。履行利益の賠償の計算方法として，学説では，「支出費用の累積＋全体の得べかりし利益」または「約定報酬額－節約費」とする算定式が言及され，さらに，他の仕事（代替取引）により得られた利益または取得可能であった利益分を控除すべきかについては，見解が分かれている。平成29年改正前の関連裁判例の数は乏しいが，未履行部分の得べかりし利益を認めず，実質的には出来高報酬を損害と認定するなど控えめな算定を行う裁判例が比較的多い状況にあった。

２　注文者についての破産手続開始による解除

　注文者が破産手続開始の決定を受けたとき，請負人または破産管財人は，契約の解除をすることができる（642条1項本文）。注文者破産時に，なお請負人に仕事続行を義務づけることは妥当でないからである。この趣旨から，請負人による解除は，仕事完成前に限られている（642条1項ただし書）。請負人は既にした仕事の報酬およびそのなかに含まれていない費用について，破産財団の配当に加入することができる（642条2項）。解除によって生じる損害の賠償請

求については，請負人から解除した場合については認められないが，破産管財人から解除した場合には，請負人は，この損害賠償債権について，破産財団の配当に加入する（642条3項）。

第15章

委　任

第1節　意義・成立

1 意　　義

（1）　委任と準委任

　委任とは，当事者の一方（委任者）が法律行為をすることを相手方（受任者）に委託することを内容とする契約である（643条）。法律行為の委託には，委任者から受任者への代理権付与を伴う場合（644条の2第2項参照）と代理権付与を伴わない場合とがある。前者の例としては，委任者が，受任者に，委任者所有の不動産を売却するため，代理人として売買契約を締結することを委託する場面が，後者の例としては，委任者が，受任者に，商品買い付けのため，受任者自身の名前で売買契約を締結することを委託する場面が挙げられる。また，656条は，法律行為ではない事務の委託に，委任の諸規定が準用されるとしている。法律行為ではない事務の委託は準委任と呼ばれる。たとえば，登記申請委託，振込委託，子供の監護委託，高齢者の介護委託，診療委託，弁護士・税理士・公認会計士等への案件処理委託など他種多様な事務処理の委託が準委任に含まれる。そこから，準委任という概念は，雇用・請負・寄託に分類されな

い多様な役務提供型契約の受け皿であるともいわれている。しかし，委任の規定には，受任者に専門性・裁量性が認められ，委任者・受任者間の個人的な信頼が重視される関係を念頭に置くものがあり，委任の諸規定は必ずしも役務提供型契約一般に適切なものではない。そこで，平成29年改正審議の過程では，受け皿として役務提供型契約の一般規定を設けるという提案もされたが，実現せず，準委任が受け皿となる状況が維持された。委任の規定による解決が適切ではない場合の対応は，解釈に委ねられている。なお，民法の規定の適用にあたり，委任か準委任かは重要な意味をもたないので，以下では，準委任も含む広い意味で委任という言葉を用いていく。

委任契約に対する特別法としては，仲立営業，問屋営業に関する商法の規定，会社の役員に関する会社法の規定，任意後見契約に関する法律などがある。

(2) 無償委任と有償委任

ローマ法において委任は無償であったという沿革的影響から，日本の民法も，委任は無償・片務契約であることを原則とする。しかし，委任の無償性は貫徹されず，特約によって報酬を合意し，委任を有償・双務契約とすることは可能とされ（648条1項），現代において，有償委任は一般的に行われている。なお，商人が営業の範囲内で委任を引き受ける場合には，原則として有償となる（商512条）。

(3) 雇用・請負との区別

委任と雇用とは，労働者の従属性と受任者の独立性によって区別される。また，委任と請負とは，請負人が仕事完成（結果保証）義務を負うのに対し，受任者は結果をもたらさなくても，直ちに債務不履行とならない点において区別される。もっとも，委任においても，成果に対して報酬が支払われる場合があり（648条の2参照），また，請負には，無形仕事（旅客運送，清掃委託等）が含まれるので，区別が難しい場合もある（⇨第14章第1節 **1**， **Column 14-1** 参照）。

2 成　立

委任は，無償・有償いずれの場合も，諾成契約である。委任契約の一種であ

る任意後見契約は，任意後見契約に関する法律3条により公正証書によって契約することが要求されている。

第2節　効　　力

1 受任者の義務

（1）善良な管理者の注意義務（善管注意義務）

　受任者は，委任の本旨に従い，善良な管理者の注意をもって，委任事務を処理する義務を負う（644条）。「委任の本旨に従い」とは，委任契約の目的と事務の性質に応じて最も合理的に事務を処理すべきことを意味する。たとえば，受任者は，委任者の指図に従うのが原則である。しかし，指図の遵守が委任者の利益に反する場合には，委任者の意向を確認し，状況に応じて指図の変更を求め，また，それが困難な事態においては適宜の措置をとるべきことになる。「善良な管理者の注意」とは，そのような職業や地位にある者一般に要求される水準の注意であり，自己の財産（事務）におけるのと同一の注意（その人の能力に応じた注意）と対比される（659条参照）。644条は，事務処理の内容（本旨に従った履行）と注意の水準（善管注意）について定めているが，総合的に善管注意義務違反の有無として判断されることが多い。専門職業ごとに注意義務の内容と程度は議論されており，たとえば，医師の注意義務に関しては，準委任契約上の義務違反と構成される場合も，不法行為と構成される場合も，医療水準論が展開されている（詳細は，不法行為法における議論を参照のこと）。専門職業領域における近年の判決としては，債務整理を受任した弁護士が，消滅時効完成を待つ方針を採る場合に，その方針に伴う不利益等や他の選択肢を依頼者に説明する義務を，善管注意義務の一環として負うとしたものがある（最判平成25・4・16民集67巻4号1049頁）。

　644条は，有償・無償を問わず，他人の事務を処理する以上，受任者に善良なる管理者の注意を用いた事務処理を要求しており，保険会社の診査医について，報酬の多寡にかかわらず，受任者は，委託された事務を委任の本旨に従い善良なる管理者の注意をもって処理する義務を負うと述べる判決もある（大判

大正 10・4・23 民録 27 輯 757 頁）。しかし，学説には，無償委任であって，かつ生命，身体，財産に重要な損害が生じるおそれがない場合には，無償受寄者の義務に関する 659 条が類推適用されてよいとする見解（659 条類推適用説），無償もしくは報酬が非常に低廉な場合には，原則として注意義務の軽減が了解されていると解釈できるとする見解（契約解釈説）などがある。無償委任の場合をひとくくりに論じることはできず，無償であることを 1 つの考慮要素としつつ，事務処理の内容，事務処理の対象となる委任者の利益の重要性，契約締結の経緯なども考慮して，合意された注意義務のレベルを確定すべきであろう。なお，事務処理の内容が特定されている組織的ボランティア活動などと異なり，隣人・友人関係における無償の行為については，委任契約の成立自体が否定される可能性がある点にも注意を要する（津地判昭和 58・2・25 判時 1083 号 125 頁は，隣人宅で遊んでいた子供が，隣人が目を離した隙に水死した事件で，親同士の間には準委任契約を成立させる効果意思はなかったとして契約の成立を否定し，不法行為責任の問題とした）。

　以下に確認する受任者の諸義務は，644 条の委任の本旨に従った善管注意義務の具体化と位置づけられるが，いわゆる忠実義務の位置づけについては議論がある。忠実義務とは，専ら委任者のために適切に裁量権を行使する受任者の義務であり，利益相反行為の回避義務などを含むものである。会社法や信託法では，忠実義務の規定が置かれている（会社 355 条，信託 30 条参照）。学説には，この 2 つの義務を別個のものと捉える見解もあるが，取締役の忠実義務について，善管注意義務を敷衍し，かつ一層明確にしたにとどまるのであって，通常の委任関係に伴う善管注意義務とは別個の，高度な義務を規定したものとは解することができないとする判例がある（最大判昭和 45・6・24 民集 24 巻 6 号 625 頁）。忠実義務に関する明文の規定のない委任においても，委任者の利益が受任者の手中に委ねられる場合には，644 条を根拠に，利益相反行為等を回避する忠実義務を認めてよいであろう。

(2) 自己執行義務，復委任の法律関係

(a) 自己執行義務，復委任の可否　　事務処理の委託は，受任者の能力や人格に着目して任されることを理由に，受任者は自身で事務処理を行わなければ

ならないという自己執行義務を負うと解されている。自己執行義務については，条文上，積極的に定められていないものの，復受任者の選任に関する規定（644条の2第1項）は，自己執行義務を前提として復委任を原則として禁止し，例外的に復委任が認められる場合を定めるものと理解されている。受任者が委託された事務を第三者に任せる復委任（復受任者の選任）は，委任者の許諾を得たとき，または，やむを得ない事由があるときでなければ，認められない（644条の2第1項）。やむを得ない事由とは，受任者の疾病等によって自己執行が困難となるような事態である。同旨の規定が任意代理に関して104条に存在するが，104条は代理関係について定める（同条違反で選任された復代理人は代理権を有さないことになる）もので，644条の2第1項は委任者と受任者の内部関係について定める（同条違反は受任者の委任者に対する債務不履行となる）ものである。

　伝統的見解は，自己執行義務を委任一般に認めたうえで，弁護士が訴訟に関する資料の収集・整理を秘書に頼むように，自己の手足となる履行補助者は復受任者ではなく，委任者の許可なく利用することが可能であると説明する。これに対し，近時は，個人的な信頼がみられない委任において，自己執行義務・644条の2の適用を制限する解釈も主張されている。

　(b)　**復委任の法律関係**　代理権を付与する委任において，受任者が代理権を有する復受任者を選任した場合，復受任者は，委任者に対して，その権限の範囲内において，受任者と同一の権利を有し，義務を負う（644条の2第2項）。代理権の付与を伴う委任・復委任では，復受任者による対外的な行為の効果が委任者に帰属する（106条1項参照）ことに鑑み，644条の2第2項は，復受任者と委任者の内部関係として，復受任者が受任者に対して有する権利の範囲内で，直接的に権利義務を生じることを認めてよいとするものである（代理権の付与を伴わない委任の場合は，復受任者・委任者間には何らの権利義務も生じない）。代理権の付与を伴う委任・復委任では，復受任者は委任者に善管注意義務，報告義務，受取物等の引渡義務を負うことになり（そのうえで，復受任者が受任者に受取物等の引渡義務を履行した場合には，復受任者の委任者に対する同義務は消滅すると解されている〔最判昭和51・4・9民集30巻3号208頁〕），委任者は，復受任者に対し，復受任者が受任者に有する権利の範囲内で，報酬支払義務，費用償還

義務等を負うことになる。

　委任の箇所に，任意代理の内部関係（対委任者関係）に関する規律が置かれているということであり，対外関係および法定代理の内部関係については，106条が規律している。

(3)　報 告 義 務

　受任者は，委任者の請求があるときは，いつでも委任事務の処理の状況を報告し（経過報告義務），委任が終了した後は，遅滞なくその経過および結果を報告する義務（顛末報告義務）を負う（645条）。これによって，委任者は，受任者が適切に事務を処理しているか否かを把握できる。近時の判例では，普通預金契約は消費寄託とともに委任・準委任の性質もあり，645条の報告義務の一環として，受任者である銀行は預金口座の取引経過開示義務を預金者に対して負うとした判決（最判平成21・1・22民集63巻1号228頁）やフランチャイズチェーンの運営者（フランチャイザー）が加盟店（フランチャイジー）から委託される形式で仕入商品の代金を決済する場合，運営者は受任者として加盟店に仕入代金の具体的内容について報告する義務を負うとした判決（最判平成20・7・4判時2028号32頁）がある。

(4)　受取物等の引渡義務など

　受任者は，委任事務を処理するにあたって受け取った金銭その他の物を，果実も含めて，委任者に引き渡す義務を負う（646条1項）。たとえば，商品の売却を委託され売却時に受任者が代金を受領した場合や商品買い付けを委託され買い付け後に預り金の残金がある場合（同項前段），あるいは取立委任において受任者の口座への振込という形で債権回収を行いこれに利息が実際についた場合（同項後段），受任者は，受領代金，残金，利息（果実）を委任者に引き渡す義務を負う。

　また，受任者は，委任者のために受任者の名で取得した権利を委任者に移転する義務を負う（646条2項）。委任者から代理権を付与された受任者が代理行為を行った場合には，所有権や債権取得の効果も直接本人たる委任者に帰属するが，間接代理形式で事務処理が行われた場合などに権利移転義務が問題とな

る。たとえば，商品の買い付けを委託された受任者が，受任者の名前で売買契約を締結し，商品の所有権を取得した場合，あるいは商品の売却を委託された受任者が，自己の名前で売買契約を締結し，代金債権を取得したような場合である。もっとも，当初より委任者・受任者間において，受任者が取得した権利が直ちに委任者に移転する旨の合意がある場合には，受任者が権利を取得すると同時に，当該権利が委任者に移転し（大判大正 7・4・29 民録 24 輯 785 頁），買入委託において委任者から代金交付がある場合には，このような合意が推定される（大判大正 4・10・16 民録 21 輯 1705 頁）。ただし，このような合意により権利の移転が行われる場合，動産については占有改定により対抗要件の具備も可能であるが（183 条・178 条），不動産や債権取得時には，委任者に対抗要件を具備させる義務を受任者は負う（559 条・560 条。無償の場合は，560 条の類推適用の可否が問われる）。

　なお，受取物等引渡義務などの履行期は，原則として委任終了時とされるが，契約から別段の合意が認定できる場合には，それによる。

(5)　金銭消費についての責任

　受任者は，委任者に引き渡すべき金額，またはその利益のために用いるべき金額を自己のために消費したときは，その消費した日以後の利息を支払う義務を負い（647 条前段），なお損害がある場合には損害賠償義務を負う（647 条後段）。受任者の背信行為としての金銭消費に対する責任規定である。消費の日から利息支払義務が生じ，なお損害があれば，それも賠償する義務を負うと規定している点において，金銭債務に関する規定（419 条）の特則である。

2　委任者の義務

(1)　報酬支払義務

(a)　報酬支払合意　
受任者は，特約がある場合，委任者に対して報酬を請求できる（648 条 1 項）。報酬を支払う旨の特約は，明示的なものに限らず，黙示的なものでもよく，慣習によって根拠づけられる場合もあろう。商人が営業の範囲内で委任を引き受ける場合には，原則として有償となる（商 512 条）。

　報酬は，行われた事務処理に対し支払われることが一般的であると考えられ

るが，期間によって報酬が合意される場合（弁護士や税理士の顧問契約など）や成果の達成に対し報酬が合意される場合（不動産仲介委託，訴訟委任の成功報酬など）もある。それらに応じて，報酬の支払時期や中途終了時の報酬請求の規定が用意されている。

(b)　**支払時期**　　報酬の支払時期は，原則として，委任事務の履行後である（648条2項本文）。期間によって報酬を定めたときには，624条2項（雇用報酬の支払時期）の準用により，期間経過後となる（648条2項ただし書）。

成果の達成に対して報酬が約束された場合は，その成果が引渡しを要するとき，報酬は成果の引渡しと同時に，支払うべきものとなる（648条の2第1項）。引渡しを要しない場合は，履行後支払原則が妥当する（648条2項本文）。

(c)　**割合的報酬(1)：履行に対する報酬が合意された場合**　　委任事務の履行に対し報酬が合意された場合において，①委任者の責めに帰することができない事由によって委任事務の履行をすることができなくなったとき（648条3項1号），または②委任が履行の中途で終了したとき（同項2号），受任者は，履行の割合に応じて報酬を請求できる。

①は，受任者の責めに帰すべき事由によって，または双方の責めに帰することができない事由によって履行不能の事態に至った場合でも，既に行われた委任事務の履行に対しては，履行割合に応じて報酬を請求できてよいという趣旨である。たとえば，保育所において保育所側の事情によって月の途中で幼児の監護受託ができなくなったとしても，それまで預かっていた期間の報酬は支払われるべきことになる。委任者に生じる損害は，受任者の善管注意義務違反などを理由とする損害賠償（415条）の問題として対応すべきことになる。その一方で，委任者に帰責事由のある事務の履行不能の事態については，536条2項の適用により（⇨第4章第3節**3**(3)，第13章第3節**2**），履行未了であっても，報酬全額を請求できるというのが，平成29年改正の立案担当者の見解である。もっとも，履行不能の状況においても，委任者が651条1項によって契約を解除する事態は考えられる。この場合，受任者は，②の履行割合報酬（648条3項2号）と651条2項による損害賠償を請求することになる。そうすると，536条2項によって未履行部分の報酬が発生するのは，解除されるまでに既履行となっていたはずであるが，委任者の責めに帰すべき事由によって履行不能

となってしまった事務処理部分と考えることになろう。なお，受任者は，履行割合報酬（648条3項2号）を請求する際に，委任者に帰責事由がないことを主張立証する必要はなく，履行未了であっても報酬全額を，536条2項に基づき請求する場合に，委任者に帰責事由があることを主張立証することになる。

　②の中途終了事由には，651条の任意解除による終了のほか，653条による終了も含まれる。

　(d)　**割合的報酬(2)：成果に対する報酬が合意された場合**　　成果達成に対して報酬が合意された委任では，請負の規定が準用される。①成果が得られる前に委任者の責めに帰することができない事由によって委任事務の履行ができなくなったとき（648条の2第2項・634条1号），または②成果が得られる前に委任が解除されたとき（648条の2第2項・634条2号。委任への準用時は653条による終了も含まれると解される）において，既に履行した委任事務の結果が可分であって，その部分によって委任者が利益を受けるときは，受任者は，その利益の割合に応じて報酬を請求できる。受ける利益の割合による報酬の具体的な算定については，たとえば，成果報酬が合意されている不動産仲介において，これまでの受任者による仲介行為の寄与ないし貢献の内容・割合に応じて報酬を請求できるとしていた判決（福岡高判平成4・1・30判時1431号131頁，福岡高判平成10・7・21判タ1000号296頁）などが参考となろう。委任者に責めに帰すべき事由がある事務処理の履行不能の事態における受任者の報酬請求は，536条2項の適用によって報酬全額を請求できるといわれている。もっとも，委任の場合，委任者から651条による解除が主張される事態があり得ることは，(c)と同様であろう。

(2)　費用支払義務

　(a)　**費用前払義務**　　委任事務を処理するために費用が必要なときは，委任者は，受任者の請求により，その前払をしなければならない（649条）。たとえば，受任者が，商品の買い付け委託において，購入代金を必要とする場合に，前払を請求できる。受任者からの費用前払請求に委任者が応じない場合，受任者は，履行を拒絶できる。なお，支払われた前払費用の金額は，受任者に帰属することとなり（預金債権の帰属に関してであるが，前払費用が受任者に帰属する旨

述べるものとして，最判平成 15・6・12 民集 57 巻 6 号 563 頁），事務終了時に，支出した費用を差し引いて残金があれば委任者に返還される。したがって，委任者の受任者に対する前払費用の残金返還請求権は，事務処理終了前には，債権額が確定せず券面額（民執 159 条 1 項）を有するものとはいえないため，転付命令の対象とはならない（最決平成 18・4・14 民集 60 巻 4 号 1535 頁）。

　(b)　**費用償還義務**　　受任者は，委任事務を処理するのに必要と認められる費用を支出したときは，委任者に対し，その費用および支出の日以後におけるその利息の償還を請求することができる（650 条 1 項）。必要と認められる費用といえるか否かは，支出時を基準として判断される。たとえば，迅速な債権回収が必要であるとの合理的な判断の下，債権回収に赴いたが，債務者が逃げていたという場合，債権回収自体の目的は達成されていなくとも，かかった交通費は，必要と認められる費用の支出として，委任者に請求できる。

　費用償還請求が行われている身近な例として，クレジット取引を挙げることができる。信販会社は，購入者からの委託に基づき，購入者に代わって，販売店に代金の立替払をし，その後，購入者に手数料（報酬）とともに委任契約に基づく費用償還請求をしていると捉えられる（クレジット取引については，Column 10-4 も参照）。

　(c)　**代弁済・担保供与義務**　　受任者は，委任事務を処理するのに必要と認められる債務を負担したときは，委任者に対し，自己に代わってその弁済をすることを請求（代弁済請求）できる（650 条 2 項前段）。また，受任者の負担した債務が弁済期にないときは，委任者に対し，相当の担保を供するよう請求（担保供与請求）できる（650 条 2 項後段）。たとえば，受任者の名前で商品の買い付けを行うことを依頼され，受任者が売買契約を締結した場合，受任者の負担した代金支払債務について，受任者は，弁済期が到来している場合には，委任者に対し売主（受任者の債権者）へ直接弁済するよう請求でき，弁済期未到来の場合には，相当の担保を供与することを請求できる。判例は，委任者は，委任者が受任者に対して有する債権とこの代弁済請求権とを相殺できないとする（大判大正 14・9・8 民集 4 巻 458 頁，最判昭和 47・12・22 民集 26 巻 10 号 1991 頁）。その理由は，代弁済請求権の趣旨が，受任者に経済的負担をかけず，損失を被らせないようにすることにあり，通常の金銭債権とは目的を異にするので 505 条 1

項の要件を欠くこと，また相殺を認めると受任者に対して自己資金による立替払を強要することになり，649条や650条2項前段の趣旨が貫徹されないからであると説明されている。判例を支持する相殺否定説には，費用前払請求権についても委任者からの相殺を否定する見解がある。それに対し，判例に反対する相殺肯定説は，代弁済請求権も費用前払請求権の一種であり，費用前払請求権は通常の金銭債権として相殺の対象となると解されるので，相殺を認めてよいとする。

(3) 損害賠償義務

　受任者は，委任事務を処理するために自己に過失なく損害を受けたときは，委任者に対し，その賠償を請求できる（650条3項）。委任事務を処理するために受けた損害であり，かつ受任者に過失のなかったことを要件に，当該損害について委任者は無過失責任を負うことを意味する。たとえば，取立委任において，受任者が債務者から暴行を受けて怪我をした場合などが考えられる。この規定は，委任者は自己の事務の処理を依頼している以上，その事務処理によって受任者が被った損害についても，責任を負うべきであるという考えに基づくものである。学説には，有償委任の場合においては，事務処理に伴う一定のリスクを見込んで報酬が設定されていることもあり，650条3項を適用することに対し疑問を呈する見解がある。また，ここで賠償の対象となる損害について，委任事項それ自体の危険から発生する損害に限定し，事務処理のための旅行中の列車事故など偶発的損害は含まれないとすべきという解釈が古くから存在する。さらに，受任者に過失がある場合でも，委任者の損害賠償責任を発生させたうえで，過失相殺的処理を図るのが適切な場面があることも指摘されている。契約解釈の問題であり，事務処理遂行時の当該リスクを受任者が負担する旨の特約を認定できないかなど，報酬の有無・専門性などを踏まえ検討すべきであろう。

第3節　終　　了

　委任は，契約の一般的な終了原因によっても終了するが，委任に特有の終了

に関する規定として，以下のものがある。

1　任意解除権

（1）　要件・趣旨

　委任は，各当事者がいつでもその解除をすることができる（651 条 1 項）。相手方の債務不履行や履行不能がなくとも，いつでも，自由に解除の意思表示をすれば，契約から解放される。651 条 1 項による解除の効果は，遡及効を伴わず将来に向けて効力を生じる（652 条・620 条）。解除の意思表示に関し，相手方の債務不履行を理由に解除の意思表示をしたが，債務不履行の事実がなかった場合，これを 651 条の任意解除の意思表示として認定することについて，判例・通説は肯定する（大判大正 3・6・4 民録 20 輯 551 頁）。信頼関係を基礎とする委任において，いったん解除の意思表示を表明した以上は，契約を終了させることが当事者の意思に適っているというのがその理由であるが，事務処理の内容や状況を考慮して解除の意思表示の趣旨を解釈すべきであろう。

　委任において，このような任意解除権が認められる理由は，通説によれば，委任契約は対人的信頼関係を基礎とするので，少しでも信頼が損なわれたら，委任を終了させることが適切であることに求められている。もっとも，実際に信頼を喪失したことは解除の要件となっていない。任意解除権の正当化根拠としては，委任者からの解除については，委任者の利益のために事務の処理が依頼されているため，不要となった事務処理を継続するのは無駄であること，また，委任者の事務を自身で処理する自由が挙げられよう。また，受任者からの解除については，委任の事務処理は履行の強制になじまず，継続意欲喪失や意見の対立時においては，速やかな辞任が委任者の利益にも適うことが挙げられよう。

　任意解除権を放棄する特約は，原則として有効である。債務の弁済方法として，債務者が債権者に債権の取立（代理受領）を委任した場合（大判大正 4・5・12 民録 21 輯 687 頁。ただし，担保にとることが禁止されている債権の取立委任に付随して締結される解除権放棄特約は，脱法行為として公序良俗に違反し無効となる）や有効に成立した不動産の売買契約を前提に司法書士や買主に登記移転を委任する場合（最判昭和 53・7・10 民集 32 巻 5 号 868 頁参照）には，事務処理の目的となっ

ている債権や所有権は受任者または第三者に既に移転されているか，それに等しい状況にあり，解除権放棄特約が原則として有効とされるとともに，明示の特約がなくとも，黙示の解除権放棄特約が認定される余地もあろう。

(2) 任意解除における損害賠償

(a) **損害賠償責任が発生する場合**　任意解除権が行使された場合，受任者は，既に履行した部分については，履行の割合に応じた報酬の請求が可能である（648条3項2号・648条の2第2項）。また，委任事務を処理するのに必要と認められる費用を既に支出していた場合には，費用償還請求が可能である（650条1項）。さらに，任意解除によって生じた損害については，次の2つの場合の損害について，解除者は賠償責任を負う。①相手方に不利な時期に委任を解除したとき（651条2項1号），②委任者が受任者の利益（専ら報酬を得ることによるものを除く。すなわち，有償の委任というだけでは，この利益に該当しない）をも目的とする委任を解除したとき（同条同項2号）である。ただし，やむを得ない事由がある場合には，①②の場合であっても，解除者は損害賠償を要しない（651条2項柱書ただし書）。委任契約においては，解除の自由が尊重されているといえよう。651条2項の損害賠償に，受任者が得るはずであった報酬相当額が含まれるかについては，一般的には，否定的に解されている。学説には，請負契約における注文者の解除の場合の損害賠償請求（641条）と同様に，一方的な解除によって被解除者が損害を被らないよう履行利益賠償（受任者の報酬相当額の賠償）を認めるべきという見解もあるが，特約による場合は別として，651条2項の解釈としては，解除の自由を優先し，報酬相当額の履行利益賠償までは認められないことを前提に，以下，説明する。

(b) **相手方に不利な時期の解除による損害賠償**　解除された相手方は，解除の時期が不利な時期であった場合，不利な時期ゆえに生じる損害について，損害賠償を請求することができる（651条2項1号）。

受任者からの解除における委任者にとっての不利な時期とは，事務処理の継続が必要であるものの，自身や第三者による事務処理の継続が困難な時期である。たとえば，弁護士が訴訟委任を辞任するような場合に，交替・引継ぎについて配慮を欠き，訴訟継続が困難となるため生じる損害などが該当しよう。

　委任者からの解除における受任者にとっての不利な時期ゆえに生じる損害について，判例は，報酬の喪失は不利な時期ゆえの損害に含まれないとしており（最判昭和 43・9・3 集民 92 号 169 頁），具体例を想定し難い。もっとも，信頼利益（原状回復）賠償として，解除された委任があったために，他の契約の機会を現実に喪失したという機会利益の喪失損害を，不利な時期の解除による損害と解釈することは考えられる。

　(c)　**受任者の利益をも目的とする委任の解除による損害賠償**　　受任者の利益（専ら報酬を得ることによるものを除く）をも目的とする委任を，委任者が解除する場合，受任者は，委任者に，損害賠償を請求できる（651 条 2 項 2 号）。

　受任者に対する債務の弁済方法としての取立委任（代理受領）や買主（受任者）への登記移転事務の委任は，受任者の利益を目的とする委任である。また，従来の判例を参考にすると，債権者が債務者に債権取立を委任し，取立に対し支払われるべき報酬を債務の弁済にあてる合意があった場合（大判大正 9・4・24 民録 26 輯 562 頁），経営不信の会社の債権者が，債務者である会社の再建を図るため，経営を任された場合（最判昭和 43・9・20 判時 536 号 51 頁），不動産管理の委託において，受任者たる管理業者は賃料徴収，公租公課の支払，修繕等一切の賃貸事務を委任者のために無償で行うが，受任者は賃借人から納められる保証金 880 万円を事業資金として利用することが認められている場合（最判昭和 56・1・19 民集 35 巻 1 号 1 頁〈 判例 15-1 〉）などを受任者の利益をも目的とする委任の例として，挙げることができる。651 条 2 項 2 号括弧書において明文化されたとおり，報酬支払の合意があることは，受任者の利益と捉えられない（不動産仲介の事案において，前掲最判昭和 43・9・3，顧問料の支払特約が付された税理士顧問契約について，最判昭和 58・9・20 判時 1100 号 55 頁）。事務処理を現実に継続することによって，受任者が債権回収を実現できたり，金銭の利用などが認められるなど，報酬獲得以外の受任者の利益が認定される場合に限定され，そのような利益の喪失について損害賠償が認められることになる。

> 〈 判例 15-1 〉 最判昭和 56・1・19 民集 35 巻 1 号 1 頁
> 【事案】A は不動産管理業者 Y のあっせんで B に所有建物を賃貸し，A・Y 間において，Y は賃料徴収，公租公課の支払い，修繕等一切の賃貸事務を A のために無償で行うが，A は賃借人から納められる保証金 880 万円を Y が事業

資金として利用することを認め，Y は預かった保証金の月 1 分の利息を A に
支払うといった内容の管理契約が成立した。賃貸借契約は 2 年，管理契約は 5
年という期間が定められ，順次更新され 11 年経過したところで，Y が管理の
有償化を提案するなどの事情があり，A は Y との契約を解除するに至った。
A より保証金返還請求権を譲渡された X が Y に訴えを提起。一審は A の解除
の効力を否定し，X の請求を棄却。原審も，控訴棄却。X が上告。

【判旨】破棄差戻。「本件管理契約の如く単に委任者の利益のみならず受任者の
利益のためにも委任がなされた場合であっても，委任契約が当事者間の信頼関
係を基礎とする契約であることに徴すれば，受任者が著しく不誠実な行動に出
る等やむをえない事由があるときは，委任者において委任契約を解除すること
ができるものと解すべきことはもちろんであるが……，さらに，かかるやむを
えない事由がない場合であっても，委任者が委任契約の解除権自体を放棄した
ものとは解されない事情があるときは，該委任契約が受任者の利益のためにも
なされていることを理由として，委任者の意思に反して事務処理を継続させる
ことは，委任者の利益を阻害し委任契約の本旨に反することになるから，委任
者は，民法 651 条に則り委任契約を解除することができ，ただ，受任者がこれ
によって不利益を受けるときは，委任者から損害の賠償を受けることによって，
その不利益を填補されれば足りるものと解するのが相当である。」

【コメント】平成 29 年改正前の判決であるが，651 条 2 項 2 号にいう「受任者
の利益（専ら報酬を得ることによるものを除く。）をも目的とする委任」を判
断する際に参考となる判決である。事務処理は無償で行われるが，880 万円も
の保証金を受任者が事業資金として自由に利用できるとされていた点に，受任
者利益が認められたと考えられる。損害の内容としては，事業資金にあててよ
いとされていた保証金を返還するため生じる損害（急遽のほかからの資金調達
のため余計にかかる費用，運用していた場合に途中でやめることによる損失）など
が考えられようか。

(d)　**やむを得ない事由に基づく免責**　　解除にやむを得ない事由があった場
合には，解除者は損害賠償責任を免れる（651 条 2 項柱書・ただし書）。

受任者からの解除の場合における，やむを得ない事由としては，受任者の急
病といった事態や訴訟遂行において依頼者との意向の食い違いが解消できない
ような場合が考えられる（東京地判平成 24・8・9 判タ 1393 号 194 頁）。

委任者からの解除の場合における，やむを得ない事由としては，受任者が著
るしく不誠実な行為をした場合（最判昭和 40・12・17 集民 81 号 561 頁，前掲最判

昭和 43・9・20) などが考えられる。

(e) **任期・期間の合意がある場合** 平成 29 年改正の審議の過程において，任期・期間の合意があるものの，解除権の放棄合意まではされていない場合，任意解除による損害の賠償として，未履行期間の履行利益（未履行期間に対する約定報酬額から節約費や場合によって代替取引によって得られる利益を控除した額）を請求できるか否かが議論された。会社の取締役など役員については，2 年といった任期が定められていたにもかかわらず，中途解任された場合，会社法 339 条 2 項の解釈として，解任に正当な理由がある場合を除き，履行利益も含めた損害賠償を解任された役員は請求ができると解釈されている。そこで，会社役員以外の委任においても，任期・期間の合意がある場合については，651 条 2 項 2 号括弧書にかかわらず（651 条 2 項の損害とは別の問題として），期間合意という特約に反する解除（債務不履行）として，履行利益の損害賠償を請求できるという考え方を採用し得るかという問題が，平成 29 年改正審議の過程で議論された。取締役の解任等についての特別ルールと捉えるか，その他の任期・期間の定めのある委任・準委任一般にも妥当し得るのかについて，見解は分かれ得よう。

> **Column 15-1** **特定継続的役務における中途解除権**
>
> 語学教室やエステなど長期にわたって行われる消費者向けの役務提供型契約において，中途解除の制限や高額な違約金条項をめぐりトラブルが多発した。問題となる契約は準委任であることが多いものの，民法の任意規定（651 条）から逸脱した契約条項であっても，直ちに消費者契約法 9 条 1 号・10 条や民法 90 条（公序良俗違反）等によって無効となるわけではない。また，請負等との混合的な性格である場合もあるため，問題解決のために，特定商取引に関する法律（特商法）41 条以下に規律が設けられている。
>
> 特商法では，エステ・美容医療・語学教室・家庭教師・学習塾・パソコン教室・結婚相手紹介が，一定期間を超えかつ契約金額が 5 万円を超える場合，特定継続的役務提供に該当するとされる。そして，消費者には，クーリング・オフ期間経過後も，中途解除権が与えられ，かつ事業者の請求する違約金に上限が設けられている（特商法 49 条）。継続的役務提供契約には，①継続性ゆえに事情の変更が発生し得る，②役務は視認困難なので効果や有用性を判定しにくいという特徴がある。中途解除権は，このような不確実性に由来するリスクを，一定程度まで事業者にも負担させるべきという発想に基づくものである。

2 その他の委任終了事由

　委任は，委任者または受任者の死亡，委任者または受任者の破産手続開始，受任者の後見開始決定によって終了する（653条）。これらの事由による委任の終了は，委任は，通常その人だからこそ委任し，その人だからこそ引き受けたという人的要素を重視する契約であることから根拠づけられる。もっとも，653条も任意規定である以上，当事者の別段の合意が認定できる場合には，当該事由が発生しても委任は終了しない。

　高齢化社会において特に問題となっているのは，死後の事務処理の委任である。委任者が死亡した後の葬儀や法事などを，受任者に委託する死後事務の委任は，当然に委任者の死亡後も委任が継続して事務処理がなされることを予定する契約であることから，委任者の死亡によっても委任は終了しない旨の合意を含意する（最判平成4・9・22金法1358号55頁〈判例15-2〉）。また，委任者が，生前に自動振替委託契約を締結し，委任者の死後に，預金からの自動引き落としが行われた事案において，事務管理として引き落としの有効性を認めた判決もあるが（東京地判平成10・6・12金法1541号73頁），死亡により終了しない委任と解釈する可能性や654条の受任者の応急処理義務（善処義務）の問題として捉える可能性が指摘されている。

> 〈判例15-2〉 最判平成4・9・22金法1358号55頁
> 【事案】独居で年をとり病弱になっていたAは，生活全般について何かとYから面倒をみてもらうようになり，その後入院したAは，預金通帳，印章，現金などをYに交付し，病院への支払，Aの家政婦Bや友人Cへの謝礼の支払，Aの死後の葬式や法要の施行をYに依頼した。Aの死後，Yは，依頼の趣旨にそって事務を処理し，預かった金員から支払をした。Aの相続人であるXは，葬式の後，しばらくして，Yに対し，以後法要は遺族であるXが行うので，Aから預かった金員をXに交付するようYに請求したが，YはAが生前Xを嫌がっていたなどとして拒否し，四十九日法要もYが行って，Aから預かった金員で費用の支払をした。Aを単独相続することとなったXは，Aの通帳や印章，残金の返還と不相当な出費部分についてYは損害賠償責任があるとして訴えを提起した。原審は，Aの死亡により委任は終了したとし，またCへの謝礼支払についてXの承諾はなく不法行為になるとして，Xの返

還請求および損害賠償請求の一部を認容。Y 上告。

【判旨】 破棄差戻。「自己の死後の事務を含めた法律行為等の委任契約が A と Y との間に成立したとの原審の認定は，当然に，委任者 A の死亡によっても右契約を終了させない旨の合意を包含する趣旨のものというべく，民法 653 条の法意がかかる合意の効力を否定するものでないことは疑いを容れないところである。／しかるに，原判決が A の死後の事務処理の委任契約の成立を認定しながら，この契約が民法 653 条の規定により A の死亡と同時に当然に終了すべきものとしたのは，同条の解釈適用を誤り，ひいては理由そごの違法があるに帰し，右違法は判決の結論に影響を及ぼすことが明らかであるといわなければならない。」「当事者間に成立した契約が，前記説示のような同条の法意の下において委任者の死亡によって当然には終了することのない委任契約であるか，あるいは所論の負担付贈与契約であるかなどを含め，改めて，その法的性質につき更に審理を尽くさせるため，本件を原審に差し戻すこととする」。

【コメント】 本件契約が，死後の事務処理を委任するものであり，委任者の死亡によって当然終了するものではないとしても，さらに，委任者の相続人が相続によって承継した当該委任契約を 651 条に基づき解除できるかが問題となる。一般に，死亡により終了しない委任であっても解除は可能であると解されるが，相続人による解除を制限する趣旨であった場合が問題となる。死亡した委任者の意思を尊重する観点から，相続人が解除できない趣旨を含む委任の場合，相続人からの解除可能性を否定する判決（東京高判平成 21・12・21 判時 2073 号 32 頁）がある一方で，相続人の解除に対する制限は遺言によるべきであって，相続人による解除権行使を否定することはできないとする見解もある。

③ 委任終了時の措置

委任が終了する場合において，受任者またはその相続人，法定代理人は，急迫の事情がある場合には，委任者またはその相続人，法定代理人が事務を処理できる状況になるまで，必要な処分をする義務を負う（654 条）。受任者等が委任事務の処理を継続しなければ，委任者が不測の損害を被る事態において，受任者は，事務処理を継続しなければならない応急処理義務（善処義務）を負うということである。解除等による終了時は受任者自身が，受任者死亡時はその相続人が，そして受任者についての後見開始時はその法定代理人が義務を負うことになる。

　委任の終了事由は相手方に通知するか，相手方がそれを知っているときでなければ，相手方に対抗できない（655 条）。委任の終了事由が生じているにもかかわらず，契約当事者がそれを知らないと，損害を被る可能性があるからである。たとえば，委任者側の事由による委任契約の終了を知らない受任者が，事務処理を継続した場合には，費用償還（650 条）や報酬の支払（648 条・648 条の2）を請求できることになる。当事者の死亡による委任の終了については，相続人が通知をし，受任者の後見開始の審判による委任の終了については，法定代理人が通知をすることになる。

第16章
寄　託

第1節　意義・成立

1 意　　義

　寄託は，当事者の一方（寄託者）がある物を保管することを相手方（受寄者）に委託することを内容とする契約である（657条）。物を預ける側を寄託者，保管する側を受寄者という。寄託は，役務の提供を目的とする契約の一つであるが，役務の内容が物の保管（寄託物を受寄者の支配内に置いて，その受取り時の状態を維持する行為）である点において他の役務提供型契約と区別される。委任の規定の準用により，条文上，寄託は無償・片務契約であることを原則とし，報酬の特約がある場合，有償・双務契約となる（665条・648条1項）。ただし，商人の行為については，商法512条によって有償が原則となる。

　寄託物は動産に限定されていない。しかし，不動産については，管理の委託（準委任）と解されることが多く，現実に問題となるのは動産の寄託である。たとえば，コンサートホールやホテルのクロークにコートや鞄を預ける，友人に自己の所持物を預けるといった場合である。旅行中，飼い犬の保管をペットショップに頼む場合は，単なる保管にとどまらず，餌を与え，病気時に適切な対

応をするといった事務処理も引き受けられるのが通常であるから，準委任の性質を強く帯びることになる。また，貸金庫やロッカーの利用については，場所の提供が目的とされており，目的物の占有も利用者にとどまっていることから，一般にスペースの賃貸借または使用貸借と解されている（東京高判昭和 62・8・31 判時 1253 号 60 頁〔ゴルフ場のクラブハウス内の貴重品ボックスへの預け入れについて，ゴルフ場利用者が終始鍵を保管し，自由に物品の出し入れを行っている状態にあるという事情の下，寄託契約の成立を否定した〕）。駐車場については，単なるスペースの貸与として賃貸借や使用貸借と解される場合と，鍵の預かりや車の監視・保管が引き受けられているとして寄託の成立が認められる場合とがある（寄託の成立を否定した例：高知地判昭和 51・4・12 判時 831 号 96 頁，寄託の成立を肯定した例：大阪地判昭和 53・11・17 判タ 378 号 122 頁，大阪高判平成 12・9・28 判時 1746 号 139 頁）。寄託の特別法としては，商法に，受寄者の善管注意義務に関する規定（商 595 条），旅館・飲食店・浴場など客の来集を目的とする場屋営業者の責任に関する規定（商 596 条〜598 条），倉庫営業に関する規定（商 599 条〜617 条）があり，また標準倉庫寄託約款，標準トランクルームサービス約款などの約款も普及している。

2　成　　立

　寄託は，有償・無償いずれの場合でも，諾成契約である（657 条）。平成 29 年改正前，寄託は要物契約であったが，諾成的寄託契約や寄託の予約を認めることで，物の引渡し前に受寄者の債務を生じさせる解釈が説かれ，実務上も，諾成的寄託契約が広く利用されていた。平成 29 年改正の議論において，要物契約とすることは取引の実態に合致しないとして，諾成契約化された。もっとも，次に説明するように，受取り前の解除権が導入されることにより，目的物の引渡し前の拘束力は弱められている。

3　寄託物の受取り前の解除権

(1)　寄託者の受取り前の解除権

　寄託者は，受寄者が寄託物を受け取るまで，任意に契約を解除することができる（657 条の 2 第 1 項前段）。寄託は，専ら寄託者の利益のための契約であるの

で，寄託者はいつでも寄託物の返還を請求できる（662条1項）。そこから，受取り前でも必要がなくなれば，寄託を強いることは不合理であり，解除を認めて目的物の授受を不要とすることができるよう，寄託者には受取り前の解除権が与えられている。なお，同趣旨から，寄託契約が成立しても，寄託者は，寄託物の引渡義務や預けておく義務を負うものではないと解されている。

　寄託者は，受取り前の解除に伴い受寄者に生じた損害を賠償する必要がある（657条の2第1項後段）。損害賠償の内容については，平成29年改正の立案担当者によれば，広く生じ得る損害一般を想定するのではなく，寄託者に対する償還請求が可能であった費用に係る損害などに限られると説明されている（もっとも，解除に遡及効がないと考える場合，準備費用等については，費用償還請求の対象となり得る〔665条・650条1項〕）。学説は，662条2項の損害賠償の内容に関する議論状況と同様に，とくに報酬相当額の損害賠償を認めるべきかについて考え方が分かれている（⇨第3節 **1**）。

(2)　受寄者の受取り前の解除権

　(1)でみたように，寄託者には無制限に受取り前の解除権が与えられるのに対し，受寄者の受取り前の解除権が認められる場合は限定されている。

　(a)　書面によらない無償寄託の場合　　まず，無償かつ書面によらない寄託の場合，受寄者には受取り前の解除権が認められる（657条の2第2項）。その趣旨は，軽率な契約がされることを防ぎ，受寄者の意思が不明確となり将来紛争が生じることを予防するためである。

　(b)　寄託物が引き渡されない場合　　受寄者は，有償寄託や書面による無償寄託であっても，寄託物を受け取るべき時期を経過したにもかかわらず，寄託者が寄託物を引き渡さない場合において，相当の期間を定めて引渡しを催告し，その期間内に引渡しがないときは，契約を解除できる（657条の2第3項）。その趣旨は，寄託者が引渡しも解除もしない場合に，受寄者が契約に拘束され続けるとすると，保管場所の確保の継続等によって不利益を受ける可能性があり，このような事態において，いつまでも受寄者を契約に拘束し続けるのは不適切だからである。寄託者は受寄者に寄託物を引き渡す義務を負わないことから，引渡しがないだけでは541条による解除権は発生しないため，寄託者が寄託物

を引き渡さず，解除しない事態に対し，催告解除と同じ要件の下で，受寄者の
解除権を認めたものである。

　寄託物を受け取るべき時期は，寄託物の引渡時期が合意されていれば，その
時期となる。明確な時期の合意が認定できない場合でも，契約の目的，引渡し
の準備に要する期間，交渉時の態様など個別の事情から受け取るべき合理的な
時期は確定されよう。なお，学説では，引渡時期が定められていない場合，
412 条 3 項を類推適用し，寄託者が受寄者から引渡しの請求を受けたときには，
引渡義務はないものの，受け取るべき時期は到来するという解釈も主張されて
いる。

第 2 節　効　　力

１ 受寄者の義務

(1) 寄託物の保管義務

　受寄者は，有償寄託の場合には，善良なる管理者の注意をもって，受取り時
の状態を維持するよう寄託物を保管する義務を負う（400 条）。寄託契約の成立
により，保管義務を果たす前提として，寄託物を受け取る義務も負っていると
解される。

　無償寄託の場合，受寄者は，自己の財産に対するのと同一の注意，すなわち
自己の能力に応じた注意を尽くしていれば足りる（659 条）。委任における受任
者が有償・無償を問わずに善管注意義務を負うとされるのに対し，無償寄託の
場合に，要求される注意の程度が軽減される理由については，無償で寄託をす
るような場合は，寄託者は受寄者が常日頃どの程度の注意力をもって自己の物
を扱っているかを承知のうえで自己の財産を預けることが多く，寄託者の意思
として，受寄者自身の能力に応じた保管を期待しているのが通常であるからで
あると説明される。ただし，商人が，営業の範囲内で寄託を引き受ける場合に
は，無償・有償を問わず，善管注意義務を負う（商 595 条）。有償・無償いずれ
の場合においても，特約によって原則と異なる合意をすることは可能である。
たとえば，錦鯉の有償寄託について，依頼時・搬出時における受寄者による危

険性の告知や寄託者が高額な寄託を断るなどのやりとりから，自己の物に対するのと同一の注意義務で足り，過密保管や過密搬送を原因とする異変が錦鯉に生じても，受寄者は責任を負わない旨が了解されているとした判決がある（東京地判平成 13・1・25 金判 1129 号 55 頁）。なお，場屋営業者は，寄託物の滅失・毀損につき不可抗力を証明しない限り賠償責任を免れないという厳格な責任を負わされており（商 596 条 1 項），かつ客の携帯品について責任を負わない旨を表示しても免責されない（商 596 条 3 項）。この場屋営業者が負う厳格な責任は，ローマ法に由来し，レセプトゥム（receptum）責任と呼ばれる。

寄託物の一部滅失または損傷によって寄託者が受寄者に対して取得する損害賠償請求権は，寄託者が寄託物の返還を受けた時から，1 年以内に請求しなければならない（664 条の 2 第 1 項）。保管中に損害を生じたか否かが不明確になることを避けるため，短期の除斥期間が設けられている。また，この損害賠償請求権は，保管義務違反があったことを知った時から 5 年，保管義務違反のあった時から 10 年の経過によって，消滅時効が完成するのが原則であるが（166 条 1 項），返還を受けた時から，1 年を経過するまでの間は，時効の完成が猶予される（664 条の 2 第 2 項）。寄託物の返還を受ける前に，権利が消滅してしまう不都合を避けるためである。

(2) 使用収益の禁止

受寄者は，寄託者の承諾がない限り，寄託物を使用することはできない（658 条 1 項）。寄託の目的が，寄託者のために目的物を保管することにあるからである。使用・収益・消費を主たる目的とする契約は使用貸借・賃貸借・消費貸借であり，預けることを主たる目的としつつ，受寄者による寄託物の消費を許す契約が消費寄託である（666 条）。

(3) 自己保管義務，再寄託が許される場合

受寄者は，第三者に寄託物の保管を委託すること（再寄託）はできず，自己保管義務を負う（658 条 2 項）。寄託者はその受寄者を信頼して物の保管を任せるのが通常であることを理由とする。したがって，再寄託は，受寄者の債務不履行となる。例外は，寄託者の承諾を得た場合，または，やむを得ない事由が

ある場合である。

　再寄託が行われた場合，寄託者と再受寄者との間には，直接の契約関係はないものの，再受寄者は，寄託者に対して，再受寄者の権限の範囲内において，受寄者と同一の権利を有し，義務を負う（658条3項）。たとえば，再受寄者は，受寄者との間で有する権限の範囲内において，費用償還や報酬，損害賠償などを寄託者に直接請求でき，寄託者は寄託物の引渡しを再受寄者に直接請求できる。

(4)　受取物引渡義務等

　受寄者は，寄託物を保管するにあたって受け取った金銭その他の物を寄託者に引き渡さなければならない（665条・646条1項前段）。寄託物から収取した果実も寄託者に返還する必要がある（665条・646条1項後段）。また，受寄者は，寄託者のために自己の名をもって取得した権利を，寄託者に移転しなければならない（665条・646条2項）。

(5)　金銭消費の場合の責任

　寄託者の許諾なしに，受寄者が預かった金銭を消費した場合には，委任における金銭消費に対する責任規定が準用される（665条・647条）。たとえば，寄託された封金を，消費が許されていないにもかかわらず，返還期日前に消費した場合には，消費時点から利息が付されることになる。

(6)　通知義務等

　寄託物について権利を主張する第三者が，受寄者に対して訴えを提起し，または差押え，仮差押え，もしくは仮処分をしたときには，寄託者が既にこれを知っている場合を除き，受寄者は，遅滞なくその事実を寄託者に通知しなければならない（660条1項）。本条の趣旨は，寄託者に，かかる事態に対し，異議申立てなど適切な対応をする機会を確保させることにある。受寄者としては，訴えの提起などがあったことを寄託者に通知すればよく，その後の経過まで逐一通知する必要はない（最判昭和40・10・19民集19巻7号1876頁）。

　第三者が寄託物について，権利を主張する場合であっても，受寄者は，寄託

者の指図がない限り，寄託者に対しその寄託物を返還しなければならない（660条2項本文）。ただし，受寄者が660条1項本文の通知をした場合，または同項ただし書の規定によりその通知を要しない場合において，その寄託物をその第三者に引き渡すべき旨を命ずる確定判決（確定判決と同一の効力を有するものを含む）があったときであって，その第三者にその寄託物を引き渡したときは，寄託者に対する返還義務を免れる（同条2項ただし書）。

　受寄者は，寄託契約に基づき，あくまで寄託者に対して寄託物を返還する義務を負い，例外的に，寄託者への返還義務を免れるにすぎず，660条2項により受寄者が寄託者に対して返還しなければならない場合，寄託者に返還することによって第三者に損害が発生しても，賠償責任を負わない（660条3項）。寄託者と第三者の争いに受寄者が巻き込まれるのは不適切だからである。660条2項ただし書に規定する確定判決等があったときは，これに該当せず，受寄者は，第三者に生じた損害を賠償する責任を負う。

　なお，寄託物の所有者が変更し，新所有者から返還請求がなされるような場合，受寄者は178条の第三者にあたらず，新所有者は対抗要件を備えることなくして，所有権に基づく返還請求をなし得るとするのが判例の立場である（大判明治36・3・5民録9輯234頁，最判昭和29・8・31民集8巻8号1567頁）。これに対して，受寄者の返還先を知る利益を理由に受寄者は第三者にあたるとする学説もあった。平成29年改正後，受寄者は，対抗要件の抗弁を出せないとしても，660条2項3項によって対応することが可能であり，寄託者に返還義務を負う限り，新所有者の請求に応じなくても損害賠償責任を負わない。

(7)　目的物返還義務

　寄託契約終了時，受寄者は寄託者に寄託物を返還する義務を負う。返還場所は，原則として，保管場所である（664条本文）。寄託物は返還時期まで保管場所にあるべきものだからである。ただし，特約によって返還場所を別に定めることは可能であり，また受寄者が正当な事由に基づき保管場所を変更した場合には，変更後の保管場所を返還場所とすることができる（664条ただし書）。

2 寄託者の義務

(1) 費用償還義務

　寄託物の保管に費用がかかるときには，委任の規定の準用により，受寄者は，費用の前払請求権，費用償還請求権，代弁済・担保供与請求権を有する（665条・649条・650条1項2項）。受寄者は，支出した費用の償還を，寄託者が返還を受けた時から1年以内に請求しなければならない（664条の2第1項）。

(2) 寄託物から生じた損害に対する賠償義務

　寄託物の性質または瑕疵によって受寄者に損害が生じたときには，寄託者は損害を賠償しなければならない（661条本文）。ただし，委任における委任者の無過失損害賠償責任（650条3項）とは異なり，寄託者の責任は無過失責任ではなく，その性質や瑕疵に関して寄託者が善意かつ無過失であったこと，または受寄者が悪意であったことを証明することによって，寄託者は免責される（661条ただし書）。たとえば，爆裂する危険のある寄託物であることを寄託者が知りつつ受寄者に告げず，寄託物が爆裂して受寄者の財産に損害を与えた場合などに，寄託者は本条に基づく責任を負う。学説には，無償寄託の場合，寄託者が無過失を理由に免責されるのは妥当ではないとして，650条3項の類推適用により寄託者に無過失責任を負わせるべきとの見解もあるが，661条は任意規定であり，条文と異なるリスク分配がされているか否かは，個別の事情を考慮して契約解釈によって確定すべきであろう。

(3) 報酬支払義務

　有償寄託においては，受寄者は報酬請求権を有する（665条・648条1項）。報酬の支払時期や中途終了時等の割合的報酬請求についても，委任の規定が準用される（665条・648条2項3項）。

第3節　終　了

1 寄託者による返還請求

　返還時期の定めにかかわらず，寄託者は，いつでもその返還を請求すること
ができる（662条1項）。このような返還請求権は，寄託は寄託者の利益のため
に行われるのが通常であるという寄託利益の偏在性と，保管の必要のなくなっ
た寄託物の保管を継続することは無意味であるということから理由づけられる。
一定期間返還請求をしないという特約や期限前返還請求権を排除する特約は，
原則として有効と解されている。

　寄託者が，定められた返還時期の前に，返還請求をしたことによって受寄者
が損害を受けたときは，受寄者は寄託者に損害賠償を請求できる（662条2項）。
この場合，期限までに預かった場合に予定されていた報酬相当額（約定報酬額
から節約費や場合によって代替取引によって得られる利益を控除した額）について，
損害賠償請求できるかについては，見解が分かれている。未履行期間の利潤獲
得に対する期待も保護されてよいとして肯定する見解と，寄託の報酬は現実に
保管したことの対価であり，得べかりし報酬は，全期間についての報酬保証特
約がない限り，損害に含まれないという見解がみられる。後者の見解に立った
場合でも，信頼利益（原状回復）賠償として，他の契約の機会を現実に喪失し
たという機会利益の喪失損害の賠償を認める解釈は考えられる。

　なお，寄託契約上の返還請求権は債権の消滅時効（166条1項）にかかるが，
寄託契約に基づく返還請求権が時効消滅した場合であっても，所有権に基づく
寄託物の返還請求は可能であると解されている（大判大正11・8・21民集1巻493
頁）。

2 受寄者からの返還（引取請求）

　返還時期の定めがないときには，受寄者はいつでも寄託物の返還をすること
ができるが（663条1項），返還時期の定めがある場合には，やむを得ない事由
がある場合に限り，返還時期前の返還が可能である（663条2項）。やむを得な

い事由とは，契約時に想定されていなかった事情の発生などにより，受寄者に
保管の継続を要求し得なくなるような事態である。たとえば，天災による保管
場所確保の困難や受寄者の緊急入院により適切な保管役務の提供が困難となっ
た場合などが考えられる。

第4節　特殊な寄託

1 混 合 寄 託

　複数の者が寄託した物の種類および品質が同一である場合には，受寄者は，
各寄託者の承諾を得たときに限り，これらを混合して保管することができる
（665条の2第1項）。これを混合寄託という。同種同品質の穀物，飼料，金地金
などの保管をする場合である。この混合寄託が行われた場合，寄託者はそのな
かから，寄託した物と同じ数量の物を返還請求できる（同条2項）。寄託物の一
部が滅失した場合には，混合保管された総寄託物に対し，自己の寄託した物の
割合に応じて返還請求できる（同条3項前段）。この場合，寄託者が受寄者に損
害賠償請求をすることは妨げられない（同項後段）。

2 消 費 寄 託

(1) 消費寄託とは

　受寄者が契約により寄託物を消費することができる場合には，受寄者は，寄
託された物と種類，品質および数量の同じ物をもって返還しなければならない
（666条1項）。これを消費寄託という。たとえば，米や調味料，燃料の消費寄
託といったものも考えられるが，実務においても重要なのは，金銭の消費寄託
である預貯金契約である。

　消費寄託には，666条2項により，消費貸借における消費貸主の引渡義務に
関する規定（590条）が準用され，受寄者は消費により利益を得ることが予定
されるため，寄託者は契約に適合した物を引き渡す義務を負うことになる。ま
た，666条2項により，消費賃借の借主の価額償還義務に関する規定（592条）
が準用され，受寄者は受け取った物と種類，品質および数量の同じ物で返還で

きなくなった場合は価額償還義務を負う。

　消費寄託も，終了の規定は一般の寄託と同様であり，期間の定めがある場合，受寄者はやむを得ない事由がなければ返還できない（663条2項）。しかし，666条3項によって，預貯金契約については，消費貸借の借主の任意返還に関する規定（591条2項3項）が準用され，受寄者（金融機関）は返還時期の定めの有無にかかわらず任意に返還（預貯金払戻）でき，期限前返還の場合にはそれによって生じた損害（得られるはずだった利息等）を寄託者（預貯金者）に賠償する義務を負うことになる。金銭を預かり運用する金融機関は消費貸借の借主に類似する側面があるからである。また，金融機関は，平成29年改正前，返還時期の定めがあってもいつでも預貯金者に返還することができる旨の規定（改正前666条1項・591条2項参照）を前提に，預貯金債権の弁済期到来前にも預貯金者に対する賃金債権と相殺するなどの処理を行っていたため，そのような実務を維持する趣旨である。

(2)　預 金 契 約

　預金契約（以下，貯金契約も含めて預金契約という）は，預金者が金融機関に金銭の保管を委託し，金融機関は預金者に同種，同額の金銭を返還する義務を負うことを内容とするものであるから，消費寄託の性質を有する。もっとも，流動性預金（普通預金・当座預金）の場合，金融機関の処理すべき事務は，預金の返還だけでなく，振込入金の受入れ，各種料金の自動支払，利息の入金等も含まれ，委任ないし準委任の性質を有する事務も多く，銀行には取引経過開示義務（645条・656条）もあるとされている（最判平成21・1・22民集63巻1号228頁）。

(a)　預金者の認定（預金債権の帰属）

　(ⅰ)　問題の所在　　預金者の認定という問題は，預金契約締結時に，出捐者（預金の原資を拠出した者）と預入行為者さらには預金名義人が異なるといった場合に，金融機関との関係で，預金契約の当事者，あるいは預金債権者となるのは誰かという問題として登場する。たとえば，A銀行にBが赴きB名義で預金をしたが，その金銭はCがBに預金契約を代理して行ってもらうために預けたものであったという場合，預金契約の当事者，あるいは預金債権者となるのはB，Cのいずれであろうか。預入行為者・名義人B，出捐者Cの不一致

という問題は，消費寄託契約に特有の問題ではないが，銀行は，無記名定期預金があった時代，契約締結時に誰が契約者であるかについて関心を有さず，本人確認も厳格に行われていなかったため，このような事態が発生した。

　(ⅱ)　判例・学説　　判例は，定期預金の事案において，出捐者を預金者とする判断を示してきた（最判昭和32・12・19民集11巻13号2278頁，最判昭和52・8・9民集31巻4号742頁等）。預入行為者が金銭を横領して自己の預金とする意図で預金をしたなどの特段の事情のない限り，自らの出捐によって，本人自らまたは使者・代理人等を通じて預金をしようとした者（＝出捐者）が預金者であるとする，いわゆる客観説の採用である。その理由として，預金契約が締結されたにすぎない段階では，銀行は預金者が何人かについて格別利害関係を有するものではなく，出捐者の利益保護の観点から，特段の事情がない限り，出捐者を預金者とするのが相当であるとした。判例は，出捐者を預金者として扱いつつ，預入行為者を預金者と信じて払戻や預金担保貸付等を行った銀行を，478条の適用や類推適用によって保護するという構成を採用したのである。

　判例の立場（客観説）を，出捐者保護や名義を重視しない預金取引の特殊性の観点から支持する見解があった一方で，学説には，当初から，契約当事者の認定に関する一般理論との整合性に問題があるなどとして，預入行為者が預金者であるとする考え方（主観説），あるいは預入行為者が自己の預金であることを明示的黙示的に表示した場合は，預入行為者を預金者と解すべきであるという見解（折衷説）も主張された。その後，無記名定期預金の廃止やマネーロンダリング回避を目的とする「金融機関等による顧客等の本人確認等に関する法律」の施行（2003年1月）により（現在は廃止され，「犯罪による収益の移転防止に関する法律」により規制されている），口座開設の際，本人確認が厳格に求められることとなり，預金者の認定という問題を取り巻く状況が変化した。また，客観説は定期預金を中心に展開されてきた理論であったところ，口座開設後に入金や払戻が繰り返される普通預金・当座預金（流動性預金）については，個々の入金について出捐者との間での預金債権成立の問題と捉えることは妥当ではないことが指摘されるようになった（最大決平成28・12・19民集70巻8号2121頁によれば，普通預金契約では口座に入金が行われるたびにその額についての消費寄託契約が成立するが，結果発生した預金債権は，既存の預金債権と合算され，1個の預金

債権として扱われ，1 個の債権として同一性を保持しながら，常にその残高が変動し得ると解される）。そして，普通預金口座における預金債権の帰属が争われた事例において，①預金原資の帰属先のほかに，②預金口座の名義，③口座の管理状況といった事実を重視して，預金者の認定を行う最高裁判決が登場している（最判平成 15・2・21 民集 57 巻 2 号 95 頁，最判平成 15・6・12 民集 57 巻 6 号 563 頁 ◁ 判例 16-1 ▷）。この平成 15 年の 2 つの最高裁判決については，客観説を変更して契約当事者認定の一般法理に則り預金契約者を預金債権者とする（契約相手方である銀行の認識を重要な判断要素として当事者を確定する）立場を採用したと理解する見解と，預金原資の帰属先に言及していることからなお客観説を脱していないと評価する見解とがみられる。また，従来の客観説とは異なる判断方法が採用されているとしても，それは定期預金と流動性預金とで判例の採用する論理が異なることになることを意味するのか理解は分かれている。

> ◁ 判例 16-1 ▷ ①最判平成 15・2・21 民集 57 巻 2 号 95 頁，②最判平成 15・6・12 民集 57 巻 6 号 563 頁
>
> ①【事案】保険会社 X の代理店 A は，X のために保険契約者から収受した保険料のみを入金する目的で，Y 信用組合に「X（株）代理店 A（株）」名義の普通預金口座を開設し，通帳印鑑を A が保管し，毎月，前月分の保険料相当額を払い戻し，代理店手数料を控除したうえで，残額を X に送金していたところ，A が不渡手形を出す事態に至り，X が預金債権は X に帰属するとして，Y に払戻を請求したが，Y は支払を拒んだ（A に対する債権と相殺）。X が預金払戻を求めて提訴。一審・原審ともに X の請求を認容。Y 上告。
>
> 【判旨】破棄自判。「前記事実関係によれば，金融機関である Y との間で普通預金契約を締結して本件預金口座を開設したのは，A である。また，本件預金口座の名義である『X（株）代理店 A（株）』が預金者として A ではなく X を表示しているものとは認められないし，X が A に Y との間での普通預金契約締結の代理権を授与していた事情は，記録上全くうかがわれない。
>
> 　そして，本件預金口座の通帳及び届出印は，A が保管しており，本件預金口座への入金及び本件預金口座からの払戻し事務を行っていたのは，A のみであるから，本件預金口座の管理者は，名実ともに A であるというべきである。
>
> 　さらに，受任者が委任契約によって委任者から代理権を授与されている場合，受任者が受け取った物の所有権は当然に委任者に移転するが，金銭については，

占有と所有とが結合しているため，金銭の所有権は常に金銭の受領者（占有者）である受任者に帰属し，受任者は同額の金銭を委任者に支払うべき義務を負うことになるにすぎない。そうすると，Xの代理人であるAが保険契約者から収受した保険料の所有権はいったんAに帰属し，Aは，同額の金銭をXに送金する義務を負担することになるのであって，Xは，AがYから払戻しを受けた金銭の送金を受けることによって，初めて保険料に相当する金銭の所有権を取得するに至るというべきである。したがって，本件預金の原資は，Aが所有していた金銭にほかならない。

　したがって，本件事実関係の下においては，本件預金債権は，Xにではなく，Aに帰属するというべきである。Aが本件預金債権をAの他の財産と明確に区分して管理していたり，あるいは，本件預金の目的や使途についてAとXとの間の契約によって制限が設けられ，本件預金口座がXに交付されるべき金銭を一時入金しておくための専用口座であるという事情があるからといって，これらが金融機関であるYに対する関係で本件預金債権の帰属者の認定を左右する事情になるわけではない。」「以上によれば，本件預金債権はXに帰属するとは認められないというべきである。」

②【事案】X₁社から債務整理事務を委任された弁護士X₂が，事務遂行のためにX₁から受領した500万円について，X₂の自己名義普通預金口座を開設して保管し，X₂が預金の出し入れを行っていたところ，X₁に対する滞納税徴収のため税務署長Yが本件預金債権を差し押さえたので，X₁X₂が差押えの取消しを求めた。一審・原審はX₁に預金債権が帰属しており，差押えは適法であるとした。X₁X₂上告。

【判旨】破棄自判。「X₂は，X₁から，適法な弁護士業務の一環として債務整理事務の委任を受け，同事務の遂行のために，その費用として500万円を受領し，X₂名義の本件口座を開設して，これを入金し，以後，本件差押えまで，本件口座の預金通帳及び届出印を管理して，預金の出し入れを行っていたというのである。このように債務整理事務の委任を受けた弁護士が委任者から債務整理事務の費用に充てるためにあらかじめ交付を受けた金銭は，民法上は同法649条の規定する前払費用に当たるものと解される。そして，前払費用は，交付の時に，委任者の支配を離れ，受任者がその責任と判断に基づいて支配管理し委任契約の趣旨に従って用いるものとして，受任者に帰属するものとなると解すべきである。受任者は，これと同時に，委任者に対し，受領した前払費用と同額の金銭の返還義務を負うことになるが，その後，これを委任事務の処理の費用に充てることにより同義務を免れ，委任終了時に，精算した残金を委任者に返還すべき義務を負うことになるものである。そうすると，本件においては，

> 上記 500 万円は，X_2 が X_1 から交付を受けた時点において，X_2 に帰属するものとなったのであり，本件口座は，X_2 が，このようにして取得した財産を委任の趣旨に従って自己の他の財産と区別して管理する方途として，開設したものというべきである。これらによれば，……本件口座に係る預金債権は，その後に入金されたものを含めて，X_2 の銀行に対する債権であると認めるのが相当である。したがって，X_1 の滞納税の徴収のためには，X_1 の X_2 に対する債権を差し押さえることはできても，X_2 の銀行に対する本件預金債権を差し押さえることはできないものというほかはない。」

(b)　誤振込における預金債権の成立

(ⅰ)　問題の所在　　振込とは，振込依頼人の指図を受けた銀行（仕向銀行）が，受取人の取引銀行（被仕向銀行）に対し，受取人の預金口座に入金するよう委託し，被仕向銀行が受取人の口座に入金記帳するという取引である。流動性預金（普通預金・当座預金）において，振込金額を含めた額の預金債権となるのは，入金記帳時と解されている。そこで，A（受取人）と B 銀行（被仕向銀行）との間で流動性預金（普通預金・当座預金）の口座を開設（預金契約が成立）した後，当該口座に対し，他人 C（振込依頼人）が D 銀行（仕向銀行）に誤った入金の指図（誤振込）を行い，A の口座に入金記帳がなされた場合，この誤振込された金額も含めて，A の預金債権となるのか否かが誤振込の問題である。実務的には，受取人の口座への入金記帳前までは振込依頼人から申出に応じて，入金記帳後は受取人の承諾を得て，誤振込分の金額を返戻するという組戻しが慣行的に行われているが，組戻しがなされないまま，受取人の債権者が，受取人の預金債権について，誤振込分の金額も含めた額について強制執行等を行った場合，あるいは受取人に対し貸付債権を有していた銀行（被仕向銀行）が相殺を行った場合，このような強制執行や相殺が許容されるのか否か，振込依頼人には誤振込分の金額について，受取人の他の債権者に対し優先権を有していると解することができるか否かが問題となる。

(ⅱ)　判例・学説　　学説では，誤振込分について本来債権回収できなかった受取人の債権者に，棚ぼた式に利益を得ることを認めるのは妥当ではなく，誤振込金額については受取人の預金債権は成立しないというのが預金契約の趣旨であるとして，原因関係の不存在を理由に預金債権の成立を否定する立場（原因関係必要説）が有力であった。しかし，判例は，「振込依頼人から受取人の銀

行の普通預金口座に振込みがあったときは，振込依頼人と受取人との間に振込みの原因となる法律関係が存在するか否かにかかわらず，受取人と銀行との間に振込金額相当の普通預金契約が成立し，受取人が銀行に対して右金額相当の普通預金債権を取得するものと解するのが相当である」とし，「振込依頼人は，受取人に対し，右同額の不当利得返還請求権を有することがあるにとどまり，右預金債権の譲渡を妨げる権利を取得するわけではないから，受取人の債権者がした右預金債権に対する強制執行の不許を求めることはできない」とした（最判平成8・4・26民集50巻5号1267頁）。判決は，預金契約の成否について原因関係を問題としていない預金規定の内容と，多数多額の資金移動の円滑な処理という振込の仕組みを理由として上記の結論を導いている。学説においては，決済性預金口座の流動性という特徴から，振込金は入金記帳により特定性を失って残高債権に融合し，また，振込依頼人の仕向銀行に対する指図の瑕疵は，被仕向銀行の行う実行行為による受取人との間の預金債権の成立に影響を与えないという構造理解を，一定の筋の通った考え方であると認めつつも，棚ぼた利益の排除を志向し，銀行からの相殺や誤振込について悪意の者の権利行使を権利濫用と構成して平成8年判決の射程を限定しようとする見解や，原因関係説の立場から平成8年判決を批判する見解なども根強く展開されている。その後の誤振込に関する判決においては，刑事事件ではあるが，誤振込金であると認識しつつ自己の口座から誤振込金を含めた払戻を受けた預金者について，継続的預金取引を行っている者として銀行に対し誤った振込があった旨を告知する信義則上の義務を負っているとして，銀行に対する詐欺罪の成立を認める最高裁決定（最決平成15・3・12刑集57巻3号322頁）や，振込依頼人が組戻しを依頼し，受取人もこれを承諾している場合には，振込金相当額の預金契約が成立したとしても，実質はこれが成立していないのと同様に構成し，被仕向銀行が，振込依頼人に対し直接的に，誤振込金相当額の不当利得返還義務を負うとする判決（名古屋高判平成17・3・17金判1214号19頁），あるいは銀行が，振込依頼人から受取人の所在が不明であって組戻しの承諾を得ることができない事情について相当の説明を受けていながら，誤振込の事実の有無を確認することのないまま，受取人に対する債権をもって当該振込に係る預金債権を相殺して，自らの債権回収を敢行したような場合には，この債権回収は，振込依頼人に対

する関係においては，法律上の原因を欠き，不当利得となるものと解するのが公平の理念に沿うという判決（東京地判平成 17・9・26 判時 1934 号 61 頁）などが登場している。

第**17**章

組　合

第 1 節　意義・成立

1　意　　義

（1）　組合契約の性質，要素

　組合契約とは，2 人以上の当事者が出資をして共同の事業を営むことを内容とする契約である（667 条 1 項）。条文上，合意の内容として，①共同の事業を目的とすること，②当事者が出資をすることが，組合の要素として必要とされている。

　判例において民法上の組合とされた具体例としては，株式会社の発起人団体（大判大正 7・7・10 民録 24 輯 1480 頁），学校の共同経営（最判昭和 33・7・22 民集 12 巻 12 号 1805 頁），漁業等の共同事業（最判昭和 38・5・31 民集 17 巻 4 号 600 頁），不動産を購入し共同事業を行うことを目的とした露店業者の団体（最判昭和 43・6・27 判時 525 号 52 頁），複数の建設業者が共同で工事を受注する建設工事共同企業体（最大判昭和 45・11・11 民集 24 巻 12 号 1854 頁，最判平成 10・4・14 民

集 52 巻 3 号 813 頁），ヨットを共同購入して利用するヨットクラブ（最判平成 11・2・23 民集 53 巻 2 号 193 頁），弁護士事務所の共同経営（東京高判平成 15・11・26 判時 1864 号 101 頁）などがある。

(a) **契約か合同行為か**　組合は，13 種類の典型契約の一つとして位置づけられているが，学説には，組合を合同行為（複数の意思表示が同一目的に向けてされることにより成立する法律行為）として捉えるべきという見解もある。その理由は，意思表示の同一方向性と，組合の団体的性質ゆえに契約に関する一般的な規定で処理することが妥当性を欠く点にある。しかし，契約と捉えたうえで，複数の当事者によって共同事業を営むという組合の特徴から，契約に関する一般的な規定の適用が妥当ではない場面について，明文によって修正が図られ（667 条の 2・667 条の 3 参照），解釈上，適用の当否が問われる場面もあると考えれば足りるのではないか。

(b) **共同事業性**　共同の事業の認定については，組合員全員の①業務執行関与と②利害関係を要求するのが通説の立場である。

まず，すべての組合員が何らかの形で事業に関与することが必要とされるので，ある者が資金を提供するのみで全く事業に関与せず，業務執行の監視すらしない場合は，民法上の組合ではないことになる。

また，通説は，すべての組合員が利害をもつことを要求し，利害の内容として，営利目的の組合にあっては全員が利益を享受できる必要があるとする。したがって，営利目的の組合において一部の組合員だけが利益を独占する団体（獅子組合と呼ばれる）は，民法上の組合ではないことになる。もっとも，判例によれば，一部の組合員だけが損失を負担する合意は，民法上の組合の性質に反するものではない（大判明治 44・12・26 民録 17 輯 916 頁）。さらに，学説には，獅子組合について民法上の組合の性質を否定する論拠が明確ではなく，利益分配を受けない組合員がいる民法上の組合を認めてよいという見解もある。

共同事業の存否に関しては，ある土地を共同利用するために貰い受けたという事案の下で，共有土地を共同で利用することは，共有土地利用の方法であって，共同事業を目的とするとはいえないとして，組合契約の成立を否定した判決がある（最判昭和 26・4・19 民集 5 巻 5 号 256 頁）。

(c) **出資**　出資とは，財産的価値の出捐である。金銭のほか，不動産所

有権，知的財産権，のれん・ノウハウなどの財産的価値，労務，不作為なども出資の目的とすることができる（667条2項参照）。通説は，組合員全員による出資が必要であるという立場であり，構成員が出資を行うことに義務づけられない団体は，民法上の組合ではないとされる（最判昭和32・10・31民集11巻10号1796頁も参照）。組合は要物契約ではないので，出資未履行の段階でも組合契約は成立している。金銭を出資の目的とし，その出資を怠った組合員は，その利息を支払うほか，損害の賠償をしなければならない（669条）。419条の特則である。

(2) 組合契約の有償・双務性

　組合契約は，全員が出資に義務づけられることを要するという通説によれば，有償・双務契約であると理解される。ただし，複数の当事者によって共同事業を行うという組合の特徴から，533条および536条の規定は適用がなく（667条の2第1項），また，組合員は他の組合員の債務不履行を理由に組合契約を解除できない（同条2項）。つまり，同時履行・危険負担・債務不履行解除の不適用が定められている。たとえば，1人の組合員の出資不履行を理由に，他の組合員は同時履行を主張して出資を拒絶することはできず，かかる事態において組合契約の解除もできない。また，1人の組合員の出資義務が履行不能であることを理由に，他の組合員は履行を拒絶することはできない。

2 成　立

(1) 諾成契約

　組合契約は諾成契約である（667条1項）。特別法上の組合には，当事者の意思表示を要さずに，法律によって組合契約の締結が擬制される場合もある（鉱業23条5項・43条5項〔共同鉱業出願人・共同鉱業権者間では，組合契約が締結されたものとみなされる〕）。

　組合契約が成立したか否かは，全員による共同事業と出資が合意されたか否かを，解釈によって明らかとすることにより判断される。この組合契約の成立に向けての意思表示は，黙示的なものでもよい。たとえば，父親の家業を次女夫婦が手伝い営業が維持・発展していた事案において，父親死亡時に，店舗建

物等の一部が父親名義であったとしても，父親と次女夫婦との間に組合契約の成立が認められ，父親名義の財産もその事業の結果得られた組合財産とみられるから，組合の解散に準じて残余財産を清算し，父親取得分のみが父親の遺産となるとした判決がある（東京高判昭和51・5・27判時827号58頁）。

(2)　組合員1人についての意思表示の無効等

　一部の組合員が，組合契約締結時の意思無能力，制限行為能力，詐欺・強迫または錯誤等を理由に，組合契約の無効・取消しを主張する場合でも，他の組合員の間では，組合は有効に存続する（667条の3）。組合の存続を望む他の組合員や第三者に影響を与えず，当該組合員との関係でのみ，組合契約は無効となり，既履行の出資があれば原状回復できる（121条の2）。このような取扱いにより，組合活動の安定性の確保や取引の安全が図られ，当事者の意思に合致するとして，平成29年改正により導入された規定である。任意規定と解されているが，法的安定性の観点から，組合契約における別段の合意の存在は慎重に認定されるべきであるといわれている。

3　組合とその他の団体

　組合は，一種の団体であるが，13種類の典型契約の一つとして契約各則に規定されている。これに対し，「法人」は，自然人以外の権利・義務の帰属主体と定義される。民法総則に法人に関する若干の規定（33条～37条）はあるが，非営利法人に関しては，一般社団法人及び一般財団法人に関する法律等が規律し，営利法人に関しては，会社法等が規律する状況にある。組合か法人かの決定的な違いは，法人格取得の有無（権利・義務の帰属先を一本化できるか否か）にあるといえよう。

　「社団」という概念は，財産の集合である「財団」との対比で用いられる概念であり，人の集合を意味する。組合と社団とは，ともに人を基礎とする団体を意味するが，従来，組合と社団とは，並列的な関係にあるとして峻別されてきた。すなわち，社団とは，構成員たる個人の重要性が希薄化し，団体が個を超えた存在となっており，法人格取得を認めるにふさわしい団体を指すが，これに対し，組合は，構成員たる個人が重要性をもち，団体が個人を超えた存在

となっていない団体を指すと説明されてきた。このような考え方を前提に，個人が希薄化し団体としての実体を備えているものの，法人格を取得していない団体を，「権利能力なき社団」として，社団法人に関する規定の類推適用を認めるという議論が行われてきた（いわゆる「権利能力なき社団」論）。このような社団・組合峻別論に対しては，現実に存在するさまざまな団体を社団・組合に二分することは困難であることなどから，社団対組合という二分的思考は維持できないとして，社団は単に財団との対比で用いられる概念にすぎず，組合と並列するような概念ではないという捉え方も有力となっている。その場合，法人格を取得していない団体に関する財産の帰属関係の処理や有限責任肯定の是非は，持分払戻可能性，財務の開示状況などに着目し，適した規定によって処理すべきことになる。

　なお，組合という名称を用いていても，たとえば，消費生活協同組合など各種協同組合は，消費生活協同組合法など特別法により規律され，認可主義の下で設立が認められる法人である。また，商法上の匿名組合契約は，匿名組合員と営業者との個別契約を指すものであって，匿名組合員の出資は営業者の財産となり，共同で事業を営むわけではないことから，民法上の組合ではない（商535条・536条）。その他，日本では，構成員が金銭を払込み，くじ，入札等の方法で当選した者が金銭の融通を受けるといった，金融を目的とする扶助組織である「講」が古くから存在した。講の法的性質については，講元が会員を募集しその計算において講元の事業として展開されている場合には共同の事業を目的とするものではなく，組合の性質は有さないとされる。全員が共同で相互扶助的事業として運営する場合については，組合的な性格を帯びるとする見解と，給付を受ける者（落札者）と受けない者（未落札者）の利益が対立するので共同事業とはいえないとする見解とがみられる。なお，講が民法上の組合の性質を有する場合でも，会合が進むにつれて，既落札者と未落札者との間における消費貸借の性質が増す場合には，組合の規定をそのまま適用することは妥当ではなくなる（最判昭和42・4・18民集21巻3号659頁）。

> **Column 17-1**　**組合の多様化**
>
> 　民法上の組合の組合員は，出資に限定されない責任（無限責任）を組合活動について負うことになるが，2005年に成立した有限責任事業組合契約に関する法律により，構成員が出資の限度でのみ責任を負う有限責任事業組合（Limited Liability Partnership：LLP）が認められている。民法上の組合は，組合員が無限責任を負うものの，内部関係や利益配分方法を合意により自由に形成でき，構成員課税方式（団体自体には課税されず構成員にのみ課税される方式のことでありパス・スルー課税とも呼ばれる）が適用される。これに対し，株式会社などは，構成員が有限責任であるものの，機関設置の義務づけや利益配当方法への規制が存在し，課税も法人への課税と法人から配当を受ける構成員への配当課税という二重課税方式が適用される。LLPは，内部関係の形成自由や構成員課税方式という民法上の組合の利点を享受しつつ，構成員が有限責任を負うにすぎない団体となる。同様に，投資事業有限責任組合契約に関する法律に基づく投資事業組合においても，無限責任組合員とともに有限責任組合員の存在が認められている。このような組合の多様化は，諸外国の法制・課税方式のあり方に影響を受け，専門知識・技術をもった出資者による共同事業や投資事業の促進を狙って立法されたものである。団体構成員の責任を有限責任とする場合には，組合と取引をする債権者の保護が必要となるため，組合契約登記の義務づけ，財務データの開示等の規定が手当てされている。

第2節　業務の決定・執行

■1 業務執行者を定めない場合

　組合においては，原則として，組合員の過半数で業務を決定し，各組合員が業務を執行する（670条1項）。業務執行の決定は，特段の合意がない限り，出資の割合ではなく，頭数の過半数決定によって行う。日常的に行われる軽微な事務である組合の常務は，各組合員が単独で行うことができる。ただし，その完了前に他の組合員は異議を述べることができ（670条5項），その場合には，過半数決定によることになる。常務の例としては，物品販売を目的とする組合における店舗の陳列などが挙げられる。組合員が業務を決定し，または執行する場合，委任の規定の一部が準用される（671条）。詳細は，**2**で確認する。

2 業務執行者を定めた場合

　組合の業務の決定および執行は，組合契約によって，一部の組合員や第三者に委任することができる（670条2項）。受任者たる業務執行者が，業務を決定し，執行することになる（670条3項前段）。業務執行者が複数いる場合には，その過半数決定によって業務執行が決定され（670条3項後段），各業務執行者が執行することになる。業務執行者が複数いる場合であっても，組合の常務については各業務執行者が単独で行うことができるが，その完了前に他の業務執行者が異議を述べたときは，業務執行者の過半数決定によることとなる（670条5項）。

　業務執行者がいる場合，業務執行者以外の組合員には，業務を執行する権限はなくなる（常務を行う権限もない）が，組合の業務について，総組合員の同意によって決定し，または総組合員が執行することはできる（670条4項）。また，業務執行権のない組合員でも，業務および組合財産の状況を検査する権限を有する（673条）。この検査権限を排除するような合意は無効と解すべきであろう（検査権限すら有さない組合員の存在を理由に，民法上の組合の性質が否定される可能性もある）。

　業務執行者が組合員ではない場合には，委任の規定が適用されるが，組合の業務を執行する組合員についても，委任における受任者の権利義務に関する規定（644条〔善管注意義務〕，644条の2〔復受任者の選任等〕，645条〔報告義務〕，646条〔受取物引渡し等義務〕，647条〔金銭消費についての責任〕，648条・648条の2〔報酬請求〕，649条〔費用前払請求〕，650条〔費用償還請求〕）が準用されている（671条）。業務執行組合員は正当な事由（病気など）がなければ辞任できず，また，業務執行組合員を解任するには，正当な事由の存在（著しい職務懈怠や非行など）と他の組合員全員の一致による解任が必要となる（672条）。組合員ではない業務執行者の辞任・解任は委任の規定（651条）による。

第3節　組合代理——対外的法律行為

1 対外的法律行為の方法——組合代理

　対外的業務執行のうち，法律行為が行われる場合，組合には法人格がないため，組合員全員が契約当事者となる。この場合，組合員全員の名前で共同して法律行為を行うことは可能であるが，煩雑である。そこで，一部の組合員や第三者が，他の組合員を代理して法律行為を行うことになる。この組合の代理について，代理権授与の意思決定と執行（代理行為）に関する規定が置かれている（670条の2）。組合代理においても，一般の代理と同様，代理人は顕名を行って代理行為を行うことになるが，組合員全員の名前を表示しなくとも，組合の代理人であることを示せばよい（最判昭和36・7・31民集15巻7号1982頁参照）。なお，訴訟行為においては，組合員全員が共同して訴訟当事者となるのが原則であるが，民事訴訟法29条の解釈によって，代表者の定めがある場合，組合にも当事者能力が認められている（最判昭和37・12・18民集16巻12号2422頁参照）。

(1)　業務執行者を定めない場合

　業務執行者を定めない状況で，各組合員が，業務を執行する場合，組合員の過半数の同意を得て，他の組合員を代理できる（670条の2第1項）。代理権授与の意思決定については多数決を原則とするということである。もっとも，全員で協議し過半数決議までする必要はなく，過半数の同意があればよい（670条1項の「過半数をもって決定」とは異なる文言があえて用いられている）。

　組合の常務を行うときは，各組合員は，単独で決定して組合を代理できる（同条3項）。

(2)　業務執行者を定めた場合

　業務執行者を定めた場合，業務執行者のみが組合を代理することができ，業務執行者以外の組合員は代理権を有しない（670条の2第2項前段）。業務執行者

が複数いる場合，代理権授与の決定は業務執行者の過半数の同意による（同項後段）。

　組合の常務を行うときは，各業務執行者は，単独で決定して組合を代理できる（同条3項）。

2　無権代理と第三者保護

(1)　過半数同意の要件を欠く代理行為

　必要な過半数同意を得ずに，代理行為が行われた場合，その行為は無権代理である。この場合に，第三者の保護をどのように図るかは解釈に委ねられている。平成29年改正の審議において，法人の理事の代理権制限における第三者保護のような規定（一般法人77条5項・197条参照）は必要ないとされたことからも，法人法の類推適用ではなく，表見代理の類推適用を考えるべきであろう。常務の範囲内と信じた第三者の保護については，110条の類推適用が考えられ，また，過半数同意があるなど当該代理権の存在を信じた場合については，その他の事情もあわせて，表見代理の各規定の適用・類推適用ができないかを検討することになろう。

(2)　規約等による代理権の制限

　組合規約等によって代理権の範囲に制限を設けるような場合，たとえば，不動産取引については総会において組合員全員の同意を要する旨の規約によって，業務執行者の代理権を制限することも考えられる。平成29年改正前の判例は，このような制限は善意かつ無過失の第三者には対抗できないとしていた（最判昭和38・5・31民集17巻4号600頁　判例17-1）。この判決が，表見代理を根拠とするのか，法人法（旧民法54条，一般法人77条5項）の類推適用によるのか評価が分かれているが，(1)で示した平成29年改正時の議論からも，表見代理（110条）の類推適用によって第三者保護を図ることが考えられる。

> 判例17-1　最判昭和38・5・31民集17巻4号600頁
> 【事案】民法上の組合である定置漁業組合の業務執行組合員が，漁業資材の販売を行うXから，購入資金の貸し付けを受ける形で，資材の購入を行ったので，Xが組合員Yら全員を相手に，支払を求めた。Yらは，組合の規約に組

合が債務を負担する場合については総会の決議を要する旨の定めがあるところ，業務執行者はこの規約に反して債務を負担したものであるから，Yらに支払義務はないと争った。一審・原審はX勝訴。Yら上告。

【判旨】上告棄却。「組合において特に業務執行者を定め，これに業務執行の権限を授与したときは，特段の事情がないかぎり，その執行者は組合の内部において共同事業の経営に必要な事務を処理することができることはもちろんのこと，いやしくも，組合の業務に関し組合の事業の範囲を超越しないかぎり，第三者に対して組合員全員を代表する権限を有し，組合規約等で内部的にこの権限を制限しても，その制限は善意無過失の第三者に対抗できないものと解するのが相当である。」

第4節　組合の財産関係

1 組合財産

　組合には法人格がないので，団体のみに一本化された権利義務の帰属は観念されない。しかし，出資され，あるいは組合活動によって獲得される財産は，組合財産として，各組合員の個人財産から区別される。組合財産とは，組合の事業遂行に供される財産であり，積極財産・消極財産を含む。前者は，共同事業のために出資された不動産，動産，債権その他の財産，出資未履行時の出資請求権，組合事業により得られた財産やそこから生じた果実などであり，後者は，業務執行により生じた債務や組合財産から生じた債務である。

2 組合財産の共有

　組合財産は，総組合員の共有に属する（668条）。通常の共有（249条以下）においては，各共有者が持分の譲渡を自由に行うことができ，共有者の債権者はその持分に権利行使でき，さらに，共有者はいつでも分割請求が可能である（256条）。これに対し，組合の場合には，組合員は，組合財産についてその持分の処分を，組合および組合と取引をした第三者に対抗できず（676条1項），組合財産である債権をその持分について単独行使できず（676条2項），組合員

の債権者は組合財産について権利行使できない（677条）。また，清算前の組合財産の分割請求は認められておらず（676条3項），たとえ金銭以外のもので出資していても，脱退した組合員の持分は金銭で払い戻すことができる（681条2項）。このように，組合財産は共同事業の継続のための拘束が強く，通常の共有とは異なるとして，合有と称されることもある。

(1) 物　　権

たとえば，組合事業を行うために共同出資して，マンションの一室を事務所として購入した場合，各組合員は当該不動産について持分を有する。法人格のない組合名義での登記はできないため，総組合員の共有名義で登記することが原則となる。組合員の1人（代表者など）の名義で登記をした場合，登記を信頼した第三者保護など問題が生じるため，組合名義の登記を認めないことには批判もある。

組合員の1人が持分を第三者に譲渡しようとしても，持分の処分は，組合および組合と取引のある第三者に対抗できず（676条1項），当該持分は組合財産に帰属し続けていることになる。また，各組合員の債権者は，各組合員の持分について，差押え，仮差押えなどの権利行使はできない（677条）。組合員全員の合意がある場合を例外として（大判大正2・6・28民録19輯573頁），組合員は，組合契約の終了前に分割請求を行うこともできない（676条3項）。

もっとも，組合財産であるマンションの一室が不法占拠されたような場合，侵害者に対する妨害排除請求権の行使などいわゆる保存行為については，各組合員が単独でなし得るというのが判例の立場である（最判昭和33・7・22民集12巻12号1805頁）。このような事例については，妨害排除請求権の行使を業務執行（常務）の一環と位置づけ，業務執行者や，業務執行者が選任されていない場合には各組合員による行使が認められると説明することもできる。

(2) 債　　権

債権も総組合員の共有となるが（668条），可分な金銭債権なども，これが組合の債権である場合には，分割債権の原則（427条）が妥当せず，組合員はその持分について単独で権利行使できない（676条2項）。組合債務者は，各組合

員個人に対して有している債権と組合に対して負っている債務とを相殺することもできないことになる。

　組合債権の行使は原則として組合員全員で行う必要があるが（大判昭和 13・2・12 民集 17 巻 132 頁，最判昭和 41・11・25 民集 20 巻 9 号 1946 頁），債権行使も業務執行として行われるので，業務執行者による行使（670 条 3 項）や，業務執行者が選任されていない場合には組合員の過半数決定による行使（同条 1 項）も認められる。

(3) 債　　務

　金銭債務等の可分な組合債務も，頭数や損失分担割合に応じて分割帰属することはない（分割債務とならない）。1 個の債務として総組合員に帰属することになり（668 条），組合債権者は，組合員全員に履行請求することになる。組合債務は，組合財産を引き当てとするので，組合債権者は，組合財産に権利行使できる（675 条 1 項）。組合が組合員に対し債務を負担した場合も，その組合員の組合債務負担部分について，混同によって組合債務が消滅することはない（大判昭和 11・2・25 民集 15 巻 281 頁）。

③ 組合債務と個人責任

　組合債権者は，② (3) に述べたとおり，組合財産に権利行使できるが（675 条1 項），各組合員の固有財産に対しても，権利行使できる（675 条 2 項）。後者の場合には，組合債権者は，①組合契約によって定められた損失分担割合（674条）に応じ，または，②各組合員に等しい割合で，権利行使が可能である（675条 2 項本文）。組合債権者は，原則として①②を選択できるが，債権発生時に損失分担の割合を知っていたことを組合員側が主張立証した場合には，①による（675 条 2 項ただし書）。675 条 2 項の個人責任は，分割責任であり，組合債務に対する補充性はない（組合債権者は組合財産ではなく組合員個人の財産から執行することも可能である）が，組合債務に対する付従性はあるので，組合員は組合債務に生じた事情を抗弁として組合債権者に主張できる。

4 損益分配

　組合の事業により利益・損失が生じた場合，内部的分担割合は，約定によって決定され，損益分配の割合の定めがないときは，出資の価額に応じて分配される（674条1項）。組合員のうち損失を分担しない者を組合契約で定めることは可能である（前掲大判明治44・12・26）。利益または損失についてのみ分配の割合を定めたときは，その割合は，利益および損失に共通のものであると推定される（674条2項）。もっとも，個別の事情によって，674条2項の適用が妥当ではない場合もあり，判決には，解散時の残余財産分配請求に関して，674条2項によらずに，配分的正義の要請あるいは信義公平に照らし，分割割合を決定したものがある（前掲東京高判平成15・11・26）。

　損益の意義について，通説は，次のように説明する。利益とは，一般に，営業年度ごとの利益であり，特定年度の利益を分配できるということである。損失とは，一般に，組合の債務超過額（出資を償還し得ないだけでは損失ではない）であり，組合の解散・清算時に問題となる。いずれにせよ，利益・損失の分配方法・時期は組合契約によって定めることができる。

第5節　組合員の変動

1 組合への加入

(1) 加入要件

　新たに組合員を加入させる場合，組合員の全員の同意によるか，または，組合契約の定めによることが必要である（677条の2第1項）。民法上の組合は，全員が出資を行うことが必要と解されているので，加入する組合員も出資義務を負う。

(2) 加入の効果

　加入組合員は，組合財産に対し持分を取得することとなるが，この持分部分も組合財産として，従前からの組合債権者の権利行使の対象となる（675条1

項)。しかし，加入前の組合債務について，加入組合員は組合員個人としての
責任を負うことはない (677 条の 2 第 2 項)。

2 組合からの脱退

(1) 脱 退 事 由

(a) 任意脱退　組合契約において組合の存続期間を定めなかったとき，ま
たは，ある組合員の終身の間組合が存続すべきことを定めたときには，各組合
員はいつでも組合を脱退することができる (678 条 1 項本文)。ただし，やむを
得ない事由がある場合を除き，組合に不利な時期に脱退することはできない
(678 条 1 項ただし書)。組合にとって不利な時期とは，組合の目的や事業の状況
に照らし，その時期の脱退が特に組合の目的達成にとって不利益となるような
時期を意味する。

　組合の存続期間を定めたときであっても，各組合員は，やむを得ない事由が
あるときは，脱退することができる (678 条 2 項)。たとえば，ある組合員の利
益が甚だしく害され共同事業をすることが耐えられなくなったときは，やむを
得ない事由が存在する (大判昭和 18・7・20 民集 22 巻 681 頁)。

　やむを得ない事由がある場合に脱退できるという規定部分は強行規定であり，
やむを得ない事由があっても任意脱退を許さない旨を定める約定は無効となる。
判例は，民法上の組合であるヨットクラブ規約に，会員の権利の譲渡について
「オーナー会議で承認された相手方に対して譲渡することができる。譲渡した
月の月末をもって退会とする。(これは，不良なオーナーをふせぐ為である。)」
という定めがあった事案において，やむを得ない事由がある場合には脱退でき
るという規定部分は強行規定であり，やむを得ない事由があっても任意の脱退
を許さない旨の組合契約は，組合員の自由を著しく制限するものとして公の秩
序に反し，上記規約条項が権利譲渡の方法以外の脱退を認めない趣旨であると
すれば，やむを得ない事由があっても任意の脱退を許さないものとなるから，
その限度において無効となるとした (前掲最判平成 11・2・23)。

(b) 非任意脱退　組合契約は個人の人格や資力・能力に着目して締結され
ることから，死亡，破産手続開始決定，後見開始の審判を受けたことが脱退事
由となり，そのほか除名も脱退事由とされている (679 条)。したがって，組合

員が死亡した場合，原則として，相続による組合員の地位の承継は行われず，脱退による持分の払戻請求権が相続の対象となる。

　除名は，正当な事由がある場合であって，かつ他の組合員の全員の一致がある場合にのみ可能である（680条本文）。正当な事由がある場合とは，たとえば，除名される組合員による重大な義務の不履行，不正行為など組合の円滑な運営を妨げるような事態である。正当な事由は，除名される組合員側に組合運営に対する帰責性があり，除名する側に帰責性があってはならない趣旨であると理解されているが，正当な事由の判断要因について踏み込んだ判例はなく，また，組合契約において除名要件の緩和や除名原因を定めることは可能と解されている。

　除名は，他の組合員の全員一致による決定が行われても，これを当該組合員に通知をしなければ，当該組合員に除名を対抗できない（680条ただし書）。

(2)　脱退の効果

(a)　持分の清算　　脱退組合員は，他の組合員との間で，その持分について清算を行うことになり，その基準時は，原則として，脱退の時であるが（681条1項），脱退時に未完了の事項については，その完了後に計算できる（同条3項）。脱退時における組合財産について，積極財産と消極財産を計算し，プラスであれば，脱退組合員は組合から，特約がない限り，出資額に応じて，持分の払戻しを受けられる。脱退した組合員の持分は，出資が金銭以外のものでされていた場合でも，金銭で払戻しが可能である（同条2項）。脱退組合員の持分払戻請求権は，脱退時に期限の定めのない債権として発生し，脱退組合員が組合に対して債務を負担している場合には，相殺が可能となる。これに対し，脱退時の組合財産がマイナス（債務超過状態）である場合，損失分担の割合に従って，自己の負担部分に相当する額を支払う必要がある。

(b)　組合債権者との関係　　脱退前に発生している組合債務については，脱退組合員は組合債権者に対し従前の責任の範囲内で個人責任を負い続けることになる（680条の2第1項前段）。この場合において，債権者が全部の弁済を受けない間は，脱退した組合員は，組合に担保を供させ，または組合に対して債権者と交渉するなどして自己に免責を得させることを請求することができる（同

項後段)。この組合債務を脱退組合員が弁済したときは，組合に対し求償権を有する (同条2項)。内部的清算とは別に脱退組合員に課された責任であり，他人の債務の弁済となるので，組合への求償が認められる。なお，脱退組合員は脱退後に発生した債務について責任を問われることはない。

第6節　解散と清算

1 解　　散

　組合は，①組合の目的である事業の成功または成功の不能 (682条1号)，②組合契約で定めた存続期間の満了 (同条2号)，③組合契約で定めた解散事由の発生 (同条3号)，④総組合員の同意 (同条4号)，によって解散する。

　また，やむを得ない事由があるときは，各組合員は組合の解散を請求できる (683条)。

　解散の効果は遡及しない (684条・620条)。

2 清　　算

　組合解散後，組合は清算手続に入る。清算手続は清算人が行うが，組合員全員が清算人となってもよいし，清算人を選任してもよい (685条1項)。清算人を選任する場合には，総組合員の過半数で決定する (同条2項)。

　清算人の業務の決定・執行の方法・代理については，業務執行者の規定が準用される (686条・670条3項～5項・670条の2第2項3項)。組合員のなかから清算人が選任された場合の辞任・解任には業務執行組合員の規定が準用される (687条・672条)。清算人の職務は，①現務の結了 (688条1項1号)，②債権の取立ておよび債務の弁済 (同項2号)，③残余財産の引渡し (同項3号) であり，清算人は職務を行うために必要な一切の行為をすることができる (同条2項)。残余財産がある場合には，各組合員に，出資の価額に応じて，分配されることとなる (同条3項)。

第18章
終身定期金

第1節　意義・成立
第2節　効力・終了——規定の概要

第1節　意義・成立

　終身定期金契約とは，当事者の一方（終身定期金債務者）が，自己，相手方または第三者（基準となる者）の死亡に至るまで，定期に金銭その他の物を相手方または第三者（終身定期金債権者）に給付することを内容とする契約である（689条）。たとえば，終身定期金債務者が，終身定期金債権者から一定額の金銭や不動産の譲渡などを受けることと引換えに，基準となる者の死亡まで，定期的に金銭その他の物の給付を約束する場合には，有償・双務契約であり，また，対価の均衡が問題とされない射倖契約（当事者の一方または双方の損益が偶然の事象にかかる契約）の性質をもつ（基準となる者が長生きすれば，終身定期金債務者が損をするが，逆もあり得るという契約である）。対価を得ずに終身にわたり定期に金銭等を支払うことを約束する場合は無償・片務契約であり，贈与の解除に関する550条の類推適用を認めた例がある（東京高判昭和59・8・27判タ545号138頁〔会社の前代表取締役が取締役辞任時に締結した終身定期金契約の要素をもつ贈与契約について，書面が作成されていなかったとして撤回を認めている〕）。契約当事者以外の第三者に対し，終身定期金を給付することが約束される場合には，第三者のためにする契約の性格も有することになる（537条以下）。

　終身定期金契約は諾成契約であり，終身定期金契約の成立によって，基本権

としての終身定期金債権が発生するとともに，毎期ごとに給付を受ける支分権としての債権も発生する。明治に民法典が立法されたとき，立法者は老後の生活保障に役立つ制度として終身定期金契約が普及していくという予測の下，典型契約の一つとしてこれを設定した。しかし，日本において，老後の生活保障は公的年金制度や親族による扶養がその中心を担い，また，私的年金についても特別法や詳細な約款が用意されたことから，終身定期金契約が締結され，あるいは民法の終身定期金契約に関する規定の適用が問題となった事例は僅かである。判決には，親が長男に株券等を移転するが，親の生存中はその配当金等を受け取り次第交付するという約束をした場合に，終身定期金契約が成立しているとしたうえで，定期金給付の不履行を理由に 691 条による元本返還請求が認められた事例（大判昭和 3・2・17 民集 7 巻 76 頁），事実上の婿養子が養親にした定期金給付約束について終身定期金債務としての法的拘束力があるとした事例（大阪地判昭和 40・4・23 判タ 178 号 156 頁），学園の理事長の退職金を補う趣旨で終身定期金契約が締結され，定期金の増減額に関し協議に代わる判断が裁判所に求められた事例（広島地判昭和 55・4・21 判時 982 号 140 頁）などがある。

第 2 節　効力・終了——規定の概要

　民法は，終身定期金契約に関し以下の規定を置いている。

　支分権の支払基準となる期間の中途で，終身定期金契約が終了する（基本権が消滅する）場合，定期金は日割りで計算される（690 条）。

　終身定期金債務者が元本を受け取りつつ，定期金の給付その他の義務を履行しない場合，終身定期金債権者は契約を解除して元本の返還を請求できる（691 条 1 項前段）。そして，終身定期金債権者が，元本の返還を受ける場合，既に受け取った定期金から元本の利息を控除した額を終身定期金債務者に返還する（691 条 1 項後段）。債務不履行解除の特則であるが，解除は損害賠償請求を妨げないこと（691 条 2 項），元本の返還と既受領定期金給付の返還は同時履行の関係に立つこと（692 条・533 条）は，一般的な解除と同じである。

　689 条に規定する死亡が終身定期金債務者の責めに帰すべき事由による場合には，終身定期金債権者またはその相続人の請求により，裁判所は終身定期金

債権が相当の期間存続することを宣告できる（693 条 1 項）。相当の期間は，基準となる者の余命を推定して定められるべきといわれている。この場合，終身定期金債権者が 691 条による解除をして元本の返還請求をすることもできる（693 条 2 項）。

　遺贈によって終身定期金債権が発生した場合には，遺贈の規定の適用があるほか，終身定期金に関する規定が準用される（694 条）。

第19章 和解

第1節 意義・成立
第2節 効　力

第1節　意義・成立

1 和解とは

　和解とは，当事者が互いに譲歩をしてその間に存する争いをやめることを内容とする契約である（695条）。たとえば，知人間において金銭の貸し借りをし，後日，貸主は残債務額が30万円あると主張し，借主が既に全額支払ったと争う場合，話し合いによって借主があと10万円だけ支払い，お互いこの件についてはもう争わないという合意に達したとき，和解契約が成立したことになる。後日，残債務額は20万円だったという確証が得られても，和解の効力は覆らず，貸主の権利は和解によって消滅したものとされる（696条）。和解の内容が真実と違うことがのちに判明しても，和解の効力は覆らないことを和解の確定効という。このような確定効が生じることを前提に，その効果が認められる民法上の和解は，①「争い」の存在，②「互譲」の存在，③争いを終結させる合意，を要素とするものとして定義されている。なお，示談と呼ばれる紛争終結合意は，民法上の和解であることも，和解の要件を欠いていることもある。

　和解契約は諾成契約であり，通説によれば，互譲性を理由に，双務・有償契約とされる。すなわち，和解契約の当事者は，互いに不利益を負担しあい，譲

歩して，合意した内容を実現する義務を負うことから（現状を変更したうえで争わない債務を負う場合と，単に現状を維持して争わない債務を負う場合とがある），双務・有償契約と理解されることになる。

　なお，裁判所で行われる裁判上の和解（民訴89条・275条）は，調書に記載されると，確定判決と同一の効力を有する（民訴267条）。

2　和解の成立要件

（1）「争い」の存在

「争い」の存在が要求されるのは，交渉過程で互いに条件を譲歩して締結される通常の契約と区別するためである。判例によれば，権利義務の存否，範囲，態様に関する争いが存在することが必要である（大判大5・7・5民録22輯1325頁）。たとえば，残支払額，目的物の個数や品質等について争いがあるといった場合である。法律関係の不明確な点を合意によって確定するという場合も，学説の多くは，その点について見解の相違があり，和解の確定効による権利変動を観念できるのであれば，「争い」は存在すると考える。

（2）「互譲」の存在

　明治の民法典起草者は，当事者が互いに譲歩するという「互譲」が行われる場合に，民法上の和解を限定した。その理由は，①当事者間の公平確保と②当事者意思との合致である。単に一方的に権利放棄が行われ，あるいは一方のみが譲歩する場合は民法上の和解ではなくなる。しかし，学説のなかには，和解において重要なのは，真実がどうあれ法律関係を確定させる意思であり，互譲性は要件と解するべきではないという見解もある。695条の文言から，互譲要件を不要とする解釈は難しいものの，互譲の存在を柔軟に認定したり，また，一方のみの譲歩による法律関係確定に関する合意において，確定効を発生させることが当事者の意思であると認定できる場合に，696条を類推適用する余地はあろう。

（3）　紛争終結合意

　争いをやめることを約することは，和解契約の本質的要素である。たとえ後

日，和解の内容と異なる真実が判明したとしても，和解の内容をもって法律関係を確定させることが合意されている必要がある。

<h1>第2節　効　力</h1>

1 確 定 効

(1) 確定効とは

和解の内容がたとえ真実と異なっていても，法律関係は，和解の内容通りに確定する。のちに異なる真実を示す証拠が出ても，和解の効力は覆らない。これを和解の確定効という。そして，和解によってある権利を有することや有しないことが合意されたのち，和解内容と異なる真実が発覚した場合，その権利は，和解によって当事者の一方に移転し，または消滅したものとされるという権利変動効が生じる（696条）。たとえば，A・B間で土地甲の所有権について争いがあり，互譲して土地甲を二分する和解が成立した後に，土地甲の全部がAの所有地である確証が出てきた場合，土地半分の所有権はAからBに移転したものとされる。また，残債務額が100万円か80万円かについて争いがあり，90万円支払うということで和解した後に，残債務額は100万円であるという証拠が出た場合，10万円分の債務は和解によって消滅したことになる。真実を示す証拠が出ても，蒸し返しは認められない。

(2) 確定効の範囲

和解の確定効が及ぶ範囲は，争いの対象となった事項であって，かつ当事者が互譲によって確定させた部分である。たとえば，売買代金の残債務額が10万円か50万円かについて争いがあり，買主があと20万円だけ支払うことで和解が成立したが，のちに売買の目的物に欠陥があることが発覚した場合，契約不適合責任の有無は，和解における争いの対象ではなく，買主が売主に対し契約不適合責任を追及することは可能である。また，建物賃貸借契約において家屋の明渡しおよび明渡しまでに支払う賃料について和解が成立しても，敷金返還請求権の有無についてまで和解契約の対象とされていなければ，のちに敷金

返還請求について争うことは可能である（大判大正 14・4・15 新聞 2413 号 18 頁）。

2 和解と錯誤

　和解契約にも 95 条の適用はある。たとえば，残債務額が 100 万円か 80 万円かについて争いがあり，あと 90 万円支払うということで和解を申し込もうと思い，申込みの意思表示をメールによって伝えたところ，入力ミスで 95 万円と表示し，相手方が承諾したような場合，表示錯誤が問題となり得る（入力ミスは，95 条 3 項柱書の重過失にあたる可能性が高い）。しかしながら，和解契約において，錯誤取消しを主張しようとする場合，真実はどうあれ確定させた事項については，真実と異なることを理由とする錯誤は問題とし得ないことから，錯誤事項が争い・互譲の対象となった事項か否かの区別が重要となる。

(1) 争い・互譲の対象となった事項

　争いや互譲の対象となった事項について，和解内容と異なる事実に関する証拠が後から出てきたとしても，錯誤取消しは認められない。残債務額が 100 万円か 80 万円かについて争いがあり，90 万円支払うことで和解した後に領収書が発見され残債務額は 80 万円であったことが判明しても，和解は，真実はどうあれ，互譲して法律関係を確定するものであるから，錯誤は存在しないことになる。この場合，領収書は破棄したと勘違いしていたとしても，残債務額の真実はどうあれ，90 万円で確定させるという趣旨で和解している以上は，錯誤取消しは認められない。判例には，借地権の存否について争いがあり，和解によって一定期限後の借地権の消滅・土地明渡しが合意された後に，借地人が法定更新制度の存在を知らなかった点に錯誤があると主張した事案において，借地権の消滅が合意された以上，後に法定更新の点が判明したとしても，696 条により和解の効力を争うことは許されないとしたものがある（最判昭和 36・5・26 民集 15 巻 5 号 1336 頁）。

(2) 争い・互譲の対象外の事項

　これに対し，和解における争い・互譲の対象ではないが，当事者らがその事実を確実なものと考えて，和解の前提としたような事項について錯誤があった

場合には，95 条の要件を充足する限りで，和解契約を取消しできることにな
る（大判大正 6・9・18 民録 23 輯 1342 頁）。たとえば，金銭支払義務の存否に関す
る争いをやめるため，裁判上の和解において，債務者は債権者に苺ジャムを代
物弁済として引き渡し，債権者は債務の支払を免除する旨の和解が成立したと
ころ，債権者はこのジャムが市場で一般に通用する品質を有していることを前
提としていたにもかかわらず，そのジャムが粗悪品であった場合（最判昭和
33・6・14 民集 12 巻 9 号 1492 頁）などがこれにあたる。

3　示談（和解）と後遺症

　交通事故等においては，加害者が一定の額の賠償金を支払い，その事故に関
して，被害者はその後一切の賠償請求をしないことを内容とする示談が行われ
ることが少なくない。賠償金額・支払方法に関する合意について，慣用的に示
談という言葉が用いられているが，民法上の和解であることも，互譲等の要件
を充足せずに，類似の契約であることもある（⇨第 1 節 **1**）。示談は，その金額
の支払をもって紛争を終局的に解決する旨の合意であることから，示談が成
立したものの，後日，予想外の後遺症による損害が発生した場合に，追加請求
できるかが問題となる。判例には，契約の解釈によって，示談の対象を，示談
当時予想していた損害に限定したものがある。すなわち，原則として，損害賠
償に関する示談は，示談当時それ以外の損害が存在しても，あるいは，それ以
上の損害が事後に生じたとしても，示談額を上回る損害について被害者は請求
しない趣旨で合意されるのが一般的であるとしつつ，①全損害を正確に把握し
難い状況の下において，②早急に③少額の賠償金をもって満足する旨の示談が
なされた場合においては，示談によって被害者が放棄したのは，示談当時予想
していた損害についての賠償請求権のみであって，その当時予想できなかった
不測の再手術や後遺症が後に発生した場合のその損害についてまで，賠償請求
権を放棄する趣旨と解することは，当事者の合理的意思に合致しないとした
（最判昭和 43・3・15 民集 22 巻 3 号 587 頁）。示談当時の状況が重視されているが，
不測の後遺症による損害賠償請求権を示談の対象外であると判断する際に，①
②③を必須なものとしているのではなく，少なくとも，これらの事情がある場
合には，対象外であったと判断したものである。

事項索引

判 例 索 引

民法判例百選Ⅰ～Ⅲに掲載されている判例は，その巻数と項目番号を示した。
　　百選Ⅰ　潮見佳男＝道垣内弘人編『民法判例百選Ⅰ〔第8版〕総則・物権』
　　百選Ⅱ　窪田充見＝森田宏樹『民法判例百選Ⅱ〔第8版〕債権』
　　百選Ⅲ　水野紀子＝大村敦志編『民法判例百選Ⅲ〔第2版〕親族・相続』
　　例えば〔百選Ⅲ-1〕は，Ⅲ巻の項目番号1の判例であることを表す。
　　頁の太字は，判例紹介欄のある頁を示す。

民法IV　契約

2021 年 12 月 25 日　初版第 1 刷発行
2023 年 9 月 30 日　初版第 3 刷発行

著　者	曽　野　裕　夫
	松　井　和　彦
	丸　山　絵美子
発行者	江　草　貞　治
発行所	株式会社　有　斐　閣

郵便番号 101-0051
東京都千代田区神田神保町 2-17
https://www.yuhikaku.co.jp/

印刷・大日本法令印刷株式会社／製本・大口製本印刷株式会社

ISBN 978-4-641-17905-9